U0865972

新能源汽车理论与技术丛书
欧阳明高　主编

电动汽车电力电子技术

Power Electronic Technologies for Electric Vehicles

高大威　著

科学出版社
北　京

内 容 简 介

本书基于作者多年从事电动汽车电力电子技术教学和科研工作积累的经验，面向电动汽车整车、关键部件的实际工程问题，系统阐述电力电子技术在电动汽车领域应用的理论基础、研究方法和共性问题。本书主要内容包括电力电子技术在电动汽车中的应用现状、特点和发展趋势，电动汽车电力电子器件的结构、原理与特性，电动汽车驱动电机系统与控制技术，电动汽车充电系统的组成、原理与控制技术，燃料电池汽车直流-直流变换器与控制技术，电动汽车低压直流-直流变换器与控制技术，电力电子技术在电动汽车中应用的共性问题。

本书可供汽车行业或相关科研机构从事电动汽车研究开发的技术人员参考使用，也可作为高等院校车辆工程、机械工程、交通运输等专业相关教师、研究生和高年级本科生的教学参考书。

图书在版编目（CIP）数据

电动汽车电力电子技术 = Power Electronic Technologies for Electric Vehicles / 高大威著. —北京：科学出版社，2021.10

（新能源汽车理论与技术丛书）

ISBN 978-7-03-068316-8

Ⅰ. ①电… Ⅱ. ①高… Ⅲ. ①电动汽车-电力电子技术 Ⅳ. ①U469.720.3

中国版本图书馆 CIP 数据核字（2021）第 043522 号

责任编辑：吴凡洁 王楠楠 / 责任校对：严 娜
责任印制：吴兆东 / 封面设计：蓝正设计

科 学 出 版 社 出版
北京东黄城根北街 16 号
邮政编码：100717
http://www.sciencep.com

北京中科印刷有限公司 印刷

科学出版社发行 各地新华书店经销

*

2021 年 10 月第 一 版 开本：787×1092 1/16
2023 年 1 月第二次印刷 印张：18 1/2
字数：436 000

定价：168.00 元

（如有印装质量问题，我社负责调换）

“新能源汽车理论与技术”丛书编委会

丛书主编： 欧阳明高

丛书编委（按姓氏拼音排序）：

艾新平　陈尚义　贡　俊　郭淑英　李高鹏

李开国　廉玉波　刘　波　明平文　邵浙海

孙逢春　孙华军　王海江　吴志新　肖成伟

余卓平　张进华　章　桐　赵福全

前言

动力系统电气化是电动汽车区别于传统燃油汽车的显著标志，并由此使汽车在全球能源体系中的地位和作用发生了重要的变化。电能在电动汽车动力系统内部、车辆与外电网之间的流动和利用具有高效、可靠的特点，这很大程度上依赖于电力电子技术。

电动汽车电力电子部件是电动汽车动力系统中重要和关键的组成部分，其自身的性能对整车的动力性、经济性、可靠性、安全性、稳定性、舒适性等产生直接而重要的影响。电动汽车电力电子技术已经成为现代汽车领域关注和研究的热点。

电动汽车电力电子技术是以汽车构造与原理、现代电力电子学、计算机科学、电工学、电子学、控制理论等多学科理论为基础，面向电动汽车动力系统及部件的设计、研发、集成、制造、测试过程等常见技术问题，研究电力电子器件、电力电子电路及电力电子装置在电动汽车上应用的系统化知识或方法。

随着电动汽车产业的发展，电动汽车的技术不断取得进步，电动汽车电力电子技术的普及以及相关理论的进一步深入研究具有非常重要的意义。同时，汽车的工作环境具有高温、高寒、高湿、高振动、高海拔等特点，对电力电子器件、电力电子电路、电力电子控制技术等方面提出了非常高的要求，电动汽车的发展也推动了电力电子技术的进步。

基于多年从事电动汽车电力电子技术教学和科研工作积累的经验，并吸收近年来国内外最新的电动汽车电力电子技术成果，作者撰写了本书。

本书共分 8 章。第 1 章为绪论，介绍电力电子技术在电动汽车领域的应用现状以及电动汽车电力电子技术的特点和发展趋势；第 2 章分析电动汽车常用电力电子器件的结构、原理和特性；第 3 章阐述电动汽车常见驱动电机系统的原理与控制技术；第 4 章介绍电动汽车传导充电系统与控制技术；第 5 章介绍电动汽车无线充电系统与控制技术；第 6 章介绍燃料电池汽车直流-直流变换器与控制技术；第 7 章介绍电动汽车低压直流-直流变换器与控制技术；第 8 章介绍电力电子技术在电动汽车应用中的共性问题。

本书在撰写过程中得到了清华大学车辆与运载学院众多同事的支持以及欧阳明高院士率领的新能源汽车研究团队的大力帮助，作者所在汽车电力电子与电机驱动课题组的研究生参与了本书部分文字和图形的校对工作，在此向他们表示衷心的感谢。

本书得到了国家重点研发计划项目(编号：2018YFB0105502、2018YFB0106502)、北京市自然科学基金项目(编号：3172019)和清华大学自主科研计划(编号：20203080030)的支持，并引用了项目的部分研究成果。

罗姆半导体集团(ROHM Co., Ltd.)为本书碳化硅电力电子器件相关内容提供了翔实的测试数据，德州仪器(Texas Instruments)为本书部分理论的验证提供了技术支持，在此表示深深的感谢。

本书参考了作者编著的清华大学“汽车电力电子学”课程讲义和教材的部分内容，同时参考了国内外近年来发表的电力电子技术的相关研究成果，书中各章后列出了主要的参考文献。在此对所有参考文献的作者致以诚挚的谢意。

由于撰写时间较短、相关资料不足和作者水平有限，疏漏之处在所难免，恳请广大读者批评指正，并将意见和建议反馈，以便进一步修订和完善。

高大威

2021 年 1 月于北京清华园

目录

第 1 章

绪　　论

1.1　概　　述

进入 21 世纪以来，随着人们对能源短缺和环境污染等问题的重视，电动汽车逐渐成为汽车厂商和研发机构的研究热点并步入产业化阶段。

与传统内燃机汽车相比，电动汽车具有高效率、低排放、低噪声等优点，并具有如下技术特征和发展趋势。

1) 电气化的动力系统

与内燃机汽车结构简单、构型单一的动力系统不同，电动汽车的动力系统由多部件构成且结构复杂、构型多样[1]。如图 1-1 所示，可以将电动汽车的动力系统看作电气系统，包含电能的产生、电能的传输与分配以及电能的利用三个重要环节。多部件构成

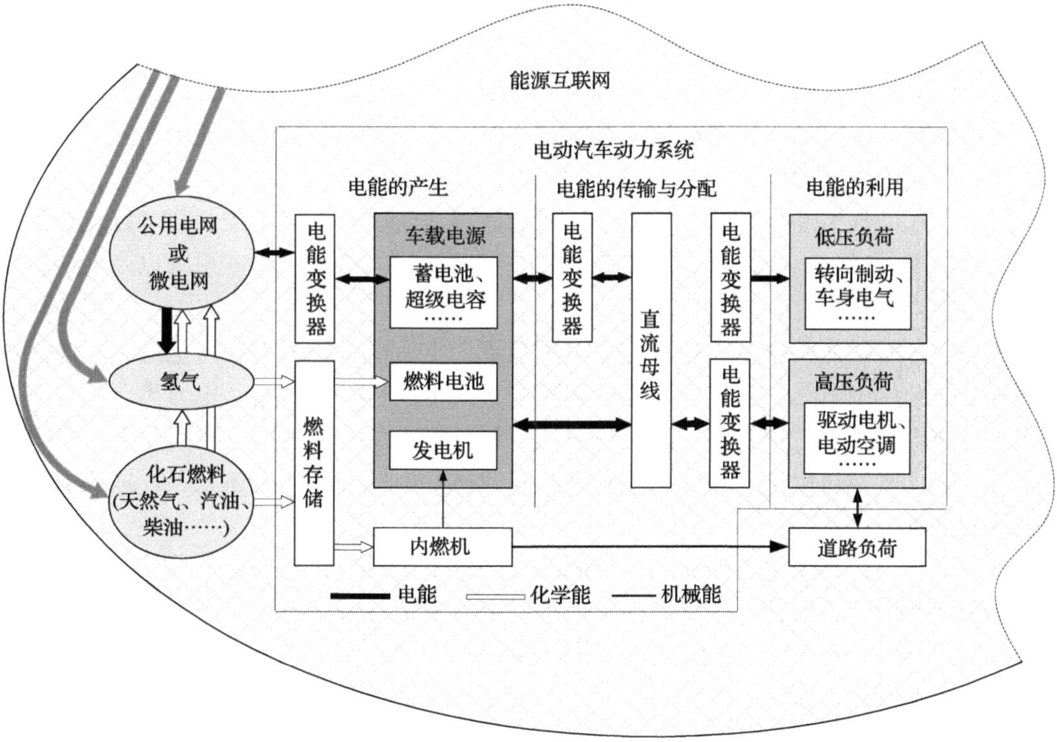

图 1-1　电动汽车动力系统及其在能源互联网中的地位

的电动汽车动力系统不仅便于在整车上布置和安装，而且可通过系统及其组成部件结构的优化，使车辆轻量化的相关技术更易于实现；由于电能的传输更为灵活和便捷、电气类型的执行器和传感器动态响应较快，整车智能化的相关技术在电动汽车上更便于实施。

2) 车辆在能源体系中的地位和作用发生变化

在能源体系中，汽车一直被认为是能源消耗的大户[2]。电动汽车具有能量来源多样化、能量转换效率较高等优点。随着电动汽车的规模化应用，在能源互联网中，其角色不再是单一的能量需求方，电动汽车可以同时发挥能量供给以及调节的作用。图 1-1 中，电动汽车电能以及与驱动电机相关的机械能的传输是双向的，这与内燃机汽车中将化学能转换为机械能的单向传输具有明显的区别。车辆到电网(vehicle to grid，V2G)相关技术使电动汽车的功能得到了充分扩展[3]。

3) 电能在电动汽车动力系统内部、电动汽车与外电网之间的流动具有可控性

可控性具体体现在以下几个方面。

第一，电动汽车动力系统中电源产生的电能需要通过变换才能满足负载的需求。电能的变换可以是交直流之间的转换，也可以是电压、电流、频率等电能特征量的调节，变换的目的是使负载得到符合其用电要求的高品质电能。

第二，电动汽车动力系统功率平衡的需要。在任何情况下，电源的输出功率等于负载消耗的功率与电能传输和转换过程的损耗功率之和。通过对电源输出功率的控制，可以使负载的需求功率得到满足，避免负载工作状态发生异常。

第三，电动汽车动力系统高效率运行的需要。通过对电压、电流、功率的控制或调解，可以提高系统的电能传输和转换效率，同时使系统中各组成部件处于高效工作区，从而提高系统的运行效率。

第四，电动汽车动力系统可靠安全运行的需要。通过对电能的控制，可以避免系统中各部件出现过压、过流、过温、欠压等可能引发故障的风险，保证系统以及各部件可靠安全运行。

电动汽车对电能的控制依赖于电力电子技术。电力电子技术是利用电力电子器件组成不同拓扑结构的电路，完成电能控制和不同形式电能转换的技术。电力电子相关技术拓宽了传统电子学的应用领域，为现代通信、计算机、工业自动化、电力工业、航天、汽车等高新技术领域提供高性能、高精度和高效率的电能转换和控制设备，成为发展高新技术的基础和关键[4]。

电力电子器件是用于电能变换和控制的大功率电子器件，电力电子器件的主要应用领域如图 1-2 所示。通常，电动汽车中使用的电力电子器件的电压范围为 300～1200V，电流范围为 100～1000A。从电力电子应用领域来讲，电动汽车中的电力电子器件属于中压、中等功率范畴。电动汽车中工作电压较高(如大于 500V)的部件是目前碳化硅半导体材料电力电子器件主要的目标应用对象[5]。

以电力电子器件为核心且以电能转换和控制为目的的电路称为电力电子电路。根据

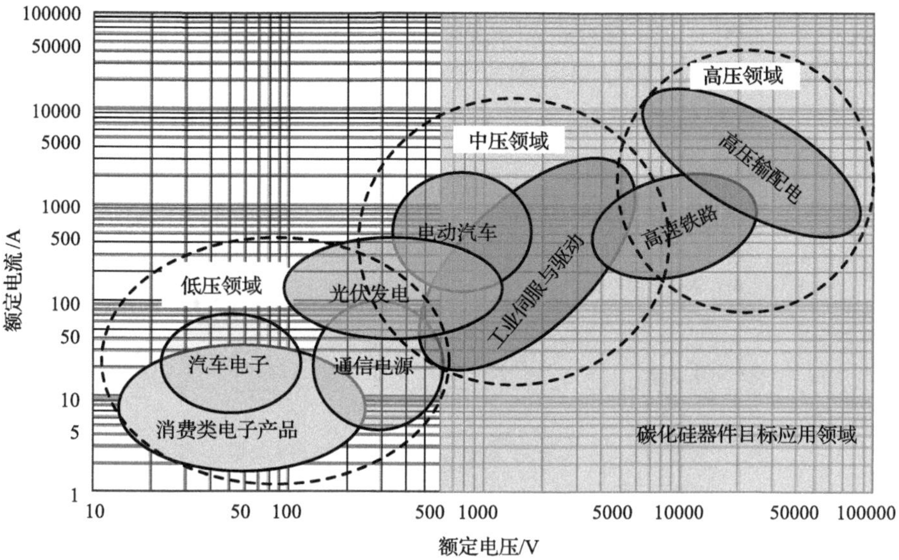

图 1-2 电力电子器件主要应用领域

电路输入和输出电能的形式，可以把电力电子电路分为四类：直流-直流电路、直流-交流电路、交流-直流电路和交流-交流电路[6]。除交流-交流电路外，其他三类电力电子电路在电动汽车上都有所应用。

在电动汽车上，利用电力电子电路完成不同形式电能之间转换和电能控制的基本单元称为电力电子部件。除实现电能变换和控制的功能外，一个电动汽车电力电子部件还应具有下列特征。

(1) 电气结构上：包括电力电子电路及维持其正常工作所需的辅助电路，如驱动电路、保护电路、微处理器及其外围电路、数据采集电路、通信电路、电源电路等。一般把电力电子电路称为主电路，而把所有的辅助电路统称为控制电路。

(2) 机械结构上：包括导电母排、机械安装接口、电气连接器或电气连接接口、散热子系统、防护壳体等。

(3) 满足车用条件：具有较高的功率密度和效率，具有较好的可靠性和较长的使用寿命，具有一定的防护等级和电气绝缘性能，具有较强的环境适应性和电磁兼容性。

图 1-3 所示为燃料电池汽车动力系统中连接于燃料电池系统与直流母线之间的直流-直流变换器的构成。作为电动汽车电力电子部件，直流-直流变换器内部主要包括主电路和控制电路两大部分。主电路用来完成直流-直流之间的电能转换，若采用升压型电路结构，则主电路可如图 1-4 所示。主电路主要由绝缘栅双极晶体管 (insulated gate bipolar translator, IGBT) T、功率二极管 D、电容 C_{IN} 和 C_{OUT} 以及电感 L 构成，其中 T 和 D 属于电力电子器件，而 C_{IN}、C_{OUT} 和 L 属于大功率无源元件。控制电路由微控制单元 (micro control unit, MCU) 或数字信号处理器 (digital signal processor, DSP)、驱动电路、保护电路、控制电源、各类传感器等构成，用来根据上层控制器发来的指令对主电路中电力电子器件的通断实施控制。在图 1-4 所示电路中，电力电子器件 T 也可以采用功率金属氧化物半导体场效应晶体管 (power metal-oxide-semiconductor field effect transistor, Power

MOSFET 或功率 MOSFET），通过控制 T 的占空比来调节主电路的输出电压 u_{OUT}，进而控制主电路输入侧的功率，即燃料电池系统输出功率。除具有主电路和控制电路外，直流-直流变换器还包含散热子系统、连接母排以及图 1-3 中没有给出的连接器、防护壳体等构件或子系统。

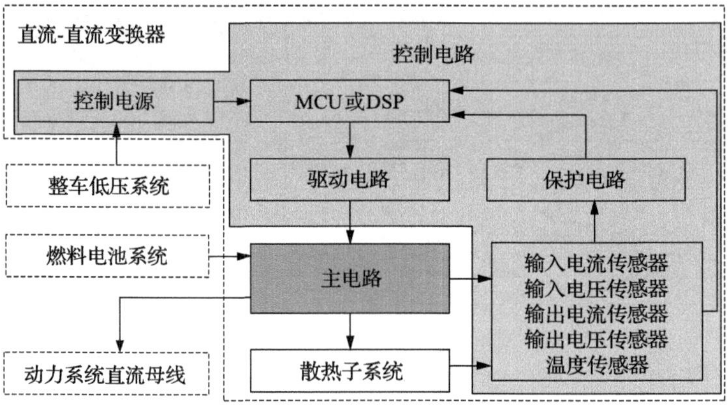

图 1-3　燃料电池汽车动力系统直流-直流变换器的构成

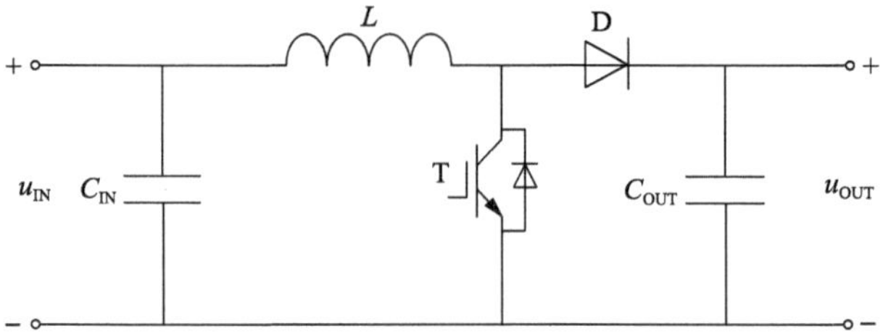

图 1-4　燃料电池汽车直流-直流变换器升压型主电路

电动汽车对电力电子技术具有较强的依赖性。无论是纯电动汽车、混合动力汽车还是被人们视为更加绿色环保的燃料电池汽车，电力电子部件都是动力系统重要的组成部分，电力电子部件的性能对汽车的动力性、经济性、可靠性、安全性、稳定性、舒适性等会产生直接而重要的影响。电力电子技术已经成为现代汽车领域关注和研究的热点[7]。同时，汽车高温、高寒、高湿、高振动、高海拔、复杂电磁环境等特殊的工作条件也对电力电子器件、电力电子电路、电力电子控制等方面提出了非常高的要求。电力电子技术相关知识的普及以及相关理论的进一步深入研究具有非常重要的意义。

1.2　电力电子技术在电动汽车中的应用

电力电子技术在电动汽车中的应用可以分为两个层次：电力电子器件和电力电子电路。电力电子器件层次包括电动汽车电力电子器件设计、材料选取、制造与生产工艺、试验检测以及器件应用过程中的驱动、保护、热管理等相关技术。电力电子电路层次包括电路拓扑结构设计与优化、元器件参数选择、控制策略与方法、评价手段等相关技术。

图 1-5 所示为插电式燃料电池乘用车(plug-in fuel cell electric car)的电气系统结构，图中所示部件对电力电子技术都具有很强的依赖性。

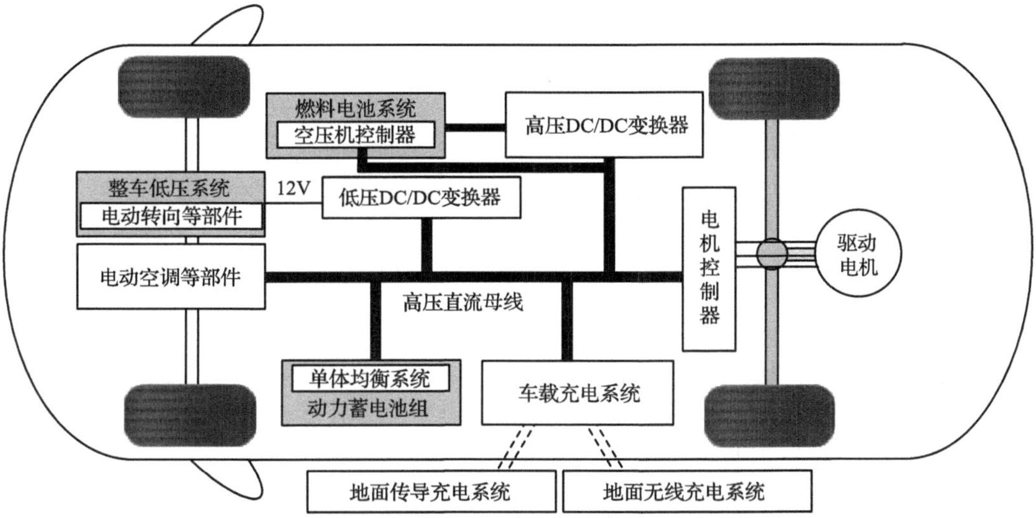

图 1-5 插电式燃料电池乘用车的电气系统结构

对于图 1-1 中的“电能变换器”，若其以独立部件出现在电动汽车动力系统中，可以分为三类，如表 1-1 所示。

表 1-1 常见的电动汽车电能变换器典型应用

类别	功能(电能变换)	电动汽车中的典型应用
整流器	交流电能→直流电能	并联混合动力车辆的整流器 传导充电系统 无线充电系统等
直流-直流变换器	直流电能→直流电能	直流电机控制器 直流-直流变换器 传导充电系统 无线充电系统 动力蓄电池单体均衡系统等
逆变器	直流电能→交流电能	交流电机控制器 传导充电系统 无线充电系统 燃料电池空压机控制器 电动空调压缩机控制器 电动转向系统电机控制器 制动系统空压机电机控制器等

电力电子技术在电动汽车中的具体应用领域主要有以下几个方面。

1) 直流-直流变换器

主要包括两类：一类为前面提到的用于燃料电池和动力蓄电池两个动力源电压匹配和功率分配的大功率直流-直流变换器，其功率可达几十千瓦至近百千瓦；另一类为电动汽车用小功率辅助直流-直流变换器，其主要功能是将动力蓄电池提供的高压直流电能变换为12V或24V低压直流电能，供整车控制系统、车身电气系统等使用。这类小功率直流-直流变换器，对于乘用车，普遍功率为1～3kW；对于商用车，普遍功率为3～5kW。

2) 电机控制器

电动汽车普遍采用交流异步电机或永磁同步电机来驱动车辆，电机控制器实现电能在直流与交流之间的转换并实现对电机转矩或转速的控制，是电动汽车的核心部件。对于部分电动车辆，为了提高电机控制器输入电压，进而提升驱动系统的综合性能，在电机控制器与动力蓄电池之间会配有双向直流-直流变换器。从功能角度看，这种复合电力电子装置仍可以被视为电机控制器。车用电机控制器的功率范围通常为几十千瓦至数百千瓦。

3) 充电系统

充电系统集成了整流、逆变、直流-直流等多个电能变换环节，具有非常复杂的电力电子拓扑结构。充电系统反映了电力电子器件、电力电子控制、电力电子电路等电力电子技术核心理论体系在汽车领域的综合应用，是电力电子技术应用方面的典型代表。充电系统功率范围一般为几千瓦至百余千瓦。

除上述应用领域外，电力电子技术还在电动汽车中的锂离子电池管理与均衡、燃料电池空气压缩机驱动与控制、电动空调、电动转向、制动系统等领域有所应用[8]。

1.3 电动汽车电力电子技术的特点和发展趋势

1.3.1 电动汽车电力电子技术的特点

电动汽车电力电子技术的主要特点表现在以下几个方面。

1) 高效率

高效率体现在电力电子器件和电力电子部件两个层次。对于电力电子器件而言，由于导通损耗和开关损耗不断降低，尤其是一些宽禁带(wide band gap, WBG)材料功率器件(如碳化硅器件、氮化镓器件)的出现和使用，大大提高了器件的工作效率[9,10]；对于电力电子部件而言，采用一些先进的控制技术或进行电路拓扑结构优化，可以有效提高汽车电力电子部件的工作效率。

2) 高频率

高频工作是汽车电力电子器件的一个典型特征。大功率直流-直流变换器、电机控制器等电力电子器件的开关频率普遍不低于20kHz；在无线充电系统中，开关器件工作频率往往接近100kHz[11]。较高的频率可以减轻因器件通断而引起的部件工作噪声对车辆司乘人员产生的影响，但也会增加设备的开关损耗，带来突出的汽车电磁兼容问题[12]。

3) 高密度

由于汽车空间有限，同时各部件之间有机械、电气之间的连接和耦合，因此汽车部件的结构设计非常关键。电力电子部件应在满足整车的电气、机械、冷却的需求以及整车安装空间要求的前提下，尽可能提高重量功率密度(功率与重量的比值，单位 kW/kg)以及体积功率密度(功率与体积的比值，单位 kW/L)。电动汽车上采用的电力电子器件趋向于高度集成化，分立器件的使用越来越少。多器件模块化以及采用先进工艺可使电力电子器件以及电力电子部件的功率密度越来越高。

4) 智能化

对于电动汽车，大功率电力电子部件多采用高性能 MCU 或控制类 DSP，从而具有较好的控制精度和数据处理的实时性。虽然目前汽车电力电子电路和智能化控制技术的结合程度已经很高，但还有很大的发展空间。

5) 高性能电力电子器件的应用

与汽车电子领域类似，许多半导体厂商针对汽车应用领域陆续推出了汽车级电力电子器件。这类器件为适应汽车恶劣的工作环境以及满足安全性、可靠性和耐久性的要求，普遍具有高结温、高效、高可靠性和长寿命的特点；同时，这类器件往往具有较高的成本。

6) 复杂的工况和频繁的变载

和一些工业用电力电子设备不同，电动汽车电力电子部件工作在较复杂的工况下，其电气载荷经常会发生剧烈变化。以纯电动汽车为例，驱动车辆所需的能量几乎全部经过电机控制器，而车辆自身质量的变化、驾驶员的操作习惯、实际道路条件等都对电机的输出功率产生较大的影响，相应地，电机控制器输出的电流、电压随之发生剧烈的波动。同样，对于一些车载直流-直流变换器来说，工况仍然比较复杂，只是相对于电机控制器，负载变化得相对平缓。频繁的变载对汽车电力电子部件的自身控制提出了很大的挑战，同时对电力电子器件的选择以及系统热管理提出了更严格的要求。

7) 突出的电磁兼容问题

电动汽车电力电子器件工作在高频开关状态，汽车电力电子部件主电路在两个或几个不同的电路结构之间不断切换，电路中的电压和电流含有丰富的高次谐波成分。高电压、大电流是汽车电力电子电路的普遍特点，较高的 $\mathrm{d}i/\mathrm{d}t$ 和 $\mathrm{d}u/\mathrm{d}t$ 除对电力电子器件本身产生较大的电气应力外，还会对外产生电磁干扰[7]。

1.3.2 电动汽车电力电子技术的发展趋势

电动汽车电力电子技术的发展趋势主要体现在以下几个方面。

1) 节能高效

节能高效是汽车电力电子技术持续追求的目标。低效的汽车部件不仅会降低整车动力系统性能，而且可能增加车辆散热系统的成本和重量，进而增加整车装备质量、降低整车经济性和续驶里程。电动汽车电力电子部件的工作效率与电力电子器件的损耗、电路中无源元件(电感、电容等)的损耗密切相关[13,14]，也与控制方法、电路工作模式具有较强的关联性。

2) 绿色环保

电磁兼容性是电力电子技术应用中的一个难点，如何抑制和降低电动汽车电力电子部件对汽车其他电气部件或系统产生的电磁干扰，进而提高整车的电磁环境安全性是汽车电力电子学研究的热点问题。

3) 安全可靠

安全可靠是汽车上任何新技术被采用的一个前提，电动汽车所采用的电力电子技术也不例外。如何保证电力电子部件安全、可靠地工作，同时不对车辆其他部件产生不良影响，是摆在研发人员面前的一个重要课题。

4) 器件的定制化和模块化

受车辆空间和部件布置的限制，不同厂家、不同类型的车辆对汽车电力电子部件的外形、体积和重量提出了不同的要求，对电动汽车电力电子部件的核心——电力电子器件的需求也呈现出差异化的特点。根据不同整车或部件厂家提出的要求，实现电力电子器件定制化和模块化生产，是电动汽车电力电子器件的一个发展趋势。

5) 高度集成化

电动汽车电力电子部件通常都与动力系统直流母线进行连接，这为电力电子部件的物理性集成提供了条件。基于控制芯片超强的运算能力，用一片多核 DSP 或高性能 MCU 对多个电力电子主电路进行控制，有利于动力系统中电能的协调控制。一些电动汽车电力电子部件并不同时工作，且主电路拓扑结构具有一定的相似性，因此可以通过辅助电路简化主电路结构，在物理性集成的基础上形成功能性集成。电力电子部件的高度集成化不仅有利于提高动力系统控制品质，还有利于提高功率密度、降低制造成本[15]。

6) 宽禁带半导体材料器件的大规模应用

由于电动汽车电力电子器件的高温、高频率、高效率、高功率密度的工作特点，采用硅(Si)半导体材料制造的电力电子器件已经越来越难以满足电动车辆的需求。以碳化硅(SiC)、氮化镓(GaN)为代表的宽禁带半导体材料具有宽的禁带宽度、高的热导率、高饱和电子漂移速度、极强的化学稳定性，用其制作的电力电子器件更适合电动汽车部件的使用。随着宽禁带电力电子器件设计与制造技术越来越成熟、市场的应用规模越来越大，其成本的劣势将会在一定程度上得到弥补或消除。

7) 现代控制理论和控制方法的应用

电力电子系统是一种非线性、变结构、电压电流经常突变的离散系统，特别是与一些负载(如电机)构成的系统具有非线性、强耦合、多变量的特征。经典的电路理论和控制方法有时无法直接处理电力电子系统的控制问题，也不能满足汽车对电力电子部件的安全、可靠、动态响应等方面的要求。此外，汽车多采用分层控制，如分为整车控制、动力系统控制以及部件控制，电动汽车电力电子部件除了要满足整车对自身的性能要求外，还要满足其他层次的控制要求。高性能微处理器在电力电子控制领域得到了普遍的应用，为一些复杂的控制算法提供了较好的实现手段。现代控制理论与控制方法由于具有自适应、自学习等特点，在电力电子控制领域具有较好的发展前景。

参考文献

[1] Chan C C. The state of the art of electric, hybrid, and fuel cell vehicles[J]. Proceedings of the IEEE, 2007, 95(4): 704-718.

[2] Solanke T U, Ramachandaramurthy V K, Yong J Y, et al. A review of strategic charging–discharging control of grid-connected electric vehicles[J]. Journal of Energy Storage, 2020, 28: 101193.

[3] Karfopoulos E L, Panourgias K A, Hatziargyriou N D. Distributed coordination of electric vehicles providing V2G regulation services[J]. IEEE Transactions on Power Systems, 2016, 31(4): 2834-2846.

[4] Mohan N, Undeland T M, Robbins W P. Power Electronics: Converters, Applications, and Design[M]. 3rd ed. Hoboken: John Wiley & Sons Inc., 2003.

[5] Hamada K, Nagao M, Ajioka M, et al. SiC-emerging power device technology for next-generation electrically powered environmentally friendly vehicles[J]. IEEE Transactions on Electron Devices, 2015, 62(2): 278-285.

[6] 王兆安, 刘进军. 电力电子技术[M]. 5 版. 北京: 机械工业出版社, 2016.

[7] 高大威. 汽车电力电子学[M]. 北京: 清华大学出版社, 2018.

[8] Emadi A. Handbook of Automotive Power Electronics and Motor Drives[M]. Boca Raton: CRC Press, 2005.

[9] 陈治明, 李守智. 宽禁带半导体电力电子器件及其应用[M]. 北京: 机械工业出版社, 2009.

[10] Longobardi G, Efthymiou L, Arnold M. GaN power devices for electric vehicles state-of-the-art and future perspective[C]. 2018 IEEE International Conference on Electrical Systems for Aircraft, Railway, Ship Propulsion and Road Vehicles & International Transportation Electrification Conference, Nottingham, 2018: 1-6.

[11] SAE. Wireless power transfer for light-duty plug-in/electric vehicles and alignment methodology: J2954[S]. Warrendale: SAE International, 2016.

[12] 马伟明. 电力电子系统中的电磁兼容[M]. 武汉: 武汉水利电力大学出版社, 2000.

[13] Piepenbreier S, Käß A, März M. An investigation of the parasitic impedance on the DC-Link capacitor of EV drive inverters[C]. 10th International Conference on Integrated Power Electronics Systems, Stuttgart, 2018: 1-6.

[14] Guo J, Rodriguez R, Gareau J, et al. A comprehensive analysis for high-power density, high-efficiency 60 kW interleaved boost converter design for electrified powertrains[J]. IEEE Transactions on Vehicular Technology, 2020, 69(7): 7131-7145.

[15] Kanata T, Nishiwaki K, Hamada K. Development trends of power semiconductors for hybrid vehicles[C]. The 2010 International Power Electronics Conference-ECCE ASIA, Sapporo, 2010: 778-782.

第 2 章

电动汽车电力电子器件

2.1 电动汽车电力电子器件概述

电力电子器件是从 20 世纪 50 年代末基于第一代半导体材料硅、锗（Ge）发展起来的，直到现在采用硅材料制造的电力电子器件在市场上仍占主导地位。经过数十年的研究和实践，随着硅电力电子器件的相关理论不断完善、制造工艺不断进步，硅电力电子器件的性能已接近其理论极限。目前，硅电力电子器件在耐压、功率、频率等方面都可以达到电动汽车的应用要求，但在功率密度、耐温等方面还不能满足电动汽车技术日益发展的需要。

第二代半导体材料主要是指化合物半导体材料，如砷化镓（GaAs）、锑化铟（InSb）、磷化铟（InP）、铝砷化镓（GaAsAl）、磷砷化镓（GaAsP）等，此外，还包括一些固溶体半导体材料、非晶态半导体材料和有机半导体材料。这些半导体材料主要用于制作高速、高频、发光电子器件，被广泛用于通信领域。但由于自身的特性以及工艺技术等方面的原因，第二代半导体材料很少用于制造电动汽车大功率电力电子器件。

20 世纪 90 年代，以碳化硅、氮化镓为代表的第三代半导体材料因具有较大的禁带宽度、高临界击穿电场、高饱和电子漂移速度和耐高温等特点而成为半导体厂商和研究机构的研究重点。第三代半导体材料也称为宽禁带半导体材料，由其制造的电力电子器件具有耐高温、高频率、高功率密度、高效率等特点，非常适合用于电动汽车的电能转换或电能控制。表 2-1 给出了室温下常用半导体材料的结构特征与基本特性[1]。

表 2-1　室温下常用半导体材料的结构特征与基本特性

特征或特性	硅	砷化镓	4H-SiC	氮化镓
晶体结构	金刚石型	闪锌矿型	六方体型	六方体型
禁带宽度/eV	1.12	1.43	3.26	3.44
电子迁移率/[cm^2/(V · s)]	1420	8000	1000	＜1000
空穴迁移率/[cm^2/(V · s)]	470	400	115	＜200
临界击穿电场/(10^6V/cm)	0.3	0.4	3.0	3.0
热导率/[W/(cm · K)]	1.5	0.5	4.9	1.3
电子饱和漂移速度/(10^7cm/s)	1.0	2.0	2.7	2.7
相对介质常数	11.8	12.8	9.7	9.5

电力电子器件是电动汽车电力电子部件中最基本的组成部分，是车载电能转换和控

制的核心。电动汽车上常用的电力电子器件有四种，分别是功率二极管、晶闸管、功率 MOSFET 和 IGBT。四种电力电子器件在电动汽车上的应用情况如表 2-2 所示。

表 2-2 电力电子器件在电动汽车上的应用情况

器件	应用情况
功率二极管	应用最广泛，几乎遍布车上所有电能变换和控制的场合
晶闸管	应用较少，多应用于电压调节或可控整流的场合
功率 MOSFET	多应用于低电压(如 12～650V)和小功率(如小于 10kW)场合
IGBT	多应用于高电压(如大于 650V)和大功率(数十千瓦至数百千瓦)场合

电动汽车常用的四种电力电子器件通常基于硅材料制造。目前，市场上已有很多基于碳化硅材料的功率肖特基势垒二极管(Schottky barrier diode, SBD)以及功率 MOSFET，但碳化硅晶闸管和 IGBT 较少。如图 2-1 所示，近年来在电动汽车领域，碳化硅功率肖特基势垒二极管有取代硅功率 PIN 或功率 MPS(混合 pin-Schottky，merged pin-Schottky)二极管的趋势，碳化硅功率 MOSFET 因其可用于高压场合而有取代硅 IGBT 的趋势。

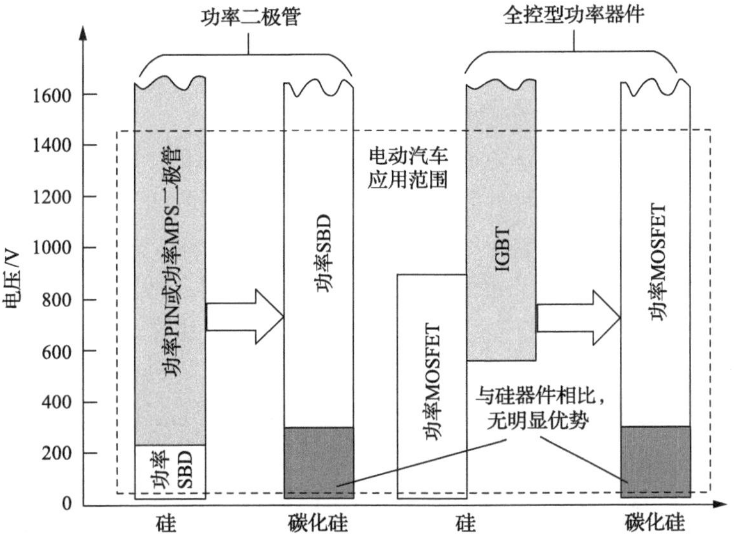

图 2-1 电动汽车电力电子器件发展趋势

电动汽车上使用的电力电子器件与其他工业领域用的电力电子器件在性能上具有较大区别。车用电力电子器件应用环境更为恶劣，车辆经常会处于高温、高湿、强振动、负载变化剧烈、电磁环境复杂，甚至高海拔的场合，因而电动汽车使用的电力电子器件要具有高结温、低通态损耗、长寿命、高可靠性等特点，同时要满足国内外相关汽车标准和规范的要求或通过相关认证。这就要求半导体厂商在材料选取、结构设计、制造工艺、型式试验等方面都要予以特殊考虑，如型式试验，对于普通工业用电力电子器件，一些测试项目的测试强度要比车用器件测试强度低很多，如有的器件厂商规定：对于热冲击测试(thermal shock test, TST)，工业级器件只需做 50 个循环，而汽车级的器件要做

1000个循环。还有的厂商规定：对于机械冲击(mechanical shock, MS)和振动(vibration, V)测试，工业级的器件是选做的，而汽车级器件是强制的。

车用电力电子器件与普通电力电子器件的工作原理和基本的电气特性没有区别。

2.2 功率半导体材料

2.2.1 半导体中的电子状态和能带

半导体是指导电性能介于导体和绝缘体之间的物质或材料，其电阻率为10^{-6}～$10^{8}\Omega\cdot m$。固体半导体材料分为晶体和非晶体，与此对应的半导体称为晶态半导体和非晶态半导体。组成晶体的原子(或离子)按一定的方式规则排列，具有一定的外形和固定的熔点。晶体又可以分为单晶体和多晶体。整个晶体由大量原子按一定的方式周期性重复排列而成的晶体是单晶体，单晶体的原子间距通常只有零点几纳米；多晶体由很多小晶粒无规则地杂乱结合而成，每个小的晶粒可以看成单晶体。制造半导体器件的材料多为单晶体，如金刚石(碳的同素异形体)、硅、锗、氮化镓、碳化硅、铝砷化镓等。其中，硅与锗等由单一元素构成，称为元素半导体；而氮化镓、碳化硅、铝砷化镓等是由两种或两种以上元素以确定的原子配比形成的化合物，称为化合物半导体。目前，单晶硅、单晶碳化硅是汽车电力电子器件的主要制造材料。

对于一个孤立的原子，其全部束缚电子按一定规律分布在距离原子核远近不同的分离轨道上。由于各轨道与原子核之间距离不同，各轨道上的电子因原子核静电吸引作用而具有不同的势能，因而核外电子的空间相对位置对应于一定的能量关系，也就是说核外电子按能级分布。当一个电子处于带电原子核影响范围之外，也就是在距离原子核无限远的位置时，其能级称为真空能级，这样的电子称为自由电子。可以用一组间隔不同的平行线来表示电子的能级，称为能级图。图2-2表示孤立硅原子模型及其核外电子的能级图，图2-2(b)中平行线之间的间隔大小表征相应轨道电子的势能之差。

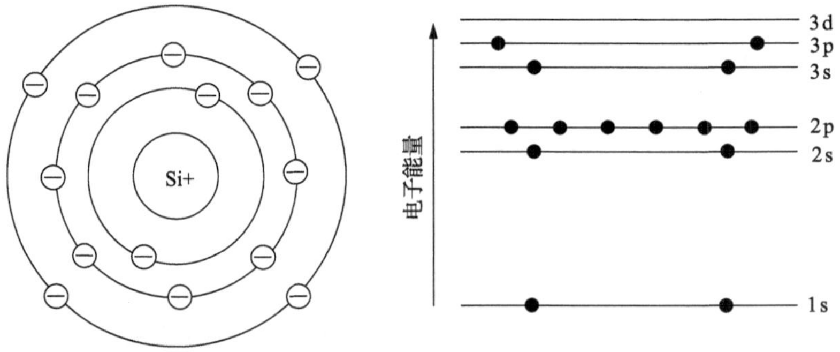

(a) 孤立硅原子的模型　　(b) 孤立硅原子核外电子的能级

图2-2　孤立硅原子模型及其核外电子的能级图

不同于孤立原子，晶体内部每个电子除受到自己所属原子核的作用外，还会受到其他原子核的库仑引力的作用，能级将发生分裂。晶体中有多少个原子，能级就会分裂为多少条。把由孤立原子的一条能级分裂而成的多个能级的集合称为能带，如图 2-3 所示。不同轨道上的电子受到其他原子核影响的程度是不同的，所以不同能级分裂而成的能带在疏密程度上也会不同。自由电子和外层束缚电子受其他原子核影响较强，因而分裂能级距离较大，能带也较宽；而内层束缚电子受其他原子核影响较弱，因而分裂能级很密集，能带较窄。轨道越是靠近原子核的电子越是如此，甚至可能“带状特征”不明显，与孤立原子的能级没有太大区别。可以近似认为，能级能够真正分裂为能带的只有自由电子和外层束缚电子。

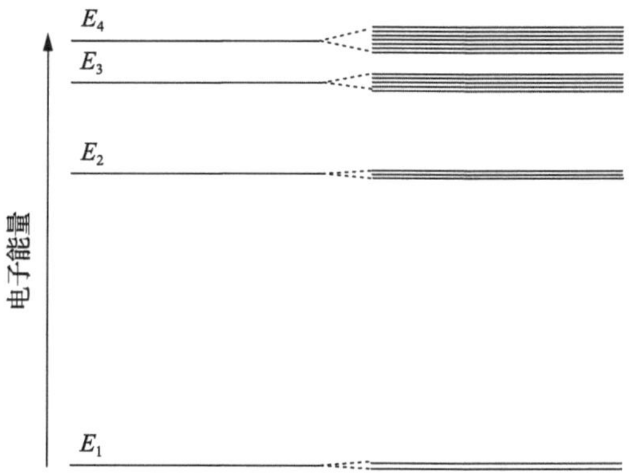

图 2-3 孤立原子的能级及其结合到晶体后对应的能带结构示意图

对于晶体，尽管电子的能级通过分裂扩展成能带，但能级之间的间隔不会因能带而完全填补，能带之间的间隙称为能隙或带隙，也称为禁带[2]。能级分裂成带且相邻能带之间被禁带隔开，是晶体中电子能量的表现形式。

以常见的半导体材料单晶硅为例，它由硅原子组成，通过两个硅原子共有的一对自旋相反配对的价电子形成的共价键把原子结合成晶体。硅原子之间的共价键方向呈四面体对称，即共价键是从正四面体中心原子指向四面体的四个顶角原子。如图 2-4 所示，当相邻的两个硅原子接近至晶格常数(在温度为 300K 时为 0.543nm)时，硅原子第三壳层

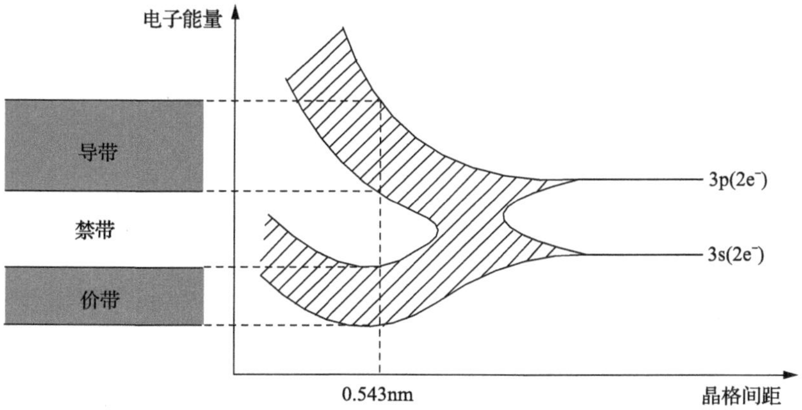

图 2-4 能带随硅原子距离减小而从离散能级中产生

3s 的两个电子和 3p 的两个电子的能级分裂为两个能带，这四个价电子都处于较低的能带，这个能带称为价带。而第三壳层可以容纳八个电子，另外的四个空态处于另外一个较高的能带，这个较高的能带称为导带。

2.2.2 禁带宽度与宽禁带半导体材料

图 2-5 是在一定温度(非 0K)下半导体的能带图，图中“●”表示价带中的电子，也是晶体中原子之间共价键上的电子。在 0K 时，这些电子填满价带中所有的能级。在一定温度下，共价键上的电子依靠热激发，有可能获得能量而脱离共价键，在晶体中自由运动，成为准自由电子。脱离共价键所需的最小能量为禁带宽度。价带和导带之间的禁带宽度 E_g 可以表示为

$$E_g=E_C-E_V \tag{2-1}$$

式中，E_C 为导带中的最低能量；E_V 为价带中的最高能量。室温下常见半导体材料的禁带宽度如表 2-1 所示。此外，室温下 Ge 的禁带宽度为 0.67eV；3C-SiC 的禁带宽度为 2.3eV；6H-SiC 的禁带宽度为 3.0eV；金刚石的禁带宽度可达 6～7eV。

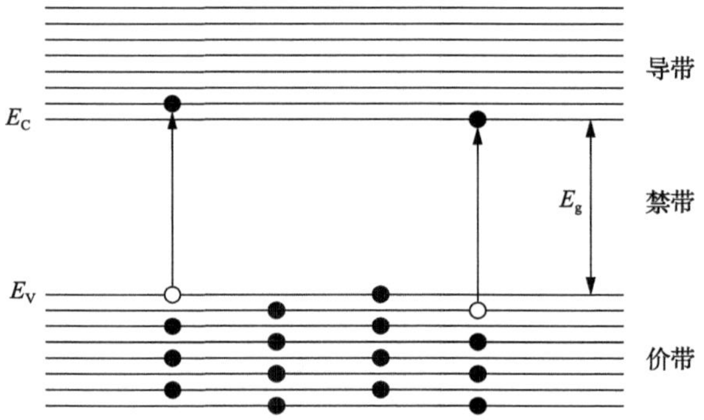

图 2-5　一定温度下半导体的能带

半导体材料的禁带宽度随着温度的变化而改变，在 0K 时，禁带宽度最大。温度越高，材料内部热运动越强烈，禁带宽度越小。图 2-6 为硅材料禁带宽度与温度的关系[3]。

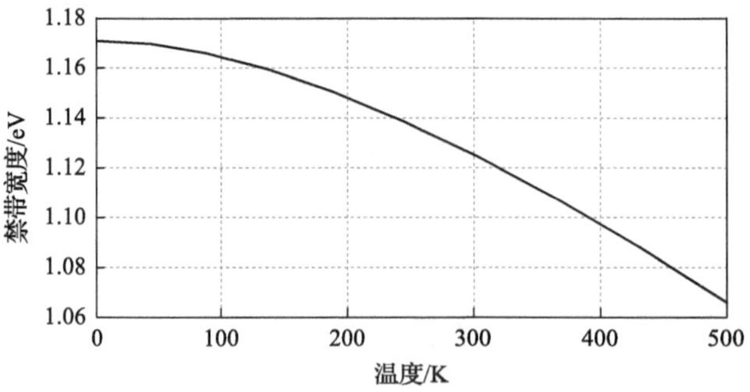

图 2-6　硅材料禁带宽度与温度的关系曲线

如果导带中没有价电子的存在，则材料不具有导电性。通过热振动、光照、电磁辐

射等，可以让电子获得更多的能量，使其可能从价带跃迁到导带，材料的导电性会得以提高。在绝缘材料中，禁带宽度非常大，电子需要很多能量才能从价带激发到导带。因而，这些材料在正常情况下几乎不传导电流。而对于金属来讲，价带和导带紧靠在一起甚至部分重叠，禁带宽度为零，导带中存在自由电子，因此金属不需给予能量就容易导电。

通常把室温下禁带宽度大于 2.0eV 的半导体材料归类为宽禁带半导体材料。与传统的硅半导体材料相比，宽禁带半导体材料除了具有较大的禁带宽度外，还具有高热导率、高电子饱和漂移速度、高击穿电压及较好的物理和化学稳定性等优点。以碳化硅为代表的宽禁带半导体材料制造的电力电子器件，已引起汽车领域相关研究人员和广大学者的极大关注，一些碳化硅器件已经在汽车上得到应用并且具有较好的应用前景。碳化硅是硅和碳的唯一稳定化合物，具有很高的热稳定性，常压常温下不熔化，加热至 2300℃左右即升华；碳化硅是目前所知硬度最高的物质之一，具有多种同质异构体，在任一种异构体中，每一个碳原子有 4 个邻近的硅原子，每一个硅原子周围也有 4 个邻近的碳原子。每个原子与 4 个邻近的原子通过 sp^3 共价键形成一个正四面体。通常用英文字母 C、H 和 R 分别表示碳化硅的立方体、六方体和菱形晶格结构，如 3C 代表周期为 3 层 Si-C 原子密排层堆积形成的立方体晶格结构、4H 代表周期为 4 层 Si-C 原子密排层堆积形成的六方体晶格结构。常见的碳化硅同质异构体有 3C-SiC、4H-SiC 和 6H-SiC 三种。除碳化硅外，常见的宽禁带半导体材料还有氮化镓、金刚石等。

2.2.3 本征半导体和杂质半导体

1. 本征半导体

纯净的、没有杂质的、没有晶体缺陷的半导体，称为本征半导体(intrinsic semiconductor)。对于本征半导体，当价带上的电子获得能量跃迁到导带后，如果对其施加电压，电子就会在晶体中产生运动，形成电流。同时，当电子跃迁到导带后，在价带上出现了电子的空位，这些空位就像带正电荷的粒子镶嵌在晶体中，称为空穴。通过能量激发到导带的电子和留在价带的空穴是成对出现的，这样的电子和空穴一起称为电子-空穴对(electron-hole pair，EHP)。图 2-7 显示电子-空穴对产生之后在能带图中的情况，图中价带

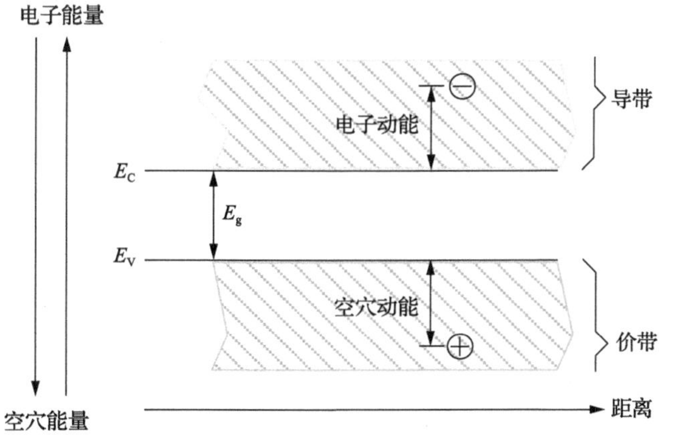

图 2-7 电子-空穴对产生之后在能带图中的情况

的上边界表示为 E_V，导带的下边界表示为 E_C，根据式(2-1)，使电子从价带激发到导带，吸收的最小能量就是禁带宽度 E_g。位于能带边界的电子或者空穴具有最小的能量，否则会进入另外一个能带。电子具有更多的能量时，意味着其除具有势能外，还具有动能，它就在导带中处于更高的位置；类似地，空穴具有更多的能量时，它在价带中处于更低的位置。

按照前面的电子-空穴对产生的机理，本征半导体中的电子浓度和空穴浓度相等。因此，本征半导体也可以定义为不产生多余电子或空穴、电子和空穴浓度始终相等的半导体。本征半导体中杂质的浓度远小于半导体价带中空穴的浓度或导带中电子的浓度。

若用 n 和 p 分别表示电子和空穴的浓度，则对于本征半导体，存在

$$n = p = n_i \tag{2-2}$$

式中，n_i 为本征半导体中载流子浓度，也称为本征载流子浓度或载流子的本征浓度。载流子的本征浓度具有以下特性。

(1) 载流子的本征浓度 n_i 随温度的升高而迅速增加。由于本征浓度随温度的变化而迅速变化，用本征半导体材料制作的器件的性能很不稳定，所以制作半导体器件一般采用含有适当杂质的半导体材料。同时，半导体材料禁带越宽，其本征浓度升高到一定程度需要的温度越高，因此宽禁带半导体材料适合于制作耐高温器件。

(2) 对于不同半导体材料，在同一温度 T 下，禁带宽度 E_g 越大，本征浓度 n_i 越小。因此，禁带宽度较大的半导体材料具有更好的绝缘性能。

2. 杂质半导体

在常温下，本征半导体中只有为数较少的电子-空穴对参与导电过程，且一些电子遇到空穴后重新恢复共价键电子结构，因此本征半导体导电能力很弱或者可认为是不导电的。为了增加半导体的导电能力，一般会在Ⅳ价本征半导体材料中掺入一定比例的Ⅲ价元素或者Ⅴ价元素的杂质。这些添加的杂质和周围的Ⅳ价元素晶体组成共价键后，会出现多余的电子或空穴，从而使半导体出现明显的导电特性。这种在本征半导体中有目的地混入其他元素杂质的行为称为掺杂。

掺杂了其他元素杂质的半导体称为杂质半导体(doped semiconductor)。可以通过扩散法、外延生长法和离子注入法等方法实现半导体的掺杂。杂质半导体有两种，即 N 型半导体和 P 型半导体。本征半导体掺杂其他元素杂质后，电子浓度和空穴浓度相等的格局将被打破，如果电子浓度大于空穴浓度，则为 N 型半导体，电子对流过半导体的电流贡献大；反之，如果电子浓度小于空穴浓度，则为 P 型半导体，空穴对流过半导体的电流贡献大。

在硅晶体中掺杂Ⅴ价元素杂质，如磷(P)、砷(As)、锑(Sb)、铋(Bi)等形成 N 型半导体，这些Ⅴ价元素称为施主元素(donor element)。在硅晶体中掺杂Ⅲ价元素杂质，如硼(B)、镓(Ga)、铟(In)等形成 P 型半导体，这些Ⅲ价元素称为受主元素(acceptor element)。

应该指出，N 型半导体中也会因为共价键断裂而产生少量的空穴，只是电子的浓度要远高于空穴的浓度。对于 N 型半导体，把电子称为多数载流子，把空穴称为少数载流

子；而对于P型半导体，多数载流子则是空穴，少数载流子是电子。

在能级图中，施主元素拥有更接近于导带的能级，受主元素的能级则更接近于价带。图2-8为Si和4H-SiC的不同掺杂元素的能级示意图。

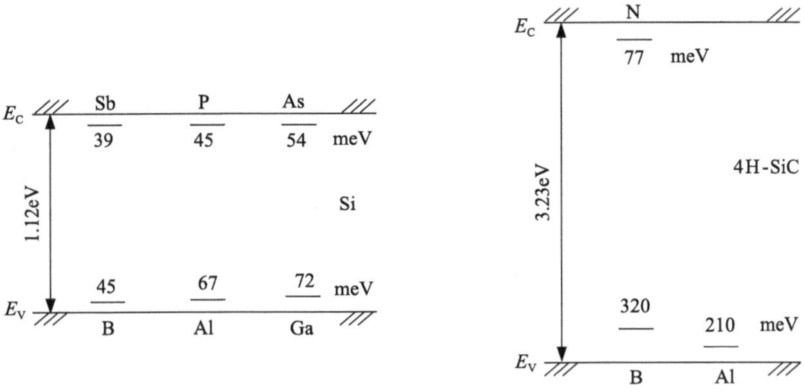

(a) 不同掺杂元素在Si中的能级　　(b) 不同掺杂元素在4H-SiC中的能级

图2-8　不同掺杂元素在Si和4H-SiC中的能级

在半导体器件的结构原理图上，往往用 N^-、P^-、N、P、N^+及 P^+来表示掺杂浓度的不同，其代表的含义如下[3,4]：N^-、P^-代表的掺杂浓度为 10^{12}～$10^{14}cm^{-3}$；N、P代表的掺杂浓度为 10^{15}～$10^{18}cm^{-3}$；N^+、P^+代表的掺杂浓度为 10^{19}～$10^{21}cm^{-3}$。

2.3　功率二极管

二极管是由一个PN结构成或由金属和半导体接触形成的结构简单的器件，对外呈现出单向导电性。功率二极管具有高阻断电压以及大导通电流的高功率特征，在结构和外形上与普通的小功率二极管具有明显的差别，其电气符号如图2-9(a)所示。功率二极管的伏安特性曲线如图2-9(b)所示，图中 U_{TH} 为正向导通阈值电压，U_{BD} 为反向击穿电压。

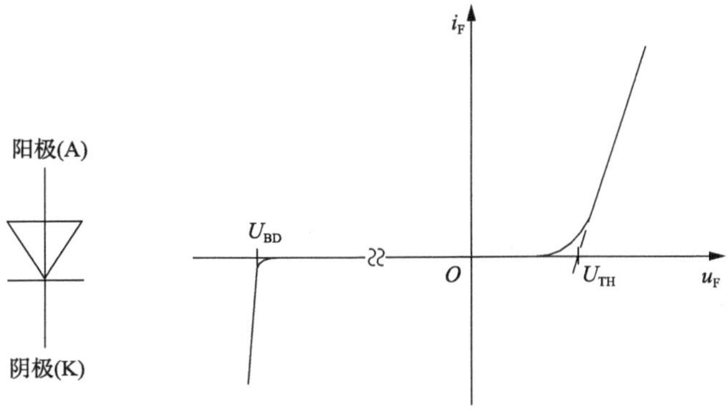

(a) 电气符号　　(b) 伏安特性曲线

图2-9　功率二极管电气符号与伏安特性曲线

目前用来制造功率二极管的半导体材料主要是硅、砷化镓和碳化硅。从工作原理或结构上可以将功率二极管分为功率 PIN 二极管、功率 SBD 和功率 MPS 二极管。图 2-10 给出了三种功率二极管的结构。

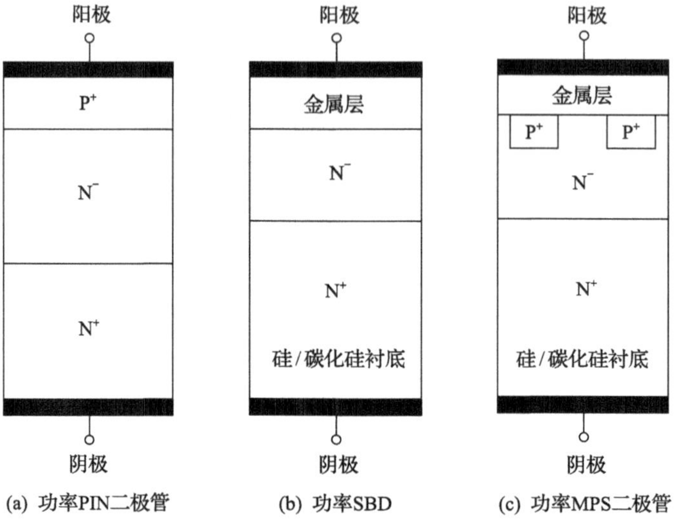

图 2-10 功率二极管的结构

1. 功率 PIN 二极管

功率二极管普遍采用 $P^+N^-N^+$结构，如图 2-10(a)所示。采用这种结构的原因有两个：一是为了获取较高的阻断电压，PN 结的一侧应采用轻度掺杂，相比较而言，在 N 侧采用轻度掺杂工艺更可行；二是采用 N 区轻度掺杂后，即成为 N^-区后，其与金属连接会有较大的接触电阻，为了降低接触电阻，N^-区又增加一个高度掺杂区域 N^+区，再让其与金属相连接。在二极管正向偏置情况下，P^+区和 N^+区分别向 N^-区注入大量空穴和电子，使 N^-区呈现导电行为，而 N^-区本身的空穴和电子对导电行为没有明显的影响，这使得 N^-区和没有掺杂的本征半导体类似，因此具有 $P^+N^-N^+$结构的二极管也称为 PIN 二极管(这里的 I 代表 intrinsic)。功率 PIN 二极管具有耐压高、正向导通电流大、导通压降低、反向漏电流小等优点，但存在较长的反向恢复过程和较大的反向恢复损耗，比较适合于低频大功率电路。

温度会对功率 PIN 二极管的正向压降产生重要影响。小电流情况下，正向压降会随着温度的升高而降低。一些功率 PIN 二极管不同温度的正向伏安特性是一簇向上的没有交点的曲线；而另外一些功率 PIN 二极管不同温度的正向伏安特性曲线会产生交点。图 2-11 给出了这两种情况下的功率 PIN 二极管正向偏置下伏安特性和温度的关系。有交点的情况意味着在大电流条件下，功率 PIN 二极管的正向导通压降具有正的温度系数，这种功率 PIN 二极管适合于并联使用。

虽然功率 PIN 二极管的正向导通压降很小，但在实际应用中，必须考虑功率 PIN 二极管通态压降引起的损耗和热效应。

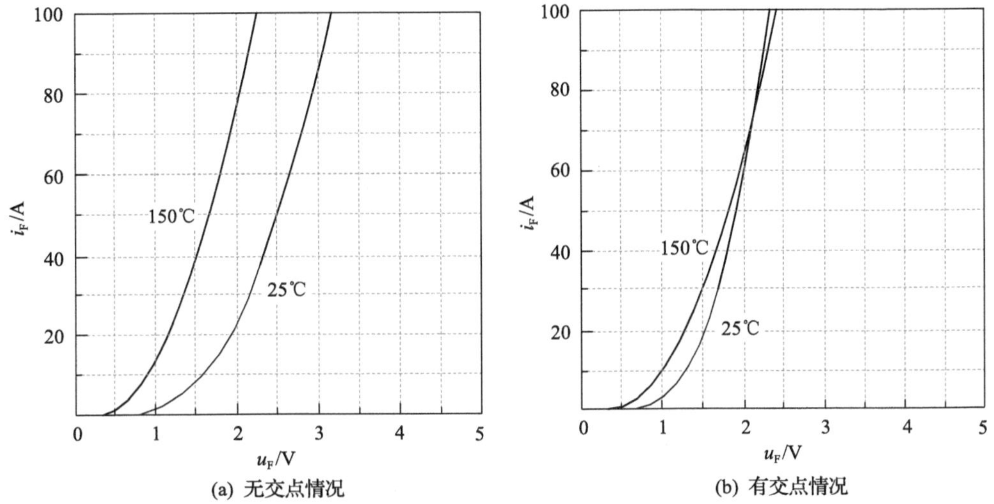

图 2-11　功率 PIN 二极管正向偏置下伏安特性和温度的关系

由反向截止到正向导通或由正向导通到反向截止的电压、电流和时间的关系称为功率二极管的开关特性。对于电动汽车中常见的感性负载电路，功率 PIN 二极管的开关过程电压、电流曲线如图 2-12 所示。

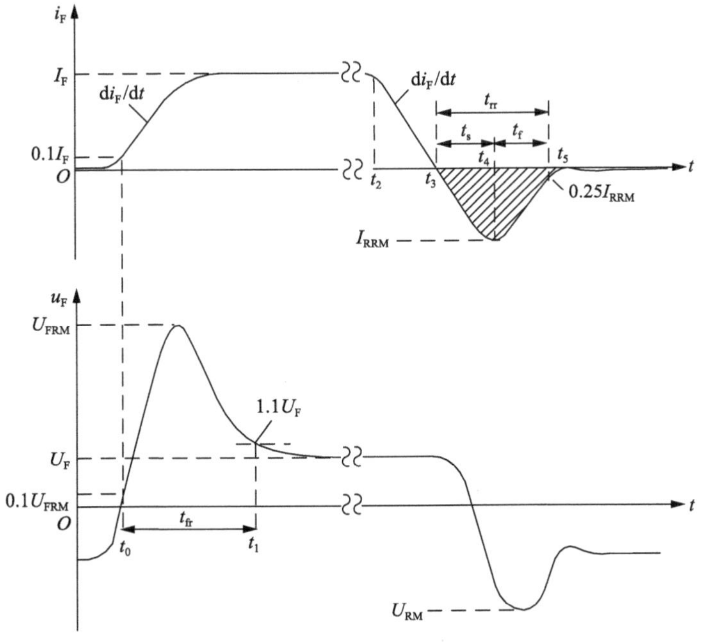

图 2-12　功率 PIN 二极管的开关过程电压和电流曲线

功率 PIN 二极管由反向截止到正向导通的过程中，流过功率 PIN 二极管的电流的上升率 di_F/dt 与外电路参数有关，随着 i_F 的上升，功率 PIN 二极管的正向压降会逐渐达到峰值 U_{FRM}，然后才趋向于接近稳态导通压降 U_F。在功率 PIN 二极管导通过程中，时间 $t_{fr}=t_1-t_0$ 称为功率 PIN 二极管的正向恢复时间[5]。图 2-12 中上冲电压 U_{FRM} 称为正向恢复峰值电压。较大的 U_{FRM} 会增加二极管开通过程中的损耗；此外，如果功率 PIN 二极管用于续流而与IGBT等开关器件并联时，过高的 U_{FRM} 可能会造成IGBT的反向击穿而使之损坏。

功率二极管由正向导通到反向截止的过程中，并不能马上关断，而是需要经过一段时间后才能恢复反向阻断能力，这个过程称为反向恢复。图 2-12 中，由于外电路存在电感，随着反向电流的下降，功率二极管两侧会形成较大的反向过冲电压 U_{RM}；I_{RRM} 为反向恢复峰值电流，时间 $t_{rr}=t_s+t_f$ 定义为反向恢复时间，其中 t_s 为延迟时间，而 t_f 为电流下降时间。对于电流下降时间的截止点，有的文献定义为 $0.25I_{RRM}$ 对应的时间点，而有的文献定义为 I_{RRM} 与 $0.25I_{RRM}$ 两点做连线与时间轴的交点。在工程实践中，应以器件厂商给出的数据说明为准。反向恢复时间表征二极管从导通状态恢复到具有阻断能力的快慢程度。对于一些高频工作场合，要求二极管的反向恢复时间尽可能短，这时需要选取快恢复二极管（$t_{rr}\leqslant 5\mu s$）或超快恢复二极管（$t_{rr}\leqslant 100ns$）。图 2-12 中阴影部分的面积，也就是 t_{rr} 时间内反向电流的积分 $Q_{rr}\approx I_{RRM}\,t_{rr}/2$，称为反向恢复电荷。

2. 功率 SBD

金属和半导体接触后，会形成肖特基势垒，从而具有单向导电性。利用此机理制作的功率 SBD 的反向恢复特性较好，适合于高频整流或高频通断的场合。和功率 PIN 二极管相比，采用硅材料的功率 SBD 更容易受热击穿，其反向漏电流也较大，一般耐压在200V 以下。采用碳化硅材料的功率 SBD 可以用于高温、高电压环境中，耐压超过了 1000V，更适合应用于高电压等级的电动汽车动力系统。

功率 SBD 的结构如图 2-10（b）所示，普遍采用金属与 N 型半导体形成。功率 SBD 结构采用高掺杂的 N^+半导体作为衬底，并在其上通过外延工艺形成低掺杂的 N^-区，然后在半导体表面形成大面积的金属-半导体非欧姆接触。

功率 SBD 是多数载流子导电器件，也就是说其正向电流是由多数载流子传导形成的，因而不存在少数载流子寿命和电荷存储的问题。由于其关断过程不受电荷存储的影响，因此反向恢复时间较短，一般为几十纳秒。由于功率 SBD 的导通和关断速度非常快，开关损耗小，因此比较适合高频应用。另外，肖特基势垒高度要低于 PN 结势垒高度，因此功率 SBD 导通时需要的阈值电压以及导通压降普遍低于功率 PIN 二极管。

基于硅材料制作的功率 SBD 的伏安特性具有负的温度系数，不适于并联使用。对于需要并联的场合，应尽量使用参数一致性较好的器件并做到降额使用。

制作碳化硅功率 SBD 的材料普遍采用具有 3.26eV 禁带宽度的 4H 同质异构体碳化硅。与硅功率 SBD 相比，碳化硅功率 SBD 具有如下优点。

（1）碳化硅的禁带宽度近似为硅的 3 倍，所以碳化硅功率 SBD 具有很小的反向电流，并且随着温度的升高，反向电流上升得很小。

（2）碳化硅的临界击穿电场强度为硅的 9～10 倍，在提高阻断电压的同时，还可能降低半导体的宽度，因此，碳化硅功率 SBD 的导通阻抗会明显降低，相应地，导通压降也会降低。

（3）碳化硅的导热系数为硅的 2～3 倍，因而对于相同表面积的半导体器件，碳化硅功率 SBD 的热阻会较低。

(4) 碳化硅功率 SBD 反向恢复电荷很少，反向恢复时间可以低于 15ns，并且反向恢复时间随温度的改变而变化得很小，开关损耗非常低，具有非常好的反向恢复特性。图 2-13 给出了具有快恢复特性的快恢复硅功率 PIN 二极管和与之耐压、耐流能力相同的碳化硅功率 SBD 的反向恢复过程对比测试结果[6]，二者的反向测试电压均为 400V。

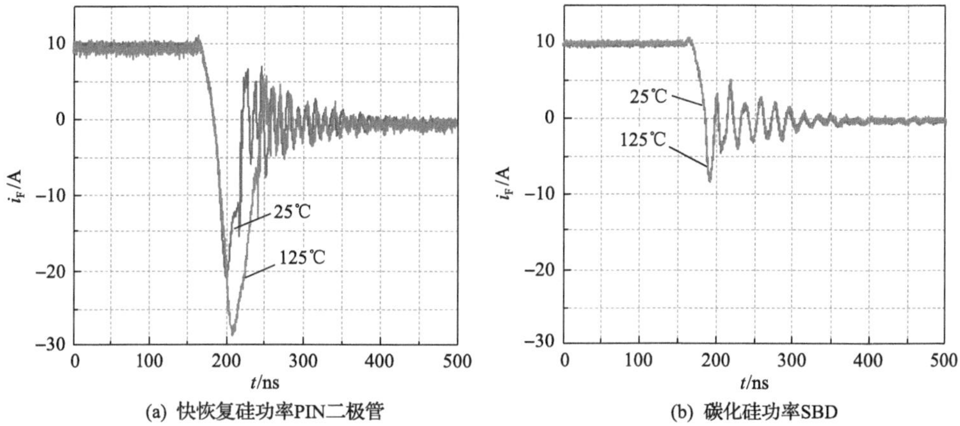

图 2-13　不同温度下快恢复硅功率 PIN 二极管与碳化硅功率 SBD 的反向恢复特性

(5) 碳化硅功率 SBD 具有更高的结温 (可高于 200℃)，更适合车用环境。碳化硅功率 SBD 在正向小电流下，正向压降随温度的升高而降低，但在大电流下，正向压降会随温度的升高而增加，图 2-14 给出了碳化硅功率 SBD 在 25℃和 125℃下的伏安特性曲线[7]。由于在大电流条件下，碳化硅功率 SBD 的正向导通压降具有正的温度系数，因此碳化硅功率 SBD 非常适合于并联使用。这为在电动汽车上采用碳化硅功率 SBD 替代快速恢复二极管 (FRD) 甚至替代大功率 PIN 二极管提供了有利条件。

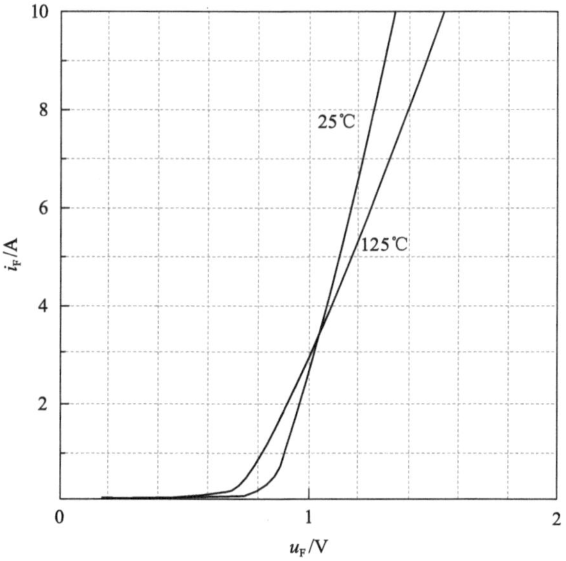

图 2-14　不同温度条件下碳化硅功率 SBD 的伏安特性

目前限制碳化硅功率 SBD 在电动汽车上大规模应用的原因主要有两个：一是碳化硅

功率 SBD 的材料和制造成本要高于硅器件；二是碳化硅功率 SBD 相关工艺和技术正在发展中，碳化硅功率 SBD 的耐压已经可以满足车用动力系统需求，但其耐流能力偏弱，多数情况下需要并联使用，这不利于提高部件的功率密度，此外市场上可供选择的功率 SBD 较少。

3. 功率 MPS 二极管

功率 MPS 二极管结构如图 2-10(c)所示。功率 MPS 二极管是在功率 SBD 的基础上集成了功率 PIN 二极管而形成的器件。功率 MPS 二极管是在 SBD 的阳极增加了 P^+区，形成了功率 PIN 二极管与功率 SBD 并联的结构。

在大电流下，耐压较高的功率 SBD 的漂移区(N^-区)较宽且电阻率很高，会产生较大的导通压降。而引入 PIN 结构后，电导调制作用会降低器件在大电流下的电压降。但在小电流下，由于功率 SBD 开启电压比 PN 结低，正向电流将通过功率 SBD 通道。因此，如图 2-15 所示，功率 MPS 二极管在低电流密度下呈现出功率 SBD 的伏安特性，而在高电流密度下则具有类似功率 PIN 二极管的伏安特性。

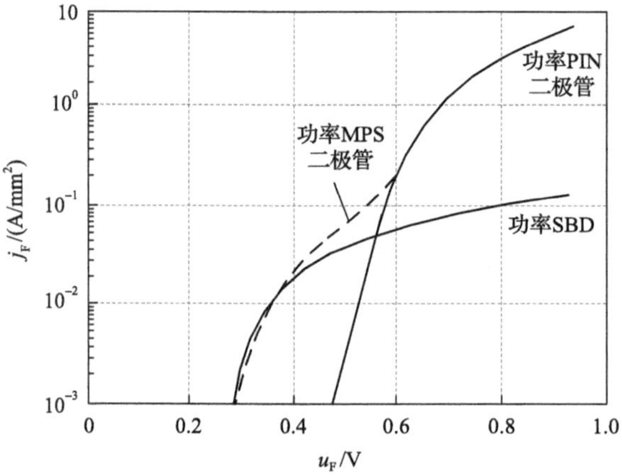

图 2-15　功率 MPS 二极管电流密度-电压曲线

功率 PIN 二极管由于正向导通时漂移区(N^-区)存储的额外的载流子密度较大而使反向恢复电流较大，反向恢复时间较长。而功率 MPS 二极管注入的少子浓度远低于功率 PIN 二极管，在反向恢复时，这部分额外载流子被抽取的时间较功率 PIN 二极管要短，所以功率 MPS 二极管反向恢复时间较短。相对于功率 PIN 二极管，功率 MPS 二极管在关断时间上具有明显的优势。

当功率 MPS 二极管反向偏置时，PN 结和肖特基的耗尽区随反向偏置电压的升高向漂移区内部扩展。随着反向偏置电压的进一步升高，所增加的电压都将落在 PN 结的空间电荷区上，因此屏蔽了外加反向电压对肖特基势垒的影响，肖特基势垒不再展宽，降落在其上的电压也将不再变化，电场强度也不再进一步增加。功率 MPS 二极管的反向阻断能力类似于功率 PIN 二极管。

因此，功率 MPS 二极管同时具有功率 PIN 二极管正向大电流导通时的电导调制作用下的低电阻、低导通压降以及反向偏置时的耐高压、低漏电流的优点和功率 SBD 的反向恢复时间短、开关速度快的优点。

与功率 MPS 二极管结构类似的二极管还有功率结型肖特基势垒二极管(junction barrier SBD, JBS)。功率 JBS 也是由功率 SBD 与功率 PIN 二极管结合构成，综合了功率 SBD 的高速和快恢复特性以及功率 PIN 二极管的高击穿电压特性，因此一些文献对功率 MPS 二极管和功率 JBS 两种二极管并不加以严格区别。但从设计角度而言，功率 JBS 更希望通过功率 PIN 结构防止反向阻断时肖特基势垒的降低，进而获得较小的漏电流；而功率 MPS 二极管更倾向于获得更高的反向阻断电压。

基于碳化硅材料制作的功率 SBD，其耐压已经可以满足电动汽车的需要，随着其耐流能力的提高，会逐渐取代功率 PIN 二极管、功率 MPS 二极管/功率 JBS 在电动汽车上的应用。

2.4 晶 闸 管

晶闸管又称为可控硅整流器(silicon controlled rectifier, SCR)，是高电压、大电流电力电子器件的代表，器件从导通到关断的唯一途径是电流的自然换相，即通过改变电流方向或使电流减小至接近零来关断，因此使用范围受到限制。在电动汽车领域，晶闸管主要应用于串联混合动力汽车动力系统、传导或无线充电系统等场合。目前车上使用的晶闸管所采用的半导体材料主要是硅。

2.4.1 晶闸管的结构与触发

如图 2-16(a)所示，晶闸管是 PNPN 四层的电力电子器件。图 2-16(b)所示为晶闸管的等效结构，从结构上可以看出，晶闸管共有三个 PN 结：J_1、J_2 和 J_3。图 2-16(c)为晶闸管的电气符号，图中阳极、阴极和门极(控制极)通过金属连接与对应的半导体层相连。

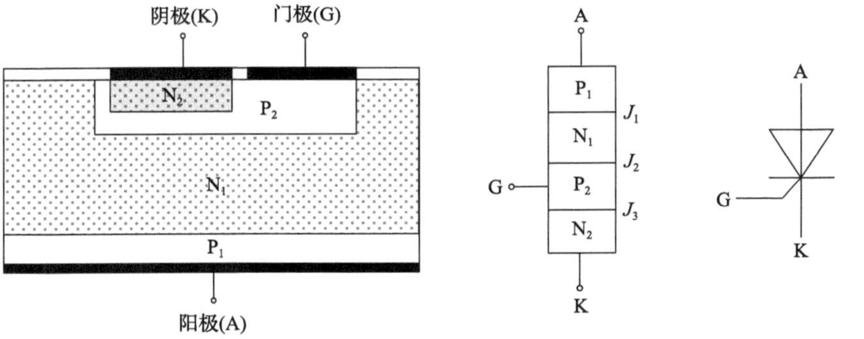

(a) 结构　(b) 等效结构　(c) 电气符号

图 2-16 晶闸管结构和电气符号

对于如图 2-16(b)所示的晶闸管等效结构，如果正向电压(阳极电位高于阴极电位)加到器件上，则 J_2 处于反向偏置状态，器件 A、K 两极之间处于阻断状态，只能流过很小的漏电流。如果反向电压(阴极电位高于阳极电位)加到器件上，则 J_1 和 J_3 处于反向偏置状态，该器件也处于阻断状态，仅有极小的反向漏电流通过。因此，晶闸管可以工作在双向阻断状态。

晶闸管从断态到通态的过程称为晶闸管的触发。晶闸管正常的触发需要两个条件：一是阳极和阴极之间施加正向电压；二是在晶闸管门极施加触发电流，即门极和阴极之间也需要施加正向电压。一旦晶闸管导通，即使门极电流降为 0，晶闸管仍会导通。而若要使晶闸管关断，必须设法使流过晶闸管的电流降低到接近于零的某一数值之下。因此，通过门极只能控制晶闸管导通，不能控制其关断。

晶闸管在以下几种情况下也可能被触发导通。

(1) 阳极电压升高至相当高的数值造成雪崩效应，使 PN 结 J_2 击穿，从而造成晶闸管的导通。

(2) 阳极电压上升率 du/dt 过高，由于 PN 结结电容的存在，将流过一定的充电电流，进而使晶闸管导通。

(3) 结温较高，使反向饱和电流或漏电流增加到一定程度时，会使晶闸管导通。

这三种导通都是不加门极信号时发生的，在实际应用中应该尽量避免。此外，若光直接照射 PN 结 J_2，会使漏电流增加而导致晶闸管由断态转入通态，这种触发叫光触发。

2.4.2 晶闸管的伏安特性与开关特性

1. 晶闸管的伏安特性

晶闸管的伏安特性，即静态特性如图 2-17 所示，其主要特征如下：

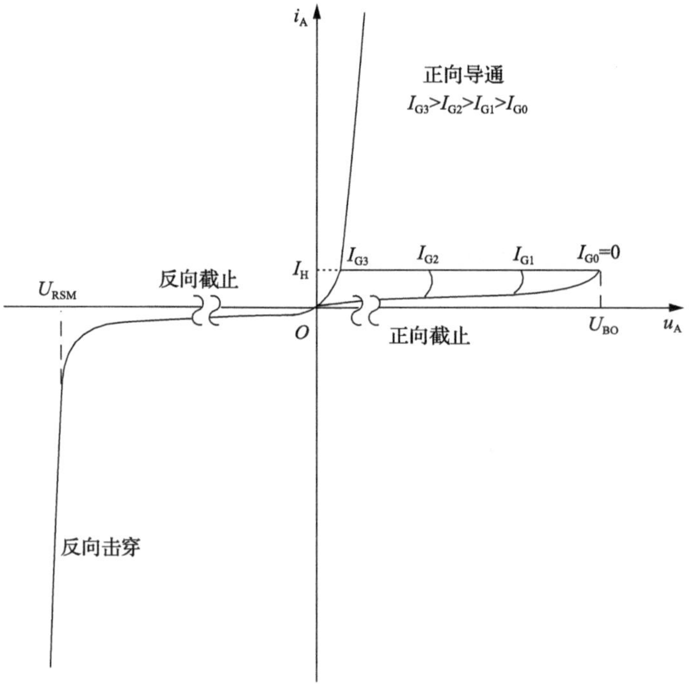

图 2-17 晶闸管的伏安特性

(1) 当晶闸管承受正向电压且门极电流 $i_G=I_{G0}=0$ 时，晶闸管处于正向截止状态，只有很小的正向漏电流流过；当正向电压加大到 U_{BO} 时，PN 结 J_2 发生反向击穿，经过晶闸管的正向电流急剧增大，晶闸管正向导通。

(2) 当晶闸管承受正向电压且门极电流 $i_G>0$ 时，晶闸管由截止到导通的转折点电压随着门极电流 i_G 的增加而减小。

(3) 晶闸管一旦导通，其特性就与功率二极管的特性非常类似。晶闸管的正向导通压降一般为 1～3V[8]。

(4) 晶闸管导通以后，逐渐减小正向阳极电流 i_A，当 i_A 小于某一临界值时，晶闸管由导通变阻断。

(5) 当晶闸管承受反向电压时，晶闸管的特性与功率二极管的特性类似。正常情况下，此时晶闸管总处于阻断状态。当反向电压增加到反向击穿电压（或反向不重复峰值电压）U_{RSM} 时，晶闸管反向漏电流迅速增大，此时晶闸管反向击穿，会导致晶闸管损坏。

2. 晶闸管的开关特性

晶闸管开通和关断过程的电压和电流波形如图 2-18 所示，其主要特征如下：

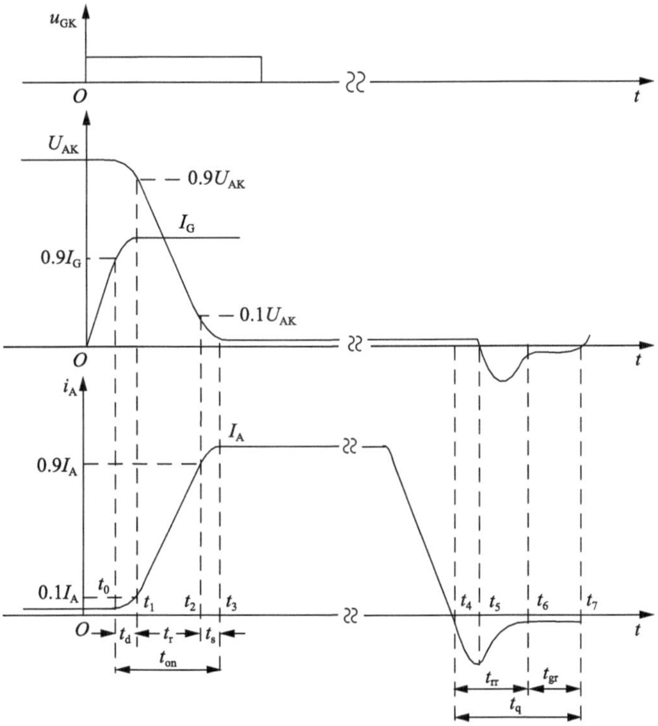

图 2-18　晶闸管开通和关断过程的电压和电流

(1) 在开通过程中，晶闸管受到触发后（图 2-18 中，门极电流上升到稳态值的 90%，即 t_0 时刻），其阳极电流增长的同时伴随着晶闸管阳极和阴极之间电压的下降。从 t_0 时刻开始，到阳极电流上升到阳极电流稳态值 I_A 的 10%（t_1 时刻）这段时间称为延迟时间，通

常用 t_d 表示；阳极电流从 $0.1I_A$ 上升到稳态值的 90%，也就是 $0.9I_A$（t_2 时刻）所需的时间称为上升时间，通常用 t_r 表示；阳极电流从 $0.9I_A$ 上升到稳态值 I_A（t_3 时刻）所需的时间称为扩散时间，通常用 t_s 表示。开通时间 t_{on} 定义为延迟时间、上升时间和扩散时间之和，即

$$t_{on} = t_d + t_r + t_s \tag{2-3}$$

晶闸管的延迟时间 t_d 随门极电流的增大而减小，而上升时间 t_r 和扩散时间 t_s 除与晶闸管的自身特性有关外，还受到外电路电感大小的影响。此外，提高阳极和阴极之间的电压有利于降低开通时间 t_{on}。

(2) 在关断过程中，晶闸管的电压和电流波形与功率二极管情况比较类似。从正向电流降为零开始，到反向恢复电流衰减至接近于零的时间定义为晶闸管的反向阻断恢复时间，通常用 t_{rr} 表示；反向恢复过程结束后，晶闸管要恢复其对正向电压的阻断能力还需要一段时间，这段时间称为正向阻断恢复时间或门极恢复时间，通常用 t_{gr} 表示。在 t_{gr} 内如果重新对晶闸管施加正向阳极电压，晶闸管还没有恢复到原来的阻断状态就会重新正向导通，而与有无门极电流没有关系。定义晶闸管的电路换向关断时间 t_q 为 t_{rr} 与 t_{gr} 之和，即

$$t_q = t_{rr} + t_{gr} \tag{2-4}$$

在实际应用中，在晶闸管的电路换向关断时间 t_q 内应对晶闸管施加反向电压，使晶闸管充分恢复其对正向电压的阻断能力，这样才能保证电路可靠工作。与电压、电流等电气参数接近的功率二极管比较，晶闸管的反向恢复时间要长得多。除受外电路电感影响外，晶闸管的电路换向关断时间 t_q 与正向电流、温度和正向电压上升率等有关。对于电动汽车应用场合，晶闸管的阻断电压通常低于 1.2kV，t_q 一般低于 200μs。对于高频工作需求，应选用快速晶闸管或其他类型的电力电子器件。

2.5 功率金属-氧化物-半导体场效应晶体管

功率金属-氧化物-半导体场效应晶体管即功率 MOSFET，因具有工作频率高、驱动控制功率小、安全工作区（safe operating area, SOA）宽、易并联使用、应用成本低等优点，是电动汽车上应用最为广泛的电力电子器件。

通常采用硅或碳化硅、氮化镓等半导体材料制作功率 MOSFET。硅功率 MOSFET 存在耐压低、导通电流小的弱点，所以在电动汽车动力系统中多用于电压在 600V 以下、功率低于 10kW 的场合。而碳化硅功率 MOSFET 则可以用于高电压动力系统，并有取代 IGBT 的趋势。

功率 MOSFET 有许多类型，电动汽车上多采用 N 沟道增强型功率 MOSFET 作为功率开关器件，下面也以此进行介绍。

2.5.1 功率 MOSFET 的结构与原理

1. 功率 MOSFET 的结构

功率 MOSFET 是一个三端器件，三端分别是栅极（又称门极，G）、漏极（D）和源极（S）。功率 MOSFET 的“MOS”是指其器件栅极处的顶层金属-中间层的氧化物-底层的半导体形成的结构。功率 MOSFET 栅极顶层多采用重掺杂的多晶硅或金属多晶硅合金（也称硅化物）；中间层的氧化物一般为二氧化硅（SiO_2），也可以为其他绝缘材料；半导体材料普遍采用硅，也可以采用 GaAs、GaN、SiC 等。这种“MOS”结构形成了一个“电容器”，电容器的两极分别为金属层和半导体层，而两层之间的氧化物相当于“电容器”的电解质。

功率 MOSFET 具有多元集成结构，一个器件由许多个小的 MOSFET 元胞并联组成，这样可以增加电流容量，降低通态电阻。

一些小功率集成芯片形式的功率 MOSFET 采用横向双扩散导电结构，这种功率 MOSFET 简称 LD-MOSFET。而较大功率的功率 MOSFET 则普遍具有垂直导电结构，最具有典型性以及应用比较多的是垂直双扩散 MOSFET（vertical double-diffused MOSFET, VDMOSFET）。

图 2-19 为 N 沟道增强型功率 MOSFET 的内部结构和电气符号。从图中可以看出，功率 MOSFET 具有 $N^+P^+N^-N^+$四层半导体结构。当功率 MOSFET 导通时，漏极电流 i_D 在 D 和 S 之间流过，G 和 S 之间的电压 U_{GS} 的大小可以控制功率 MOSFET 的导通与关断。

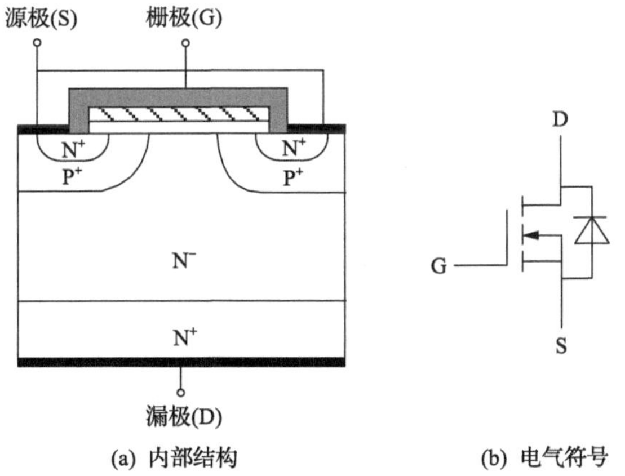

图 2-19 N 沟道增强型功率 MOSFET 的内部结构和电气符号

2. 功率 MOSFET 的工作原理

图 2-20（a）中，若漏极与源极之间施加一个正向电压 U_{DS}（电压方向：从漏极到源极），而栅极和源极间电压 U_{GS} 为零，则 N^-区和 P^+区之间的 PN 结 J_1 反向偏置，因此漏源极之间无电流流过，功率 MOSFET 处于阻断状态。当 U_{DS} 大于 J_1 的反向击穿电压时，功率 MOSFET 的漏源极之间发生击穿，漏极电流急剧增大。

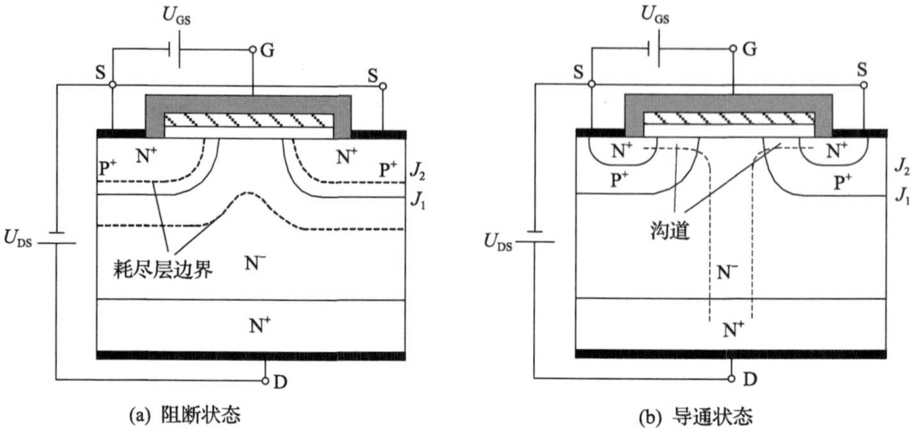

图 2-20 功率 MOSFET 的工作原理

如果在栅极和源极之间施加反向电压，即 $U_{GS}<0$，MOS 电容电场方向为半导体指向金属层，半导体内的多数载流子，即空穴在电场的作用下汇集到半导体内氧化物一侧，此时在氧化物一侧的半导体表面多数载流子的浓度高于平衡时($U_{GS}=0$ 时)多数载流子的浓度，进而在半导体表面形成了一个具有一定厚度的空间电荷区，称为累积区或增强层。累积区随着外加反向电压的增大而扩大。

如果在栅极和源极之间加正电压，即 $U_{GS}>0$，MOS 电容电场方向为金属层指向半导体，半导体内的多数载流子，即空穴在电场的作用下远离半导体内氧化物一侧，此时在氧化物一侧的半导体表面多数载流子的浓度低于平衡时($U_{GS}=0$ 时)多数载流子的浓度，进而在半导体表面形成了一个耗尽层。

当栅极和源极之间施加的正电压 U_{GS} 达到某一值(栅极阈值电压 $U_{GS(th)}$)时，在电场的作用下，不但把半导体表面的空穴推向半导体深处，而且把半导体内的电子吸引到半导体表面，这样靠近二氧化硅层下的 P^+区表面的电子浓度将超过空穴浓度，从而使 P 型半导体反型而变成 N 型半导体，形成反型层。如图 2-20(b)所示，该反型层形成 N 沟道而使 PN 结消失，如果在漏极和源极之间施加正向电压，即 $U_{DS}>0$，则有电流流过漏极和源极，器件导通，因此这种器件称为 N 沟道 MOSFET。

当反型层开始形成时，电子浓度大于空穴浓度，但仍低于平衡状态下的空穴浓度，这种情况称为弱反型。随着 U_{GS} 的增大，电子浓度越来越大，等于甚至大于平衡状态下的空穴浓度，这种情况称为强反型。满足强反型的栅极与源极间的临界电压 $U_{GS(th)}$称为栅极阈值电压或栅极开启电压。功率 MOSFET 中半导体表面出现强反型时，称为功率 MOSFET 的开通。

功率 MOSFET 导电沟道是在电场的作用下形成的，因此功率 MOSFET 是一种电压型场控器件。绝缘栅极的输入阻抗比较高，由于可以等效为一个电容，栅极和源极之间的正电压 U_{GS} 需要一定的幅值，但栅极和源极不需要很大的控制电流，因此功率 MOSFET 栅极需要的驱动功率很小。

尽管在功率 MOSFET 中存在 P^+区和 N^-、N^+区，但导电是以电子漂移运动形式体现。换言之，功率 MOSFET 是以单一载流子导电的器件。

从图 2-19(a)所示的功率 MOSFET 的内部结构可知，在功率 MOSFET 漏极和源极之间的 $P^+N^-N^+$半导体结构会形成一个与之反向并联的 PIN 体二极管，它与功率 MOSFET 构成了一个不可分割的整体，使得在漏、源极间加反向电压时器件导通。因此，在电力电子电路中，当需要功率 MOSFET 正向可控导通、反向自然导通(如续流)时，有时不必再在功率 MOSFET 外面反并联功率二极管。当然，当反向电流较大或对二极管反向恢复要求较高时，通常还需要并联一个容量较大的快速二极管。

对于垂直导电结构的功率 MOSFET，通常可以通过增加漂移区垂直方向宽度和降低掺杂浓度来提高其阻断电压，但这样会明显增加功率 MOSFET 的导通电阻，进而增加通态损耗。超级结采用了一种新的结构来解决高阻断电压与导通电阻之间的矛盾。如图 2-21 所示，超级结功率 MOSFET 提高了 N^-漂移区的掺杂浓度，降低了导通电阻。同时，在 N^-漂移区旁边加入 P 型柱，在阻断时 N^-区与 P 型柱产生的 PN 结边缘的空间电荷区不断扩散，形成耗尽层，这样就提高了器件的阻断电压。P 型柱的载流子对传输电流没有贡献，但改善了阻断电压。超级结功率 MOSFET 的缺点是制作工艺复杂，同时可能因为结构的变化而导致器件体内反并联二极管的恢复特性变差。

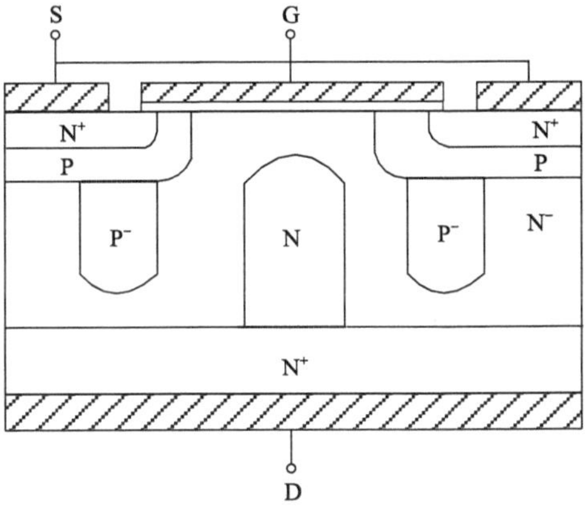

图 2-21　超级结功率 MOSFET 的结构

2.5.2　功率 MOSFET 的静态特性与开关特性

1. 功率 MOSFET 的静态特性

1)功率 MOSFET 的输出特性

功率 MOSFET 的输出特性也称为功率 MOSFET 的漏极伏安特性，如图 2-22 所示，从图中可以看到，功率 MOSFET 的输出特性中有截止区、线性区、准饱和区、饱和区和击穿区。功率 MOSFET 工作在开关状态时，相当于在截止区和线性区之间转换。

在功率 MOSFET 开通时，随着栅源极电压 u_{GS} 增大，沟道电阻减小，导电能力增强，漏极电流 i_D 增大。但流过器件的 i_D 不仅与 u_{GS} 有关，还与漏源极电压 u_{DS} 有关。随着 u_{DS} 的增加，i_D 先线性增加，然后逐渐达到饱和。如图 2-23 所示，当 $u_{GS}>U_{GS(th)}$时，随着 u_{DS} 不断增大，PN 结空间电荷区逐渐向半导体内部进行扩展，同时沟道长度和宽度也在不断发生变化。

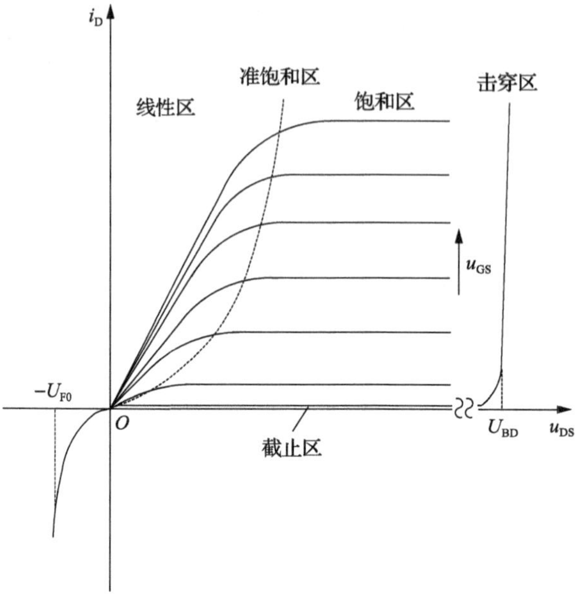

图 2-22　功率 MOSFET 的输出特性

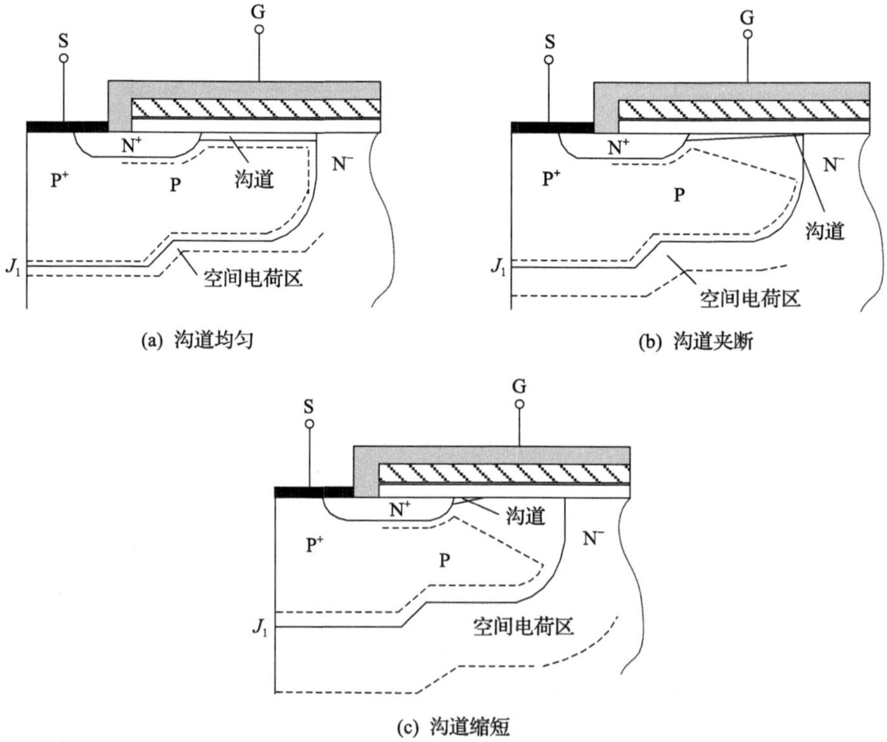

图 2-23　不同漏源极电压下沟道的变化

如图 2-23(a)所示，当 u_{DS} 较小，并且 $u_{DS} \ll u_{GS}-U_{GS(th)}$时，沟道宽度比较均匀，功率 MOSFET 工作在线性区。功率 MOSFET 的线性区也称为欧姆区。

如图 2-23(b)所示，随着 u_{DS} 逐渐增大，沟道靠近漂移区一侧电位逐渐升高，此处 MOS 电容上的电压减小，P 区反型程度降低，沟道宽度不再均匀，从源极到漏极逐渐变窄。当 $u_{DS}=u_{GS}-U_{GS(th)}$时，导电沟道出现夹断，此时漏源极电压 u_{DS} 称为漏源极饱和电压 $U_{DS(sat)}$，功率 MOSFET 处于准饱和区。功率 MOSFET 的准饱和区是指线性区和饱和区之间的过渡区域，可用一条抛物线来描述，如图 2-22 所示。

如图 2-23(c)所示，当 u_{DS} 继续增大，且 $u_{DS}>U_{DS(sat)}=u_{GS}-U_{GS(th)}$时，沟道夹断点向源极移动，有效沟道长度缩短。当 u_{DS} 非常大时，在沟道横向电场作用下，沟道电子的漂移速度达到饱和漂移速度，i_D 达到饱和，不再随 u_{DS} 而变化，功率 MOSFET 进入饱和区。功率 MOSFET 的饱和区也称为夹断区。

如果 u_{DS} 足够大时，J_1 会发生雪崩击穿，功率 MOSFET 会进入击穿区，i_D 会急剧增大。

若 $u_{DS}<0$，功率 MOSFET 输出特性曲线位于第三象限。如图 2-22 所示，若功率 MOSFET 体二极管的正向导通压降为 U_{F0}，则：

(1) 如果$|u_{DS}|>U_{F0}$，且 $u_{GS}\leqslant 0$，功率 MOSFET 体二极管会导通，功率 MOSFET 导电沟道关闭，其电流主要由通过体二极管的电子和空穴电流组成。

(2) 如果$|u_{DS}|<U_{F0}$，且 $u_{GS}>U_{GS(th)}$，功率 MOSFET 导电沟道开通，体二极管不导通，器件导通电流由通过沟道的电子电流构成。

(3) 如果$|u_{DS}|>U_{F0}$, 且 $u_{GS}>U_{GS(th)}$，功率 MOSFET 导电沟道开通，体二极管导通，器件导通电流由通过沟道的电子电流、二极管的电子与空穴电流共同构成。

2) 功率 MOSFET 的转移特性

功率 MOSFET 的转移特性表示功率 MOSFET 的漏极电流 i_D 与栅源极电压 u_{GS} 之间的关系，如图 2-24 所示。

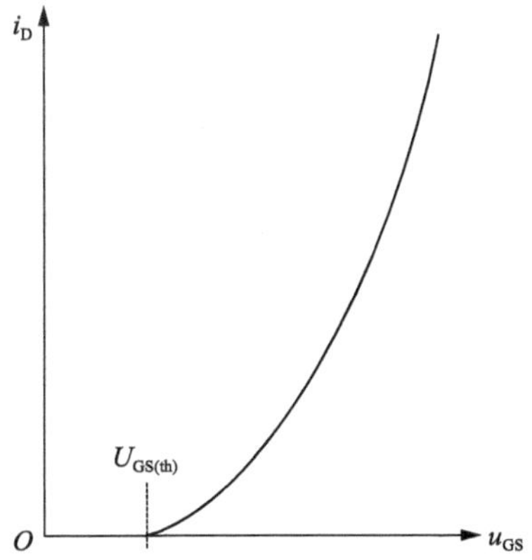

图 2-24　转移特性曲线

功率 MOSFET 是一种电压控制器件，可以用跨导来表示栅源极电压 u_{GS} 对漏极电流 i_D 的控制能力。跨导定义为在一定漏源极电压 u_{DS} 下，栅源极电压 u_{GS} 变化引起的漏极电流 i_D 的变化，可以用式(2-5)表示：

$$g_{\mathrm{m}} = \frac{\mathrm{d}i_{\mathrm{D}}}{\mathrm{d}u_{\mathrm{GS}}}\bigg|_{u_{\mathrm{DS}}=\mathrm{const}} \tag{2-5}$$

通过增加元胞的并联数量、减小栅极氧化层厚度以及提高导电沟道的宽长比可以增加功率 MOSFET 的跨导。此外，功率 MOSFET 的跨导还会受结温的影响，图 2-25 为某碳化硅功率 MOSFET 的转移特性曲线随温度的变化情况。

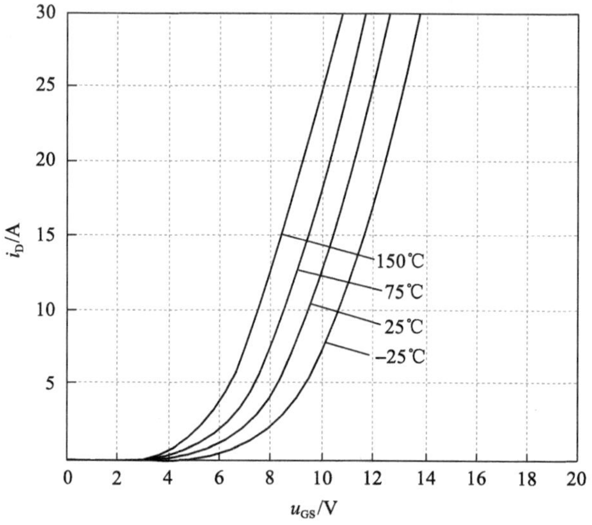

图 2-25　温度对碳化硅功率 MOSFET 转移特性的影响

转移特性曲线与横坐标轴的交点为阈值电压 $U_{\mathrm{GS(th)}}$，表示导电沟道形成栅源极所需的最低电压。在室温(300K)下，功率 MOSFET 的 $U_{\mathrm{GS(th)}}$典型值为 3V 左右。$U_{\mathrm{GS(th)}}$与沟道的掺杂浓度、栅极氧化层电容等参数有关。

3) 功率 MOSFET 的导通电阻

功率 MOSFET 的导通电阻 R_{on} 是指功率 MOSFET 导通状态下、漏极有电流流过且器件工作在线性区时的电阻。导通电阻决定了功率 MOSFET 的最大电流传导能力，也是体现功率 MOSFET 导通损耗和温升的一个重要参数。

基于功率 MOSFET 的结构以及漏极电流流经的路径，导通电阻 R_{on} 可以表示为

$$R_{\mathrm{on}} = R_{\mathrm{P}} + R_{\mathrm{CS}} + R_{\mathrm{N^+}} + R_{\mathrm{CH}} + R_{\mathrm{A}} + R_{\mathrm{JFET}} + R_{\mathrm{D}} + R_{\mathrm{SUB}} + R_{\mathrm{CD}} \tag{2-6}$$

式中，R_{P} 为器件封装所产生的电阻；R_{CS} 为源极金属引线以及金属与半导体欧姆接触形成的电阻；$R_{\mathrm{N^+}}$为 $\mathrm{N^+}$区电阻；R_{CH} 为沟道电阻；R_{A} 为累积区电阻；R_{JFET} 为结型场效应晶体管(JFET)区电阻；R_{D} 为漏区电阻；R_{SUB} 为衬底电阻；R_{CD} 为漏极金属引线以及金属与半导体欧姆接触形成的电阻。以上各部分电阻在漏极电流流经路径中的位置如图 2-26 所示。对于耐压不同的器件，以上各项电阻的贡献各不相同。通常情况下，对于高压器件，R_{D} 和 R_{JFET} 占的比重较大；而对于低压器件，R_{CH} 和 R_{A} 对导通电阻具有更大的贡献。

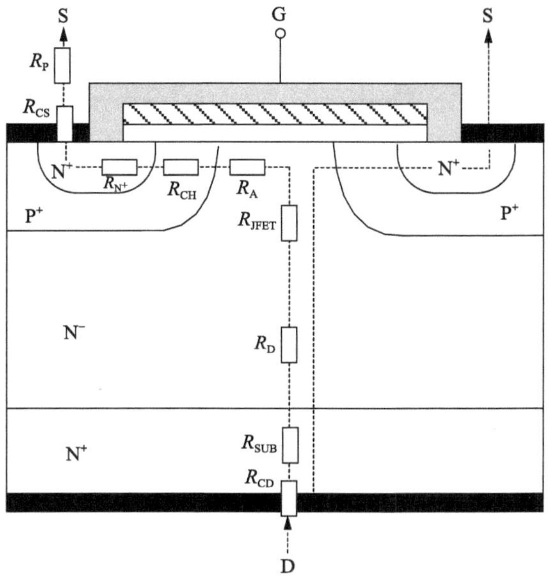

图 2-26 导通电阻的组成

功率 MOSFET 在电动汽车领域应用时，多用作高频开关，即功率 MOSFET 经常工作在通、断状态。功率 MOSFET 导通时，应在线性区工作，避免在饱和区工作，否则过大的通态压降会增加器件的通态损耗。这时导通电阻 R_{on} 可以由器件的输出特性通过计算线性区曲线的斜率得到。

根据功率 MOSFET 的导通电阻 R_{on}，可以计算功率 MOSFET 的通态损耗，若漏极电流为 I_D，则单位时间内功率 MOSFET 的导通电阻的通态损耗为

$$P_{loss\_cond} = I_D^2 R_{on} \tag{2-7}$$

若功率 MOSFET 按一定占空比 d 工作，则单位时间内功率 MOSFET 的导通电阻的通态损耗为

$$P_{loss\_cond} = dI_D^2 R_{on} \tag{2-8}$$

由于碳化硅属于宽禁带半导体材料，所以碳化硅功率 MOSFET 的体二极管的正向导通压降比较大。若体二极管长时间导通，通态损耗会比较大，这个问题的解决办法是通过在栅源极施加一个正向电压 u_{GS}，使功率 MOSFET 反向导通，电流主要流经源极和漏极之间的导电沟道而非体二极管，从而减小电流流经路径的等效内阻，降低器件的功率损耗，具体如图 2-27 所示。这种利用功率 MOSFET 反向可控导通特性的最典型应用是同步整流电路。但在很多感性负载情况下，很难在漏源极反向电压下准确实施栅源极驱动电压，这时可以考虑在碳化硅功率 MOSFET 漏源极之间并联碳化硅功率 SBD 来降低器件的反向通态损耗。

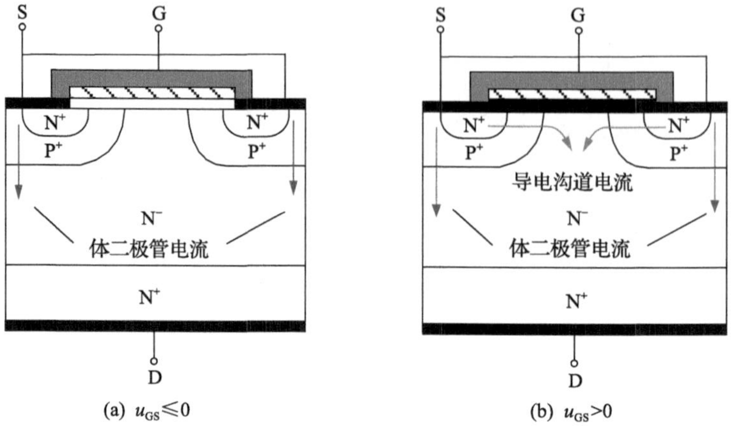

图 2-27 碳化硅功率 MOSFET 的反向电流

基于硅半导体材料制造的功率 MOSFET 在 600V 以下车辆动力系统或电气系统得到了广泛的应用，但若提高阻断电压，势必需要使器件的漂移区加厚，从而增加器件的导通电阻。使用碳化硅半导体材料制造的功率 MOSFET，其漂移区可以很薄，并且掺杂浓度较高，可以兼顾阻断电压和通态电阻。图 2-28 给出硅功率 MOSFET、超级结功率 MOSFET 以及碳化硅功率 MOSFET 的比通态电阻与阻断电压的关系[6]，从图中可以看出碳化硅功率 MOSFET 随着阻断电压的升高，其比通态电阻变化不明显，从而具有较小的通态损耗。

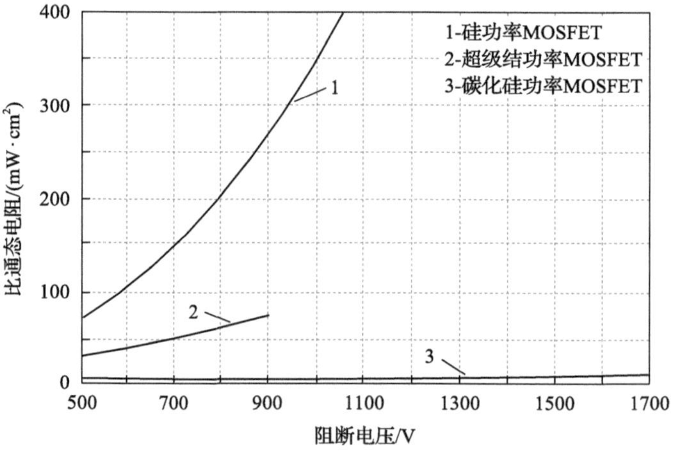

图 2-28 功率 MOSFET 比通态电阻与阻断电压的关系

2. 功率 MOSFET 的开关特性

1) 功率 MOSFET 的内部寄生电容

功率 MOSFET 内部寄生电容对其开关过程具有重要影响，垂直双扩散结构的功率 MOSFET 内部寄生电容如图 2-29 所示。

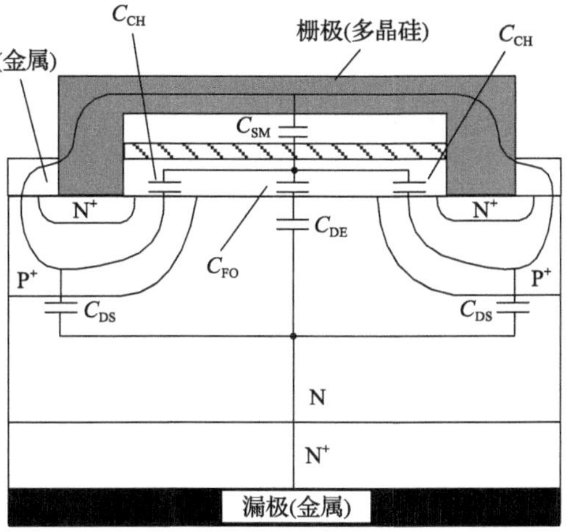

图 2-29　垂直双扩散结构的功率 MOSFET 内部寄生电容

(1) 栅极-源极电容 C_{GS}。可以认为栅极-源极电容 C_{GS} 由两部分组成：一是沟道区域的氧化物形成的电容，记为 C_{CH}，这部分电容因氧化物厚度很薄所以较大；二是因器件表面栅极与源极平行布置而形成的电容 C_{SM}。因此，有

$$C_{GS} = C_{CH} + C_{SM} \tag{2-9}$$

如果栅极覆盖到 N^+区域，式(2-9)等号右侧还应包括由此产生的电容 C_{N^+}。

(2) 栅极-漏极电容 C_{GD}。栅极-漏极电容 C_{GD} 又称为反向传输电容 C_{rss}，也由两部分组成，即氧化层静电电容 C_{FO} 和 MOS 分界面耗散层电容 C_{DE}，二者串联构成 C_{GD}。因此，有

$$\frac{1}{C_{GD}} = \frac{1}{C_{FO}} + \frac{1}{C_{DE}} \tag{2-10}$$

耗散层电容 C_{DE} 随着漏源极电压 u_{DS} 的增大而迅速下降，因此在线性区，当 u_{DS} 很小时，可以认为 $C_{GD} \approx C_{FO}$；而在饱和区或截止区，当 u_{DS} 较大时，可以认为 $C_{GD} \approx C_{DE}$。

(3) 漏极-源极电容 C_{DS}。漏极-源极电容 C_{DS} 主要指漏源极 PN 结耗散电容。在线性区漏源极电压 u_{DS} 较小时，C_{DS} 具有较大的数值，而随着 u_{DS} 的增大，C_{DS} 会减小。

通常，器件厂商提供的功率 MOSFET 的参数手册或使用说明书除提供输入电容 C_{iss}、反向传输电容 C_{rss} 外，还会提供输出电容 C_{oss}，这三个电容与内部寄生电容的关系为

$$\begin{cases} C_{iss} = C_{GS} + C_{GD} \\ C_{rss} = C_{GD} \\ C_{oss} = C_{DS} + C_{GD} \end{cases} \tag{2-11}$$

2) 功率 MOSFET 的开关过程

在电动汽车中，功率 MOSFET 所控制的负载通常为感性负载，可以用图 2-30 所示

的电路来观察功率 MOSFET 的开通和关断过程。在图 2-30 所示的电路中，器件自身的电阻和载流子的沟道渡越时间对器件动态过程的影响非常小，可以忽略不计。功率 MOSFET 的开关过程主要受器件外电路参数以及极间电容的影响。

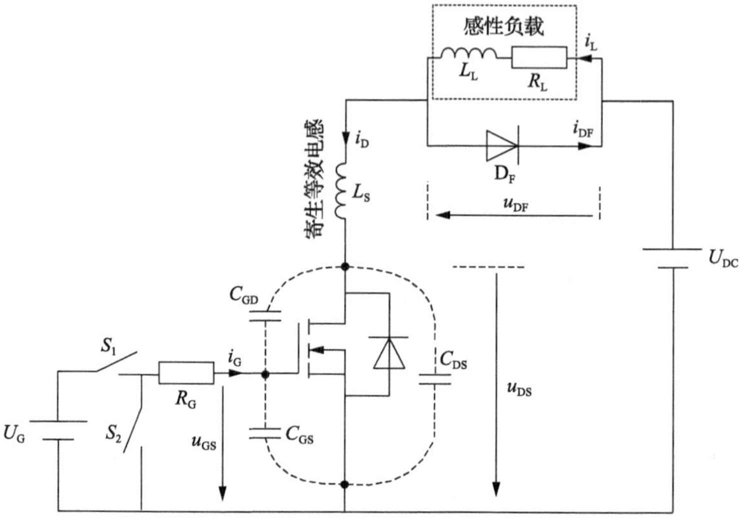

图 2-30　功率 MOSFET 开关特性测试电路

(1) 功率 MOSFET 的开通过程。假设图 2-30 所示电路的初始状态为开关 S_2 闭合而开关 S_1 打开，功率 MOSFET 处于关断状态。同时，感性负载 R_L 中电流经续流二极管 D_F 续流，此时有 $u_{GS}=0$、$i_D=0$ 及 $u_{DS}=U_{DC}$，U_{DC} 为电源电压。

如图 2-31 所示，功率 MOSFET 的开通过程按时间可以分为四个阶段。

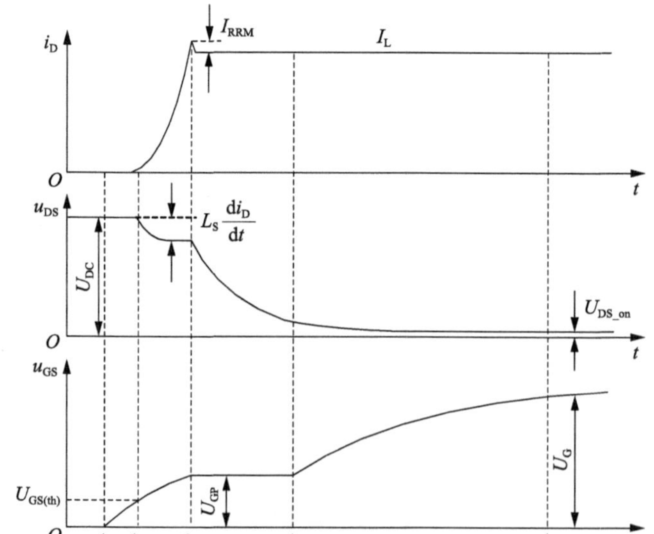

图 2-31　功率 MOSFET 开通波形

阶段Ⅰ：t_0～t_1。当 $t=t_0$ 时，S_1 闭合，S_2 打开。栅极驱动电源 U_G 经栅极等效电阻 R_G(为

外部栅极驱动电阻与内部寄生电阻的和）为极间电容 C_{GS} 和 C_{GD} 充电。在 $t<t_1$ 时，栅源极电压 u_{GS} 小于栅极阈值电压 $U_{GS(th)}$，功率 MOSFET 漏源极之间没有电流流过，漏源极电压保持 $u_{DS}=U_{DC}$ 不变。

这个阶段持续的时间 $t_{d\_on}=t_1-t_0$ 称为开通延迟时间。

阶段Ⅱ：t_1～t_2。当 $t=t_1$ 时，$u_{GS}(t_1)=U_{GS(th)}$，漏极电流开始形成，续流二极管 D_F 中的电流开始减小，此时有 $i_{DF}=i_L-i_D$。i_D 很小时，D_F 还处于导通状态。由于电感 L_S 较小，漏源极电压 u_{DS} 不会出现明显下降。由于此时 u_{DS} 较大，栅极-漏极电容 C_{GD} 受耗散层影响，数值较小，远小于 C_{GS}。此时功率 MOSFET 工作在饱和区。

当 $t=t_2$ 时，电感电流全部流经功率 MOSFET，即 $i_L=i_D$，D_F 由导通变为截止，此时由于 D_F 的反向恢复电流影响，i_D 会出现一个小的尖峰（图 2-31 中的 I_{RRM}）。根据功率 MOSFET 的输出特性、外电路参数以及栅极结构参数，可以准确求解 $t_{ri}=t_2-t_1$[8]，t_{ri} 定义为功率 MOSFET 的电流上升时间。

阶段Ⅲ：t_2～t_3。当 $t=t_2$ 时，D_F 由导通变为截止，此时功率 MOSFET 漏源极电压 u_{DS} 开始下降。此时因为 u_{DS} 的下降，由栅极电源通过 R_G 对栅极-漏极电容 C_{GD} 进行反向充电，而不再有充电电流流向 C_{GS}。因此，栅源极电压 u_{GS} 保持不变，等于 U_{GP}。

这个阶段持续的时间 $t_{fv}=t_3-t_2$ 称为电压下降时间。

在 t_2～t_3 期间，功率 MOSFET 栅源极电压保持不变，这个阶段称为功率 MOSFET 开通过程中的米勒平台（Miller plateau）。米勒平台的产生与极间电容 C_{GD} 或栅漏极之间的等效电容密切相关，这个电容为米勒电容（Miller capacitor）。产生米勒平台的现象称为功率 MOSFET 的米勒效应（Miller effect）。米勒效应增加了功率 MOSFET 的开通时间，会对器件的高频工作产生不利的影响。

阶段Ⅳ：t_3～t_4。当 $t=t_3$ 时，漏源极电压 u_{DS} 降到功率 MOSFET 不再饱和的水平，功率 MOSFET 从饱和区进入线性区，米勒平台结束。此后，栅源极电压 u_{GS} 继续按指数曲线上升直到 $t=t_4$ 时和外部驱动电压 U_G 近似相等。随着 u_{GS} 的增大，功率 MOSFET 的导通电阻会降低，漏源极电压 u_{DS} 会随之有小幅度下降，当 $t=t_4$ 时，功率 MOSFET 完全导通。

在以上四个阶段中，t_0～t_3 的时间长度为功率 MOSFET 的导通时间 t_{on}，可以按式（2-12）计算：

$$t_{on}=t_{d\_on}+t_{ri}+t_{fv} \tag{2-12}$$

另外，在 t_1～t_3，由于功率 MOSFET 漏极和源极之间的电压和电流都比较大，因此会产生很大的开通功率损耗。

（2）功率 MOSFET 的关断过程。对于图 2-30 所示的电路，假设电路的初始状态为开关 S_1 闭合且 S_2 打开，功率 MOSFET 处于导通状态，通态压降为 U_{DC_on}。同时，感性负载电流流经功率 MOSFET，电流为 I_L。此时有 $u_{GS}=U_G$，$i_D=I_L$ 以及 $u_{DS}=U_{DC\_on}$。

如图 2-32 所示，功率 MOSFET 的关断过程按时间可以分为四个阶段。

阶段Ⅰ：t_5～t_6。当 $t=t_5$ 时，将开关 S_2 闭合，S_1 打开。这时输入电容 C_{iss} 通过栅极等

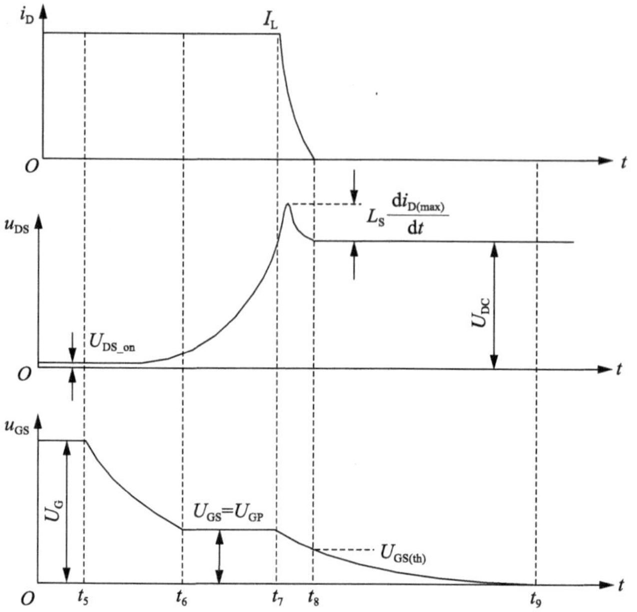

图 2-32　功率 MOSFET 关断波形

效电阻 R_G 放电，栅源极电压 u_{GS} 按指数关系下降。随着 u_{GS} 的下降，导电沟道的载流子浓度下降，沟道电阻上升，导致漏源极电压 u_{DS} 开始缓慢上升。功率 MOSFET 工作点由线性区移向饱和区，在 $t=t_6$ 时，进入饱和区。

这个阶段持续的时间 $t_{d\_off}=t_6-t_5$ 称为关断延迟时间。

阶段Ⅱ：t_6～t_7。当 $t=t_6$ 时，功率 MOSFET 进入饱和区，这时 $i_D(t_6)=I_L$。栅源极电压 u_{GS} 保持 U_{GP} 不变，栅极-漏极电容 C_{GD} 通过 R_G 放电，漏源极电压 u_{DS} 开始上升。功率 MOSFET 关断进入米勒平台。

功率 MOSFET 关断过程中的电压上升时间定义为 $t_{rv}=t_7-t_6$。

阶段Ⅲ：t_7～t_8。当 $t=t_7$ 时，D_F 开始导通，在 D_F 导通过程中，由于线路中杂散电感的影响以及二极管导通过程的导通峰值电压的影响，u_{DS} 会产生一个小的电压尖峰。同时，米勒平台结束，C_{GS} 通过 R_G 放电，u_{GS} 开始下降。由于 u_{GS} 的下降，i_D 开始减小。随着 D_F 的导通，负载电流经 D_F 续流。

当 $t=t_8$ 时，u_{GS} 下降为栅极阈值电压 $U_{GS(th)}$，功率 MOSFET 关断，$i_D(t_8)\approx 0$。在此阶段，$t_{fi}=t_8-t_7$，称为电流下降时间。

阶段Ⅳ：t_8～t_9。在此阶段，u_{GS} 继续下降，当 $t=t_9$ 时，u_{GS} 降为 0。此时，$u_{DS}=U_{DC}$, $i_D=0$。

在以上四个阶段中，t_5～t_8 的时间长度为功率 MOSFET 的关断时间 t_{off}，可以表示为

$$t_{off}=t_{d\_off}+t_{rv}+t_{fi} \tag{2-13}$$

在时间段 t_5～t_8，功率 MOSFET 漏极和源极之间的电压和电流都比较大，因此会产生很大的关断功率损耗。

功率 MOSFET 的开通时间和关断时间对器件的最高工作频率会产生重要影响，除 t_{on}、

t_{off}外，跨导 g_m、输入电容 C_{iss} 以及栅极等效电阻 R_G 等因素也会影响器件的最高工作频率。功率 MOSFET 的最高工作频率可达 1MHz，是目前工作频率最高的电力电子器件。电动汽车电力电子系统或部件中，开关器件的最高工作频率一般不超过 200kHz，功率 MOSFET 是电动汽车常用的电力电子器件。

2.5.3 功率 MOSFET 的损耗

当功率 MOSFET 在电路中作为功率开关使用时，在开通和关断过程中都会产生能量的损耗。根据图 2-31 和图 2-32，一个开通过程产生的能量损耗为

$$E_{\mathrm{loss\_on}} = \int_{t_0}^{t_4} u_{\mathrm{DS}}(t) i_{\mathrm{D}}(t) \mathrm{d}t \tag{2-14}$$

一个关断过程产生的能量损耗为

$$E_{\mathrm{loss\_off}} = \int_{t_5}^{t_9} u_{\mathrm{DS}}(t) i_{\mathrm{D}}(t) \mathrm{d}t \tag{2-15}$$

若功率 MOSFET 的工作频率为 f，则器件总的开关功率损耗为

$$P_{\mathrm{loss\_SW}} = f(E_{\mathrm{loss\_on}} + E_{\mathrm{loss\_off}}) \tag{2-16}$$

由于内部存在体二极管，功率 MOSFET 具有逆导特性。体二极管的反向恢复特性对功率 MOSFET 的开关特性以及开关损耗会产生非常大的影响。图 2-33 给出硅功率 MOSFET 和碳化硅功率 MOSFET 的体二极管反向恢复电压和电流波形[6]。与碳化硅功率 MOSFET 相比，硅功率 MOSFET 因反向恢复时间较长而产生较大的恢复损耗，图 2-33(a) 的体二极管反向恢复过程可以产生 41μJ 的损耗；而对于图 2-33(b) 所示的碳化硅功率 MOSFET 的体二极管反向恢复过程，其损耗只有 0.3μJ。

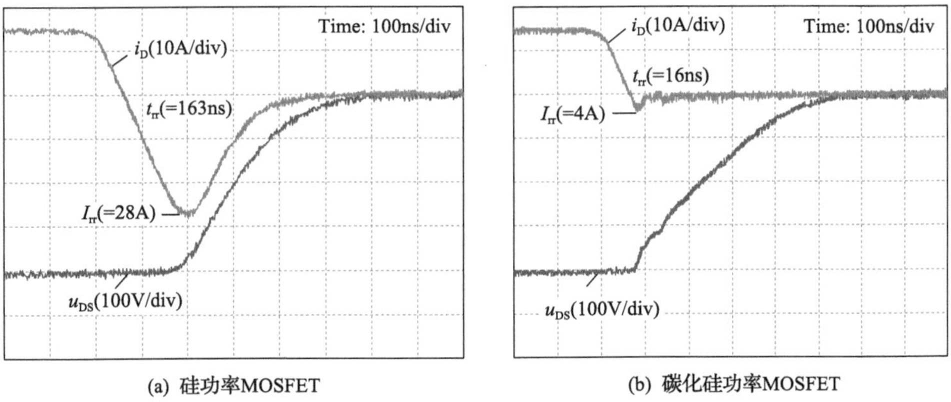

图 2-33 硅和碳化硅功率 MOSFET 体二极管反向恢复波形

图 2-34 为碳化硅功率 MOSFET 的开通和关断波形，在功率 MOSFET 开通过程中，若同时考虑外电路感性负载引起的较小的体二极管的反向恢复产生的损耗，则开通损耗为 331μJ，而关断过程中产生的关断损耗为 109 μJ[6]。

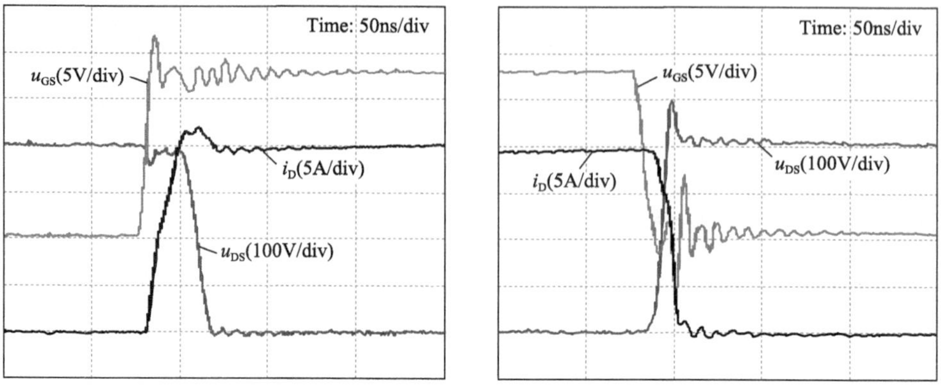

(a) 开通过程　　(b) 关断过程

图 2-34　碳化硅功率 MOSFET 开通关断波形

碳化硅功率 MOSFET 的开关损耗具有随漏极电流的增加而增加的趋势，同时随着温度的变化，这种增加的趋势会发生变化。图 2-35 给出了某碳化硅功率 MOSFET 在不同温度情况下的开关损耗与漏极电流的关系[6]。从图中可以看出，随着温度的升高，相同漏极电流下开通损耗会明显变小，而关断损耗会稍有增长。

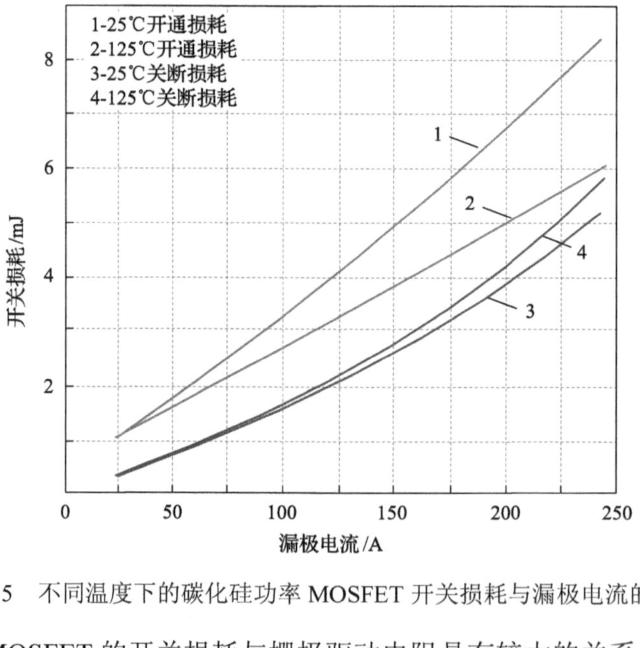

图 2-35　不同温度下的碳化硅功率 MOSFET 开关损耗与漏极电流的关系

此外，功率 MOSFET 的开关损耗与栅极驱动电阻具有较大的关系。较大的栅极驱动电阻会带来较大的开关损耗。

功率 MOSFET 关断状态下，流过源极-漏极的电流非常小，因此可认为功率 MOSFET 在关断状态下的功率损耗忽略不计。那么根据式(2-8)和式(2-16)可以得到功率 MOSFET 总的功率损耗为

$$P_{\text{loss\_MOSFET}} = P_{\text{loss\_cond}} + P_{\text{loss\_SW}} = dI_D^2 R_{\text{on}} + f(E_{\text{loss\_on}} + E_{\text{loss\_off}}) \tag{2-17}$$

这些损耗都会以热量的形式体现出来，是设计电动汽车电力电子系统或部件散热系统的重要依据。此外，根据实际散热环境、最高允许结温等条件可以得到功率 MOSFET 的最大允许损耗，基于式(2-17)计算的功率 MOSFET 的损耗应低于最大允许损耗，否则器件会因热击穿而损坏。

目前，已经有很多 1200V 及更高电压的碳化硅功率 MOSFET 器件供使用者选择。但碳化硅功率 MOSFET 的最大漏极电流还偏小，多数情况下需要并联使用；同时成本较高，限制了其在电动汽车上的大规模应用。

2.6 绝缘栅双极晶体管

IGBT 由于其拥有高阻断电压、大电流等优点在电动汽车领域得到了广泛的应用。IGBT 可以看作双极型晶体管(bipolar junction transistor, BJT)和 MOSFET 构成的复合器件。IGBT 将 BJT 的电导调制效应引入 MOSFET 的高阻漂移区，改善了器件的导通特性；同时，IGBT 仍具有栅极高输入阻抗的特性。和功率 MOSFET 相同，IGBT 属于电压驱动器件。

2.6.1 IGBT 的结构与原理

1. IGBT 的结构

为了提高功率 MOSFET 的阻断电压，VDMOSFET 的 N^- 层需要增厚，但这样会使漂移区电阻增加，使导通电阻随着器件阻断电压的提高而急剧增加。为了降低导通电阻，可以在 VDMOS 的漏极增加一个 PN 结，引入空穴注入，使得器件在导通过程中产生电导调制效应，这样形成的器件就是 IGBT。

和功率 MOSFET 类似，IGBT 也是具有多元结构的三端器件，具有栅极(或门极，G)、集电极(C)和发射极(E)，N 沟道增强型 IGBT 的内部结构如图 2-36(a)所示。

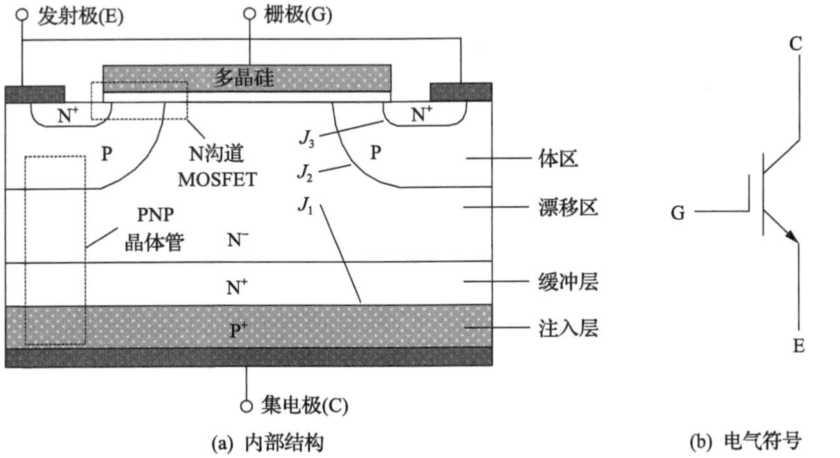

(a) 内部结构　　(b) 电气符号

图 2-36 IGBT 的内部结构与电气符号

从图 2-36(a)可以看出 IGBT 结构比 VDMOSFET 多一层 P^+注入层，因而形成 P^+N^+结 J_1。图中，N^-层为漂移区，N^+层为缓冲层。与发射极相连的 P 区、N^-漂移区、N^+缓冲层以及 P^+注入层形成了 PNP 型晶体管结构。根据 IGBT 的结构，可以将 IGBT 等效为 BJT 与 MOSFET 组成的复合结构，相当于一个由 MOSFET 驱动的 PNP 晶体管。IGBT 是一种场控器件，其驱动原理与功率 MOSFET 基本相同。IGBT 的电气符号如图 2-36(b)所示。

为提高 IGBT 的电流密度、阻断电压和工作结温，降低开关损耗、通态损耗以及制造成本，随着设计与制作工艺的改进和提高，陆续出现了很多类型的 IGBT，如穿通(punch through, PT)型、非穿通(non punch through, NPT)型、场终止(field stop, FS)型等各种类型的 IGBT。

由于电动汽车动力系统中的电气负载多为感性负载，为防止器件关断产生的过电压，IGBT 需要反向并联一个续流二极管为负载电流提供续流回路，集成了续流二极管的 IGBT 也称为逆导(reverse conducting, RC)型 IGBT。电动汽车动力系统中采用的高电压、大电流 IGBT 单体或模块多为逆导型 IGBT。但一些小功率场合用的 IGBT 还需要额外并联反向续流二极管。

2. IGBT 的工作原理

1)IGBT 的阻断原理

参照图 2-36(a)，当 IGBT 的集电极相对发射极之间加负电压时，PN 结 J_1 反向偏置，无论 IGBT 栅极区域导电沟道能否形成，都只有可以忽略不计的微小电流流过集电极和发射极，因此 IGBT 具有反向阻断的能力，反向阻断电压取决于 J_1 的雪崩击穿电压。

当 IGBT 集电极相对发射极之间加正电压 u_{CE} 时，IGBT 的开通和关断是由栅极和发射极之间的电压 u_{GE} 决定的，当 u_{GE} 低于阈值(开启)电压 $U_{GE(th)}$或者为零，甚至为负电压时，靠近发射极的 PN^-结(J_2)反向偏置，IGBT 处于正向阻断状态，正向阻断电压取决于 J_2 的雪崩击穿电压。需注意的是，J_1 和 J_2 反向偏置时，空间电荷区都会在 N^-漂移区展开，因此 IGBT 的正向和反向阻断电压大致相等，称为集电极-发射极击穿电压。

2)IGBT 的导通原理

若 IGBT 处于正向阻断状态，当 u_{GE} 为正且大于栅极阈值电压 $U_{GE(th)}$时，IGBT 内 P 区表面形成导电沟道，电子载流子由发射极 N^+区通过导电沟道注入 N^-漂移区，为 PNP 晶体管的基极提供基极电流，从而使 PNP 晶体管导通，在外部电压作用下，形成从集电极到发射极的电流，即 IGBT 导通。在导通时，由 P^+注入区向 N^-漂移区注入空穴，从而对 N^-漂移区进行电导调制，使得因漂移区较厚而具有高阻断电压的 IGBT 具有较低的导通电阻，此时相当于图 2-37 寄生的 PIN 二极管导通，因此 IGBT 具有很强的通流能力。若栅极和发射极之间的电压 u_{GE} 低于阈值电压 $U_{GE(th)}$，或者为零，甚至为负电压，P 区导电沟道消失，PNP 晶体管基极电流被切断，IGBT 关断。IGBT 导通过程中，电子与空穴同时参与导电行为，因而 IGBT 是双极型电力电子器件。

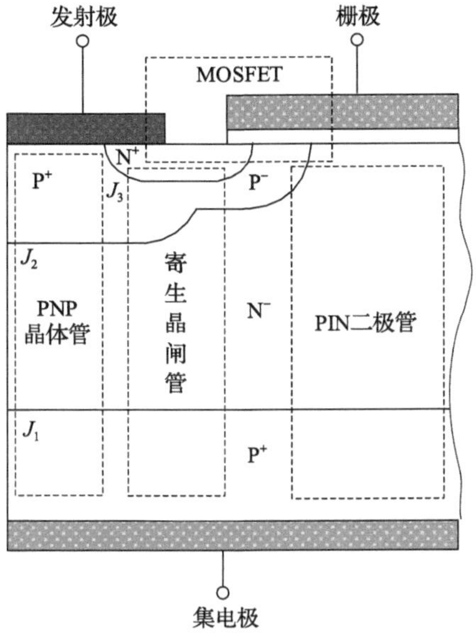

图 2-37　IGBT 内的寄生元件

3) IGBT 的擎住效应

从图 2-37 可以看出，在 IGBT 集电极与发射极之间寄生有一个 $P^+N^-P^-N^+$结构的晶闸管。当这个晶闸管在一定条件下导通时，会使电流旁路 IGBT 中 MOSFET 导电沟道，不能再用栅极来控制器件工作，这种现象称为 IGBT 的擎住或闩锁[9]。IGBT 一旦出现擎住现象，就可能会导致破坏性失效。IGBT 寄生的晶闸管可以用双晶体管模型进行描述，如图 2-38 所示。根据擎住现象产生的原因，擎住可以分为静态擎住和动态擎住。

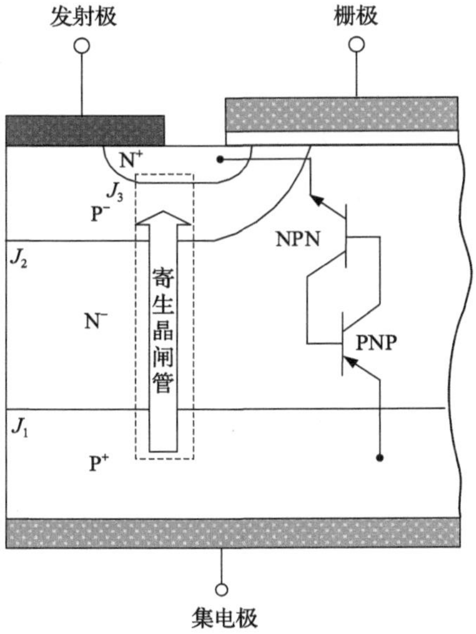

图 2-38　IGBT 内寄生晶闸管及其双晶体管模型

静态擎住：IGBT 在开通或导通过程中，N^+发射区的电子经沟道进入 N^-漂移区，驱动 PNP 晶体管导通。PNP 晶体管导通后，空穴电流流经 P 基区时在横向电阻 R_B 上的压降超过 J_3 的导通电压(约为 0.7V)，导致 NPN 晶体管导通。如果 PNP 晶体管和 NPN 晶体管形成正反馈，则寄生晶闸管导通，出现擎住现象。

动态擎住：IGBT 在关断时，因导电沟道消失，PNP 晶体管开始关断。J_2 结电容放电产生的位移电流流经 R_B 时产生的压降若大于 J_3 的导通电压，则寄生晶闸管导通，出现擎住现象。

在 IGBT 设计、制造和应用中应尽量避免可能产生的擎住现象。诱发 IGBT 擎住现象的因素有很多，如 R_B、工作温度、集电极电流以及关断时集电极-发射极电压的上升率 du_{CE}/dt 等。

2.6.2 IGBT 的静态特性与开关特性

1. IGBT 的静态特性

1) IGBT 的输出特性

IGBT 的输出特性也称为 IGBT 的伏安特性，如图 2-39 所示。从图中可以看到，IGBT 的输出特性可以分为反向击穿区、反向阻断区、截止(正向阻断)区、正向击穿区、有源区和饱和区。IGBT 工作在开关状态时，相当于在截止区和饱和区之间切换。

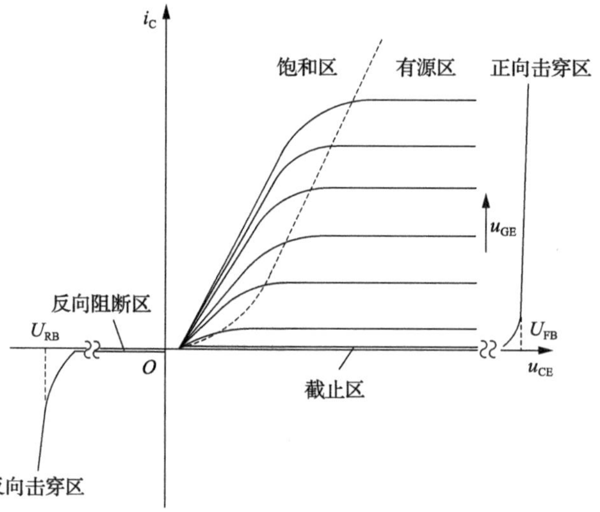

图 2-39 IGBT 的输出特性

当集电极-发射极之间的电压 $u_{CE}<0$ 且该 u_{CE} 幅值不超过 IGBT 反向阻断电压时，PN 结 J_1 使 IGBT 具有反向阻断的能力，此时 IGBT 处于反向阻断区，集电极和发射极间有微小的反向漏电流(一般为微安级别)流过。

当集电极-发射极之间的反向电压 u_{CE} 幅值超过 IGBT 反向阻断电压时，J_1 会发生雪崩击穿，集电极反向电流会快速增加，IGBT 处于反向击穿区。由于 IGBT 很少工作在很高的反向电压下，所以在 IGBT 设计时，往往为追求低导通电阻以及低开关损耗而牺牲很大的反向阻断能力。

当集电极-发射极之间的电压 $u_{CE}>0$，且栅极电压 u_{GE} 低于栅极阈值（开启）电压 $U_{GE(th)}$时，IGBT 处于截止区，此时 PN 结 J_2 承担外加正向电压。如果外加电压 u_{CE} 比较高，超过 J_2 的雪崩击穿电压，IGBT 进入正向击穿区。IGBT 不允许工作在正向击穿区或反向击穿区。

当集电极-发射极之间的电压 $u_{CE}>0$，且 u_{GE} 等于或仅略高于 $U_{GE(th)}$时，形成的反型层较弱，流入漂移区的电子数相对较少，导电沟道进入夹断状态，导致 PNP 晶体管的基极驱动电流受到限制，IGBT 的集电极电流 i_C 变得饱和，IGBT 导通压降增大。此时，IGBT 工作在有源区，IGBT 的 i_C 受栅极-发射极之间的电压 u_{GE} 控制。如果此时 u_{GE} 逐渐加大，当 $u_{GE}>u_{CE}$ 时，形成完整的连接 N^+型发射区和 N^-型基区的反型导电沟道，PNP 晶体管导通，IGBT 在很大的集电极电流下具有较低的导通压降，IGBT 的特性和 PIN 二极管类似，此时 IGBT 工作在饱和区。IGBT 在饱和区的导通压降可以认为是 PIN 二极管的压降和导电沟道两端的电压的和。IGBT 的饱和压降较小，因此 IGBT 在饱和区具有较小的导通电阻并具有较小的通态损耗。

2）IGBT 的转移特性

IGBT 的转移特性表示 IGBT 的集电极电流 i_C 与栅极-发射极之间的电压 u_{GE} 之间的关系，如图 2-40 所示。IGBT 的转移特性与功率 MOSFET 很类似，只有在 $u_{GE}>U_{GE(th)}$时，才出现一定数值的集电极电流。当 $u_{GE}<U_{GE(th)}$时，集电极电流越小，越有利于 IGBT 的可靠关断。转移特性的斜率称为 IGBT 的跨导 g_{fs}，表征栅极的控制能力的大小。

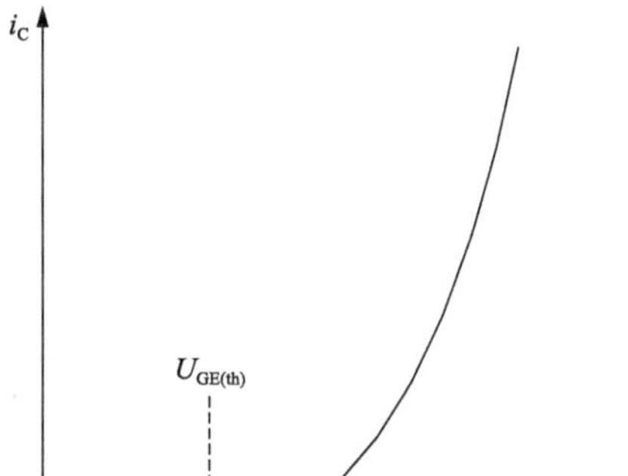

图 2-40 IGBT 的转移特性

2. IGBT 的开关特性

IGBT 结构的复杂性决定了其内部有很多寄生电容，这些电容可以等效为栅极、集电极和发射极之间的极间电容。其中栅极与发射极之间的极间电容 C_{GE} 又称为输入电容 C_{ies}，栅极与集电极之间的极间电容 C_{GC} 又称为反向传输电容 C_{res} 或米勒电容，集电极与发射

极之间的极间电容 C_{CE} 又称为输出电容 C_{oes}。

可以用图 2-41 所示的电路分析 IGBT 的开关特性。图 2-41 中的 C_{GE}、C_{GC} 和 C_{CE} 表示 IGBT 的等效极间电容；L_S 为线路中的寄生等效电感(这里忽略线路等效电阻)；S_1 闭合且 S_2 断开时，电源 U_{G1} 为 IGBT 提供正的栅极电压，即 $U_{G1}>0$；S_2 闭合且 S_1 断开时，电源 U_{G2} 给 IGBT 提供负的栅极电压，即 $U_{G2}<0$；图中栅极等效电阻 R_G 表示 IGBT 栅极驱动回路的等效电阻。图 2-42 和图 2-43 分别为 IGBT 开通和关断过程的电流、电压波形。由于 IGBT 和功率 MOSFET 具有类似的栅极结构，因此二者的开关特性也很类似。

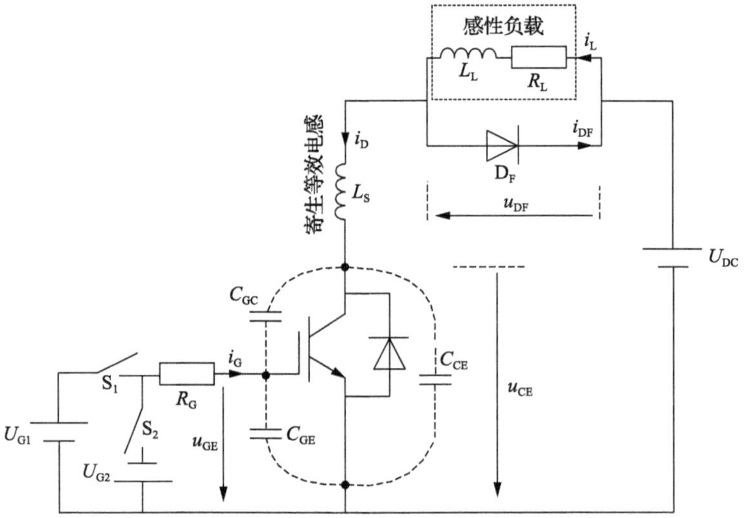

图 2-41 IGBT 开关特性测试电路

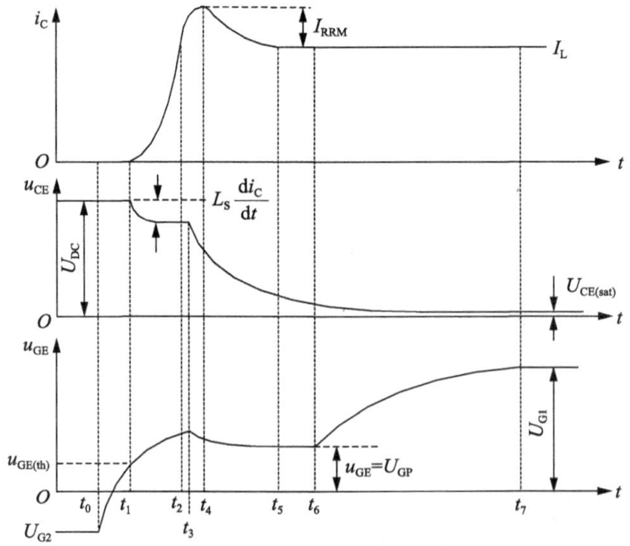

图 2-42 IGBT 开通过程的电流、电压波形

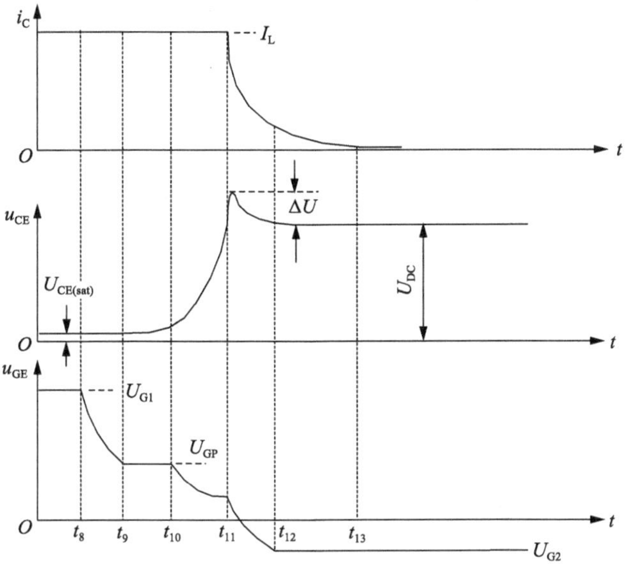

图 2-43 IGBT 关断过程的电流、电压波形

1) IGBT 的开通过程

假设图 2-41 电路的初始条件为 S_1 断开、S_2 闭合。这时 IGBT 没有开通，感性负载电流流过负载和续流二极管 D_F 构成的回路；若忽略 IGBT 正向阻断状态下微弱的漏电流，此时集电极电流 $i_C=0$；此外，$u_{GE}=U_{G2}$，$u_{CE}=U_{DC}$。

如图 2-42 所示，IGBT 的开通过程按时间可以分为如下几个阶段。

阶段Ⅰ：t_0～t_1。在 $t=t_0$ 时，开关 S_1 闭合、S_2 打开。在 IGBT 栅极电压 u_{GE} 未达到栅极阈值电压 $U_{GE(th)}$ 时，IGBT 内部 PNP 晶体管不会导通，$i_C=0$，IGBT 处于截止区，$u_{CE}=U_{DC}$。电源 U_{G1} 通过栅极等效电阻 R_G 向电容 C_{GE} 和 C_{GC} 充电。

阶段Ⅱ：t_1～t_2。在 $t=t_1$ 时，$u_{GE}=U_{GE(th)}$，电子电流通过导电沟道注入 PNP 晶体管的 N^- 基区，PNP 晶体管开始导通，开始出现集电极电流。在 i_C 上升到负载电流 I_L 之前，续流二极管 D_F 还保持导通状态。在集电极电流 i_C 的上升过程中，由于 L_S 较小，IGBT 两端电压不会出现明显下降。

阶段Ⅲ：t_2～t_3。随着集电极电流 i_C 的增大，在 $t=t_2$ 时，满足 $i_C=I_L$，D_F 开始关断，由于 D_F 反向恢复电流的影响，i_C 将超过 I_L 继续增加。在这个阶段，由于 i_C 的变化率基本保持不变，所以 u_{CE} 维持不变，u_{GE} 增加。

阶段Ⅳ：t_3～t_4。从 $t=t_3$ 开始，D_F 两端的电压开始上升，IGBT 两端电压 u_{CE} 下降，栅极-集电极之间的极间电容 C_{GC} 放电。此时栅极电压 u_{GE} 开始有小幅下降。

阶段Ⅴ：t_4～t_6。当 $t=t_4$ 时，反向恢复电流达到最大值。随着 u_{CE} 的不断减小，u_{GE} 进入米勒平台阶段。当 $t=t_5$ 时，D_F 反向恢复结束；此阶段，栅极电流全部流入栅极-集电极之间的极间电容 C_{GC}，直到 $t=t_6$ 时，米勒平台结束。

阶段Ⅵ：t_6～t_7。从 $t=t_6$ 时刻开始，u_{GE} 继续上升，栅极电流为 IGBT 的极间电容 C_{GE} 和 C_{GC} 充电，u_{CE} 继续下降，直到 $t=t_7$ 时，u_{CE} 为 IGBT 的饱和通态压降 $U_{CE(sat)}$。而 u_{GE}

也达到 IGBT 导通时的稳态栅极电压，近似为 U_{G1}。IGBT 开通过程结束。

2) IGBT 的关断过程

对于如图 2-41 所示的电路，假设电路的初始状态为开关 S_1 闭合且开关 S_2 打开，IGBT 处于导通状态。此时，感性负载电流流经 IGBT，即 $i_C=I_L$；同时有 $u_{GE}=U_{G1}$ 以及 $u_{CE}=U_{CE(sat)}$。为使 IGBT 关断，在 $t=t_8$ 时，将开关 S_2 闭合且 S_1 打开。

如图 2-43 所示，IGBT 的开通过程按时间可以分为如下几个阶段。

阶段Ⅰ：$t_8 \sim t_9$。当 $t=t_8$ 时，IGBT 的极间电容 C_{GE} 和 C_{GC} 开始通过栅极等效电阻 R_G 放电，u_{GE} 开始下降。在此阶段，感性负载电流 I_L 基本保持不变，导致 i_C 基本保持不变。IGBT 两端电压 u_{CE} 没有出现明显的上升。

阶段Ⅱ：$t_9 \sim t_{11}$。随着 u_{GE} 的下降，在 $t=t_9$ 时，由于米勒效应，u_{GE} 进入米勒平台，保持 $u_{GE}=U_{GP}$ 直到 $t=t_{10}$。在此期间，u_{CE} 没有明显的上升，IGBT 还处于导通，电流 i_C 和感性负载电流 I_L 相等；当 $t=t_{10}$ 时，米勒平台结束，u_{GE} 继续下降，u_{CE} 开始明显上升。

阶段Ⅲ：$t_{11} \sim t_{12}$。当 $t=t_{11}$ 时，u_{GE} 减小到 $U_{GE(th)}$，导电沟道关断，D_F 导通，u_{CE} 和电源电压 U_{DC} 相等，集电极电流 i_C 开始快速下降，由于 i_C 的变化，IGBT 承受 L_S 上产生的压降以及电源电压 U_{DC}、D_F 的正向恢复峰值电压，使 u_{CE} 有个明显的尖峰 ΔU。

当 $t=t_{12}$ 时，u_{GE} 降为 U_{G2}，u_{CE} 为电源电压 U_{DC}，感性负载通过 D_F 续流。

阶段Ⅳ：$t_{12} \sim t_{13}$。在此期间，IGBT 内 PNP 晶体管关断，产生拖尾电流。当 $t=t_{13}$ 时，IGBT 完全关断，此时 $i_C=0$；此外，$u_{GE}=U_{G2}$ 且 $u_{CE}=U_{DC}$。

图 2-44 所示为 IGBT 与功率 MOSFET 关断时流过器件的电流以及器件两端电压波形[6]，可以看出与功率 MOSFET 的关断过程相比，IGBT 因拖尾电流的存在而具有较长的关断时间。

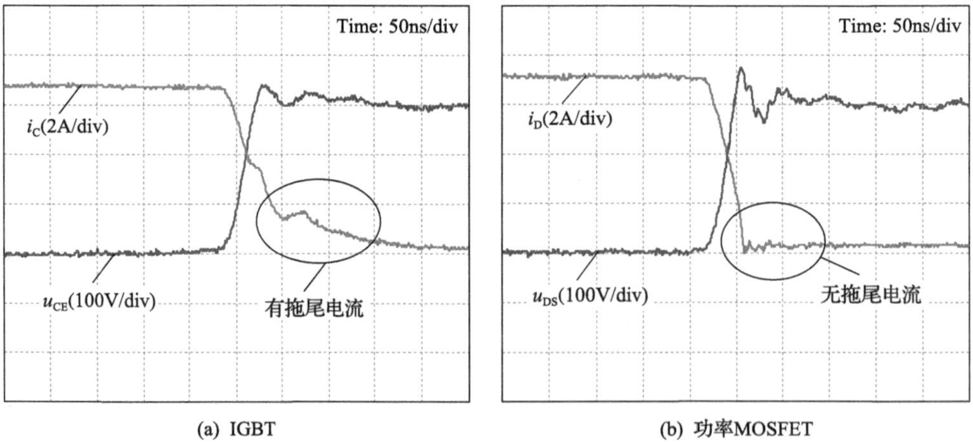

图 2-44　IGBT 和功率 MOSFET 关断过程的电流、电压波形

根据图 2-42 和图 2-43，可以定义 IGBT 的导通时间 t_{on} 和关断时间 t_{off} 分别为

$$t_{on} = t_7 - t_0 \tag{2-18}$$

$$t_{off} = t_{13} - t_8 \tag{2-19}$$

也可以根据器件厂商给出的定义来确定导通时间 t_{on} 和关断时间 t_{off}。

IGBT 的开通关断时间要大于同电压、电流级别的功率 MOSFET。因此，IGBT 最高工作频率也明显低于功率 MOSFET。在电动汽车领域，IGBT 多用于大电流、高电压场合，工作频率普遍为 10～30kHz。

在工程实践中，可以参照 2.5.3 节中功率 MOSFET 的损耗分析方法，对 IGBT 的损耗进行估算。

参 考 文 献

[1] 高大威. 汽车电力电子学[M]. 北京：清华大学出版社, 2018.

[2] 刘恩科, 朱秉升, 罗晋生. 半导体物理学[M]. 7 版. 北京：电子工业出版社, 2016.

[3] Volke A, Hornkamp M. IGBT Modules Technologies, Driver and Applications[M]. 2nd ed. Neubiberg: Infineon Technologies AG, 2012.

[4] Lutz J, Schlangenotto H, Scheuermann U, et al. Semiconductor Power Devices: Physics, Characteristics, Reliability[M]. 2nd ed. Berlin: Springer, 2018.

[5] Emadi A. Handbook of Automotive Power Electronics and Motor Drives[M]. Boca Raton: CRC Press, 2005.

[6] Rohm-Semiconductor. SiC power devices and modules application note[R]. Kyoto: ROHM Co., Ltd., 2014.

[7] Linder S. Power Semiconductors[M]. Lausanne: EPFL Press, 2006.

[8] Mohan N, Undeland T M, Robbins W P. Power Electronics: Converters, Applications,and Design[M]. 3rd ed. Hoboken: John Wiley & Sons Inc., 2003.

[9] Baliga B J. The IGBT Device: Physics, Design and Applications of the Insulated Gate Bipolar Transistor[M]. Norwich: Elsevier, 2015.

第 3 章

电动汽车驱动电机系统与控制技术

3.1　电动汽车驱动电机系统概述

3.1.1　驱动电机系统的构成

在电动汽车动力系统中，驱动电机系统起着非常重要的作用，驱动电机系统的存在是电动汽车区别于传统内燃机汽车的重要标志。其中，在纯电动汽车、串联混合动力汽车以及燃料电池汽车中，驱动电机是唯一的驱动动力来源；在并联或串并联(混联)混合动力汽车中，驱动电机与发动机通过动力耦合机构共同驱动车辆。

驱动电机具有发动机所无法实现的能量回馈功能，即在车辆制动时，驱动电机工作在发电状态，将机械能转换为电能，把能量回馈到车载储能部件中。制动能量回馈是提高整车经济性的重要途径。

驱动电机系统由驱动电机、驱动电机控制器及相关辅助装置构成[1]。

驱动电机是指基于“磁场相互作用”或“磁路磁阻变化”实现电能与机械能之间转换并可为车辆提供驱动力和制动力的电气装置。若电机的不同部分可以实现相对旋转运动，则这种电机称为旋转电机。旋转电机中静止不动的部分称为定子，可以旋转运动的部分称为转子。目前，电动汽车的驱动电机多为旋转电机。多数电动汽车的驱动电机既可以工作在电动状态来驱动车辆，也可以工作在发电状态来回馈制动能量。常见的电动汽车驱动电机外形如图 3-1(a)所示。驱动电机的高压电气接口通过高压线束与驱动电机控制器进行高压电气连接，实现电能的传输；驱动电机的低压电气接口通过低压线束与驱动电机控制器进行低压电气连接，为驱动电机控制器提供电机内部温度、转子位置、

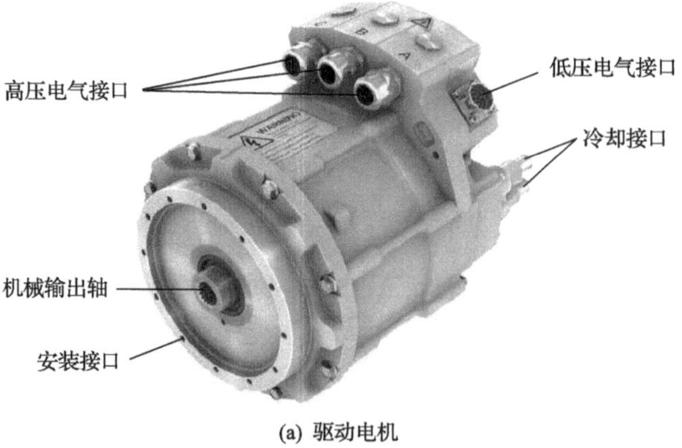

(a) 驱动电机

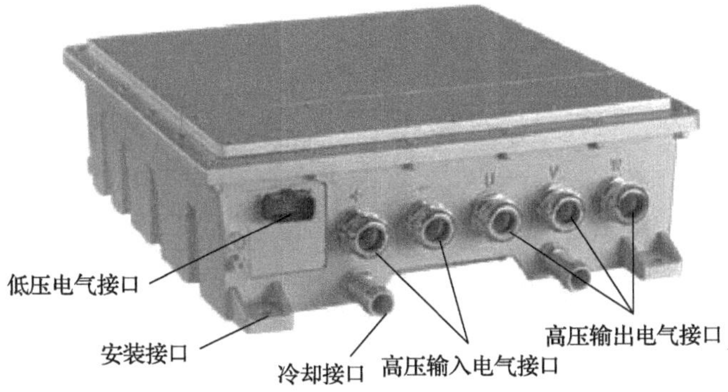

(b) 驱动电机控制器

图 3-1 驱动电机及其控制器外形

电机转速等信息；驱动电机的冷却接口与整车散热系统连接，用于传递驱动电机产生的热量，驱动电机普遍采用液冷(如水冷或油冷)的冷却方式；机械输出轴与整车传动系统连接，用于输出驱动转矩或制动转矩；安装接口用于固定或安装驱动电机。

驱动电机控制器是指将车载电源或储能部件(如蓄电池、超级电容、燃料电池等)输出的电能转换为驱动电机工作在驱动状态时所需电能的电力电子装置，该装置也可以将驱动电机工作在发电状态时产生的电能转换为车载储能部件可以吸收的电能。驱动电机控制器可以基于上层控制器的指令控制驱动电机的输出转速或输出转矩。图 3-1(b)为一个典型驱动电机控制器的外形图。驱动电机控制器的高压输入电气接口通过高压线束和车载电源进行电气连接，高压输出电气接口通过高压线束与驱动电机进行电气连接；驱动电机控制器的低压电气接口通过低压线束和驱动电机、整车通信网络、整车低压电气系统以及车辆其他部件进行低压电气连接；冷却接口和整车散热系统进行连接，与驱动电机相同，驱动电机控制器通常采用液冷(如水冷或油冷)的冷却方式；安装接口用于固定或安装驱动电机控制器。

为保证驱动电机和驱动电机控制器正常工作，还需要一些辅助装置，如电气开关、冷却装置、高压线束或线缆及连接器、低压线束及连接器、保护用的熔断器、用于状态监测或信息反馈的各类传感器等。这些“相关辅助装置”应具有质量和体积小、易于安装和维护、使用寿命长、成本低等特点。

3.1.2 驱动电机系统的类型与特点

1. 驱动电机的类型与特点

电机转矩的产生机理有两种。第一种是由于两个磁场相互作用而产生转矩。磁场可以由永磁材料产生或载流导体产生，但两个磁场中至少有一个磁场应由载流导体产生，因此两个磁场相互作用也可以看作磁场对电流产生安培力的结果。所以这种转矩又称为电磁转矩(electromagnetic torque)。电磁转矩的方向是使两个磁场趋于同向。第二种是当电机定子铁心和转子铁心所在磁路的磁阻不断变化时，因磁场的分布遵循“磁阻最小原理”即磁通总是沿着磁阻最小的路径闭合而产生的转矩。这种转矩称为磁阻转矩(reluctance torque)。

依据电机转矩的产生机理可以对电动汽车驱动电机进行分类，具体如图 3-2 所示。

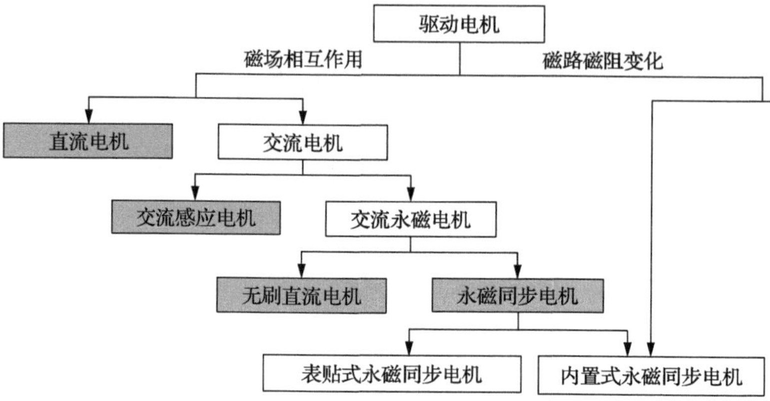

图 3-2　驱动电机的分类

电动汽车的驱动电机主要有：直流电机(direct current motor，DCM)、无刷直流电机(brushless direct current motor，BLDCM)、永磁同步电机(permanent magnet synchronous motor，PMSM)、交流感应电机(AC induction motor，ACIM)、开关磁阻电机(switched reluctance motor，SRM)等[2]。由于无刷直流电机的结构和永磁同步电机类似，并且其控制方法与有刷直流电机相差较大[3]，多数文献并不把其归于直流电机，以下所涉及的直流电机即特指有刷直流电机。各类驱动电机的优缺点与应用情况归纳如表 3-1 所示。

表 3-1　各类驱动电机的优缺点与应用

电机类型	优点	缺点	应用情况
直流电机	控制性能好、控制器结构简单、成本较低	电机转速不能太高、维护周期短、耐久性差、过载能力差、功率密度小、工作效率较低	应用较早，已被其他类型电机取代
无刷直流电机	起动转矩大、过载能力强、功率密度高、控制算法简单	转矩纹波较大、工作噪声高	应用一般
永磁同步电机	工作效率较高、功率密度大	控制算法复杂、控制器成本高、永磁材料性能受温度和振动影响	应用较广泛
交流感应电机	转速高、耐久性好、成本较低、可靠性好	功率密度一般、工作效率一般	应用较广泛
开关磁阻电机	结构简单、控制结构和控制算法简单、成本低	转矩纹波大、工作噪声高	应用较少

2. 驱动电机控制器的特点

电动汽车驱动电机控制器属于汽车电力电子部件，其与普通工业电机控制器(或驱动器)的工作原理比较类似，但在工作环境和性能要求等方面存在明显差异，表 3-2 给出了二者的主要区别。

表 3-2　电动汽车驱动电机控制器与普通工业电机控制器的主要区别

对比项目	电动汽车驱动电机控制器	普通工业电机控制器
外形和各类接口	定制化，便于车辆安装	通用化
工作环境	环境温度变化较大，振动较大	环境温度比较稳定，振动较小
运行工况	较为复杂，负载变化剧烈并具有一定的随机性	相对单一
防护等级	高于 IP44	根据应用场合确定
输入电源	车载电源(直流)	公用电网(交流，频率 50Hz)
电能转换形式	直流电机：直流-直流 交流电机：直流-交流	直流电机：交流-直流-直流 交流电机：交流-直流-交流
电力电子器件与电子元器件	汽车级	工业级
功率密度	高	低
冷却方式	多为液冷	多为强迫风冷或自然冷却
耐久性	高于整车耐久性	与应用环境相关
维护性	免维护	与应用环境相关

如图 3-3 所示，典型的电动汽车驱动电机控制器内部主要包括电力电子主电路和控制电路两大部分。主电路主要由电力电子器件构成，用来完成不同形式电能的转换，如从直流变换为直流或从直流逆变为交流等。控制电路由数字信号控制器(芯片)(digital signal controller，DSC)、驱动电路、保护电路、数据采集电路等构成。

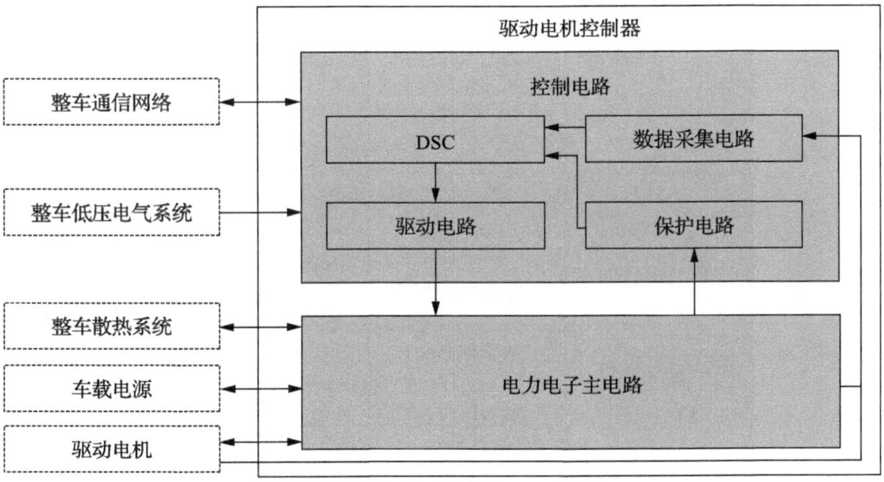

图 3-3　电动汽车驱动电机控制器内部构成

对电动汽车驱动电机实施控制可以理解为：驱动电机控制器中的 DSC 根据从整车通信网络得到的电机目标转矩或转速指令，基于数据采集电路得到的电机运行状态(转速或转子位置、定子绕组电流、电机内部温度等)、动力系统工作状态(直流母线电压、车载电源运行状态等)以及保护电路对驱动电机和驱动电机控制器的故障诊断结果，按一定的控制算法或控制策略，通过驱动电路对驱动电机控制器主电路中电力电子器件的通断进行控制，使驱动电机的输出转矩或转速跟踪目标转矩或转速指令的过程。换言之，在驱动电机控制器中，大功率电能的转换是通过对主电路中电力电子器件通断状态的控制来实现的；而如何让电力电子器件按正确的工作时序通断，则是控制电路的任务。

驱动电机控制技术是电动汽车的关键技术，对整车性能会产生直接的影响。不同类型驱动电机的工作原理、结构有所区别，因为针对不同类型驱动电机的控制技术也有所不同。例如，对于他励直流电机，因为励磁绕组电流和电枢绕组电流可以做到完全解耦，只要对二者分别进行控制就可以达到控制电机转矩的目的；而对于交流感应电机和永磁同步电机则需要采用矢量控制技术或直接转矩控制技术对电机转矩进行控制。对所有类型驱动电机的控制问题都可以归结于对电机绕组电流的控制问题。驱动电机系统具有多参数、非线性、强耦合的特征，因此很难对工作过程进行精确的数学描述。将现代控制理论的控制方法(如自适应控制、模糊控制、神经网络控制等)与经典控制理论的控制方法(如 PID 控制)相结合，可以更好地满足车辆对驱动电机控制的工程化需要。

3.1.3 整车对驱动电机系统的技术要求

驱动电机的机械特性，即电机的转矩-转速关系，也称为电机的外特性，图 3-4 所示为通过单一速比变速器与车辆传动系统连接的驱动电机的典型机械特性。在转速-转矩坐标平面上，电机的机械特性按象限可以分为四个区域，分别为正向驱动区、反向制动区、反向驱动区和正向制动区。

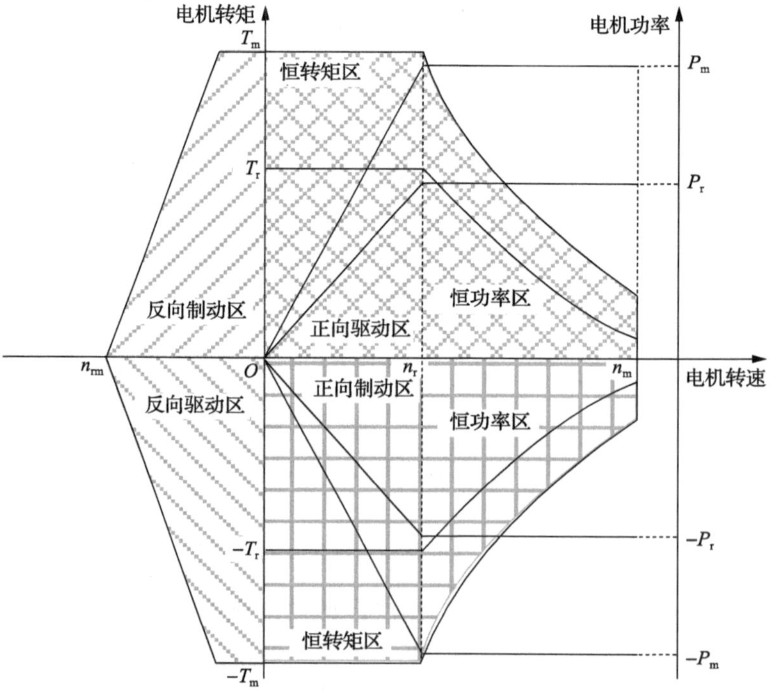

图 3-4　驱动电机的机械特性

图 3-4 给出了驱动电机的转矩-转速和功率-转速曲线。图中，T_{m} 为电机的最大转矩；T_{r} 为电机的额定转矩；n_{m} 为电机的正向最高转速，简称电机的最高转速；n_{rm} 为电机的反向最高转速；n_{r} 为电机的额定转速；P_{m} 为电机的最大功率；P_{r} 为电机的额定功率。在第一、四象限，电机的机械特性又分两个区域：恒转矩区和恒功率区，两个区域的转速边界为电机的基速，通常也是设计的额定转速。

在实际运行时，驱动电机应具有如下的技术特征：较大的起动转矩、较宽的转速范围、短时间较大的过载能力、较快的动态响应和较宽的恒功率区。

驱动电机系统对外体现的机械特性与驱动电机本身所具有的机械特性有所区别，在动力系统直流母线电压较低、电机控制器或驱动电机温度过高等情况下，有可能通过电机控制器的控制，使电机输出功率或输出转矩下降，此时图 3-4 中的恒转矩区以及恒功率区都可能变小，最高转速和最大转矩也可能下降。因此，图 3-4 可视为驱动电机系统的理想机械特性。

在实际运行时，电动汽车的驱动电机系统的机械特性应能同时满足整车的最高车速、最大爬坡度、加速时间等动力性能指标的要求。

驱动电机系统的效率对电动汽车整车经济性会产生很大的影响，从而影响车辆的续驶里程。驱动电机既可能工作在电动状态也可能工作在发电状态，相应地，驱动电机系统的效率包括电动状态效率和发电状态效率。图 3-5 为某电动汽车三相交流异步电机系统在额定直流电压下的效率（单位为%）[4]。图中的上半部分（即转矩大于零的部分）为电动状态效率（单位为%），下半部分（即转矩小于零的部分）为发电状态效率（单位为%）。

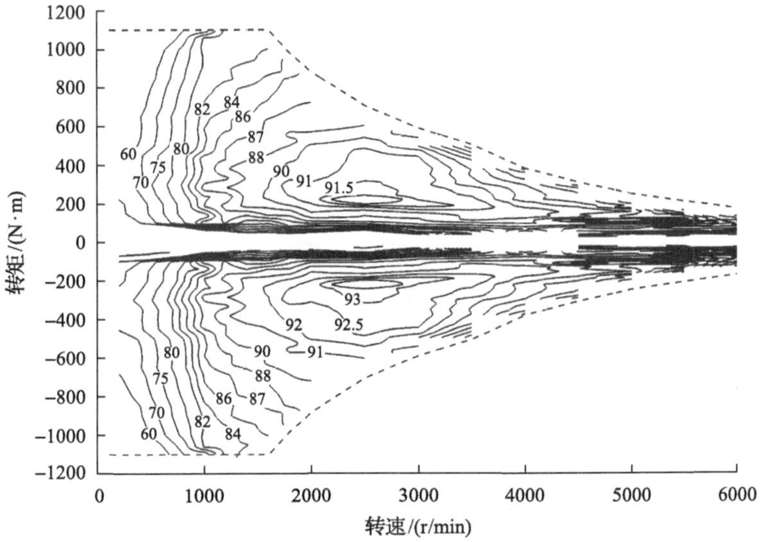

图 3-5 异步电机系统的工作效率

驱动电机系统的效率在数值上等于驱动电机控制器效率与驱动电机效率的乘积，即有

$$\eta_{\mathrm{s}} = \eta_{\mathrm{con}} \cdot \eta_{\mathrm{em}} \tag{3-1}$$

式中，η_s 为驱动电机系统的效率；η_{con} 为驱动电机控制器的效率；η_{em} 为驱动电机的效率。

驱动电机控制器的损耗包括主电路的损耗和控制电路的损耗两部分，相比较而言，主电路的损耗占较大的比重。主电路的损耗包括电力电子器件的损耗以及电容器的损耗，其中又以电力电子器件的损耗为主。驱动电机控制器的主要损耗可以看作电力电子器件的开关损耗和通态损耗。

驱动电机的损耗由铜损、铁损、机械损耗以及杂散损耗构成。这些损耗大部分转换成热量，使电机整体或局部温度升高。

在实际道路工况下，驱动电机的工作点会分布在图 3-5 中较大的一个范围。因此整车经济性要求驱动电机系统具有较大的高效区，例如，可要求驱动电机系统的高效区(效率高于 80%)大于整个机械特性区域(恒转矩区+恒功率区)的 70%[4]。

除动力性和经济性外，整车安全性、可靠性、舒适性、环境适应性以及耐久性等也都与驱动电机系统的性能密切相关。此外，整车对驱动电机系统成本、体积、重量、外形尺寸等方面具有严格的要求。

3.2 直流电机与控制技术

3.2.1 直流电机的结构与工作原理

1. 直流电机的结构

根据直流电机定子磁极的结构，可以将直流电机分为永磁直流电机(磁极由永磁体构成)和电励磁直流电机(磁极由励磁绕组和铁心构成)。而后者又可根据磁绕组、电枢绕组与外电路不同的连接形式分成不同类型的直流电机，具体可以分为他励直流电机、串励直流电机、并励直流电机、复励直流电机等。他励直流电机的励磁绕组与电枢绕组在电气上没有耦合关系，可以分别调节励磁电流和电枢绕组电流对电机转矩进行控制，控制手段更为灵活，因此在电动汽车上应用较多，以下所提到的直流电机即指他励直流电机。

直流电机的基本结构可以分为定子与转子两大部分，具体如图 3-6(a)所示。直流电机定子由磁极、电刷、端盖、底座构成。定子的核心部件是磁极和电刷，如图 3-6(b)所示。

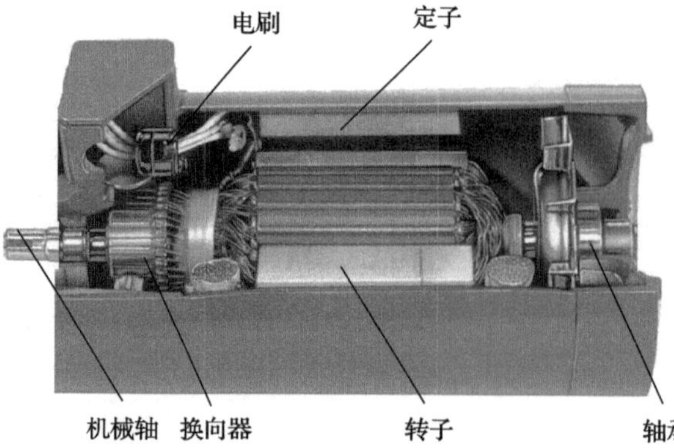

(a) 内部结构

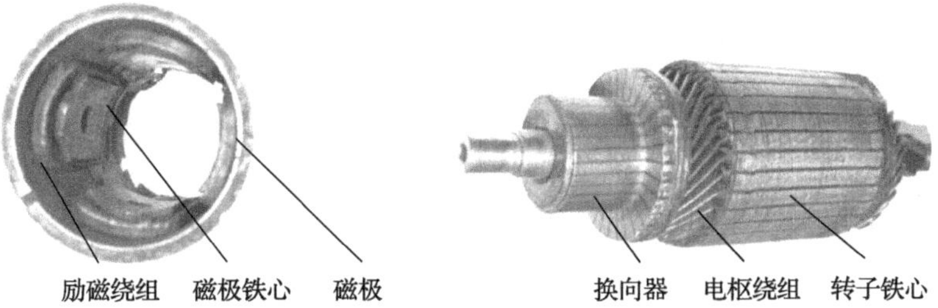

(b) 定子结构　　(c) 转子结构

图 3-6　直流电机结构

磁极的作用是建立磁场；电刷是石墨或金属石墨构成的导电体，用弹簧施加一定的压力，使电刷和转子上的换向器形成良好的滑动接触，直流电源通过电刷和换向器为转子绕组供电。直流电机的转子由转子铁心、转子绕组、换向器等构成，如图 3-6(c)所示。转子绕组由若干转子线圈按一定的规律连接起来，镶嵌在转子铁心中，是产生感应电动势和电磁转矩以及进行机电能量转化的枢纽，因此也称为电枢绕组。换向器的作用是将电刷上所通过的直流电流转换为绕组内的交变电流，也可以将绕组内的交变电流转换为通过电刷输出到外电路的直流电流。

2. 直流电机的工作原理

如图 3-7 所示，当将直流电源通过电刷接到电枢绕组时，电枢导体中有直流电流流过。在励磁绕组产生的磁场中，载流的电枢导体将受到电磁力的作用，电磁力在转子上产生转矩，该转矩可使转子转动并驱动车辆。如图 3-7(a)所示，有直流电流从电刷 A 流入，经过线圈 abcd，从电刷 B 流出，导体 ab 和 cd 受到电磁力的作用，从而转子形成了一个转矩，这个转矩为直流电机的电磁转矩，该转矩使得转子逆时针转动；如果转子转到如图 3-7(b)所示的位置，电刷 A 和换向片Ⅱ接触，电刷 B 和换向片Ⅰ接触，直流电流从电刷 A 流入，在线圈中的流动方向是 dcba，从电刷 B 流出。此时导体 ab 和 cd 受到电

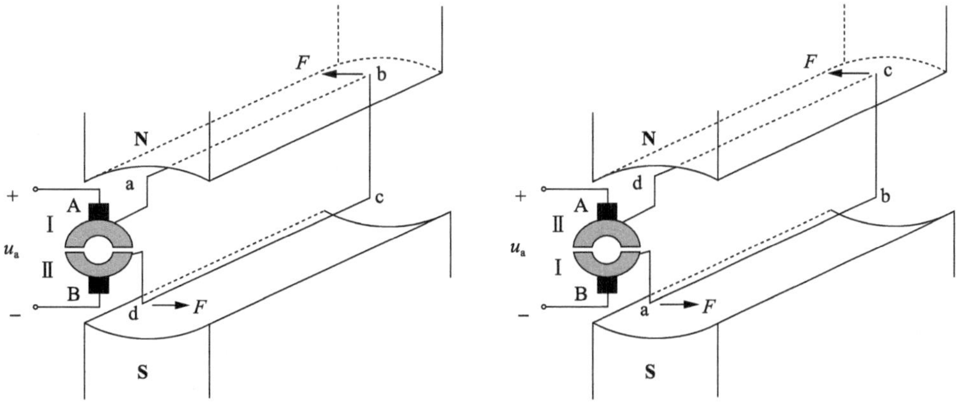

(a) 导体ab在上，cd在下　　(b) 导体cd在上，ab在下

图 3-7　直流电机工作原理

磁力产生的电磁转矩仍然使得转子逆时针转动。基于上述分析，可以看出直流电机外加的电源提供的是直流电能，但由于电刷和换向片的作用，在线圈中流过的电流是交变的，但其产生的转矩的方向是不变的。实际的直流电机转子上的绕组是由多个线圈连接而成，以减少电机电磁转矩的波动。

3.2.2 直流电机的数学模型

当直流电机转子处于如图 3-7 所示位置，即电刷位于几何中心线上，电枢绕组在转子表面均匀分布且为整距时，电磁转矩 T_e 可以表示为

$$T_e = \frac{PN}{\pi a}\Phi I_a = K_T I_a \tag{3-2}$$

式中，P 为极对数；N 为电枢绕组导体总数；Φ 为每个磁极产生的气隙主磁通，单位为 Wb；I_a 为电枢绕组电流，单位为 A；a 为电枢绕组的并联支路对数；K_T 为直流电机的转矩常数。

感应电动势 E_a 可以表示为

$$E_a = \frac{PN}{\pi a}\Phi\omega = K_E\omega \tag{3-3}$$

式中，ω 为直流电机旋转角速度，单位为 rad/s；K_E 为直流电机的电动势常数。由式(3-2)、式(3-3)知，存在

$$K_T = K_E \tag{3-4}$$

式(3-2)和式(3-3)中的气隙主磁通 Φ 是由励磁绕组磁动势以及电枢绕组磁动势共同作用产生的。电枢绕组电流产生的磁场会对电机气隙磁场产生影响，从而使气隙磁场的分布发生畸变，这种现象称为电枢反应。

若采用电动机惯例，则直流电机的等效电路如图 3-8 所示。

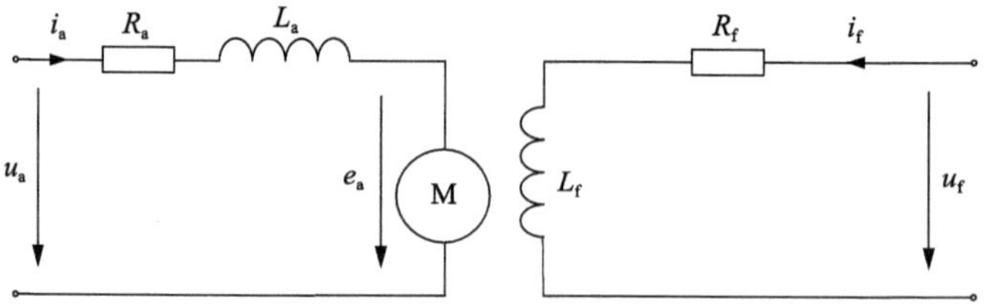

图 3-8　直流电机等效电路

若不计电枢反应或认为电枢反应被换向极以及补偿绕组完全抵消[5]，且忽略电刷与换向器接触产生的压降，由图 3-8 可以得到

$$\begin{cases} u_a = R_a i_a + L_a \dfrac{di_a}{dt} + e_a \\ u_f = R_f i_f + L_f \dfrac{di_f}{dt} \end{cases} \tag{3-5}$$

式中，u_a 为直流电机电枢绕组电压；e_a 为感应电动势；i_a 为电枢绕组电流；R_a 为电枢回路等效电阻；L_a 为电枢回路等效电感；u_f 为直流电机励磁绕组电压；i_f 为励磁绕组电流；R_f 为励磁回路等效电阻；L_f 为励磁回路等效电感。

稳态下，式(3-5)变为

$$\begin{cases} U_a = E_a + I_a R_a \\ U_f = R_f I_f \end{cases} \tag{3-6}$$

式中，U_a、E_a、I_a 分别为直流电机电枢绕组电压 u_a、感应电动势 e_a 以及电枢绕组电流 i_a 的稳态值；U_f、I_f 分别为直流电机励磁绕组电压 u_f 以及励磁绕组电流 i_f 的稳态值。

若忽略机械损耗，即电磁转矩为电机的输出转矩，则电机的机械运动方程为

$$t_e = J\frac{d\omega}{dt} + B\omega + t_L \tag{3-7}$$

式中，t_e 为直流电机输出转矩；t_L 为负载转矩；J 为机械传动系统的转动惯量；B 为机械传动系统的黏滞摩擦系数。稳态下，式(3-7)变为

$$T_e = T_L + B\omega \tag{3-8}$$

式中，T_e 和 T_L 分别为直流电机输出转矩 t_e 和负载转矩 t_L 的稳态值。

3.2.3 直流电机的控制

1. 直流电机的控制机理

当将直流电机用于驱动车辆时，直流电机的控制问题就是直流电机转矩的控制问题。根据直流电机的数学模型以及直流电机工作原理可知：直流电机的转矩与气隙主磁通 Φ、电枢绕组电流 i_a 成正比。对于非永磁直流电机，若磁路不饱和，则气隙主磁通 Φ 与励磁绕组电流 i_f 成正比。因此直流电机的控制问题可以看作电枢绕组电流 i_a、励磁绕组电流 i_f 的控制问题。

对某些稳态道路工况下，若电机在部分负荷下运行，调节电枢绕组电流 i_a 或励磁绕组电流 i_f，或同时调节电枢绕组电流 i_a 和励磁绕组电流 i_f，都可以调节电机的输出转矩。较小的 i_f 可以使电机铁损减小，而较小的 i_a 可以使电机铜损降低，因此对于特定的电机输出转矩，基于高效控制策略，存在最优的 i_a 和 i_f。但无论是励磁绕组回路还是电枢绕组回路，都存在电路的时间常数。同时，对 i_a 和 i_f 的调节是通过调节励磁绕组电压 u_f 以及电枢绕组电压 u_a 实现的，因此存在着转矩控制的动态响应问题。

电动汽车要求驱动电机应可以在转矩(纵轴)-转速(横轴)平面四象限工作。改变 i_a 或 i_f 的方向都可以达到改变电机转矩方向的目的。虽然，能对 i_a 或 i_f 的方向进行改变会提高电机控制策略的灵活性，但这对电机控制器硬件却提出了较高的要求。

在设计直流电机控制器以及制定控制策略的过程中，有一个问题还应该注意到：直流电机的励磁绕组回路的功率要远小于电枢绕组回路的功率。因此，与控制 i_a 相比，无

论是控制 i_f 的方向还是幅值，对外电源、电力电子主电路的要求以及可能由此产生的损耗都会低一些。

图 3-9 所示为直流电机控制系统结构。图中，T_e^*为目标转矩；I_a^*为电机电枢绕组参考电流；I_f^*为电机励磁绕组参考电流；u_{dc} 为车载电源（如车载动力蓄电池）U_s 的电压。

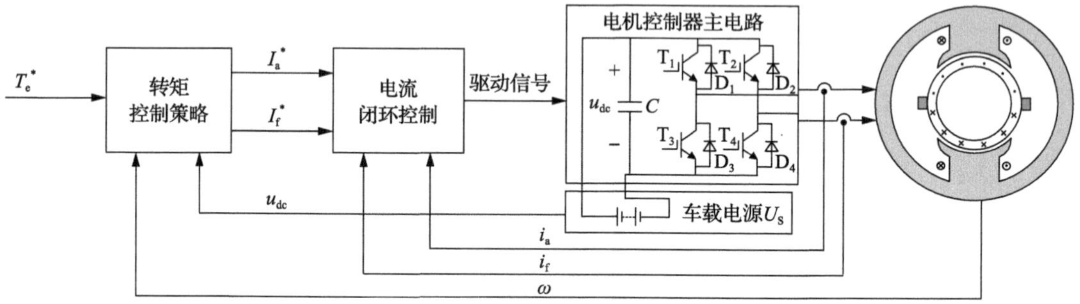

图 3-9　直流电机控制系统结构

2. 直流电机的机械特性

直流电机的机械特性又称为直流电机的外特性，表征电机输出转矩随电机转速的变化规律。在以转矩为纵轴、以转速为横轴的坐标平面中，直流电机的机械特性为一条电机转矩随转速变化的曲线。

以电动模式为例，典型的直流电机的机械特性，即转矩-转速特性如图 3-10 中曲线 t_e 所示。直流电机的机械特性可以分为恒转矩区和恒功率区两个区域。图中，曲线 p_m 为电机输出最大功率随转速变化的曲线；曲线 u_a 为电机电枢绕组电压随转速的变化曲线；曲线 i_f 为电机励磁绕组电流随转速变化的曲线；曲线 i_a 为电机电枢绕组电流随转速的变化曲线，当电机沿外特性运行时，该曲线幅值为电枢绕组最大允许电流 I_{amax} 的一条水平直线；ω_{max} 为电机最大转速（角速度）；P_{mmax} 为电机最大转出功率；I_{fN} 为电机励磁绕组额定电流；u_{aN} 为电机电枢绕组额定电压；T_{emax} 为电机最大转矩。

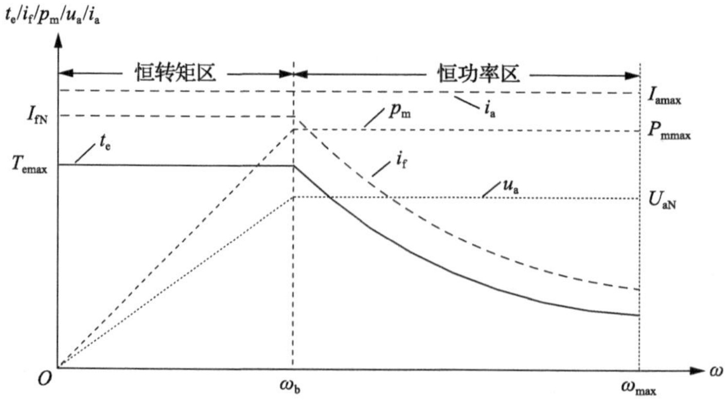

图 3-10　直流电机的特性曲线

为了提高电机运行转速，需要减小感应电动势 e_a。在一定转速下，减小 e_a 的唯一途径是降低气隙主磁通 Φ。通过减弱气隙主磁通 Φ 来提高电机转速 ω，称为弱磁，与之相对应的控制方法称为弱磁控制。弱磁控制是直流电机在高速运行时常采用的控制方法。为了尽可能发挥直流电机的性能，在弱磁控制区域，控制目标通常为保持电机的输出功率不变。降低气隙主磁通 Φ 是通过减小励磁绕组电流 i_f 实现的。因此，直流电机的恒功率区也称为弱磁控制区或励磁电流控制区。

3. 直流电机控制器主电路拓扑结构

直流电机的电磁转矩与气隙主磁通 Φ、电枢绕组电流 i_a 密切相关。而通过控制励磁绕组电流 i_f，可以对气隙主磁通 Φ 进行调节。因此，对于电枢绕组电流 i_a 与励磁绕组电流 i_f 无耦合关系的他励直流电机，其控制器具有两个主电路，即电枢绕组电流 i_a 功率主电路和励磁绕组电流 i_f 功率主电路；而对于其他类型的直流电机，控制器只需一个主电路。

按照电动汽车的普遍要求，直流电机控制器的主电路应满足如下要求。

(1) 在任何转速下，可以将车载电源（如车载动力蓄电池）的电压施加给电枢绕组和励磁绕组，并且可以改变电枢绕组电流 i_a 的方向。为了使控制器电路简化，只需要改变电枢绕组电流 i_a 的方向来改变电磁转矩方向，而不通过改变励磁绕组电流 i_f 的方向来达到改变电磁转矩方向的目的，即电枢绕组电流 i_a 是双极性的，而励磁绕组电流 i_f 是单极性的。

(2) 可以通过电力电子器件实现对电枢绕组电流 i_a 和励磁绕组电流 i_f 幅值的独立、有效和快速控制。

(3) 可以使电机在转矩（纵轴）-转速（横轴）平面中四个象限运行。

(4) 尽可能使用较少的电力电子器件，从而降低电机控制器成本。

通常将直流-直流变换器电路用于直流电机的控制。直流-直流变换器电路又称为直流-电流斩波电路或直流斩波电路。能用于直流电机控制的直流-直流变换器电路共有五种[6]，分别是单向降压型直流-直流变换器电路、单向升压型直流-直流变换器电路、双向直流-直流变换器电路、非对称桥式直流-直流变换器电路以及全桥直流-直流变换器电路。其中，常见的满足电动汽车要求的是全桥直流-直流变换器电路，如图 3-11 所示。

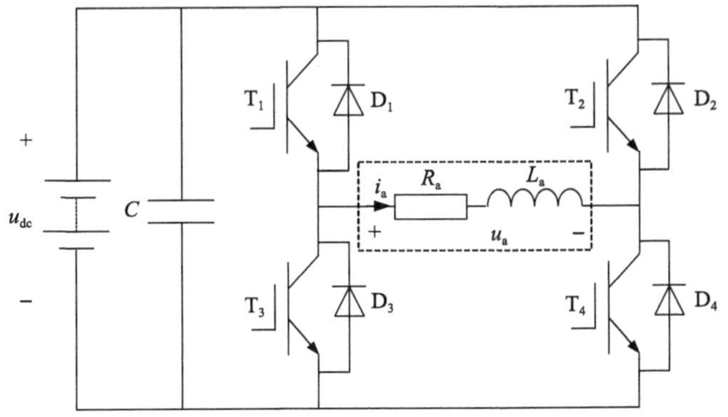

图 3-11 全桥直流-直流变换器电路

全桥直流-直流变换器电路又称"H 桥"直流-直流变换器电路。图 3-11 中，电力电子器件 T_1 和 T_3 在一个桥臂上，T_2 和 T_4 在另外一个桥臂上，电枢绕组连接于两桥臂中点。

电力电子器件 T_1～T_4 可以分为两组，T_1 和 T_4 为一组，T_2 和 T_3 为另一组。每组器件的门极驱动信号相同，不同组器件的门极驱动信号互补。两组器件门极驱动信号之间需要考虑“死区”问题，保证每个桥臂不能出现直通现象。

在一个 PWM 周期，若 T_1 和 T_4 的门极驱动信号占空比为 α，则 T_2 和 T_3 的门极驱动信号占空比为 $1-\alpha$。因此，电机电枢绕组电压 u_a 的平均电压 $\overline{U_a}$ 为

$$\overline{U_a} = \alpha u_{dc} + (1-\alpha)(-u_{dc}) = (2\alpha - 1)u_{dc} \tag{3-9}$$

因此，通过调节 α 可以对电枢绕组电压进行调节，从而实现对电枢绕组电流的控制，进而对电机转矩进行控制。

3.3 无刷直流电机与控制技术

3.3.1 无刷直流电机的结构与工作原理

1. 无刷直流电机的结构

从结构上看，将永磁直流电机（电机主磁通由永磁体产生且无励磁绕组的直流电机）定子和转子倒置即形成无刷直流电机。虽然无刷直流电机有多种定子绕组形式和转子结构，但“集中绕组定子+表贴式永磁体转子”被广泛认为是无刷直流电机的典型结构特征。图 3-12 所示为无刷直流电机的典型定子结构和转子结构。

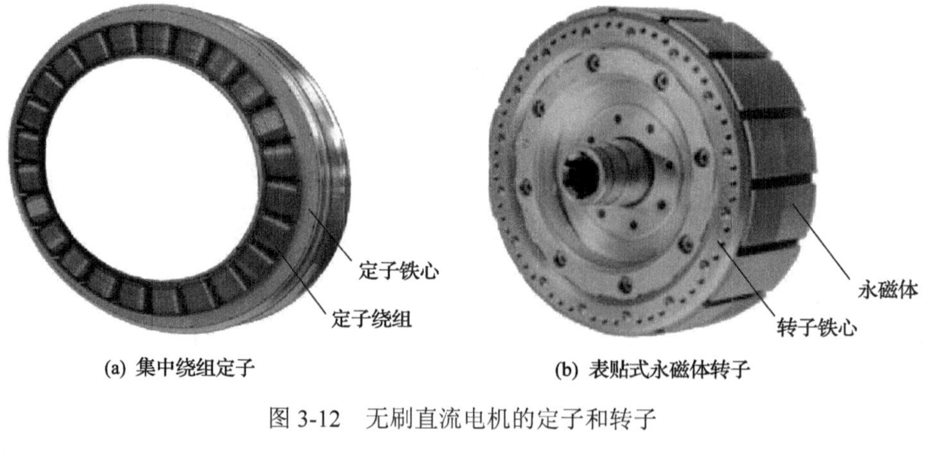

图 3-12　无刷直流电机的定子和转子

按定子和转子的相对位置，无刷直流电机可以分为内转子无刷直流电机和外转子无刷直流电机，二者分别如图 3-13(a)和图 3-13(b)所示。内转子无刷直流电机的转子转动惯量较小，定子铁心更容易与冷却壳体形成大面积接触，散热条件较好。外转子无刷直流电机容易获得较大的气隙直径，容易得到较大的电磁转矩。因此，外转子无刷直流电机的转矩密度较高。此外，因定子铁心的齿向外开口，外转子无刷直流电机的定子绕组更容易绕制。用于集中式驱动车辆的无刷直流电机属于内转子无刷直流电机。

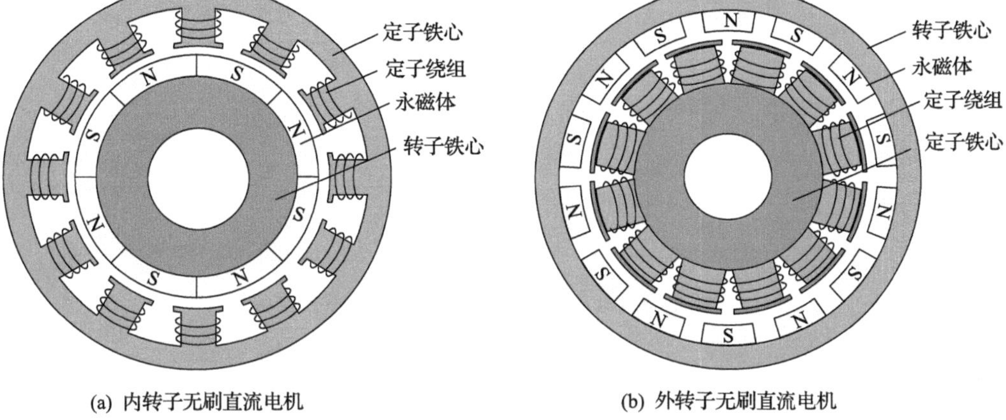

图 3-13　无刷直流电机结构

无刷直流电机的定子和转子铁心采用硅钢片叠压而成。为减少涡流损耗，铁心冲片表面通常需涂绝缘漆。此外，因为车用电机的冷却方式皆为液冷，所以要求无刷直流电机定子铁心与具有冷却液流道的外壳紧密接触，将电机运行中产生的热及时散发出去。

为抑制铁心的齿槽分布对气隙磁场以及电机转矩产生的影响，大功率无刷直流电机多采用斜槽式结构的定子铁心。无刷直流电机定子铁心槽中嵌有定子绕组，根据定子绕组的电气连接形式可以分为单相绕组和多相绕组。多相绕组可以为两相绕组、三相绕组等。与此相对应，无刷直流电机可以分为单相无刷直流电机、两相无刷直流电机、三相无刷直流电机等。电动汽车驱动系统中最常见的无刷直流电机是三相无刷直流电机。三相无刷直流电机的三相定子绕组通常采用 Y 形连接。无刷直流电机定子绕组通常采用节距为 1 的集中绕组结构，采用这种绕组使每个磁极所面对的同相绕组的同电流方向的导体处于同一槽内，由于这些导体所处气隙磁通密度相同，通过叠加，容易得到波形较好的梯形波感应电动势。

电动汽车中的无刷直流电机中的永磁体普遍采用烧结的钕铁硼等高矫顽力、高剩磁通密度的永磁材料制成。表贴式安装方式具有结构简单、制造成本低、易于形成近似梯形分布的气隙磁通密度等优势，因此被多数无刷直流电机所采用。

无刷直流电机内部通常需安装转子位置传感器，其作用是检测转子磁极相对于定子绕组的位置，以便控制定子绕组中电流所在电路的通断。霍尔位置传感器因体积小、成本低的特点被广泛用于无刷直流电机中的转子位置检测。此外，也可以根据电机工作过程中一些典型物理量(如电压、电流等)的变化规律，通过软件对转子磁极的位置进行辨识，相应的控制方法称为无传感器控制法。

除以上组成部分外，无刷直流电机还有机械输出轴、轴承等部件。

2. 无刷直流电机的工作原理

如图 3-14(a)所示，无刷直流电机的 A 相、B 相和 C 相的等效定子绕组为 AX、BY 和 CZ，三相绕组在空间上按 120°电角度布置。当转子转动时，三相绕组会产生感应电动势 e_a、e_b 和 e_c，感应电动势波形为梯形波，如图 3-14(b)所示。

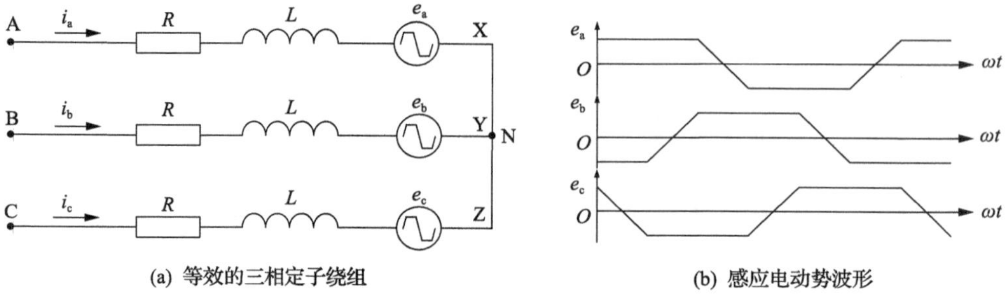

图 3-14　三相无刷直流电机的等效定子绕组与感应电动势波形

根据转子磁极所在位置，对两相绕组(如 A、B 相)之间施加直流电压，定子绕组电流在空间产生磁场，则转子受到电磁转矩的作用开始转动；若在转子磁极转动 60°电角度时，在另外两相(如 A、C 相)之间施加直流电压，则转子继续受到电磁转矩作用，并沿原方向转动；以此类推，根据转子磁极所在位置，合理地控制三相定子绕组的电流方向，就可以使电机始终受到电磁转矩的作用而沿一个方向转动。

从上面的分析可以看出，转子位置的识别非常重要，必须保证定子绕组感应电动势的方向和绕组电流方向的一致性。

若转子在外力的拖动下转动，气隙磁通与各定子绕组交链的磁通发生变化会在各定子绕组中产生感应电动势。通过对定子绕组电流的控制就可以使电机产生制动转矩，从而让无刷直流电机工作在发电状态。因此，用于驱动车辆时，无刷直流电机可以四象限运行。

实际的无刷直流电机的定子绕组可以大于三相，转子的磁极也可以不止一对，绕组和磁极的增加有利于提高电机转矩的平稳性，但控制电路结构也会变得复杂；同时，对转子位置识别精度的要求也会较高。

3.3.2　无刷直流电机的数学模型

以三相无刷直流电机为例，若定子绕组三相绕组对称、Y 形连接、无中性线，且不计磁路饱和以及电枢反应，则无刷直流电机的电压方程可以表示为

$$\begin{cases} u_{AX} = Ri_a + L\dfrac{di_a}{dt} + e_a \\ u_{BY} = Ri_b + L\dfrac{di_b}{dt} + e_b \\ u_{CZ} = Ri_c + L\dfrac{di_c}{dt} + e_c \end{cases} \tag{3-10}$$

式中，R 为每相绕组的等效电阻；L 为考虑自感和相间互感后的每相绕组的等效电感。

若电机的转速为 ω，电机的瞬时电磁转矩可以表示为

$$t_e = \frac{1}{\omega}(e_a i_a + e_b i_b + e_c i_c) \tag{3-11}$$

在图 3-14(a)中，无刷直流电机定子每相绕组工作在 120°导通方式下，在不考虑换相暂态过程时，任意时刻三相定子绕组中只有两相绕组有电流流过，且大小相等、方向相反，因此式(3-11)可以化简为

$$t_e = \frac{2}{\omega} E_p I_p \tag{3-12}$$

式中，E_p、I_p 分别为感应电动势和相电流的幅值。若电机的极对数为 P，式(3-12)可以改写为

$$t_e = \frac{2}{\omega} P E_p I_p \tag{3-13}$$

感应电动势的幅值 E_p 可以表示为

$$E_p = N' B_m l r \omega = K_E \omega \tag{3-14}$$

式中，N' 为定子每相绕组串联导体数；B_m 为转子永磁体在气隙中产生的磁通密度幅值；l 为导体长度；r 为转子半径。因此，存在

$$t_e = \frac{2}{\omega} P K_E \omega I_p = 2 P K_E I_p = K_T I_p \tag{3-15}$$

如图 3-15 所示，若施加在无刷直流电机 A、B 两相绕组之间的直流电压为 u，流过 A、B 两相绕组的电流为 i，则有

$$u = 2Ri + 2L\frac{\mathrm{d}i}{\mathrm{d}t} + (e_a - e_b) \tag{3-16}$$

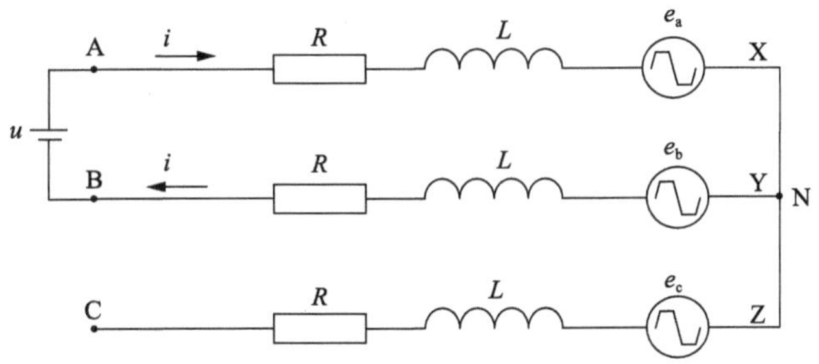

图 3-15　三相无刷直流电机的工作状态

由于有

$$e_a = -e_b = E_p = K_E \omega \tag{3-17}$$

所以，可得

$$u = 2Ri + 2L\frac{\mathrm{d}i}{\mathrm{d}t} + 2K_E \omega \tag{3-18}$$

若忽略机械损耗以及转子铁心涡流、磁滞损耗，即电磁转矩为电机的输出转矩，则无刷直流电机输出转矩为

$$t_e = J\frac{d\omega}{dt} + B\omega + t_L \tag{3-19}$$

式中，t_e为无刷直流电机输出转矩；t_L为负载转矩；ω为无刷直流电机角速度；J为机械传动系统的转动惯量；B为机械传动系统的黏滞摩擦系数。

3.3.3 无刷直流电机的控制

1. 无刷直流电机的控制机理

由无刷直流电机的数学模型知：在忽略磁路饱和、不考虑电机铁损和机械损耗以及不计电枢反应等理想条件下，通过在恰当的时间进行换相，可以使无刷直流电机的转矩与气隙磁通的幅值Φ_m、定子绕组电流幅值I_p成正比。通常，由永磁体产生的气隙磁通的幅值Φ_m可以认为保持不变，则无刷直流电机的控制问题可以变成定子绕组电流幅值I_p的控制问题。

在高转速运行时，为了获得较大的电机转矩和机械功率，需要对气隙磁场的磁通密度进行调节，即需要对无刷直流电机进行弱磁控制。但由永磁体产生的气隙磁场磁通密度是无法调节的，只能通过对定子绕组电流的控制来使气隙磁场磁通密度减弱，即通过定子电流在气隙产生的磁通密度与转子永磁体在气隙产生的磁通密度的矢量合成来使定子绕组所在的气隙磁场磁通密度或磁场强度下降。

通过改变无刷直流电机的换相时序可以很容易地对电机的转矩方向以及电机转动方向进行控制；改变定子绕组电流方向也能达到改变转矩方向的目的。因此，无刷直流电机作为电动汽车驱动电机时，可以实现车辆所要求的转矩(纵轴)-转速(横轴)平面四象限运行。

图 3-16 所示为无刷直流电机控制系统。图中，T_e^*为目标转矩；I_a^*、I_b^*和I_c^*分别为A相、B相和C相定子绕组参考电流；i_a、i_b和i_c分别为A相、B相和C相定子绕组实际电流。

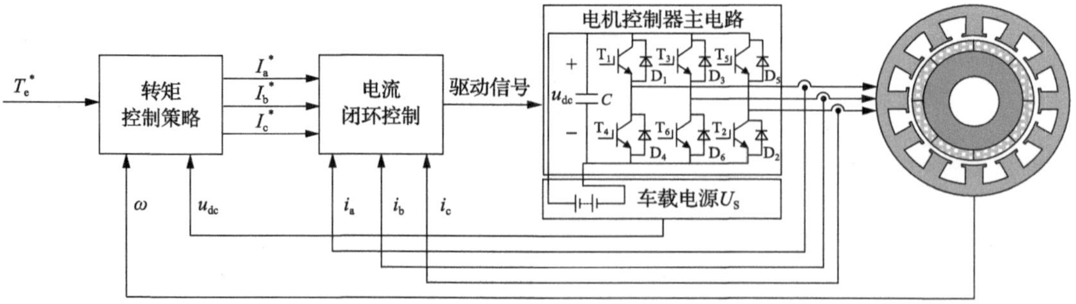

图 3-16　无刷直流电机的控制系统

2. 无刷直流电机控制器主电路拓扑结构

1) 三相全桥主电路

三相全桥主电路是三相无刷直流电机普遍采用的电机控制器主电路，其电路结构如图 3-17 所示。三相全桥主电路由六组电力电子器件构成，其中每组器件由全控型电力电子器件和功率二极管反并联构成。全控型电力电子器件可以为 IGBT 或功率 MOSFET。

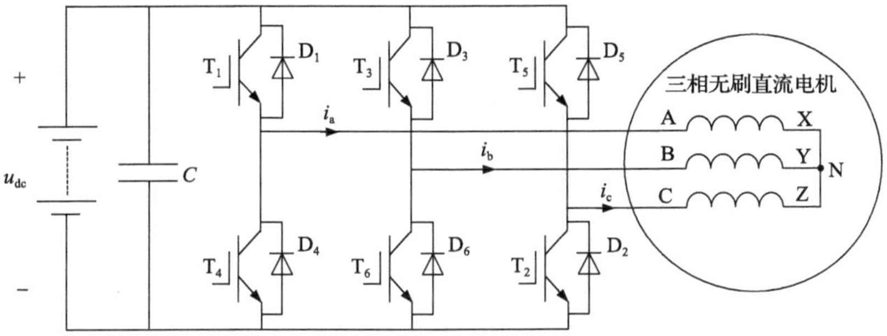

图 3-17　三相全桥主电路

图 3-17 中，$T_1(D_1)$、$T_3(D_3)$ 和 $T_5(D_5)$ 与车载电源的正极相连接，构成“上桥臂”；$T_4(D_4)$、$T_6(D_6)$ 和 $T_2(D_2)$ 与车载电源的负极相连接，构成“下桥臂”。此外，$T_1(D_1)$、与 $T_4(D_4)$ 构成 A 相桥臂；$T_3(D_3)$ 与 $T_6(D_6)$ 构成 B 相桥臂；$T_5(D_5)$ 与 $T_2(D_2)$ 构成 C 相桥臂。电容 C 起到电能缓冲的作用，可以抑制电源侧高频电压纹波，提高电机转矩的稳定性和系统的电磁兼容性。若希望将车载电源的电压施加在三相无刷直流电机的两相定子绕组上，只需与这两相绕组所连接的主电路的两组电力电子器件导通，这两组电力电子器件分别位于不同相的上桥臂和下桥臂上；其他四组电力电子器件关断。例如，若 $T_1(D_1)$ 和 $T_6(D_6)$ 导通，则 A、B 相之间的线电压 u_{AB} 为 u_{dc}；若 $T_3(D_4)$ 和 $T_4(D_4)$ 导通，则 A、B 相之间线电压 u_{AB} 为$-u_{dc}$。

基于前面分析的三相直流电机工作原理和控制时序，可以得到与三相定子绕组电流波形对应的六组电力电子器件的通断情况，如图 3-18 所示。

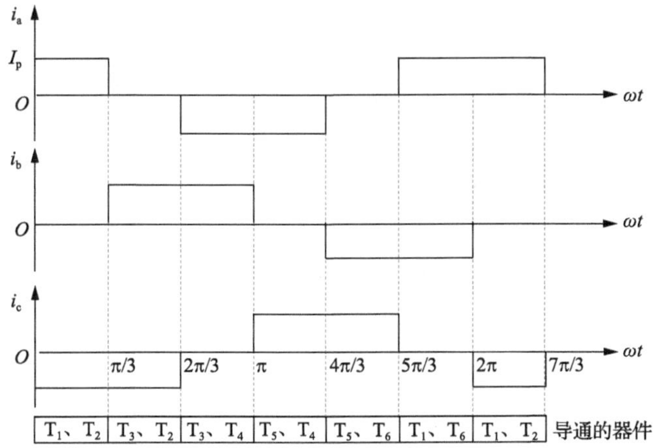

图 3-18　定子绕组电流波形和器件导通情况

图 3-18 中，在一个 $\pi/3$ 时间内总有一个上桥臂中的电力电子器件导通，同时总有一个下桥臂中的电力电子器件导通。此时，车载电源的直流电压 u_{dc} 总是加在电机两相互相串联的绕组的两端，这种控制模式也称为 H_ON-L_ON 控制。在这种控制模式下，可以得到稳态情况下的定子绕组回路电压方程为

$$U_{dc} = 2RI_p + 2E_p \tag{3-20}$$

式中，U_{dc} 为 u_{dc} 的稳态值。因此，定子绕组相电流的稳态值(即相电流的幅值)为

$$I_p = \frac{1}{2R}(U_{dc} - 2E_p) \tag{3-21}$$

根据式(3-15)，此时的电机转矩稳态值为

$$T_e = \frac{K_T}{2R}(U_{dc} - 2E_p) \tag{3-22}$$

式(3-21)和式(3-22)分别表示在如图 3-17 所示电机控制器三相全桥主电路以及如图 3-18 所示的 H_ON-L_ON 控制方式下得到的最大相电流和最大转矩。

图 3-17 所示电机控制器三相全桥主电路中，若在任一 $\pi/3$ 区间内，只有两组电力电子器件按 PWM 方式通断，其他四组电力电子器件关断，这种控制模式称为 H_PWM-L_PWM 控制，此时电机转矩与 PWM 信号的占空比相关。对于 H_PWM-L_PWM 控制，每个 PWM 周期都有两个电力电子器件同步通断一次，在开关频率较高时，这种控制模式会导致较大的开关损耗。基于三相全桥主电路结构和无刷直流电机工作原理，可以得到另外四种降低器件开关频率的控制模式，分别是 H_ON-L_PWM 控制、H_PWM-L_ON 控制、PWM-ON 控制和 ON-PWM 控制[4]。不同的控制模式除对主电路损耗和系统效率产生影响外，也会影响换相过程的转矩脉动。

2) 三相“H 桥”主电路

如图 3-19 所示，三相“H 桥”主电路中一相绕组连接于一个“H 桥”的两个桥臂的中点。每个“H 桥”由四组电力电子器件构成。当采用三相“H 桥”主电路控制无刷直流电机工作时，因为各相定子绕组没有电气上的耦合，所以可以实现每相绕组电流的独立控制，因而具有较好的灵活性。但三相无刷直流电机控制器主电路共需要 12 组电力电子器件，电路结构较复杂，电路成本较高。

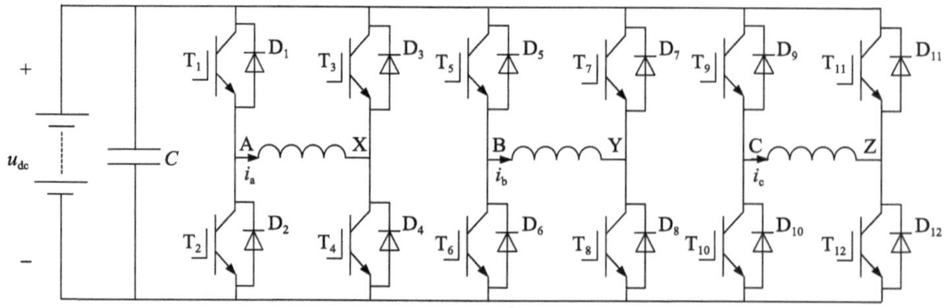

图 3-19　三相“H 桥”主电路

采用"H 桥"主电路时，定子每相绕组两端都需要引出，用于与电机控制器主电路连接。"H 桥"主电路比较容易扩展，实现对多相(多于三相)无刷直流电机的控制。

对于图 3-19 所示的三相"H 桥"主电路，以 A 相为例，当 $T_1(D_1)$ 和 $T_4(D_4)$ 导通时，$T_2(D_2)$ 和 $T_3(D_3)$ 截止，绕组 AX 两端之间的电压为 u_{dc}；当 $T_2(D_2)$ 和 $T_3(D_3)$ 导通时，$T_1(D_1)$ 和 $T_4(D_4)$ 截止，绕组 AX 两端之间的电压为 $-u_{dc}$。因此比较容易对绕组电流方向进行控制。在同样的车载电源直流电压下，绕组两端的电压是三相全桥主电路的绕组电压的二倍。因此，三相"H 桥"主电路适用于大功率无刷直流电机的控制。

3) 三相半桥主电路

如图 3-20 所示，三相半桥主电路分为两种电路，在两个电路中电力电子器件分别位于上桥臂和下桥臂，定子每相绕组通过一组电力电子器件与车载电源相连。由于使用了较少的全控型电力电子器件(图中的 IGBT)，因此三相半桥主电路的硬件成本较低。

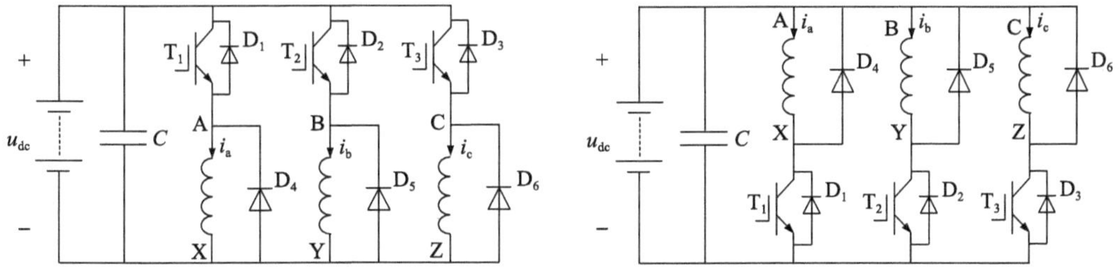

(a) 上桥臂控制 (b) 下桥臂控制

图 3-20 三相半桥主电路

在图 3-20 中，若器件 T_1、T_2 和 T_3 在一个工作周期内按正确的时序各导通 120°，那么可以得到三相绕组的感应电动势和电流波形，如图 3-21 所示，可以看出相电流只能按正方向流动，此时，三相无刷直流电机参加机械能量转换的电功率为

$$p_e = e_a i_a + e_b i_b + e_c i_c = E_p I_p \tag{3-23}$$

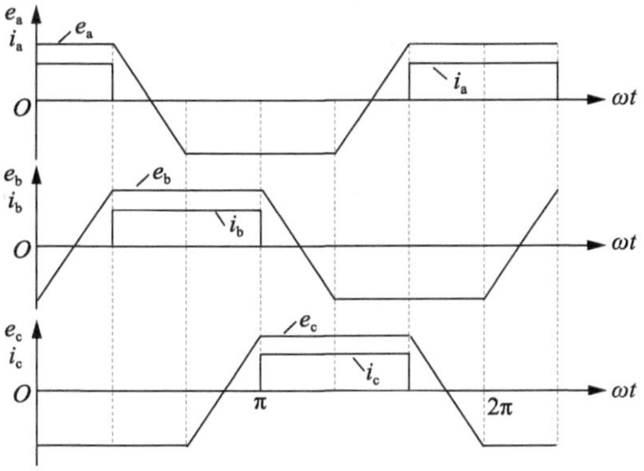

图 3-21 三相半桥主电路中绕组的感应电动势和电流波形

因此，忽略电机在机电能量转换过程中的铁损和机械损耗，若电机旋转的机械角速度为 ω_m，则电机输出的机械转矩 t_e 为

$$t_e = \frac{E_p I_p}{\omega_m} \tag{3-24}$$

所以，在定子绕组电流相同的情况下，采用三相全桥主电路的电机的输出转矩是采用三相半桥主电路的电机的输出转矩的 2 倍。

与三相全桥主电路及三相“H 桥”主电路不同，三相半桥主电路中定子绕组因自身电感而存储的能量无法回馈到直流电源，只能在绕组与续流二极管（D_4 或 D_5 或 D_6）形成的回路中释放；另外，绕组电流方向无法改变导致电机不能在转矩-转速平面中四象限运行。所以这种主电路比较适合对有特定需求的无刷直流电机进行控制。

除以上几种常见的驱动方式外，还有一些电力电子电路，如基于 C-dump 变换器电路的主电路[7]、基于 SEPIC 变换器电路的主电路[8]等都可用于无刷直流电机的控制。

除前面论述的具有代表性的三相无刷直流电机外，无刷直流电机还有四相、五相等多相结构。相应地，电力电子控制电路结构也会发生变化。此外，相同相数的电机绕组间的连接方式也不尽相同。

3.4 永磁同步电机与控制技术

3.4.1 永磁同步电机的结构与工作原理

1. 永磁同步电机的结构

图 3-22 所示为永磁同步电机结构[9]。永磁同步电机可以分为定子和转子两大部分，根据定子和转子的相对位置，永磁同步电机可以设计加工为内转子电机或外转子电机。

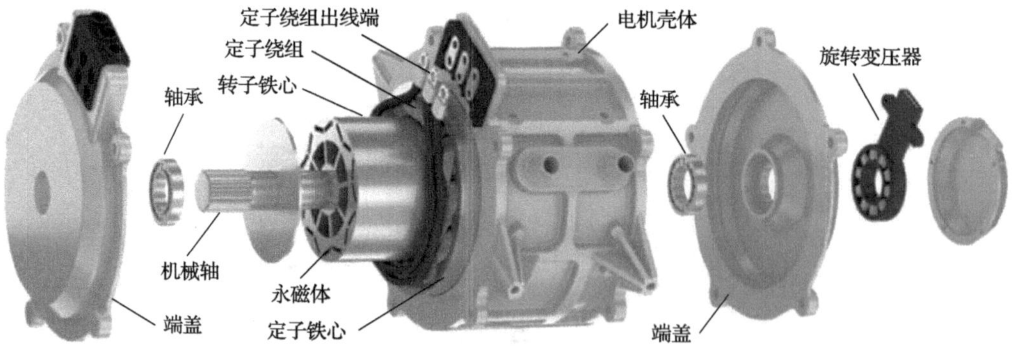

图 3-22 永磁同步电机结构

永磁同步电机的定子铁心采用硅钢片叠压而成。车用驱动电机的冷却方式皆为液冷，所以要求永磁同步电机定子铁心与具有冷却液流道（水套）的外壳紧密接触，这样才能将

电机运行中产生的热量及时散发出去。永磁同步电机定子铁心槽中嵌有定子绕组，常见的用于驱动电动汽车的永磁同步电机多为三相电机，三相定子绕组普遍采用Y形连接且中性点一般不需要引出到电机外部。永磁同步电机的定子绕组的布置和连接可以采用集中绕组连接方式，也可以采用分布绕组连接方式。

永磁同步电机转子铁心采用硅钢片叠压而成。转子铁心中镶嵌着永磁体。电动汽车中的永磁同步电机中的永磁体普遍采用烧结的钕铁硼等高矫顽力、高剩磁通密度的永磁材料制成。

永磁同步电机内部通常需安装转子位置传感器，其作用是检测转子磁极相对于定子绕组的位置，以便对定子绕组电流实施控制。电动汽车中永磁同步电机控制器普遍采用矢量控制算法对电机转矩进行控制，这种算法对转子位置的精确性要求较高。永磁同步电机普遍采用旋转变压器作为转子位置传感器，旋转变压器一般在靠近电机端盖处安装；永磁同步电机也可以采用低成本的旋转编码器作为转子位置传感器。此外，根据电机工作过程中一些典型物理量(如电压、电流等)的变化规律，可以通过软件对转子磁极的位置进行辨识，相应的控制方法称为无传感器控制法。

除以上组成部分外，永磁同步电机还有机械输出轴、轴承等部件。

根据永磁体在转子上的位置，永磁同步电机可以分为表贴式永磁同步电机(surface permanent magnet synchronous motor, SPMSM)和内置式永磁同步电机(interior permanent magnet synchronous motor，IPMSM)，二者的横向剖面结构示意图如图3-23所示。

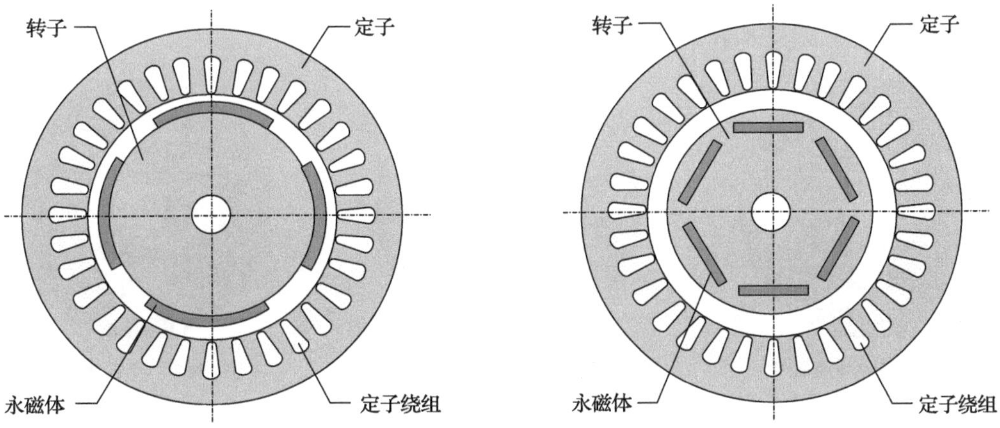

(a) 表贴式永磁同步电机　　(b) 内置式永磁同步电机

图3-23　永磁同步电机横向剖面结构示意图

表贴式永磁同步电机的转子结构是在转子铁心外表面粘贴径向充磁的瓦形或弓形永磁体，如图3-24所示。为了提高电机转子机械强度，有时会在表贴式永磁同步电机转子外表面套上非导磁材料(如不锈钢)的紧圈或用环氧无纬玻璃丝带对转子进行缠绕。表贴式永磁同步电机定子绕组的电枢反应较小，弱磁能力较差，恒功率范围和转速范围较小；但制作工艺简单、成本低，一般用于小功率驱动系统或分布式驱动系统中。

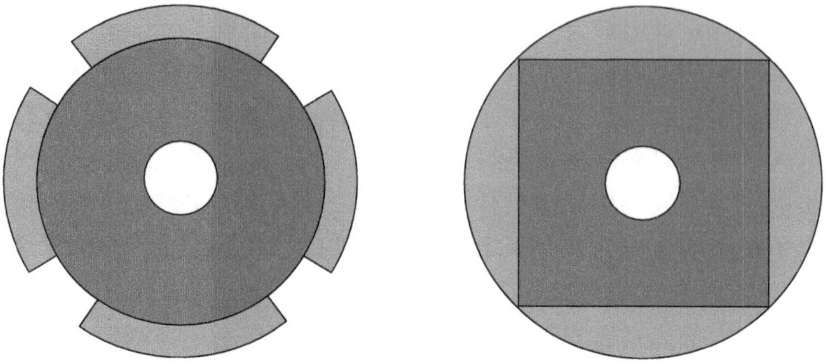

(a) 瓦形永磁体结构　　(b) 弓形永磁体结构

图 3-24　表贴式永磁同步电机转子结构

内置式永磁同步电机的转子结构将永磁体嵌入转子铁心表面或转子铁心内部。对于复杂的多层永磁体结构，也可以在转子铁心外表面加装紧圈用于增加转子铁心的机械强度。内置式永磁同步电机的转子结构类型较多，一般根据永磁体在转子内的布置和充磁方向可以将其分为三大类：径向式、切向式以及混合式，具体如图 3-25 所示。如图 3-25(a)所示，径向式转子结构具有永磁体漏磁通较小、转子机械强度高、转轴容易隔磁等优点；如图 3-25(b)所示，对于切向式转子结构，由于一个极距下的磁通由两个磁极提供，可以获得较大的磁通，并且容易获得较大的磁阻转矩，但切向式转子冲片机械强度不高，转轴需要较好的隔磁措施；如图 3-25(c)所示，混合式转子结构集成了径向式和切向式的优点，但结构较复杂、制造成本也较高。

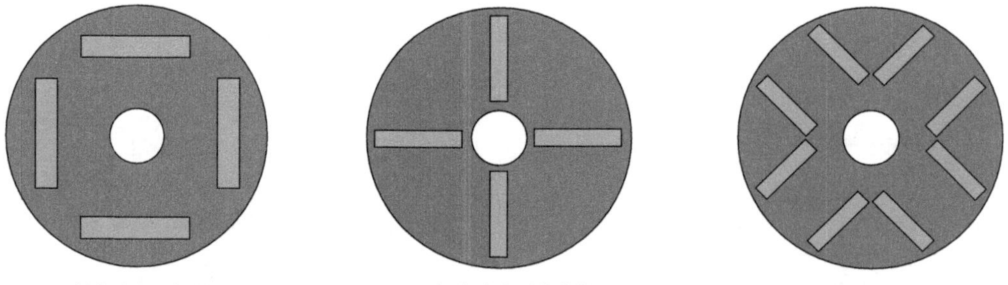

(a) 径向式永磁体结构　　(b) 切向式永磁体结构　　(c) 混合式永磁体结构

图 3-25　内置式永磁同步电机转子结构

内置式永磁同步电机的转子铁心可以镶嵌多层永磁体，较多的层数可以提高凸极率，提高磁阻转矩和电机的转矩、功率密度，但过多的层数会导致机构和制造工艺复杂、增加制造成本且使转子机械强度减弱，通常电动汽车驱动电机的永磁体一般不超过 3 层。

由于内置式永磁同步电机的永磁体通常埋于转子铁心中，转子结构比较牢固，电机高速旋转时具有更好的安全性；同时，其易于实施弱磁控制，恒功率范围较宽，所以被电动汽车广泛采用。

对于表贴式永磁同步电机，直轴（d 轴）和交轴（q 轴）的电感值近似相等，即存在

$$L_d = L_q \tag{3-25}$$

而对于内置式永磁同步电机，则存在

$$L_d < L_q \tag{3-26}$$

L_q 与 L_d 的比值定义为永磁同步电机的凸极率。

基于式（3-26）而产生的磁阻转矩有助于提高电机的过载能力、转矩密度和功率密度，且易于通过"弱磁"来提高电机的转速。

2. 永磁同步电机的工作原理

假设不计定子齿槽的影响，且永磁同步电机的定子与转子之间的气隙是均匀的。当电机定子绕组通过三相对称正弦波电流时，会在气隙中产生正弦波分布且幅值恒定的旋转磁场，旋转磁场的转速为定子电流的电角速度 ω_s。转子中的永磁体也会在气隙中产生正弦分布且幅值恒定的磁场，该磁场随转子同步旋转，该磁场转速为转子的旋转角速度 ω_r。

定子旋转磁场和转子旋转磁场相互作用，将产生电磁转矩。电磁转矩的大小和方向取决于两个定、转子磁场之间的相对位置。若两个磁场轴线的夹角为 δ，当 $\omega_s=\omega_r$ 时，δ 保持不变，定、转子磁场之间的相对位置不变，由于两个磁场的幅值同时保持不变，因此产生恒定的电磁转矩。因为运行中存在 $\omega_s=\omega_r$ 的关系，所以这类电机称为"同步"电机。

表贴式永磁同步电机只存在电磁转矩。而对于内置式永磁同步电机，还会产生磁阻转矩，总的电机转矩是电磁转矩和磁阻转矩的代数和。

3.4.2 永磁同步电机的数学模型

下面以在电动汽车上应用较多的三相永磁同步电机为例，分析永磁同步电机的数学模型。为简化分析，假设三相永磁同步电机为理想电机，且满足下列条件。

（1）忽略磁路饱和，不计涡流损耗和磁滞损耗的影响。

（2）电机的定子绕组三相对称，并在空间互差 120°电角度布置，采用 Y 形连接。

（3）定子绕组电流为对称的三相正弦波电流，三相定子绕组电流在气隙产生按正弦分布的磁动势。

（4）电机的定子绕组的电阻保持不变，不受流过电流的频率、温度等因素的影响。

（5）转子上的永磁体在气隙产生按正弦分布的磁动势，电机的定子绕组反电动势为正弦波。

1. *ABC* 参考坐标系下的永磁同步电机数学模型

图 3-26 为三相永磁同步电机的物理模型。图中，*A* 轴、*B* 轴和 *C* 轴分别为三相定子

绕组 AX、BY 和 CZ 的轴线；ψ_f 为转子永磁体产生的与定子绕组交链磁链的幅值；θ 为转子 d 轴轴线与 A 轴轴线的夹角；ω_e 为电机转子电角速度。若电机转子旋转机械角速度为 ω_m，电机极对数为 P，转子的初始位置为 θ_0，则有

$$\theta=\int_0^t (P\omega_m)dt+\theta_0=\int_0^t \omega_e dt+\theta_0 \tag{3-27}$$

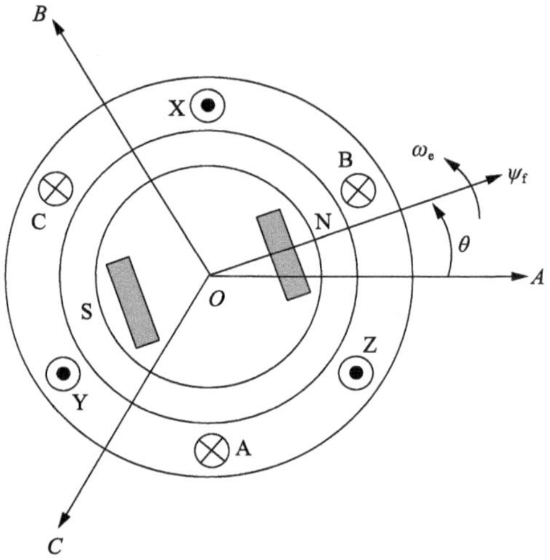

图 3-26　三相永磁同步电机的物理模型

在 ABC 参考坐标系中，将定子三相绕组中 A 相绕组的轴线 A 轴作为空间坐标系的参考轴线，则三相永磁同步电机的电压方程为

$$\begin{bmatrix} u_A \\ u_B \\ u_C \end{bmatrix}=\begin{bmatrix} R_s & 0 & 0 \\ 0 & R_s & 0 \\ 0 & 0 & R_s \end{bmatrix}\begin{bmatrix} i_A \\ i_B \\ i_C \end{bmatrix}+\mathrm{p}\begin{bmatrix} \psi_A \\ \psi_B \\ \psi_C \end{bmatrix} \tag{3-28}$$

式中，$\mathrm{p}=\mathrm{d}/\mathrm{d}t$ 为微分算子；u_A、u_B 和 u_C 分别为定子 A、B、C 三相绕组相电压；R_s 为定子每相绕组的等效电阻；i_A、i_B 和 i_C 分别为定子 A、B、C 三相绕组相电流；ψ_A、ψ_B 和 ψ_C 分别为 A 相、B 相和 C 相定子绕组的磁链。磁链 ψ_A、ψ_B 和 ψ_C 不仅与电流 i_A、i_B 和 i_C 有关，而且与 ψ_f、θ_r 有关，其可以表示为

$$\begin{bmatrix} \psi_A \\ \psi_B \\ \psi_C \end{bmatrix}=\begin{bmatrix} L_A & M_{AB} & M_{AC} \\ M_{BA} & L_B & M_{BC} \\ M_{CA} & M_{CB} & L_C \end{bmatrix}\begin{bmatrix} i_A \\ i_B \\ i_C \end{bmatrix}+\begin{bmatrix} \psi_{mA} \\ \psi_{mB} \\ \psi_{mC} \end{bmatrix} \tag{3-29}$$

式中，L_A、L_B 和 L_C 分别为定子 A、B、C 三相绕组的自感；M_{AB}、M_{AC}、M_{BA}、M_{BC}、M_{CA} 和 M_{CB} 为定子绕组之间的互感。对于内置式永磁同步电机，有[10]

$$\begin{bmatrix} L_A & M_{AB} & M_{AC} \\ M_{BA} & L_B & M_{BC} \\ M_{CA} & M_{CB} & L_C \end{bmatrix} = \begin{bmatrix} L_{ls}+L_{ms} & -\frac{1}{2}L_{ms} & -\frac{1}{2}L_{ms} \\ -\frac{1}{2}L_{ms} & L_{ls}+L_{ms} & -\frac{1}{2}L_{ms} \\ -\frac{1}{2}L_{ms} & -\frac{1}{2}L_{ms} & L_{ls}+L_{ms} \end{bmatrix} + \begin{bmatrix} -L_\delta\cos(2\theta) & -L_\delta\cos\left(2\theta-\frac{2\pi}{3}\right) & -L_\delta\cos\left(2\theta+\frac{2\pi}{3}\right) \\ -L_\delta\cos\left(2\theta-\frac{2\pi}{3}\right) & -L_\delta\cos\left(2\theta+\frac{2\pi}{3}\right) & -L_\delta\cos(2\theta) \\ -L_\delta\cos\left(2\theta+\frac{2\pi}{3}\right) & -L_\delta\cos(2\theta) & -L_\delta\cos\left(2\theta-\frac{2\pi}{3}\right) \end{bmatrix} \tag{3-30}$$

式中，L_{ls} 为定子每相绕组的漏感；L_{ms} 为定子每相绕组的励磁电感；L_δ 为因转子位置而导致的定子绕组自感、互感变化量的幅值。对于表贴式永磁同步电机，电感矩阵则为

$$\begin{bmatrix} L_A & M_{AB} & M_{AC} \\ M_{BA} & L_B & M_{BC} \\ M_{CA} & M_{CB} & L_C \end{bmatrix} = \begin{bmatrix} L_{ls}+L_{ms} & -\frac{1}{2}L_{ms} & -\frac{1}{2}L_{ms} \\ -\frac{1}{2}L_{ms} & L_{ls}+L_{ms} & -\frac{1}{2}L_{ms} \\ -\frac{1}{2}L_{ms} & -\frac{1}{2}L_{ms} & L_{ls}+L_{ms} \end{bmatrix} \tag{3-31}$$

式(3-29)中 ψ_{mA}、ψ_{mB} 和 ψ_{mC} 分别为转子永磁体在定子 A、B、C 三相绕组产生的磁链，可以表示为

$$\begin{cases} \psi_{mA}=\psi_f\cos\theta \\ \psi_{mB}=\psi_f\cos\left(\theta-\frac{2\pi}{3}\right) \\ \psi_{mC}=\psi_f\cos\left(\theta+\frac{2\pi}{3}\right) \end{cases} \tag{3-32}$$

因此，式(3-28)可以改写为

$$\begin{bmatrix} u_A \\ u_B \\ u_C \end{bmatrix} = \begin{bmatrix} R_s & 0 & 0 \\ 0 & R_s & 0 \\ 0 & 0 & R_s \end{bmatrix}\begin{bmatrix} i_A \\ i_B \\ i_C \end{bmatrix} + \mathrm{p}\left(\begin{bmatrix} L_A & M_{AB} & M_{AC} \\ M_{BA} & L_B & M_{BC} \\ M_{CA} & M_{CB} & L_C \end{bmatrix}\begin{bmatrix} i_A \\ i_B \\ i_C \end{bmatrix}\right) + \omega_e\psi_f\begin{bmatrix} -\sin\theta \\ -\sin\left(\theta-\frac{2\pi}{3}\right) \\ -\sin\left(\theta+\frac{2\pi}{3}\right) \end{bmatrix} \tag{3-33}$$

式中，等号右侧第一项为定子绕组电阻压降；第二项为定子绕组电感产生的感生电动势；第三项为因转子永磁体旋转而在定子绕组中产生的动生电动势，即反电动势，其可以表

示为

$$\begin{bmatrix} e_A \\ e_B \\ e_C \end{bmatrix} = \omega_e \psi_f \begin{bmatrix} -\sin\theta \\ -\sin\left(\theta - \dfrac{2\pi}{3}\right) \\ -\sin\left(\theta + \dfrac{2\pi}{3}\right) \end{bmatrix} \tag{3-34}$$

对于表贴式永磁同步电机，转子位置对式(3-31)中的电感矩阵不产生任何影响，电机的转矩可以表示为

$$t_e = (e_A i_A + e_B i_B + e_C i_C)/\omega_m = P\psi_f \left[-\frac{3}{2} i_A \sin\theta + \frac{\sqrt{3}}{2}(i_B - i_C)\cos\theta \right] \tag{3-35}$$

式中，P 为电机的极对数。

对于内置式永磁同步电机，转子位置对电感矩阵产生直接的影响，电机的转矩中会包含磁阻转矩，直接对电机转矩求解变得比较困难，转矩公式也会变得非常复杂[11]。

在 ABC 参考坐标系下，无论是表贴式永磁同步电机还是内置式永磁同步电机，很难通过转矩公式或物理量相互关系针对目标转矩 T^*，对三相定子绕组参考电流 i_A^*、i_B^*和 i_C^* 进行求解。此外，基于永磁同步电机的工作原理，对应恒定的 T^*，i_A^*、i_B^*和 i_C^*为三相对称正弦电流。直接控制时变的正弦电流，对控制系统电流环的控制品质提出了非常高的要求，这在实际工程实践中较难实现。

2. $\alpha\beta$ 参考坐标系下的永磁同步电机数学模型

图 3-27 为在 $\alpha\beta$ 参考坐标系下的三相永磁同步电机物理模型，可以用分别位于 α 轴和 β 轴方向的两相静止绕组等效 ABC 坐标系下的三相定子绕组。

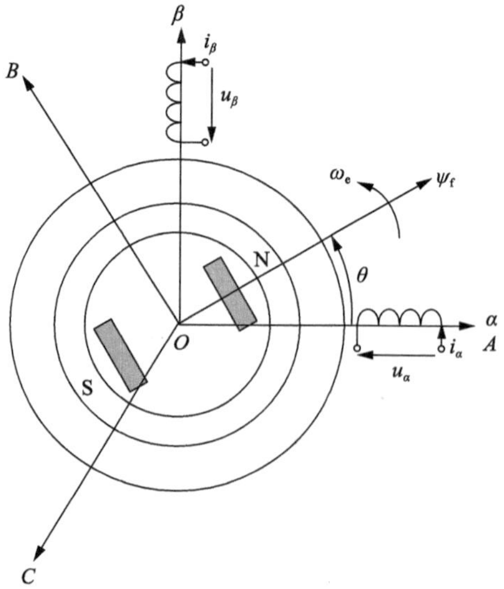

图 3-27　$\alpha\beta$ 参考坐标系下的三相永磁同步电机物理模型

由式(3-28)，有

$$\boldsymbol{M}_{\mathrm{C}}^{-1}\begin{bmatrix}u_{\alpha}\\u_{\beta}\end{bmatrix}=\begin{bmatrix}R_{\mathrm{s}}&0&0\\0&R_{\mathrm{s}}&0\\0&0&R_{\mathrm{s}}\end{bmatrix}\left(\boldsymbol{M}_{\mathrm{C}}^{-1}\begin{bmatrix}i_{\alpha}\\i_{\beta}\end{bmatrix}\right)+\mathrm{p}\left(\boldsymbol{M}_{\mathrm{C}}^{-1}\begin{bmatrix}\psi_{\alpha}\\\psi_{\beta}\end{bmatrix}\right) \tag{3-36}$$

式中，$\boldsymbol{M}_{\mathrm{C}}^{-1}$为克拉克逆变换(inverse Clarke's transformation)矩阵，具体表示为

$$\boldsymbol{M}_{\mathrm{C}}^{-1}=\sqrt{\frac{2}{3}}\begin{bmatrix}1&0\\-\dfrac{1}{2}&\dfrac{\sqrt{3}}{2}\\-\dfrac{1}{2}&-\dfrac{\sqrt{3}}{2}\end{bmatrix} \tag{3-37}$$

与式(3-37)对应的克拉克变换(Clarke's transformation)矩阵 $\boldsymbol{M}_{\mathrm{C}}$ 为

$$\boldsymbol{M}_{\mathrm{C}}=\sqrt{\frac{2}{3}}\begin{bmatrix}1&-\dfrac{1}{2}&-\dfrac{1}{2}\\0&\dfrac{\sqrt{3}}{2}&-\dfrac{\sqrt{3}}{2}\end{bmatrix} \tag{3-38}$$

将式(3-36)等号两边乘以克拉克变换矩阵 $\boldsymbol{M}_{\mathrm{C}}$，经化简，可得

$$\begin{bmatrix}u_{\alpha}\\u_{\beta}\end{bmatrix}=\begin{bmatrix}R_{\mathrm{s}}&0\\0&R_{\mathrm{s}}\end{bmatrix}\begin{bmatrix}i_{\alpha}\\i_{\beta}\end{bmatrix}+\mathrm{p}\begin{bmatrix}\psi_{\alpha}\\\psi_{\beta}\end{bmatrix} \tag{3-39}$$

式中

$$\begin{bmatrix}\psi_{\alpha}\\\psi_{\beta}\end{bmatrix}=\boldsymbol{M}_{\mathrm{C}}\begin{bmatrix}L_{\mathrm{A}}&M_{\mathrm{AB}}&M_{\mathrm{AC}}\\M_{\mathrm{BA}}&L_{\mathrm{B}}&M_{\mathrm{BC}}\\M_{\mathrm{CA}}&M_{\mathrm{CB}}&L_{\mathrm{C}}\end{bmatrix}\boldsymbol{M}_{\mathrm{C}}^{-1}\begin{bmatrix}i_{\alpha}\\i_{\beta}\end{bmatrix}+\sqrt{\frac{3}{2}}\psi_{\mathrm{f}}\begin{bmatrix}\cos\theta\\\sin\theta\end{bmatrix} \tag{3-40}$$

将式(3-40)代入式(3-39)，有

$$\begin{bmatrix}u_{\alpha}\\u_{\beta}\end{bmatrix}=\begin{bmatrix}R_{\mathrm{s}}&0\\0&R_{\mathrm{s}}\end{bmatrix}\begin{bmatrix}i_{\alpha}\\i_{\beta}\end{bmatrix}+\mathrm{p}\left(\boldsymbol{M}_{\mathrm{C}}\begin{bmatrix}L_{\mathrm{A}}&M_{\mathrm{AB}}&M_{\mathrm{AC}}\\M_{\mathrm{BA}}&L_{\mathrm{B}}&M_{\mathrm{BC}}\\M_{\mathrm{CA}}&M_{\mathrm{CB}}&L_{\mathrm{C}}\end{bmatrix}\boldsymbol{M}_{\mathrm{C}}^{-1}\begin{bmatrix}i_{\alpha}\\i_{\beta}\end{bmatrix}\right)+\sqrt{\frac{3}{2}}\omega_{\mathrm{r}}\psi_{\mathrm{f}}\begin{bmatrix}-\sin\theta\\\cos\theta\end{bmatrix} \tag{3-41}$$

令

$$\boldsymbol{M}_{\mathrm{C}}\begin{bmatrix}L_{\mathrm{A}}&M_{\mathrm{AB}}&M_{\mathrm{AC}}\\M_{\mathrm{BA}}&L_{\mathrm{B}}&M_{\mathrm{BC}}\\M_{\mathrm{CA}}&M_{\mathrm{CB}}&L_{\mathrm{C}}\end{bmatrix}\boldsymbol{M}_{\mathrm{C}}^{-1}=\begin{bmatrix}L_{\alpha}&L_{\alpha\beta}\\L_{\beta\alpha}&L_{\beta}\end{bmatrix} \tag{3-42}$$

式中，L_{α} 和 L_{β} 分别为 α 轴和 β 轴等效绕组的自感；$L_{\alpha\beta}$ 和 $L_{\beta\alpha}$ 分别为 α 轴与 β 轴等效绕组之间、β 轴与 α 轴等效绕组之间的互感。那么，式(3-41)改写为

$$\begin{bmatrix} u_\alpha \\ u_\beta \end{bmatrix} = \begin{bmatrix} R_s & 0 \\ 0 & R_s \end{bmatrix} \begin{bmatrix} i_\alpha \\ i_\beta \end{bmatrix} + \mathrm{p}\left(\begin{bmatrix} L_\alpha & L_{\alpha\beta} \\ L_{\beta\alpha} & L_\beta \end{bmatrix} \begin{bmatrix} i_\alpha \\ i_\beta \end{bmatrix} \right) + \sqrt{\frac{3}{2}}\omega_r \psi_f \begin{bmatrix} -\sin\theta \\ \cos\theta \end{bmatrix} \tag{3-43}$$

因此，在 $\alpha\beta$ 参考坐标系下，转子永磁体旋转而导致的定子绕组中产生的感应电动势为

$$\begin{bmatrix} e_\alpha \\ e_\beta \end{bmatrix} = \sqrt{\frac{3}{2}}\omega_r \psi_f \begin{bmatrix} -\sin\theta \\ \cos\theta \end{bmatrix} \tag{3-44}$$

对于表贴式永磁同步电机，L_α、L_β、$L_{\alpha\beta}$、$L_{\beta\alpha}$ 与转子位置无关，电机的转矩可以表示为

$$T = (e_\alpha i_\alpha + e_\beta i_\beta)/\omega_m = \sqrt{\frac{3}{2}} P \psi_f (-i_\alpha \sin\theta + i_\beta \cos\theta) \tag{3-45}$$

对于内置式永磁同步电机，L_α、L_β、$L_{\alpha\beta}$、$L_{\beta\alpha}$ 等与转子位置密切相关，电机转矩中包含磁阻转矩。

在 $\alpha\beta$ 参考坐标系下，经过克拉克变换，使 ABC 参考坐标系下的永磁同步电机数学模型得到了一定程度的简化。对于内置式永磁同步电机，因其具有凸极效应，$\alpha\beta$ 参考坐标系下的 α 轴和 β 轴等效绕组的自感和互感与转子位置有密切关系，由此造成电压方程和磁链方程是非线性方程组，数学模型比较复杂，不易用于电机的分析和控制。即使对于表贴式永磁同步电机，与目标转矩 T^* 所对应的两相 α 轴和 β 轴等效绕组参考电流 i_α^* 和 i_β^* 仍为正弦电流，不易实施控制。

3. dq 参考坐标系下的永磁同步电机数学模型

图 3-28 为在 dq 参考坐标系下的三相永磁同步电机物理模型，可以用分别位于 d 轴和 q 轴轴线的两相同步旋转的绕组等效 $\alpha\beta$ 参考坐标系下两相静止不动的绕组以及 ABC 参考坐标系下三相静止不动的定子绕组。

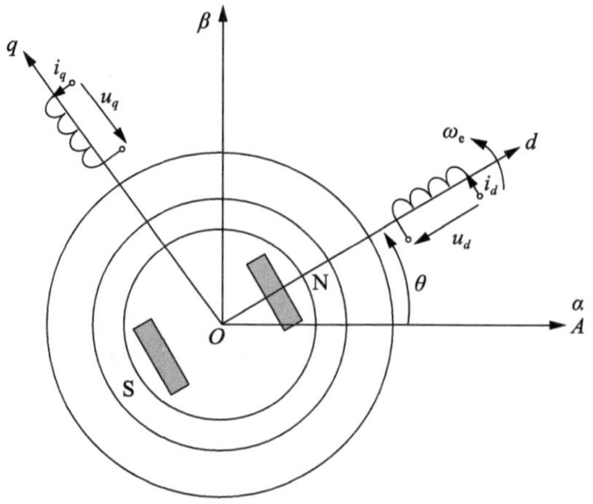

图 3-28　dq 坐标系下的三相永磁同步电机物理模型

由式(3-28)，有

$$\boldsymbol{M}_{\mathrm{CP}}^{-1}\begin{bmatrix} u_d \\ u_q \end{bmatrix}=\begin{bmatrix} R_{\mathrm{s}} & 0 & 0 \\ 0 & R_{\mathrm{s}} & 0 \\ 0 & 0 & R_{\mathrm{s}} \end{bmatrix}\left(\boldsymbol{M}_{\mathrm{CP}}^{-1}\begin{bmatrix} i_d \\ i_q \end{bmatrix}\right)+\mathrm{p}\left(\boldsymbol{M}_{\mathrm{CP}}^{-1}\begin{bmatrix} \psi_d \\ \psi_q \end{bmatrix}\right) \tag{3-46}$$

式中，$\boldsymbol{M}_{\mathrm{CP}}^{-1}=(\boldsymbol{M}_{\mathrm{P}}\boldsymbol{M}_{\mathrm{C}})^{-1}$，$\boldsymbol{M}_{\mathrm{P}}$ 为派克变换(Park's transformation)矩阵，该矩阵为

$$\boldsymbol{M}_{\mathrm{P}}=\begin{bmatrix} \cos\theta & \sin\theta \\ -\sin\theta & \cos\theta \end{bmatrix} \tag{3-47}$$

派克逆变换(inverse Park's transformation)矩阵为

$$\boldsymbol{M}_{\mathrm{P}}^{-1}=\begin{bmatrix} \cos\theta & -\sin\theta \\ \sin\theta & \cos\theta \end{bmatrix} \tag{3-48}$$

$\boldsymbol{M}_{\mathrm{P}}^{-1}$可以用于物理量从 dq 参考坐标系到 $\alpha\beta$ 参考坐标系的变换。

可以得到由 ABC 参考坐标系直接到 dq 参考坐标系的变换矩阵为

$$\boldsymbol{M}_{\mathrm{CP}}=\boldsymbol{M}_{\mathrm{P}}\boldsymbol{M}_{\mathrm{C}}=\sqrt{\frac{2}{3}}\begin{bmatrix} \cos\theta & \cos\left(\theta-\frac{2\pi}{3}\right) & \cos\left(\theta+\frac{2\pi}{3}\right) \\ -\sin\theta & -\sin\left(\theta-\frac{2\pi}{3}\right) & -\sin\left(\theta+\frac{2\pi}{3}\right) \end{bmatrix} \tag{3-49}$$

与式(3-49)对应的逆变换矩阵为

$$\boldsymbol{M}_{\mathrm{CP}}^{-1}=\sqrt{\frac{2}{3}}\begin{bmatrix} \cos\theta & -\sin\theta \\ \cos\left(\theta-\frac{2\pi}{3}\right) & -\sin\left(\theta-\frac{2\pi}{3}\right) \\ \cos\left(\theta+\frac{2\pi}{3}\right) & -\sin\left(\theta+\frac{2\pi}{3}\right) \end{bmatrix} \tag{3-50}$$

将式(3-46)等号两边乘以 $\boldsymbol{M}_{\mathrm{CP}}$，经化简得

$$\begin{bmatrix} u_d \\ u_q \end{bmatrix}=\begin{bmatrix} R_{\mathrm{s}} & 0 \\ 0 & R_{\mathrm{s}} \end{bmatrix}\begin{bmatrix} i_d \\ i_q \end{bmatrix}+\omega_{\mathrm{e}}\begin{bmatrix} 0 & -1 \\ 1 & 0 \end{bmatrix}\begin{bmatrix} \psi_d \\ \psi_q \end{bmatrix}+\mathrm{p}\begin{bmatrix} \psi_d \\ \psi_q \end{bmatrix} \tag{3-51}$$

由于

$$\begin{bmatrix} \psi_{\mathrm{A}} \\ \psi_{\mathrm{B}} \\ \psi_{\mathrm{C}} \end{bmatrix}=\boldsymbol{M}_{\mathrm{CP}}^{-1}\begin{bmatrix} \psi_d \\ \psi_q \end{bmatrix}=\begin{bmatrix} L_{\mathrm{A}} & M_{\mathrm{AB}} & M_{\mathrm{AC}} \\ M_{\mathrm{BA}} & L_{\mathrm{B}} & M_{\mathrm{BC}} \\ M_{\mathrm{CA}} & M_{\mathrm{CB}} & L_{\mathrm{C}} \end{bmatrix}\boldsymbol{M}_{\mathrm{CP}}^{-1}\begin{bmatrix} i_d \\ i_q \end{bmatrix}+\psi_{\mathrm{f}}\begin{bmatrix} \cos\theta \\ \cos\left(\theta-\frac{2\pi}{3}\right) \\ \cos\left(\theta+\frac{2\pi}{3}\right) \end{bmatrix} \tag{3-52}$$

所以

$$\begin{bmatrix}\psi_d\\ \psi_q\end{bmatrix}=\boldsymbol{M}_{\mathrm{CP}}\begin{bmatrix}L_{\mathrm{A}} & M_{\mathrm{AB}} & M_{\mathrm{AC}}\\ M_{\mathrm{BA}} & L_{\mathrm{B}} & M_{\mathrm{BC}}\\ M_{\mathrm{CA}} & M_{\mathrm{CB}} & L_{\mathrm{C}}\end{bmatrix}\boldsymbol{M}_{\mathrm{CP}}^{-1}\begin{bmatrix}i_d\\ i_q\end{bmatrix}+\psi_{\mathrm{f}}\boldsymbol{M}_{\mathrm{CP}}\begin{bmatrix}\cos\theta\\ \cos\left(\theta-\dfrac{2\pi}{3}\right)\\ \cos\left(\theta+\dfrac{2\pi}{3}\right)\end{bmatrix} \tag{3-53}$$

将式(3-30)代入式(3-53)，可得

$$\begin{bmatrix}\psi_d\\ \psi_q\end{bmatrix}=\begin{bmatrix}L_{\mathrm{ls}}+\dfrac{3}{2}L_{\mathrm{ms}}-\dfrac{3}{2}L_{\delta} & 0\\ 0 & L_{\mathrm{ls}}+\dfrac{3}{2}L_{\mathrm{ms}}+\dfrac{3}{2}L_{\delta}\end{bmatrix}\begin{bmatrix}i_d\\ i_q\end{bmatrix}+\psi_{\mathrm{f}}\begin{bmatrix}\sqrt{\dfrac{3}{2}}\\ 0\end{bmatrix} \tag{3-54}$$

令

$$\begin{cases}L_d=L_{\mathrm{ls}}+\dfrac{3}{2}L_{\mathrm{ms}}-\dfrac{3}{2}L_{\delta}\\ L_q=L_{\mathrm{ls}}+\dfrac{3}{2}L_{\mathrm{ms}}+\dfrac{3}{2}L_{\delta}\end{cases} \tag{3-55}$$

式中，L_d 和 L_q 为永磁同步电机的直轴电感和交轴电感。对于表贴式永磁同步电机，显然有

$$L_d=L_q=L_{\mathrm{ls}}+\frac{3}{2}L_{\mathrm{ms}} \tag{3-56}$$

通过从 *ABC* 参考坐标变换到 *dq* 参考坐标系，直轴电感 L_d 和交轴电感 L_q 变为常数，不再随转子位置的变化而变化。

令

$$\psi_{\mathrm{pm}}=\sqrt{\frac{3}{2}}\psi_{\mathrm{f}} \tag{3-57}$$

那么，式(3-54)改写为

$$\begin{bmatrix}\psi_d\\ \psi_q\end{bmatrix}=\begin{bmatrix}L_d & 0\\ 0 & L_q\end{bmatrix}\begin{bmatrix}i_d\\ i_q\end{bmatrix}+\psi_{\mathrm{pm}}\begin{bmatrix}1\\ 0\end{bmatrix} \tag{3-58}$$

将式(3-58)代入式(3-51)，可得 *dq* 参考坐标系下的永磁同步电机电压方程为

$$\begin{bmatrix}u_d\\ u_q\end{bmatrix}=\begin{bmatrix}R_{\mathrm{s}} & 0\\ 0 & R_{\mathrm{s}}\end{bmatrix}\begin{bmatrix}i_d\\ i_q\end{bmatrix}+\mathrm{p}\left(\begin{bmatrix}L_d & 0\\ 0 & L_q\end{bmatrix}\begin{bmatrix}i_d\\ i_q\end{bmatrix}\right)+\omega_{\mathrm{e}}\begin{bmatrix}-L_qi_q\\ L_di_d+\psi_{\mathrm{pm}}\end{bmatrix} \tag{3-59}$$

在 *dq* 参考坐标系下，转子永磁体旋转过程中定子绕组中产生的感应电动势为

$$\begin{bmatrix} e_d \\ e_q \end{bmatrix} = \omega_e \begin{bmatrix} -L_q i_q \\ L_d i_d + \psi_{pm} \end{bmatrix} \tag{3-60}$$

因此，电机的转矩可以表示为

$$t_e = (e_d i_d + e_q i_q)/\omega_m = P[\psi_{pm} i_q + (L_d - L_q) i_d i_q] \tag{3-61}$$

式中，P 为电机的极对数。

从式(3-61)可以看出，永磁同步电机的转矩公式包括两项：一项为 $P\psi_{pm}i_q$，是因为两个磁场相互作用(或磁场对电流的作用)而产生的，称为电磁转矩；另一项为 $P(L_d - L_q)i_d i_q$，是因为 L_d 和 L_q 的差值而产生的，为磁阻转矩。对于表贴式永磁同步电机，磁阻转矩为零，电机转矩与直轴电流 i_d 无关。但对于内置式永磁同步电机，为了充分发挥磁阻转矩的作用，需要使 $i_d<0$，这意味着电机始终工作在弱磁状态。

如图 3-29 所示，在 dq 参考坐标系下，永磁同步电机转矩公式可以改写为

$$t_e = P\left[\psi_{pm} i_s \sin\delta + \frac{1}{2}(L_d - L_q) i_s^2 \sin(2\delta)\right] \tag{3-62}$$

式中，i_s 为定子绕组电流空间矢量 $\boldsymbol{i}_s$ 的幅值；δ 为矢量 $\boldsymbol{i}_s$ 与 d 轴之间夹角(电角度)，δ 又称为转矩角(torque angle)。图 3-30 给出了永磁同步电机转矩随着转矩角变化的曲线，从图中可知，若要磁阻转矩为正，需满足 $\delta > \pi/2$。

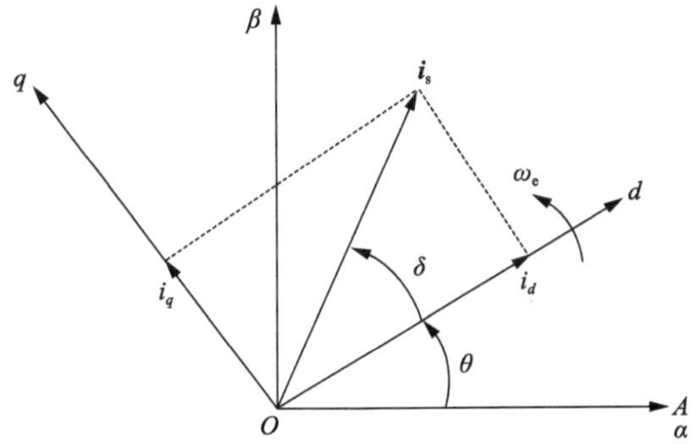

图 3-29　永磁同步电机定子电流空间矢量

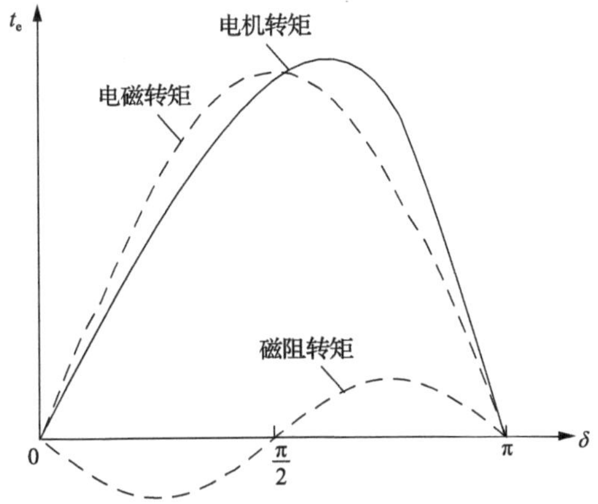

图 3-30　永磁同步电机的转矩-转矩角曲线

式(3-61)和式(3-62)是对永磁同步电机进行矢量控制的重要依据。

若忽略机械损耗，通过式(3-61)或式(3-62)得到的电机转矩为电机输出的机械转矩。此时，可以列出永磁同步电机传动系统的机械运动方程：

$$t_e = J\frac{d\omega_m}{dt} + B\omega_m + t_L \tag{3-63}$$

式(3-63)和各参考坐标系下的电压方程、磁链方程共同构成了永磁同步电机的数学

模型，永磁同步电机的数学模型结构示意图如图 3-31 所示。

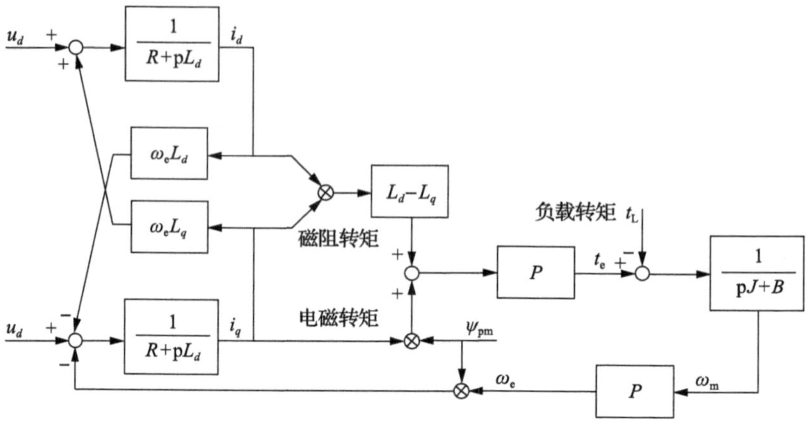

图 3-31　永磁同步电机的数学模型结构示意图

3.4.3　永磁同步电机的磁场定向控制

1. 永磁同步电机控制器主电路拓扑结构

电动汽车驱动电机的三相永磁同步电机的控制器主电路普遍采用三相全桥主电路，如图 3-32 所示。三相全桥主电路由六组电力电子器件构成，其中每组器件由全控型电力电子器件和功率二极管反并联构成，在任意时刻，每相桥臂有且仅有一组器件导通。全控型电力电子器件可以为 IGBT 或功率 MOSFET，图 3-32 中采用的是 IGBT。

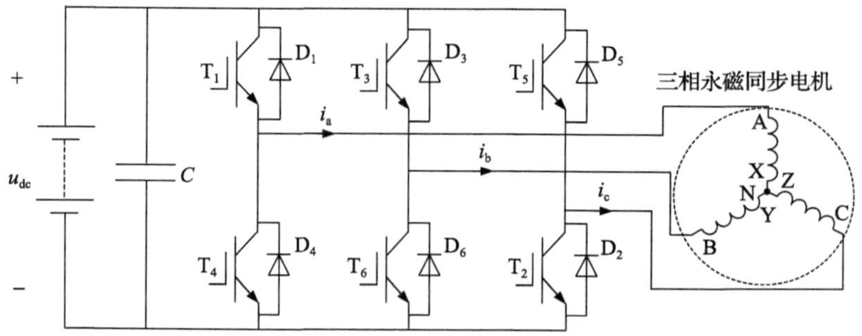

图 3-32　三相永磁同步电机控制器主电路

2. 永磁同步电机磁场定向控制的步骤

根据式(3-61)或式(3-62)，实现电机转矩 t_e 的控制要解决两个问题：第一，对于电机的目标转矩 T_e^*，如何确定 i_d 和 i_q 的参考值 i_d^*和 i_q^*；第二，如何让电机实际的 i_d 和 i_q 分别较好地跟踪 i_d^*和 i_q^*，或者说，如何让实际的 i_d 和 i_q 分别尽可能与参考值 i_d^*和 i_q^*相等。第一个问题属于控制策略问题，第二个问题属于电流环设计与实现问题。

通过对电机转矩方向的控制，比较容易实现永磁同步电机在车辆所要求的转矩(纵轴)-转速(横轴)平面四象限运行。

在高转速运行时，为了获得较大的电机转矩和机械功率，需要对气隙磁场的磁通密度进行调节，即需要对永磁同步电机进行弱磁控制。但由于永磁体产生的气隙磁场磁通密度是无法调节的，只能通过对定子绕组电流的控制来实现气隙磁场磁通密度的减弱，即通过定子电流在气隙产生的磁通密度与转子永磁体在气隙产生的磁通密度的矢量合成来使定子绕组所在的气隙磁场磁通密度或磁场强度下降。由于直轴电流 i_d 产生的磁通与永磁体产生的磁通方向一致，所以通过对直轴电流 i_d 进行负向调节，可以直接实现永磁同步电机的弱磁控制。

将 ABC 参考坐标系下的电机转矩控制问题转化为 dq 参考坐标系直轴和交轴电流控制问题时需要进行坐标变换。而坐标变换的依据是在任何参考坐标系下的电机物理量(如电流、电压、磁链等)等效的空间矢量保持不变，因此这种控制方法称为电机的矢量控制(vector control)。此外，控制过程中需要直轴的方向与转子永磁体产生的磁链 ψ_f 的方向始终保持一致，因此这种控制方法又称为磁场定向控制(field oriented control，FOC)。矢量控制是电动汽车交流电机的主流控制形式。

永磁同步电机磁场定向控制的步骤可以归纳如下。

(1) 根据电机的目标转矩 T_e^*，按照选定的控制策略计算直轴和交轴电流目标值 i_d^* 和 i_q^*。

(2) 对电机三相定子绕组实际电流 i_A、i_B 和 i_C 进行采样，并通过坐标变换，得到实际的直轴电流 i_d 和交轴电流 i_q。

(3) 基于 i_d^* 和 i_q^*，对 i_d 和 i_q 进行闭环反馈控制，得到定子绕组目标电压 u_d^* 和 u_q^*。

(4) 利用坐标变换，根据 u_d^* 和 u_q^* 得到静止坐标系下的 u_α^* 和 u_β^* 或 u_A^*、u_B^* 和 u_C^*。

(5) 根据 u_α^* 和 u_β^* 或 u_A^*、u_B^* 和 u_C^*，控制电机控制器中电力电子器件的通断，实现对 i_d 和 i_q 的控制。

在执行上述步骤的时候，由于派克变换矩阵和派克逆变换矩阵中需要使用 d 轴与 A 轴的夹角 θ，需要利用转子位置传感器确定转子位置。

基于上述控制步骤以及永磁同步电机数学模型，可以得到永磁同步电机矢量控制框图，如图 3-33 所示。

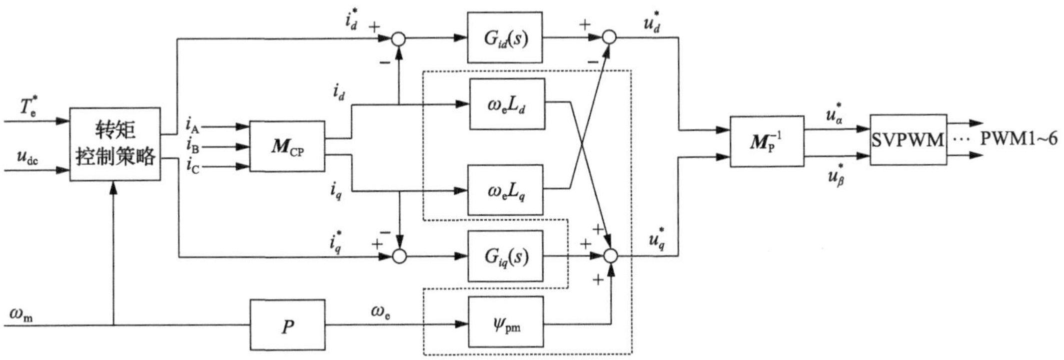

图 3-33 永磁同步电机的矢量控制框图

图 3-33 中，若电流闭环采用 PI 控制器，$G_{id}(s)$ 和 $G_{iq}(s)$ 可以表示为

$$\begin{cases} G_{id}(s) = k_{idp} + \dfrac{k_{idi}}{s} \\ G_{iq}(s) = k_{iqp} + \dfrac{k_{iqi}}{s} \end{cases} \tag{3-64}$$

式中，k_{idp}、k_{iqp} 分别为比例系数；k_{idi} 和 k_{iqi} 为积分系数。

图 3-33 中的虚线框内部分为电压前馈补偿[12]环节。由式(3-51)知，在 dq 参考坐标系下，永磁同步电机的电压方程得到了简化，尤其是电感矩阵，因为 d 轴和 q 轴两个等效绕组的正交相互位置关系，所以不再存在互感。但 d 轴电压方程中存在的$-\omega_e L_q i_d$ 和 q 轴电压方程中存在的 $\omega_e(L_d i_d+\psi_{pm})$，导致 d 轴和 q 轴电压方程并没有实现真正的“解耦”，从图 3-33 也可以看出这一点。$-\omega_e L_q i_d$ 和 $\omega_e(L_d i_d+\psi_{pm})$ 又称为交叉耦合项。交叉耦合项的存在对永磁同步电机控制系统会产生不利影响，尤其在高转速时，交叉耦合项的存在会降低控制系统的动态性能，甚至会导致稳态时系统出现振荡。为此，可引入电压前馈补偿来消除交叉耦合项的影响。

图 3-33 中 SVPWM 为空间矢量脉冲宽度调制(space vector pulse width modulation)。

3. 永磁同步电机的控制策略

1) 永磁同步电机的机械特性

永磁同步电机的转速-转矩特性，即机械特性可以分为两个区域：恒转矩区和恒功率区，具体如图 3-34 所示。图 3-34 中同时给出了电机的转矩-转速和功率-转速特性曲线。图中，T_{max} 为电机的最大转矩；P_{max} 为电机的最大输出机械功率；ω_{max} 为电机的最大旋转角速度；ω_b 为电机的基速，即恒转矩区和恒功率区的分界转速，也是永磁同步电机设计中通常采用的额定转速。

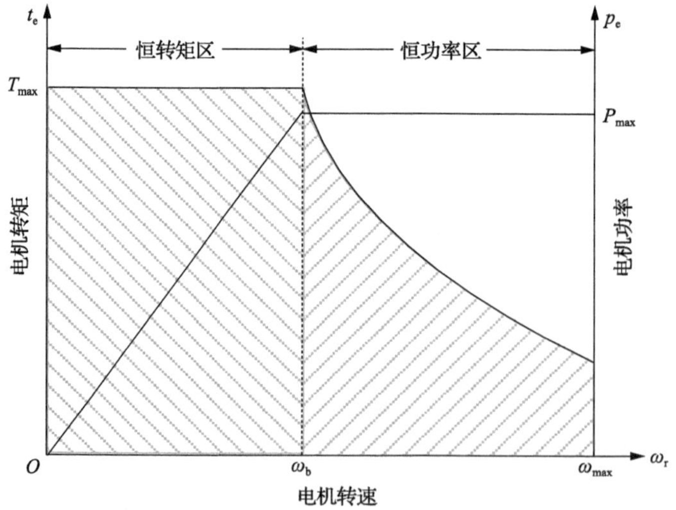

图 3-34　永磁同步电机的转矩-转速和功率-转速特性

2）电流约束与电压约束

电动汽车的永磁同步电机由电机控制器提供电能，因此永磁同步电机的机械特性除受自身机械强度和电磁特性限制外，还要受到电机控制器电能转换能力的约束。

定子电流空间矢量的幅值应不大于驱动电机系统最大允许电流值，即需要满足

$$i_d^2+i_q^2=i_s^2\leqslant I_{smax}^2 \tag{3-65}$$

式中，I_{smax} 为驱动电机系统最大允许电流值，其通常由电机控制器中电力电子器件所能承受的电流应力以及电机定子绕组的载流能力决定。

受电机控制器直流侧电压（一般为车载电源端电压）限制，需要满足

$$u_d^2+u_q^2=u_s^2\leqslant U_{smax}^2 \tag{3-66}$$

式中，u_s 为定子绕组电压空间矢量 $\boldsymbol{u}_s$ 的幅值；U_{smax} 为最大允许运行电压，通常由电机控制器直流侧电压 u_{dc} 决定。

若忽略定子电阻的影响，根据式（3-51）可以得到永磁同步电机的稳态电压方程为

$$\begin{bmatrix} u_d \\ u_q \end{bmatrix}=\omega_e\begin{bmatrix} -L_q i_q \\ L_d i_d+\psi_{pm} \end{bmatrix} \tag{3-67}$$

将式（3-67）代入式（3-66），得

$$(L_q i_q)^2+(L_d i_d+\psi_{pm})^2\leqslant\left(\frac{U_{smax}}{\omega_e}\right)^2 \tag{3-68}$$

如图 3-35 所示，在 i_d - i_q 平面上，式（3-65）表示为一个圆，称为电流限制圆；式（3-68）表示一个椭圆，称为电压限制椭圆。电压限制椭圆与电机转速 ω_m 密切相关，电压限制椭圆的面积随着 ω_m 的增大而减小。在 i_d - i_q 平面上的任一点对应一组（i_d, i_q），体现电机的一个工作状态，这个点称为电机的工作点，显然电机的工作点不能超出电流限制圆和电压限制椭圆。

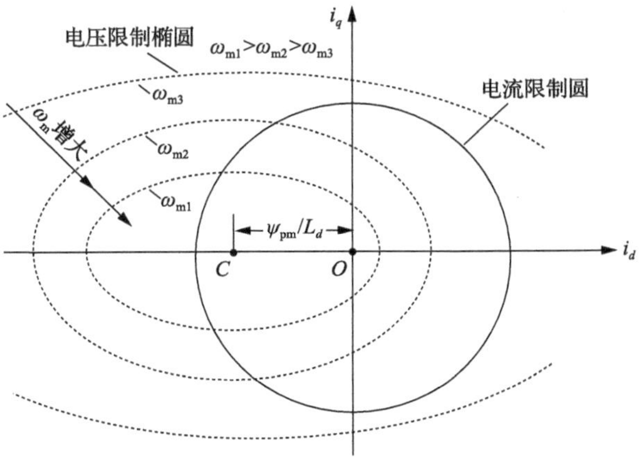

图 3-35　永磁同步电机的电流限制圆和电压限制椭圆

3）恒转矩区的单位电流最大转矩控制

永磁同步电机定子绕组电流的幅值直接决定定子铜损的大小，进而对电机的效率产生重要的影响。如果控制电机工作在转矩与电流的比在最大的状态，那么电机就可以获得较高的效率。单位电流最大转矩（maximum torque per ampere, MTPA）控制又称为最大转矩电流比控制，即获得相同转矩所需定子绕组电流最小的控制。

若定子绕组电流空间矢量 $\boldsymbol{i}_s$ 的幅值为 i_s，那么

$$i_d^2 + i_q^2 = i_s^2 \tag{3-69}$$

针对式（3-61）所示的永磁同步电机转矩公式，在式（3-69）所示电流约束条件下，基于拉格朗日乘数法（Lagrange multiplier method）构建函数：

$$f(i_d, i_q, \lambda) = P[\psi_{pm} i_q + (L_d - L_q) i_d i_q] + \lambda(i_d^2 + i_q^2 - I_{smax}^2) \tag{3-70}$$

式中，λ 为拉格朗日乘子。

令

$$\frac{\partial f(i_d, i_q, \lambda)}{\partial i_d} = P(L_d - L_q) i_q + 2\lambda i_d = 0 \tag{3-71}$$

以及

$$\frac{\partial f(i_d, i_q, \lambda)}{\partial i_d} = P[\psi_{pm} + (L_d - L_q) i_d] + 2\lambda i_q = 0 \tag{3-72}$$

同时，有

$$\frac{\partial f(i_d, i_q, \lambda)}{\partial \lambda} = i_d^2 + i_q^2 - I_{smax}^2 = 0 \tag{3-73}$$

由式（3-71）和式（3-72）联立，可得

$$(L_d - L_q)(i_q^2 - i_d^2) - \psi_{pm} i_d = 0 \tag{3-74}$$

因此，可以得到 i_d 和 i_q 的关系为

$$i_d = \frac{-\psi_{pm} + \sqrt{\psi_{pm}^2 + 4(L_d - L_q)^2 i_q^2}}{2(L_d - L_q)} \tag{3-75}$$

或

$$i_q = \sqrt{\frac{\psi_{pm} i_d}{L_d - L_q} + i_d^2} \tag{3-76}$$

根据式(3-75)或式(3-76)，可以在 i_d - i_q 平面上得到 MTPA 曲线，如图 3-36 所示。

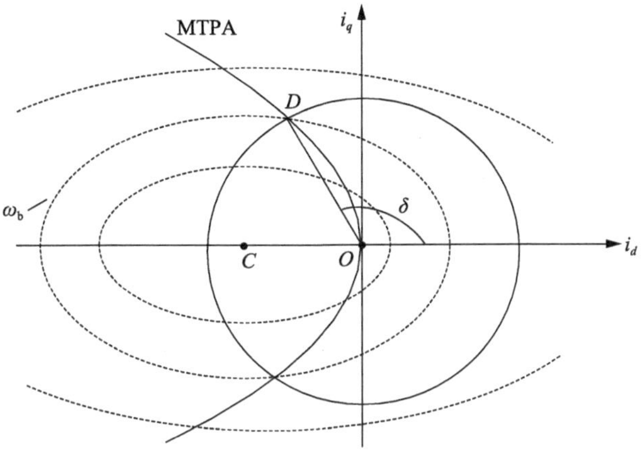

图 3-36 MTPA 曲线

MTPA 控制是电动汽车永磁同步电机低转速或恒转矩区普遍采用的控制策略，可以获得较高的工作效率。但在实际应用中，由于电机参数的变化，直接利用理论公式[式(3-75)或式(3-76)]很难取得较好的控制效果，需要实验数据进行修正。

4) 恒功率区的控制策略

(1) 基于 d 轴电流补偿的控制。如图 3-37 所示，永磁同步电机在恒转矩区采用 MTPA 控制时，其定子电流工作轨迹为 MTPA 上的 OD。工作点 D 为 MTPA 曲线与电流限制圆的交点，对应的电机转速 ω_{m4} 为电机的基速 ω_b；而工作点 D 对应的电机转矩 T_1 为电机的最大输出转矩 T_{max}。随着转速的增大，电压限制椭圆将向内收缩，此时电机的工作点将沿着电流限制圆向 d 轴靠近，电机无法按恒转矩虚线到达 G 点，而只能通过电机转矩下降，在电机转速为 ω_{m3} 时，到达 H 点；在电机转速为 ω_{m2} 时到达 E 点。

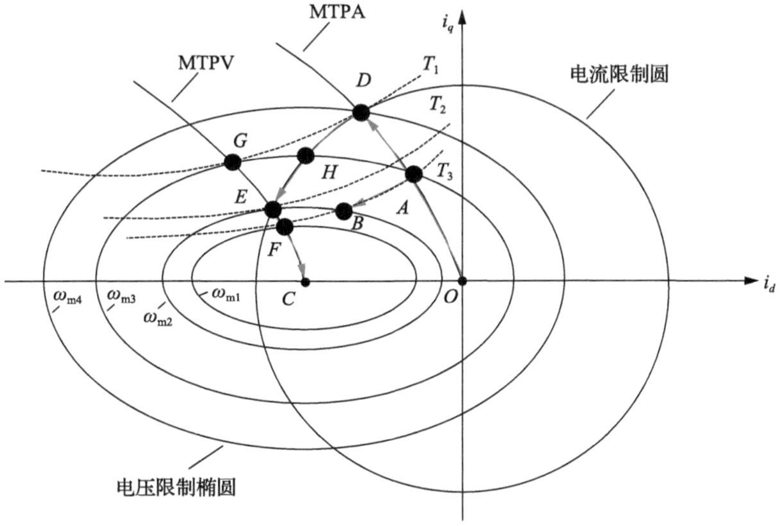

图 3-37 永磁同步电机的电流轨迹

采用基于 d 轴电流补偿的控制可以实现电机的工作点按 $D–H–E$ 沿电流限制圆变化，具体控制框图如图 3-38 所示。图中，i_s^*为电流限制圆的半径，即定子电流矢量的幅值；U_{smax}为最大允许运行电压；I_{dm}和 I_{qm}分别为定子电流在 d 轴和 q 轴分量的最大允许值。

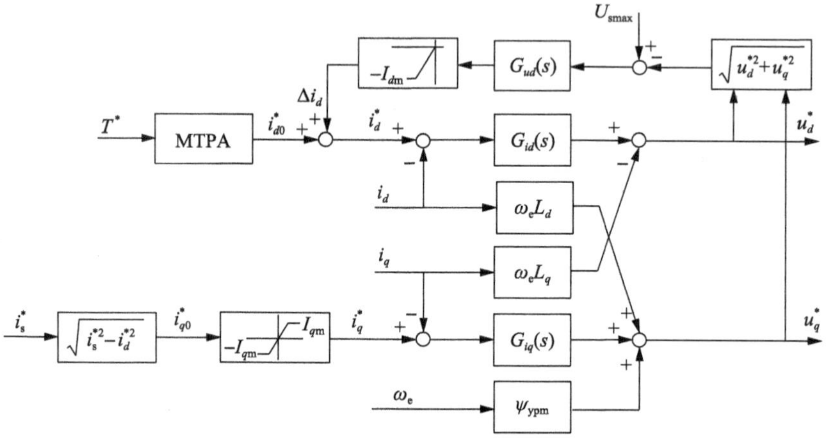

图 3-38 沿电流限制圆轨迹的控制框图

通过 d 轴电流补偿量 Δi_d，可以将定子电流轨迹控制在电压限制椭圆内。同时，i_s^*又将定子电流轨迹控制在电流限制圆内。

图 3-38 中，若电压和电流闭环采用 PI 控制器，$G_{id}(s)$和$G_{iq}(s)$如式(3-64)所示；$G_{ud}(s)$可以表示为

$$G_{ud}(s)=k_{up}+\frac{k_{ui}}{s} \tag{3-77}$$

式中，k_{up}、k_{ui}分别为比例系数和积分系数。

基于 d 轴电流补偿的控制策略的实质是使电机的工作点(i_d, i_q)在满足电压限制约束条件下，尽可能在电流限制圆上移动。

(2)单位电压最大转矩控制。基于永磁同步电机的电压约束，可以针对永磁同步电机转矩公式[式(3-61)]，利用拉格朗日乘数法构建函数：

$$f(i_d,i_q,\lambda)=P[\psi_{pm}i_q+(L_d-L_q)i_di_q]+\lambda\left[(L_qi_q)^2+(L_di_d+\psi_{pm})^2-\left(\frac{U_{smax}}{P\omega_m}\right)^2\right] \tag{3-78}$$

令

$$\frac{\partial f(i_d,i_q,\lambda)}{\partial i_d}=P(L_d-L_q)i_q+2\lambda L_d(L_di_d+\psi_{pm})=0 \tag{3-79}$$

以及

$$\frac{\partial f(i_d,i_q,\lambda)}{\partial i_d}=P[\psi_{\text{pm}}+(L_d-L_q)i_d]+2\lambda L_q^2 i_q=0 \tag{3-80}$$

同时，有

$$\frac{\partial f(i_d,i_q,\lambda)}{\partial \lambda}=(L_q i_q)^2+(L_d i_d+\psi_{\text{pm}})^2-\left(\frac{U_{\text{smax}}}{P\omega_{\text{m}}}\right)^2=0 \tag{3-81}$$

由式(3-79)和式(3-80)联立，可以求得

$$L_d(L_d i_d+\psi_{\text{pm}})\left[(L_d-L_q)i_d+\psi_{\text{pm}}\right]-(L_d-L_q)L_q^2 i_q^2=0 \tag{3-82}$$

因此，可以得到i_d和i_q的关系为

$$i_d=-\frac{\psi_{\text{pm}}}{L_d}+\frac{-L_q\psi_{\text{pm}}+\sqrt{L_q^2\psi_{\text{f}}^2+4L_q^2(L_d-L_q)^2 i_q^2}}{2L_d(L_d-L_q)} \tag{3-83}$$

根据式(3-83)，可以在i_d-i_q平面上得到单位电压最大转矩(maximum torque per volt, MTPV)控制曲线，该曲线如图 3-37 所示。当 i_q=0 时，由式(3-83)可得

$$i_d=-\frac{\psi_{\text{pm}}}{L_d} \tag{3-84}$$

即 MTPV 曲线将经过电压限制椭圆曲线的中心 C 点。

每条恒转矩曲线与电压限制椭圆曲线的切点(G、E、F 等)是在一定定子绕组电压下可以获得的最大转矩点，因此这些切点与椭圆的中心 C 连接而成的曲线就是 MTPV 曲线。基于 MTPV 曲线的控制方法称为最大转矩电压比控制，又称为 MTPV 控制。MTPV 控制可以最大限度地利用定子电压。

图 3-37 中，若电机工作在 E 点，此时电机转速进一步提高，可以按 MTPV 曲线向 C 点靠近，如在转速为 ω_{m1} 时，电机工作在 F 点。由于电机工作点通过 E 点后，将向电流限制圆内收缩，此时已不能保证电机按最大输出功率运行，因此严格意义上说，经过 E 点后，永磁同步电机运行区域不应视为恒功率区[13]，但通常为了分析问题方便，不对此加以区分。

需要说明的是，当电机定子电流轨迹按 D–E–F 运行时，E 点是基于 d 轴电流补偿的控制、MTPV 控制的切换点，在实际应用中应注意两种控制策略平滑切换，以免电机定子电流出现明显振荡或偏移，而导致工作点超出电流限制圆或电压限制椭圆。

在永磁同步电机实际应用中，电动汽车车速不断变化、驾驶员驾驶意图在不断调整、电机控制器输入直流电压在不断波动，这些因素都对永磁同步电机控制提出了较大的挑战。在制定电机控制器控制算法时，需基于实际电机工况和电机运行区域，面向驱动电机系统安全、可靠和高效运行，合理选择控制策略。

3.5 交流感应电机与控制技术

3.5.1 交流感应电机的结构与工作原理

1. 交流感应电机的结构

交流感应电机又称为交流异步电机(AC asynchronous motor)。依据转子绕组结构的不同，交流感应电机可以分为笼型感应电机(cage induction motor)和绕线转子感应电机(wound rotor induction motor)。电动汽车上通常采用笼型交流感应电机作为驱动电机。作为驱动电机，交流感应电机具有结构简单、耐久性好、成本低、易于维护以及设计、制造工艺和控制技术成熟等优点，与其他类型电机相比，具有较大的竞争力。

图 3-39 为交流感应电机内部结构与横向剖面示意图。交流感应电机的定子与转子铁心由硅钢片层层叠压而成。以三相交流感应电机为例，三相定子绕组安放在定子铁心的槽中，可以采用 Y 形连接或 △ 形连接。对于笼型交流感应电机，在转子铁心的每一个槽中嵌入一根铜条，在铜条两端各用一个端环把铜条连接起来。也可用铝浇铸的方法，把转子铁心槽中的导条和两端的端环一起浇铸而成。

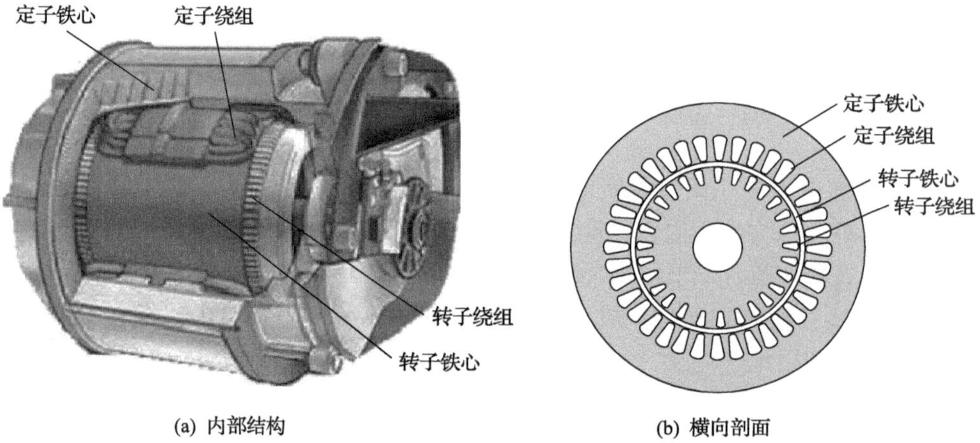

图 3-39 交流感应电机内部结构与横向剖面

2. 交流感应电机的工作原理

如果交流感应电机定子绕组中通过三相对称正弦电流，就会在气隙中产生正弦分布且幅值恒定的旋转磁场，旋转磁场的旋转电角速度为定子绕组电流的电角频率 ω_s，也称为交流感应电机的同步转速。当转子静止不动时，根据电磁感应原理，定子绕组电流产生的旋转磁场会在转子三相绕组中感应出三相对称的正弦电流，该电流的角频率也为 ω_s。转子绕组的三相感应电流同样会在气隙中产生一个正弦分布的旋转磁场，旋转电角速度仍为 ω_s，方向与定子旋转磁场方向相同，但二者存在相位差。定子和转子绕组电流形成的旋转磁场在气隙中形成的合成磁场称为气隙磁场，气隙磁场仍为旋转磁场，旋

转电角速度为 ω_s。

定子和转子的旋转磁场相互作用形成电磁转矩，若该电磁转矩大于电机负载转矩，转子就会由静止开始旋转。转子的旋转电角速度 ω_r 不能与旋转磁场电角速度 ω_s 相等，否则转子绕组中无法出现感应电流，也就不能生成电磁转矩。若 $\Delta\omega = \omega_s - \omega_r$，当 $\Delta\omega > 0$ 时，交流感应电机工作在电动状态；当 $\Delta\omega < 0$ 时，交流感应电机工作在发电状态。

一般用转差率 s 来表示旋转磁场与转子电角速度的差异，其可以表示为

$$s = \frac{\Delta\omega}{\omega_s} = \frac{\omega_s - \omega_r}{\omega_s} \tag{3-85}$$

在转子旋转过程中，气隙磁场在转子绕组中感应的三相对称电流角频率 ω_{sl} 称为转差角频率，可表示为

$$\omega_{sl} = \omega_s - \omega_r = s\omega_s \tag{3-86}$$

ω_{sl} 也是转子绕组电流产生的旋转磁场相对于转子的旋转电角速度，但转子绕组电流产生的旋转磁场相对于定子的旋转电角速度为 $\omega_{sl}+\omega_r$，即仍为 ω_s。也就是说，在稳态情况下，定子绕组电流产生的旋转磁场和转子电流产生的旋转磁场在空间上相对静止，这两个旋转磁场相互作用形成了电机的电磁转矩。电磁转矩的大小和方向取决于这两个磁场的幅值和磁场轴线的相对位置。电磁转矩的方向倾向于使两个磁场轴线的夹角减小。

对于电动汽车广泛采用的笼型交流感应电机，其转子绕组是由转子槽内的导条和端环构成的多相绕组，但通过参数折算和原理等效仍可以看作一个三相对称绕组。

3.5.2 交流感应电机的数学模型

下面以在电动汽车上应用较多的三相交流感应电机为例，分析交流感应电机的数学模型。为简化分析，假设三相交流感应电机为理想电机，且满足下列条件：

(1) 忽略磁路饱和，不计涡流损耗和磁滞损耗的影响。

(2) 电机的定子绕组三相对称，在空间互差 120°电角度布置并采用 Y 形连接。

(3) 电机的定子绕组感应电动势为正弦波，定子电流为对称的三相正弦波电流。

(4) 电机的定子绕组的电阻保持不变，不受流过电流的频率、温度等因素的影响。

(5) 定子和转子之间的气隙均匀，且转子每相绕组经匝数归算后与定子每相绕组有效匝数相同。

1. *ABC* 坐标系下的交流感应电机数学模型

图 3-40 为三相交流感应电机的物理模型。图中，*OA*、*OB*、*OC* 分别为 A 相、B 相、C 相定子绕组的轴线；*Oa*、*Ob*、*Oc* 分别为 a 相、b 相、c 相转子绕组的轴线；θ_r 为 a 相转子绕组轴线与 A 相定子绕组轴线的夹角；ω_r 为电机转子旋转电角速度。

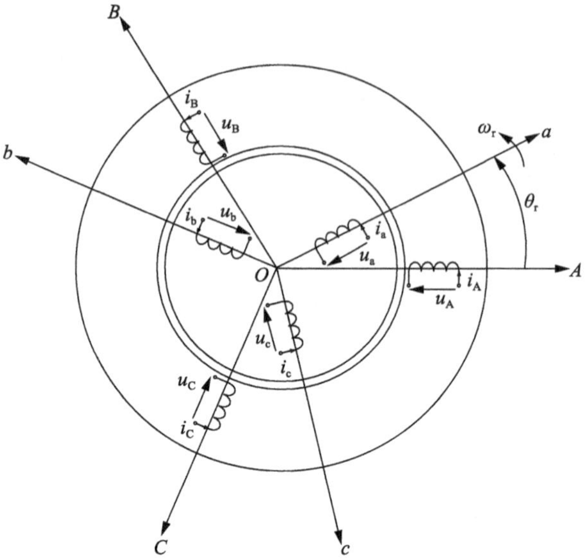

图 3-40 三相交流感应电机物理模型

在 *ABC* 坐标系中，将定子三相绕组中 A 相绕组的轴线 *OA* 作为空间坐标系的参考轴线，则三相交流感应的定子绕组电压方程为

$$\begin{cases} u_A = R_s i_A + \dfrac{d\psi_A}{dt} \\ u_B = R_s i_B + \dfrac{d\psi_B}{dt} \\ u_C = R_s i_C + \dfrac{d\psi_C}{dt} \end{cases} \tag{3-87}$$

式中，u_A、u_B 和 u_C 分别为 A、B、C 三相定子绕组相电压；R_s 为定子每相绕组的等效电阻；i_A、i_B 和 i_C 分别为 A、B、C 三相定子绕组相电流；ψ_A、ψ_B 和 ψ_C 分别为 A、B、C 三相定子绕组磁链。

转子绕组电压方程为

$$\begin{cases} u_a = R_r i_a + \dfrac{d\psi_a}{dt} \\ u_b = R_r i_b + \dfrac{d\psi_b}{dt} \\ u_c = R_r i_c + \dfrac{d\psi_c}{dt} \end{cases} \tag{3-88}$$

式中，R_r 为转子每相绕组的等效电阻；i_a、i_b 和 i_c 分别为 a、b、c 三相转子绕组相电流；ψ_a、ψ_b 和 ψ_c 分别为 a、b、c 三相转子绕组磁链；u_a、u_b 和 u_c 分别为 a、b、c 三相转子绕组相电压，对于笼型交流感应电机，存在

$$u_{\mathrm{a}}=u_{\mathrm{b}}=u_{\mathrm{c}}=0 \tag{3-89}$$

定子绕组的磁链方程可以写为

$$\begin{cases}\psi_{\mathrm{A}}=L_{\mathrm{ss}}i_{\mathrm{A}}-M_{\mathrm{ss}}i_{\mathrm{B}}-M_{\mathrm{ss}}i_{\mathrm{C}}+M_{\mathrm{sr}}\cos\theta_{\mathrm{r}}i_{\mathrm{a}}+M_{\mathrm{sr}}\cos\left(\theta_{\mathrm{r}}+\dfrac{2\pi}{3}\right)i_{\mathrm{b}}+M_{\mathrm{sr}}\cos\left(\theta_{\mathrm{r}}-\dfrac{2\pi}{3}\right)i_{\mathrm{c}}\\ \psi_{\mathrm{B}}=-M_{\mathrm{ss}}i_{\mathrm{A}}+L_{\mathrm{ss}}i_{\mathrm{B}}-M_{\mathrm{ss}}i_{\mathrm{C}}+M_{\mathrm{sr}}\cos\left(\theta_{\mathrm{r}}-\dfrac{2\pi}{3}\right)i_{\mathrm{a}}+M_{\mathrm{sr}}\cos\theta_{\mathrm{r}}i_{\mathrm{b}}+M_{\mathrm{sr}}\cos\left(\theta_{\mathrm{r}}+\dfrac{2\pi}{3}\right)i_{\mathrm{c}}\\ \psi_{\mathrm{C}}=-M_{\mathrm{ss}}i_{\mathrm{A}}-M_{\mathrm{ss}}i_{\mathrm{B}}+L_{\mathrm{ss}}i_{\mathrm{C}}+M_{\mathrm{sr}}\cos\left(\theta_{\mathrm{r}}+\dfrac{2\pi}{3}\right)i_{\mathrm{a}}+M_{\mathrm{sr}}\cos\left(\theta_{\mathrm{r}}-\dfrac{2\pi}{3}\right)i_{\mathrm{b}}+M_{\mathrm{sr}}\cos\theta_{\mathrm{r}}i_{\mathrm{c}}\end{cases} \tag{3-90}$$

式中，L_{ss} 为定子绕组每相的自感；M_{ss} 为定子绕组各相间的互感；M_{sr} 为定子绕组和转子绕组间的互感最大值。

通常，三相定子绕组采用 Y 形连接，则存在

$$i_{\mathrm{A}}+i_{\mathrm{B}}+i_{\mathrm{C}}=0 \tag{3-91}$$

将式(3-91)代入式(3-90)，得

$$\begin{cases}\psi_{\mathrm{A}}=L_{\mathrm{s}}i_{\mathrm{A}}+M_{\mathrm{sr}}\cos\theta_{\mathrm{r}}i_{\mathrm{a}}+M_{\mathrm{sr}}\cos\left(\theta_{\mathrm{r}}+\dfrac{2\pi}{3}\right)i_{\mathrm{b}}+M_{\mathrm{sr}}\cos\left(\theta_{\mathrm{r}}-\dfrac{2\pi}{3}\right)i_{\mathrm{c}}\\ \psi_{\mathrm{B}}=L_{\mathrm{s}}i_{\mathrm{B}}+M_{\mathrm{sr}}\cos\left(\theta_{\mathrm{r}}-\dfrac{2\pi}{3}\right)i_{\mathrm{a}}+M_{\mathrm{sr}}\cos\theta_{\mathrm{r}}i_{\mathrm{b}}+M_{\mathrm{sr}}\cos\left(\theta_{\mathrm{r}}+\dfrac{2\pi}{3}\right)i_{\mathrm{c}}\\ \psi_{\mathrm{C}}=L_{\mathrm{s}}i_{\mathrm{C}}+M_{\mathrm{sr}}\cos\left(\theta_{\mathrm{r}}+\dfrac{2\pi}{3}\right)i_{\mathrm{a}}+M_{\mathrm{sr}}\cos\left(\theta_{\mathrm{r}}-\dfrac{2\pi}{3}\right)i_{\mathrm{b}}+M_{\mathrm{sr}}\cos\theta_{\mathrm{r}}i_{\mathrm{c}}\end{cases} \tag{3-92}$$

式中，$L_{\mathrm{s}}=L_{\mathrm{ss}}+M_{\mathrm{ss}}$，为考虑了其他两相定子绕组互感后，定子每相绕组的等效电感。

类似地，转子绕组的磁链方程可以写为

$$\begin{cases}\psi_{\mathrm{a}}=L_{\mathrm{rr}}i_{\mathrm{a}}-M_{\mathrm{rr}}i_{\mathrm{b}}-M_{\mathrm{rr}}i_{\mathrm{c}}+M_{\mathrm{sr}}\cos\theta_{\mathrm{r}}i_{\mathrm{A}}+M_{\mathrm{sr}}\cos\left(\theta_{\mathrm{r}}-\dfrac{2\pi}{3}\right)i_{\mathrm{B}}+M_{\mathrm{sr}}\cos\left(\theta_{\mathrm{r}}+\dfrac{2\pi}{3}\right)i_{\mathrm{C}}\\ \psi_{\mathrm{b}}=-M_{\mathrm{rr}}i_{\mathrm{a}}+L_{\mathrm{rr}}i_{\mathrm{b}}-M_{\mathrm{rr}}i_{\mathrm{c}}+M_{\mathrm{sr}}\cos\left(\theta_{\mathrm{r}}+\dfrac{2\pi}{3}\right)i_{\mathrm{A}}+M_{\mathrm{sr}}\cos\theta_{\mathrm{r}}i_{\mathrm{B}}+M_{\mathrm{sr}}\cos\left(\theta_{\mathrm{r}}-\dfrac{2\pi}{3}\right)i_{\mathrm{C}}\\ \psi_{\mathrm{c}}=-M_{\mathrm{rr}}i_{\mathrm{a}}-M_{\mathrm{rr}}i_{\mathrm{b}}+L_{\mathrm{rr}}i_{\mathrm{c}}+M_{\mathrm{sr}}\cos\left(\theta_{\mathrm{r}}-\dfrac{2\pi}{3}\right)i_{\mathrm{A}}+M_{\mathrm{sr}}\cos\left(\theta_{\mathrm{r}}+\dfrac{2\pi}{3}\right)i_{\mathrm{B}}+M_{\mathrm{sr}}\cos\theta_{\mathrm{r}}i_{\mathrm{C}}\end{cases} \tag{3-93}$$

式中，L_{rr} 为转子绕组每相的自感；M_{rr} 为转子绕组各相间的互感。

对于笼型交流感应电机，三相转子绕组可等效采用 Y 形连接，则存在

$$i_{\mathrm{a}}+i_{\mathrm{b}}+i_{\mathrm{c}}=0 \tag{3-94}$$

将式(3-94)代入式(3-93)，得

$$\begin{cases}\psi_{\mathrm{a}}=L_{\mathrm{r}}i_{\mathrm{a}}+M_{\mathrm{sr}}\cos\theta_{\mathrm{r}}i_{\mathrm{A}}+M_{\mathrm{sr}}\cos\left(\theta_{\mathrm{r}}-\dfrac{2\pi}{3}\right)i_{\mathrm{B}}+M_{\mathrm{sr}}\cos\left(\theta_{\mathrm{r}}+\dfrac{2\pi}{3}\right)i_{\mathrm{C}}\\ \psi_{\mathrm{b}}=L_{\mathrm{r}}i_{\mathrm{b}}+M_{\mathrm{sr}}\cos\left(\theta_{\mathrm{r}}+\dfrac{2\pi}{3}\right)i_{\mathrm{A}}+M_{\mathrm{sr}}\cos\theta_{\mathrm{r}}i_{\mathrm{B}}+M_{\mathrm{sr}}\cos\left(\theta_{\mathrm{r}}-\dfrac{2\pi}{3}\right)i_{\mathrm{C}}\\ \psi_{\mathrm{c}}=L_{\mathrm{r}}i_{\mathrm{c}}+M_{\mathrm{sr}}\cos\left(\theta_{\mathrm{r}}-\dfrac{2\pi}{3}\right)i_{\mathrm{A}}+M_{\mathrm{sr}}\cos\left(\theta_{\mathrm{r}}+\dfrac{2\pi}{3}\right)i_{\mathrm{B}}+M_{\mathrm{sr}}\cos\theta_{\mathrm{r}}i_{\mathrm{C}}\end{cases}\tag{3-95}$$

式中，$L_{\mathrm{r}}=L_{\mathrm{rr}}+M_{\mathrm{rr}}$，为考虑了其他两相转子绕组互感后，转子每相绕组的等效电感。

因为假设定子和转子之间的气隙是均匀的，且转子每相绕组经匝数归算后与定子每相绕组有效匝数相同，所以对于三相对称并在空间互差 120°电角度的定子和转子绕组，存在：

$$\begin{cases}L_{\mathrm{ss}}=L_{\mathrm{s}\sigma}+L_{\mathrm{sm}}\\ M_{\mathrm{ss}}=\dfrac{1}{2}L_{\mathrm{sm}}\\ L_{\mathrm{rr}}=L_{\mathrm{r}\sigma}+L_{\mathrm{sm}}\\ M_{\mathrm{rr}}=\dfrac{1}{2}L_{\mathrm{sm}}\\ M_{\mathrm{sr}}=L_{\mathrm{sm}}\end{cases}\tag{3-96}$$

式中，$L_{\mathrm{s}\sigma}$ 为定子每相绕组的漏感；$L_{\mathrm{r}\sigma}$ 为转子每相绕组的漏感；L_{sm} 为定子和转子每相绕组的励磁电感。因此，有

$$\begin{cases}L_{\mathrm{s}}=L_{\mathrm{s}\sigma}+\dfrac{3}{2}L_{\mathrm{sm}}\\ L_{\mathrm{r}}=L_{\mathrm{r}\sigma}+\dfrac{3}{2}L_{\mathrm{sm}}\end{cases}\tag{3-97}$$

若交流感应电机的极对数为 P，在 ABC 坐标系中，电机的转矩可以表示为

$$\begin{aligned}T=PM_{\mathrm{sr}}\Bigg[&(i_{\mathrm{A}}i_{\mathrm{a}}+i_{\mathrm{B}}i_{\mathrm{b}}+i_{\mathrm{C}}i_{\mathrm{c}})\sin\theta_{\mathrm{r}}+(i_{\mathrm{A}}i_{\mathrm{b}}+i_{\mathrm{B}}i_{\mathrm{c}}+i_{\mathrm{C}}i_{\mathrm{a}})\sin\left(\theta_{\mathrm{r}}+\frac{2\pi}{3}\right)\\ &+(i_{\mathrm{A}}i_{\mathrm{c}}+i_{\mathrm{B}}i_{\mathrm{a}}+i_{\mathrm{C}}i_{\mathrm{b}})\sin\left(\theta_{\mathrm{r}}-\frac{2\pi}{3}\right)\Bigg]\end{aligned}\tag{3-98}$$

2. $\alpha\beta$ 坐标系下的交流感应电机数学模型

图 3-41 为三相交流感应电机在 $\alpha\beta$ 坐标系下的物理模型，可以用分别位于 α 轴和 β 轴的两相静止定子绕组等效 ABC 坐标系下的三相定子绕组。

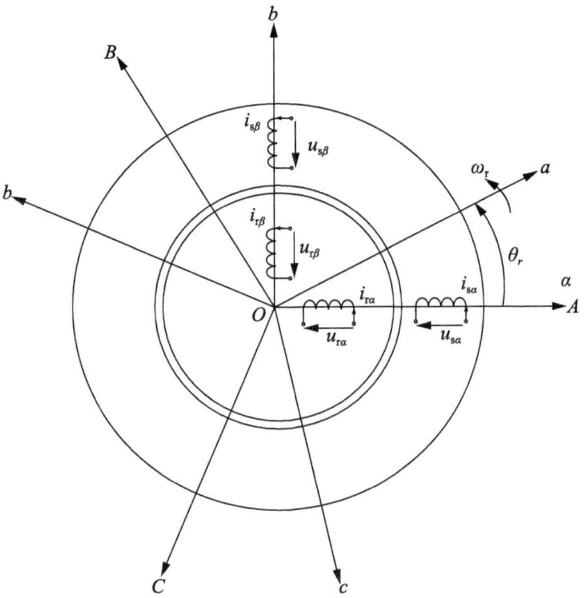

图 3-41　$\alpha\beta$ 坐标系下的三相交流感应电机物理模型

在 $\alpha\beta$ 坐标系下，三相交流感应电机的电压方程可以表示为

$$\begin{cases} u_{s\alpha} = R_s i_{s\alpha} + \dfrac{d\psi_{s\alpha}}{dt} \\ u_{s\beta} = R_s i_{s\beta} + \dfrac{d\psi_{s\beta}}{dt} \\ u_{r\alpha} = R_r i_{r\alpha} + \dfrac{d\psi_{r\alpha}}{dt} + \omega_r \psi_{r\beta} \\ u_{r\beta} = R_r i_{r\beta} + \dfrac{d\psi_{r\beta}}{dt} - \omega_r \psi_{r\alpha} \end{cases} \tag{3-99}$$

式中，$u_{s\alpha}$、$u_{s\beta}$ 分别为定子绕组电压矢量在 α 轴和 β 轴的分量；$i_{s\alpha}$、$i_{s\beta}$ 分别为定子绕组电流矢量在 α 轴和 β 轴的分量；$\psi_{s\alpha}$、$\psi_{s\beta}$ 分别为定子磁链矢量在 α 轴和 β 轴的分量；$u_{r\alpha}$、$u_{r\beta}$ 分别为转子绕组电压矢量在 α 轴和 β 轴的分量；$i_{r\alpha}$、$i_{r\beta}$ 分别为转子绕组电流矢量在 α 轴和 β 轴的分量；$\psi_{r\alpha}$、$\psi_{r\beta}$ 分别为转子磁链矢量在 α 轴和 β 轴的分量。

基于式(3-99)，对于笼型交流感应电机，存在

$$u_{r\alpha} = u_{r\beta} = 0 \tag{3-100}$$

若令

$$L_m = \frac{3}{2} M_{sr} = \frac{3}{2} L_{sm} \tag{3-101}$$

磁链方程可以表示为

$$\begin{cases}\psi_{s\alpha}=L_s i_{s\alpha}+L_m i_{r\alpha}\\ \psi_{s\beta}=L_s i_{s\beta}+L_m i_{r\beta}\\ \psi_{r\alpha}=L_r i_{r\alpha}+L_m i_{s\alpha}\\ \psi_{r\beta}=L_r i_{r\beta}+L_m i_{s\beta}\end{cases} \tag{3-102}$$

转矩方程可以表示为

$$T=P\frac{L_m}{L_r}(\psi_{r\alpha}i_{s\beta}-\psi_{r\beta}i_{s\alpha}) \tag{3-103}$$

3. *dq* 坐标系下的交流感应电机数学模型

图 3-42 为三相交流感应电机在 dq 坐标系下的物理模型，可以用分别位于 d 轴和 q 轴方向的两相以同步转速的旋转绕组等效 $\alpha\beta$ 坐标系下两相静止不动的定子绕组。d 轴与 A 轴的夹角为 θ_s。

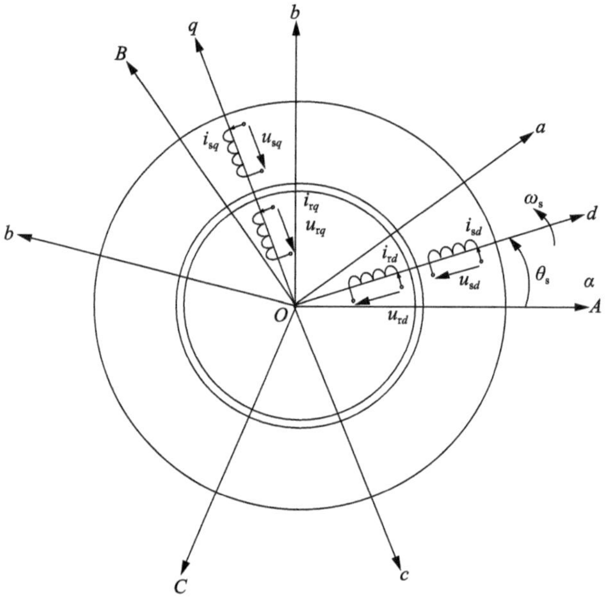

图 3-42 *dq* 坐标系下的三相交流感应电机物理模型

在 dq 坐标系下，三相交流感应电机的电压方程可以表示为

$$\begin{cases}u_{sd}=R_s i_{sd}+\dfrac{d\psi_{sd}}{dt}-\omega_s\psi_{sq}\\ u_{sq}=R_s i_{sq}+\dfrac{d\psi_{sq}}{dt}+\omega_s\psi_{sd}\\ u_{rd}=R_r i_{rd}+\dfrac{d\psi_{rd}}{dt}-\omega_{sl}\psi_{rq}\\ u_{rq}=R_r i_{rq}+\dfrac{d\psi_{rq}}{dt}+\omega_{sl}\psi_{rd}\end{cases} \tag{3-104}$$

式中，u_{sd}、u_{sq} 分别为定子绕组电压矢量在 d 轴和 q 轴的分量；i_{sd}、i_{sq} 分别为定子电流矢量在 d 轴和 q 轴的分量；ψ_{sd}、ψ_{sq} 分别为定子磁链矢量在 d 轴和 q 轴的分量；u_{rd}、u_{rq} 分别为转子电压矢量在 d 轴和 q 轴的分量；i_{rd}、i_{rq} 分别为转子电流矢量在 d 轴和 q 轴的分量；ψ_{rd}、ψ_{rq} 分别为转子磁链矢量在 d 轴和 q 轴的分量；ω_{sl} 为转差频率。

式(3-104)中，对于笼型交流感应电机，存在

$$u_{rd} = u_{rq} = 0 \tag{3-105}$$

磁链方程可以表示为

$$\begin{cases} \psi_{sd} = L_s i_{sd} + L_m i_{rd} \\ \psi_{sq} = L_s i_{sq} + L_m i_{rq} \\ \psi_{rd} = L_r i_{rd} + L_m i_{sd} \\ \psi_{rq} = L_r i_{rq} + L_m i_{sq} \end{cases} \tag{3-106}$$

转矩方程可以表示为

$$\begin{aligned} T &= P(\psi_{sd} i_{sq} - \psi_{sq} i_{sd}) \\ &= P(\psi_{rq} i_{rd} - \psi_{rd} i_{rq}) \\ &= P L_m (i_{rd} i_{sq} - i_{rq} i_{sd}) \\ &= P \frac{L_m}{L_r} (\psi_{rd} i_{sq} - \psi_{rq} i_{sd}) \end{aligned} \tag{3-107}$$

式(3-107)是交流感应电机进行矢量控制的重要依据。

3.5.3 交流感应电机的转子磁场定向控制

1. 交流感应电机控制器主电路拓扑结构

与永磁同步电机类似，电动汽车驱动电机的三相交流感应电机控制器普遍采用三相全桥主电路，如图 3-43 所示。

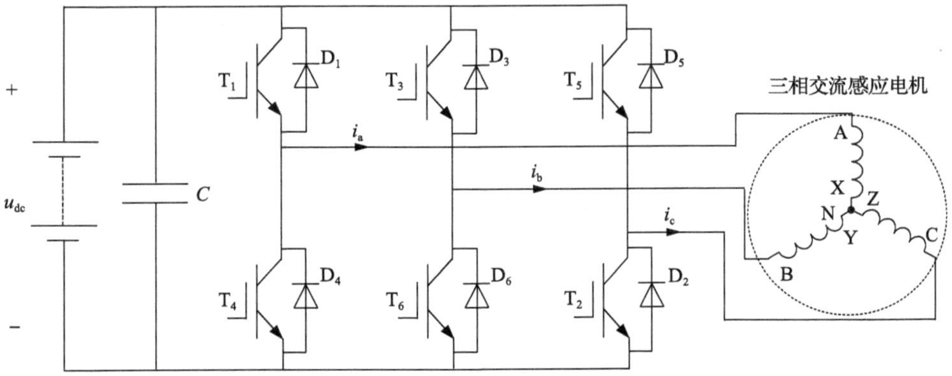

图 3-43 三相交流感应电机控制器主电路

2. 转子磁场定向矢量控制

作为电动汽车的驱动电机，交流感应电机普遍采用转子磁场定向矢量控制。若把 dq 坐标系的 d 轴与转子磁场方向重合，则存在

$$\begin{cases}\psi_{\mathrm{r}d}=\psi_{\mathrm{r}}\\ \psi_{\mathrm{r}q}=0\end{cases} \tag{3-108}$$

式中，ψ_{r} 为转子磁链，可以表示为

$$\psi_{\mathrm{r}}=\psi_{\mathrm{r}d}+\mathrm{j}\psi_{\mathrm{r}q} \tag{3-109}$$

将式(3-106)、式(3-108)代入式(3-104)，得到定子绕组电压方程为

$$\begin{cases}u_{\mathrm{s}d}=R_{\mathrm{s}}i_{\mathrm{s}d}+L_{\mathrm{s}}\sigma\mathrm{p}i_{\mathrm{s}d}-\omega_{\mathrm{s}}L_{\mathrm{s}}\sigma i_{\mathrm{s}q}+\dfrac{L_{\mathrm{m}}}{L_{\mathrm{r}}}\mathrm{p}\psi_{\mathrm{r}d}\\ u_{\mathrm{s}q}=R_{\mathrm{s}}i_{\mathrm{s}q}+L_{\mathrm{s}}\sigma\mathrm{p}i_{\mathrm{s}q}+\omega_{\mathrm{s}}L_{\mathrm{s}}\sigma i_{\mathrm{s}d}+\omega_{\mathrm{s}}\dfrac{L_{\mathrm{m}}}{L_{\mathrm{r}}}\psi_{\mathrm{r}d}\end{cases} \tag{3-110}$$

式中，p 为对时间的微分算子 $\mathrm{d}/\mathrm{d}t$；σ 为漏磁系数，可以表示为

$$\sigma=1-\frac{L_{\mathrm{m}}^2}{L_{\mathrm{s}}L_{\mathrm{r}}} \tag{3-111}$$

转子绕组电压方程为

$$\begin{cases}0=(R_{\mathrm{r}}+\mathrm{p}L_{\mathrm{r}})i_{\mathrm{r}d}+\mathrm{p}L_{\mathrm{m}}i_{\mathrm{s}d}\\ 0=R_{\mathrm{r}}i_{\mathrm{r}q}+\omega_{\mathrm{sl}}\psi_{\mathrm{r}d}\end{cases} \tag{3-112}$$

同时，由式(3-106)、式(3-112)还可以得到

$$\psi_{\mathrm{r}d}=\frac{L_{\mathrm{m}}}{1+\tau_{\mathrm{r}}\mathrm{p}}i_{\mathrm{s}d} \tag{3-113}$$

式中，τ_{r} 为转子时间常数，表示为

$$\tau_{\mathrm{r}}=\frac{L_{\mathrm{r}}}{R_{\mathrm{r}}} \tag{3-114}$$

且有

$$\omega_{\mathrm{sl}}=\frac{L_{\mathrm{m}}i_{\mathrm{s}q}}{\tau_{\mathrm{r}}\psi_{\mathrm{r}d}} \tag{3-115}$$

定义转子励磁电流 i_{rm} 为

$$i_{\rm rm}=\frac{1}{1+\tau_{\rm r}{\rm p}}i_{sd} \tag{3-116}$$

那么，式(3-113)改写成

$$\psi_{{\rm r}d}=L_{\rm m}i_{\rm rm} \tag{3-117}$$

由式(3-117)可得交流感应电机的转矩公式为

$$T=P\frac{L_{\rm m}}{L_{\rm r}}\psi_{{\rm r}d}i_{sq}=P\frac{L_{\rm m}^2}{L_{\rm r}}i_{sq}i_{\rm rm} \tag{3-118}$$

由式(3-118)知，当采用转子磁场定向时，转子磁链$\psi_{\rm r}$，也就是$\psi_{{\rm r}d}$，是由定子绕组电流矢量的 d 轴分量i_{sd}产生的，与 q 轴分量i_{sq}无关。当$\psi_{{\rm r}d}$恒定不变时，电机转矩 T 与定子绕组电流矢量的 q 轴分量i_{sq}成正比，与 d 轴分量i_{sd}无关。因此，i_{sd}和i_{sq}可以认为是完全解耦的，i_{sd}称为定子绕组电流的励磁分量，而i_{sq}称为定子绕组电流的转矩分量。由式(3-110)知，在电压方程中存在着由反向电动势引起的交叉耦合项$-\omega_{\rm s}L_{\rm s}\sigma i_{sq}$和$\omega_{\rm s}L_{\rm s}\sigma i_{sd}$，交叉耦合项与同步转速$\omega_{\rm s}$成正比，因此在低速时，可以忽略交叉耦合项的影响，这时可以认为真正实现了磁链和转矩的解耦控制。但在高速时，必须考虑交叉耦合项的影响。这种基于转子磁链反馈的矢量控制方法，也称为直接转子磁场定向矢量控制。从系统结构上讲，使用传感器对转子磁场进行检测，通过反馈来对转子磁链进行控制，才是真正意义上的直接转子磁场定向矢量控制。但由于转子磁场检测易受电机定子和转子齿槽的影响，并且系统成本的增加和不便于维护等，在实际中很少采用直接转子磁场定向矢量控制。多数情况下，采用对转子磁链的估计或观测，来完成整个矢量控制过程。转子磁场定向矢量控制的控制框图如图 3-44 所示。从图中可以看出，对转子磁链的控制是基于式(3-116)和式(3-117)，通过对i_{sd}的控制间接实现的[14]。

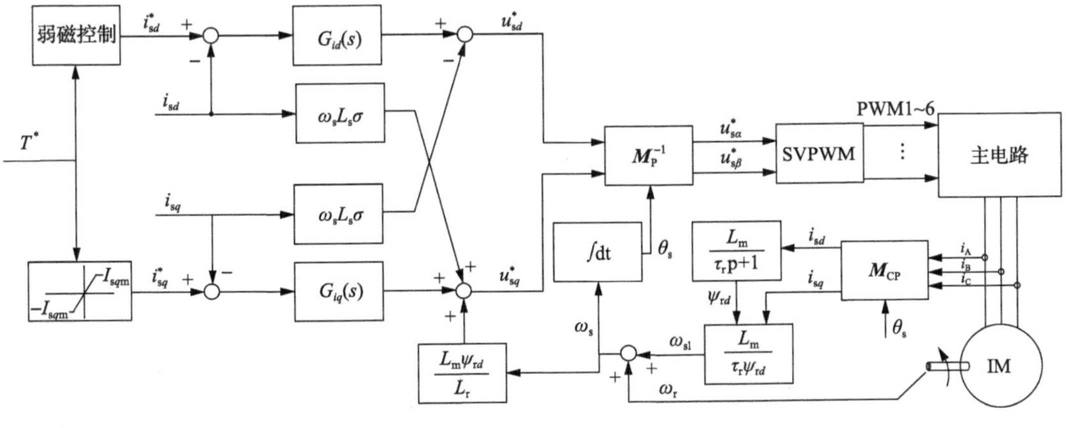

图 3-44　转子磁场定向矢量控制结构

从式(3-113)、式(3-118)可以看出，这种控制方法的控制效果对转子时间常数$\tau_{\rm r}$依赖性很强，而τ_r容易受电流、温度、频率等因素影响，因此实际应用中，需要对电机参数进行辨识或修正，系统才能达到较好的性能。

转子磁场定向矢量控制结构清晰、易于理解，在电机参数较准确时，可以得到较好的控制效果[15]，是电动汽车交流感应电机常采用的控制方法。

3. 交流感应电机的弱磁控制

1) 电流约束与电压约束

交流感应电机的运行要受到电机控制器输出能力的限制。这种限制体现在电流约束和电压约束两个方面，即

$$i_{sd}^2 + i_{sq}^2 = i_s^2 \leqslant I_{smax}^2 \tag{3-119}$$

以及

$$u_{sd}^2 + u_{sq}^2 = u_s^2 \leqslant U_{smax}^2 \tag{3-120}$$

式(3-119)中，I_{smax}为最大允许电流值，通常由电机控制器中电力电子器件所能承受的电流应力、电机定子绕组的载流能力及电机磁路是否饱和等因素决定。式(3-120)中，U_{smax}为最大允许电压值，由电机控制器直流侧电压u_{dc}决定。

若忽略定子电阻的影响，根据式(3-110)可以得到交流感应电机的定子绕组稳态电压方程为

$$\begin{cases} u_{sd} = -\omega_s L_s \sigma i_{sq} \\ u_{sq} = \omega_s L_s \sigma i_{sd} + \omega_s \dfrac{L_m}{L_r}\psi_{rd} \end{cases} \tag{3-121}$$

在转子磁场定向时，基于式(3-113)，在稳态情况下，存在

$$\psi_{rd} = L_m i_{sd} \tag{3-122}$$

因此，式(3-121)可以改写为

$$\begin{cases} u_{sd} = -\omega_s L_s \sigma i_{sq} \\ u_{sq} = \omega_s L_s i_{sd} \end{cases} \tag{3-123}$$

将式(3-123)代入式(3-120)，得

$$(\omega_s L_s i_{sd})^2 + (\omega_s L_s \sigma i_{sq})^2 \leqslant U_{smax}^2 \tag{3-124}$$

如图 3-45 所示，在i_{sd}-i_{sq}平面上，式(3-119)表示电流限制圆；式(3-124)表示电压限制椭圆，电压限制椭圆的面积随着ω_s的增大而减小，电压限制椭圆的中心与电流限制圆的圆心重合。在i_{sd}-i_{sq}平面上的任一工作点不能超出电流限制圆和电压限制椭圆。

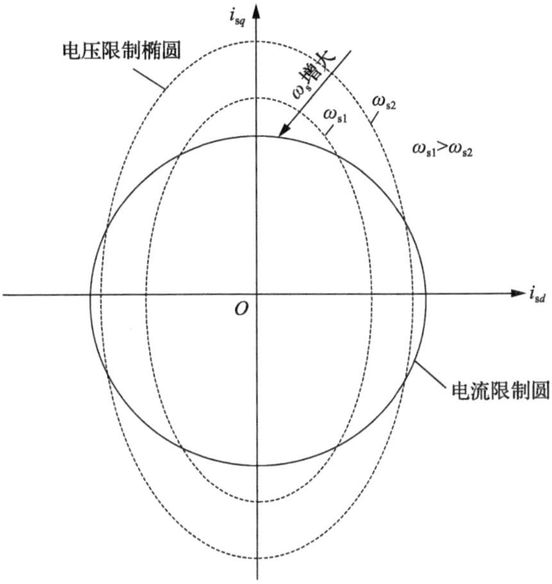

图 3-45　交流感应电机的电流限制圆和电压限制椭圆

假设电机正常工作时，$i_{sd}>0$，那么当电机工作在电动状态驱动车辆时，$i_{sq}>0$，电机工作在 i_{sd} - i_{sq} 平面的第一象限；而当电机工作在发电状态制动车辆时，$i_{sq}<0$，电机工作在 i_{sd} - i_{sq} 平面的第四象限。

2) 交流感应电机的运行区域

随着电机同步转速的增大，电机的运行受到电流限制和电压限制的影响而导致在转矩-转速平面上形成三个运行区域，分别是恒转矩区、恒功率区和恒转差频率区，三个区域的划分如图 3-46 所示。

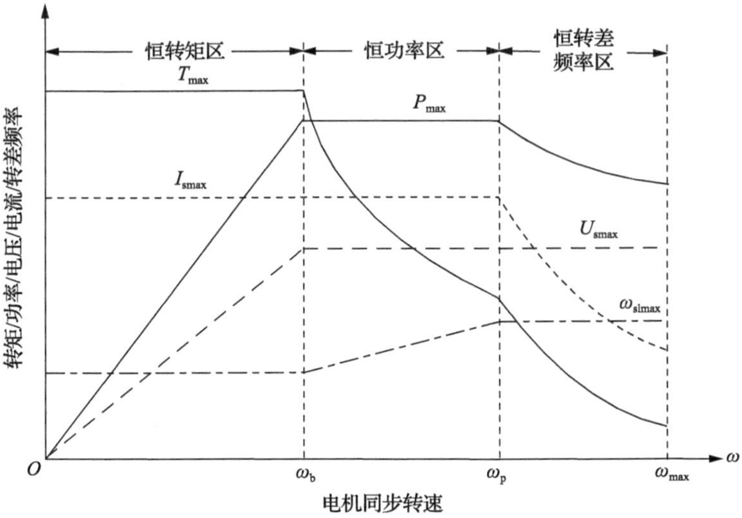

图 3-46　交流感应电机的运行区域

(1) 恒转矩区。

恒转矩区又称为基速区。如图 3-47 所示，在 i_{sd} - i_{sq} 平面中，此时由于电机同步转速较低，电机的运行主要受电流限制圆约束。当电机同步转速达到基速 ω_b 时，恒转矩线、电流限制圆、电压限制椭圆交于一点 A，如果电机同步转速继续增加，由于电机的运行同时受电流限制圆和电压限制椭圆的约束，电机运行进入恒功率区。

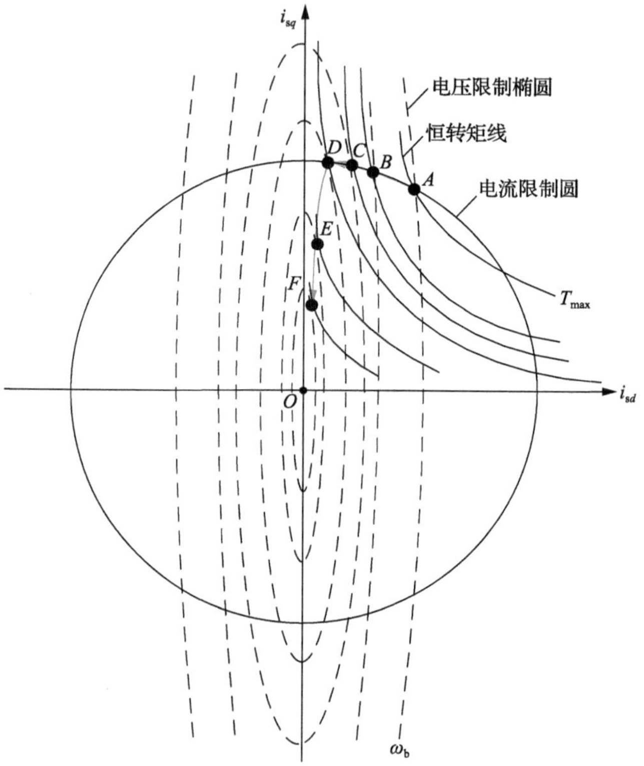

图 3-47　交流感应电机定子电流轨迹

由式(3-119)、式(3-124)，可以求得 ω_b 为

$$\omega_b = \frac{U_{smax}}{L_s\sqrt{I_{sd\_rated}^2 + \sigma^2(I_{smax}^2 - I_{sd\_rated}^2)}} \tag{3-125}$$

式中，I_{sd_rated} 为电机同步转速在 ω_b 下获得最大转矩 T_{max} 时的定子绕组电流 d 轴分量。

在恒转矩区，基于式(3-118)，电机的稳态转矩可以表示为

$$T = P\frac{L_m^2}{L_r} i_{sd} i_{sq} \tag{3-126}$$

而 i_{sd}、i_{sq} 又需满足式(3-119)的约束，容易求得 $T = T_{max}$ 时，有

$$\begin{cases} i_{sd} = \dfrac{I_{max}}{\sqrt{2}} \\ i_{sq} = \dfrac{I_{max}}{\sqrt{2}} \end{cases} \tag{3-127}$$

在恒转矩区，满足 $i_{sd} = i_{sq}$ 时，达到同样转矩时所需定子电流最小，即电机具有最小的铜损。此时，定子绕组电流矢量 $\boldsymbol{i}_s$ 与 i_{sd} 轴的夹角，即转矩角 δ 为 $\pi/4$ 。但在实际应用过程中，需要充分考虑饱和、铁损、控制稳定性等众多因素，并对 δ 进行修正，以获得较好的电机性能。

由式(3-115)、式(3-122)知，在稳态情况下，电机获得最大转矩时，存在

$$\omega_{sl} = \frac{i_{sq}}{\tau_r i_{sd}} = \frac{1}{\tau_r} \tag{3-128}$$

所以，在恒转矩区，电机获得最大转矩时，ω_{sl} 与电机同步转速无关。

在恒转矩区，一种比较简单、有效的交流感应电机转矩控制策略如图3-48所示。即在 $\omega_s < \omega_b$ 时，使定子电流 d 轴分量的目标值为

$$i_{sd}^* = i_{sd\_rated} \tag{3-129}$$

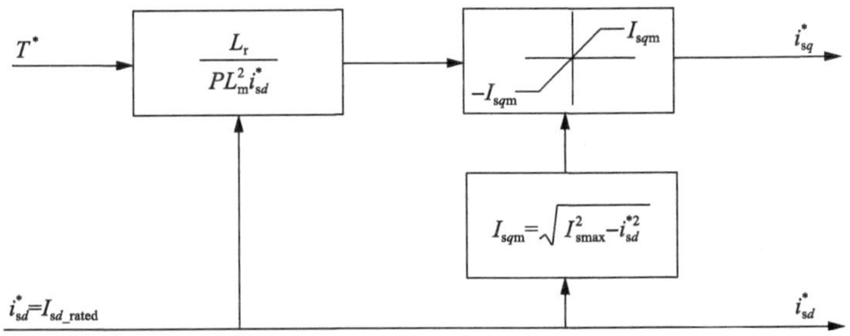

图3-48 交流感应电机恒转矩区的转矩控制策略

通过调节定子绕组电流 q 轴分量的目标值 i_{sq}^* 可达到控制转矩的目的。这种控制策略也是应用较广的一种控制策略。

(2)恒功率区。

图3-47中，电机同步转速高于 ω_b 后，电机运行会受到电流限制圆和电压限制椭圆的双重约束。电机的最大转矩输出能力限制在电流限制圆和电压限制椭圆的交点 A、B、C、D，此时，定子电流需要同时满足

$$\begin{cases} i_{sd}^2 + i_{sq}^2 = I_{smax}^2 \\ (\omega_s L_s i_{sd})^2 + (\omega_s L_s \sigma i_{sq})^2 = U_{smax}^2 \end{cases} \tag{3-130}$$

由式(3-130)，可以求解出

$$\begin{cases} i_{sd} = \sqrt{\dfrac{\dfrac{U_{\text{smax}}^2}{\omega_{\text{s}}^2} - \sigma^2 L_{\text{s}}^2 I_{\text{smax}}^2}{(1-\sigma^2)L_{\text{s}}^2}} \\ i_{sq} = \sqrt{\dfrac{L_{\text{s}}^2 I_{\text{smax}}^2 - \dfrac{U_{\text{smax}}^2}{\omega_{\text{s}}^2}}{(1-\sigma^2)L_{\text{s}}^2}} \end{cases} \tag{3-131}$$

在恒功率区，可以认为电机最大输出功率近似不变，因此，可以近似认为电机最大转矩与 $1/\omega_{\text{s}}$ 成正比。

随着电机同步转速的增大，定子绕组电流矢量 $\boldsymbol{i}_{\text{s}}$ 会向 i_{sq} 靠近，转矩角 δ 增大，依据式(3-128)可知：转差频率 ω_{sl} 也会增加。如图 3-47 所示，当电机运行到 D 点之后，电机运行进入恒转差频率区。在工作点 D，有

$$\omega_{\text{sl}} = \omega_{\text{slmax}} = \frac{1}{\tau_{\text{r}}\sigma} \tag{3-132}$$

与此对应的电机同步转速为

$$\omega_{\text{p}} = \frac{U_{\text{smax}}}{I_{\text{smax}}}\sqrt{\frac{1+\sigma^2}{2\sigma^2 L_{\text{s}}^2}} \tag{3-133}$$

(3) 恒转差频率区。

图 3-47 中，电机同步转速高于 ω_{p} 后，恒转矩线和电压限制椭圆的交点位于电流限制圆内部，电机运行只受电压限制椭圆的约束，因此，恒转差频率区又称为恒电压区。此时，电机将按 D–E–F 轨迹运行，且存在

$$\begin{cases} (\omega_{\text{s}} L_{\text{s}} i_{sd})^2 + \left(\omega_{\text{s}} L_{\text{s}} \sigma i_{sq}\right)^2 = U_{\text{smax}}^2 \\ T = P\dfrac{L_{\text{m}}^2}{L_{\text{r}}} i_{sd} i_{sq} \end{cases} \tag{3-134}$$

因此，在恒转差频率区，在电机同步转速 ω_{s} 下，电机转矩取得最大值时，定子电流需满足

$$\begin{cases} i_{sd} = \dfrac{U_{\text{smax}}}{\sqrt{2}\omega_{\text{s}} L_{\text{s}}} \\ i_{sq} = \dfrac{U_{\text{smax}}}{\sqrt{2}\sigma\omega_{\text{s}} L_{\text{s}}} \end{cases} \tag{3-135}$$

而对应式(3-135)的电机最大转矩为

$$T_{\mathrm{m}}=P\frac{L_{\mathrm{m}}^{2}}{L_{\mathrm{r}}}\cdot\frac{U_{\mathrm{smax}}^{2}}{2\sigma\omega_{\mathrm{s}}^{2}L_{\mathrm{s}}^{2}} \tag{3-136}$$

此时，依据式(3-123)，存在

$$\begin{cases}u_{\mathrm{s}d}=-\dfrac{U_{\mathrm{smax}}}{\sqrt{2}}\\ u_{\mathrm{s}q}=\dfrac{U_{\mathrm{smax}}}{\sqrt{2}}\end{cases} \tag{3-137}$$

可见，在恒转差频率区，电机最大转矩与 $1/\omega_{\mathrm{s}}^{2}$ 成正比。若电机的最大输出功率为 P_{m}，则有

$$P_{\mathrm{m}}\cdot\omega_{\mathrm{s}}=T_{\mathrm{m}}\cdot\omega_{\mathrm{r}}\cdot\omega_{\mathrm{s}}\approx\frac{L_{\mathrm{m}}^{2}}{L_{\mathrm{r}}}\cdot\frac{U_{\mathrm{smax}}^{2}}{2\sigma L_{\mathrm{s}}^{2}}=\text{常数} \tag{3-138}$$

因此，恒转差频率区也称为恒功率×转速区。

当满足式(3-135)时，电机工作在稳态情况下，有

$$\omega_{\mathrm{sl}}=\frac{i_{\mathrm{s}q}}{\tau_{\mathrm{r}}i_{\mathrm{s}d}}=\frac{1}{\tau_{\mathrm{r}}\sigma} \tag{3-139}$$

式(3-139)表明，在恒转差频率区，获得最大电机转矩时，转差角频率 ω_{sl} 与同步转速 ω_{s} 无关。

3) 交流感应电机的弱磁区控制

(1) $1/\omega_{\mathrm{r}}$ 控制策略。

在恒功率区，常见的是 $1/\omega_{\mathrm{r}}$ 控制策略，这种控制策略采用 $i_{\mathrm{s}d}^{*}$ 随电机转速 ω_{r} 成比例减小的方法，即

$$i_{\mathrm{s}d}^{*}=\frac{\omega_{\mathrm{b}}}{\omega_{\mathrm{r}}}I_{\mathrm{s}d\_\mathrm{rated}} \tag{3-140}$$

基于式(3-140)，若定子绕组电流 q 轴分量目标值 $i_{\mathrm{s}q}^{*}$ 按式(3-130)中的电流约束计算，有

$$i_{\mathrm{s}qi}^{*}=\sqrt{I_{\mathrm{smax}}^{2}-i_{\mathrm{s}d}^{*2}} \tag{3-141}$$

这时，电机工作点为图 3-49 的 X_1；若定子绕组电流 q 轴分量目标值 $i_{\mathrm{s}q}^{*}$ 按式(3-130)中的电压约束计算，有

$$i_{\mathrm{s}qu}^{*}=\frac{1}{\omega_{\mathrm{s}}L_{\mathrm{s}}\sigma}\sqrt{U_{\mathrm{smax}}^{2}-(\omega_{\mathrm{s}}L_{\mathrm{s}}i_{\mathrm{s}d}^{*})^{2}} \tag{3-142}$$

这时，电机工作点为图 3-49 中的 X_2。

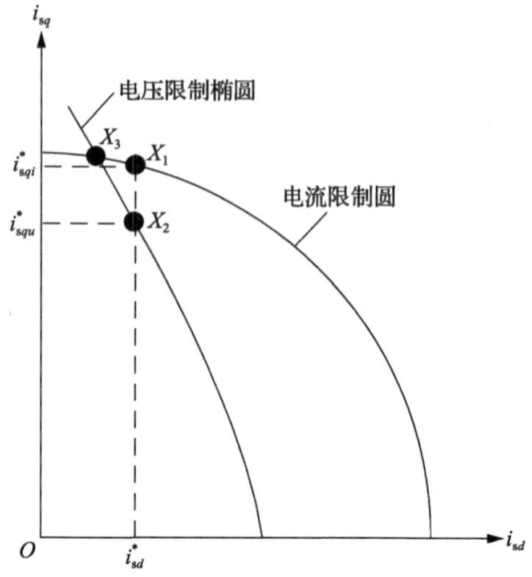

图 3-49 $1/\omega_r$控制策略下的电机工作点

容易得到

$$i^*_{squ} < i^*_{sqi} \tag{3-143}$$

即点 X_2 在电流限制圆的内部。为了满足电压限制椭圆的约束，在满足式(3-140)的情况下，电机只能运行在点 X_2。

因此，采用 $1/\omega_r$ 控制策略时，电机无法获得最大的转矩，电机的机械输出能力没有得到最大的发挥，而且这种控制策略不适合整个弱磁区[16,17]。但这种控制策略比较简单、易于实施，在对电机性能要求不是非常高时，仍然可以采用 $1/\omega_r$ 控制策略，如图 3-50 所示，图中，$G_{us}(s)$环节可以采用 PI 控制；若 i^*_{sd} 和 i^*_{sq} 控制环的输出分别为 u^*_{sd} 和 u^*_{sq}，则图中 u^*_s 可以表示为

$$u^*_s = \sqrt{u^{*2}_{sd} + u^{*2}_{sq}} \tag{3-144}$$

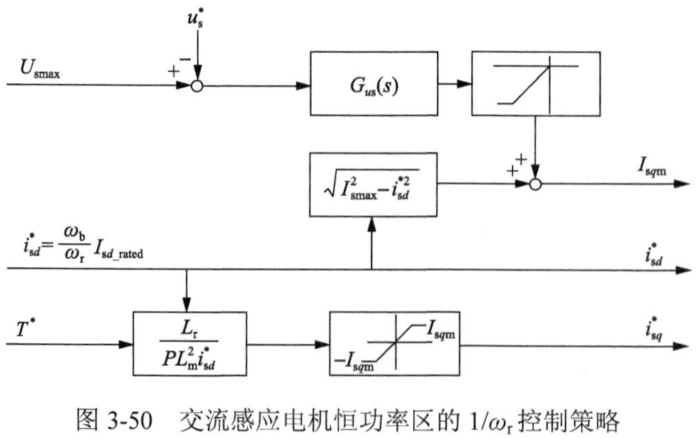

图 3-50 交流感应电机恒功率区的 $1/\omega_r$ 控制策略

(2) 基于 u_s^* 控制的控制策略。

与恒转矩区相比，弱磁区最典型的技术特征是：电机工作点受电压限制椭圆的约束。图 3-50 所示的 $1/\omega_r$ 控制策略，是将 i_{sd}^* 按电机转速先确定下来，然后通过调节 i_{sq}^*，使电机工作点满足电压限制椭圆的约束。但从图 3-49 可以看出，能发挥电机最大性能的点，即满足式(3-131)的工作点是 X_3。此时不是调节 i_{sq}^*，而是 i_{sd}^*。基于此，可以采用如图 3-51 所示的控制策略得到 i_{sd}^*。图 3-51 中同时考虑了恒转差频率区电机输出最大转矩时应满足式(3-137)的要求。

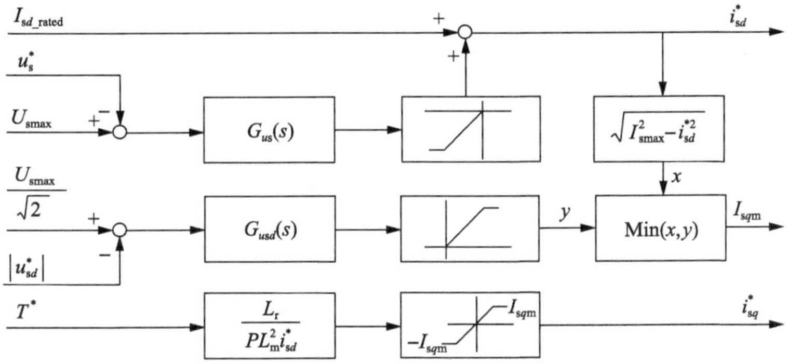

图 3-51　交流感应电机基于 u_s^* 控制的控制策略

上面讨论的控制策略，都是在电流限制圆和电压限制椭圆约束条件下，先确定定子绕组电流 d 轴分量的目标值 i_{sd}^*，然后根据转矩目标值 T^* 去计算定子绕组电流 q 轴分量的目标值 i_{sq}^*。由式(3-113)和式(3-118)知，与调节 i_{sd}^* 相比，通过调节 i_{sq}^* 来对电机转矩进行控制时，可以获得更快的动态响应。但此时，由于 i_{sd}^* 没有根据 T^* 进行实时调节，定子绕组电流可能不是最小，相应地，系统效率也可能不是最优。

在实际应用中，在满足安全性的前提下，需要基于电机参数和运行工况并根据整车和驱动电机系统的性能要求，合理地制定相应的控制策略。

3.6　三相电压型逆变电路的空间矢量脉宽调制

3.6.1　空间矢量脉宽调制的基本原理

空间矢量脉宽调制是电动汽车永磁同步电机以及交流感应电机磁场定向控制系统广泛使用的一种 PWM 技术，具有直流电压利用率高、适合于数字化控制系统等优点。

对于定子绕组采用 Y 形连接的三相永磁同步电机与交流感应电机，定子绕组相电压存在：

$$u_{AN}+u_{BN}+u_{CN}=0 \tag{3-145}$$

将 ABC 坐标系下的电压 u_{AN}、u_{BN} 和 u_{CN} 通过坐标变换，变换为 $\alpha\beta$ 坐标系下的 u_α 和

u_β，具体为

$$\begin{bmatrix} u_\alpha \\ u_\beta \end{bmatrix} = \boldsymbol{M}_{\mathrm{C}} \begin{bmatrix} u_{\mathrm{AN}} \\ u_{\mathrm{BN}} \\ u_{\mathrm{CN}} \end{bmatrix} \tag{3-146}$$

式(3-146)中，$\boldsymbol{M}_{\mathrm{C}}$为克拉克变换矩阵，如式(3-38)所示。

定义电压空间矢量$\boldsymbol{U}$为

$$\boldsymbol{U} = u_\alpha + \mathrm{j}u_\beta \tag{3-147}$$

将式(3-146)代入式(3-147)，有

$$\boldsymbol{U} = \sqrt{\frac{2}{3}}\left(u_{\mathrm{AN}}\mathrm{e}^{\mathrm{j}0} + u_{\mathrm{BN}}\mathrm{e}^{\mathrm{j}2\pi/3} + u_{\mathrm{CN}}\mathrm{e}^{\mathrm{j}4\pi/3}\right) \tag{3-148}$$

式中

$$\mathrm{e}^{\mathrm{j}\theta} = \cos\theta + \mathrm{j}\sin\theta \tag{3-149}$$

对于图3-52所示的三相电压型逆变电路，可用S_{A}、S_{B}和S_{C}分别表示A相、B相和C相半桥电力电子器件的通断状态。

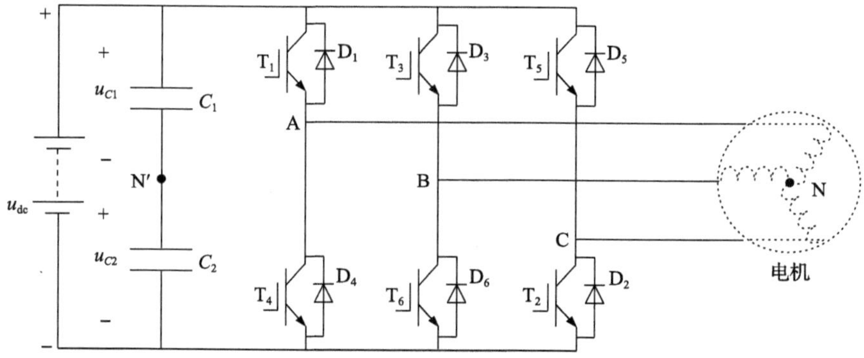

图3-52　三相电压型逆变电路

定义

$$\begin{cases} S_{\mathrm{A}} = \begin{cases} 1, & \mathrm{T}_1:\text{开}; \mathrm{T}_4:\text{关} \\ 0, & \mathrm{T}_4:\text{开}; \mathrm{T}_1:\text{关} \end{cases} \\ S_{\mathrm{B}} = \begin{cases} 1, & \mathrm{T}_3:\text{开}; \mathrm{T}_6:\text{关} \\ 0, & \mathrm{T}_6:\text{开}; \mathrm{T}_3:\text{关} \end{cases} \\ S_{\mathrm{C}} = \begin{cases} 1, & \mathrm{T}_5:\text{开}; \mathrm{T}_2:\text{关} \\ 0, & \mathrm{T}_2:\text{开}; \mathrm{T}_5:\text{关} \end{cases} \end{cases} \tag{3-150}$$

那么，存在8种器件开关状态组合[$S_{\mathrm{A}}S_{\mathrm{B}}S_{\mathrm{C}}$]，分别为[111]、[000]、[100]、[110]、[010]、[011]、[001]和[101]。在开关状态组合为[100]时，器件T_1、T_6和T_2导通，而T_4、T_3和

T_5关断，因此有

$$\begin{cases} u_{AN} = \frac{2}{3}U_{DC} \\ u_{BN} = -\frac{1}{3}U_{DC} \\ u_{CN} = -\frac{1}{3}U_{DC} \end{cases} \tag{3-151}$$

将式(3-151)代入式(3-148)，有

$$\boldsymbol{U} = \sqrt{\frac{2}{3}}U_{DC}e^{j0} \tag{3-152}$$

式(3-152)为在开关状态组合为[100]时所对应的电压空间矢量，将其记为$\boldsymbol{U}_1$。以此类推，可以得到其他7种开关状态组合对应的电压空间矢量，统一整理如表3-3所示。

表3-3 开关状态与电压空间矢量对应关系

开关状态组合[$S_AS_BS_C$]	导通的器件	关断的器件	电压空间矢量
[000]	T_4，T_6，T_2	T_1，T_3，T_5	$\boldsymbol{U}_0=0$
[100]	T_1，T_6，T_2	T_4，T_3，T_5	$\boldsymbol{U}_1=\sqrt{\frac{2}{3}}U_{DC}e^{j0}$
[110]	T_1，T_3，T_2	T_4，T_6，T_5	$\boldsymbol{U}_2=\sqrt{\frac{2}{3}}U_{DC}e^{j\frac{\pi}{3}}$
[010]	T_4，T_3，T_2	T_1，T_6，T_5	$\boldsymbol{U}_3=\sqrt{\frac{2}{3}}U_{DC}e^{j\frac{2\pi}{3}}$
[011]	T_4，T_3，T_5	T_1，T_6，T_2	$\boldsymbol{U}_4=\sqrt{\frac{2}{3}}U_{DC}e^{j\pi}$
[001]	T_4，T_6，T_5	T_1，T_3，T_2	$\boldsymbol{U}_5=\sqrt{\frac{2}{3}}U_{DC}e^{j\frac{4\pi}{3}}$
[101]	T_1，T_6，T_5	T_4，T_3，T_2	$\boldsymbol{U}_6=\sqrt{\frac{2}{3}}U_{DC}e^{j\frac{5\pi}{3}}$
[111]	T_1，T_3，T_5	T_4，T_6，T_2	$\boldsymbol{U}_7=0$

在8种器件开关状态组合中，包括6个非零矢量(active vector) $\boldsymbol{U}_1$[100]、$\boldsymbol{U}_2$[110]、$\boldsymbol{U}_3$[010]、$\boldsymbol{U}_4$[011]、$\boldsymbol{U}_5$[001]、$\boldsymbol{U}_6$[101]以及两个零矢量(zero vector) $\boldsymbol{U}_0$[000]、$\boldsymbol{U}_7$[111]。将上述8个电压空间矢量画于$\alpha\beta$坐标系中，如图3-53所示，它们把坐标平面分成了6个区域，这些区域称为扇区(sector)。

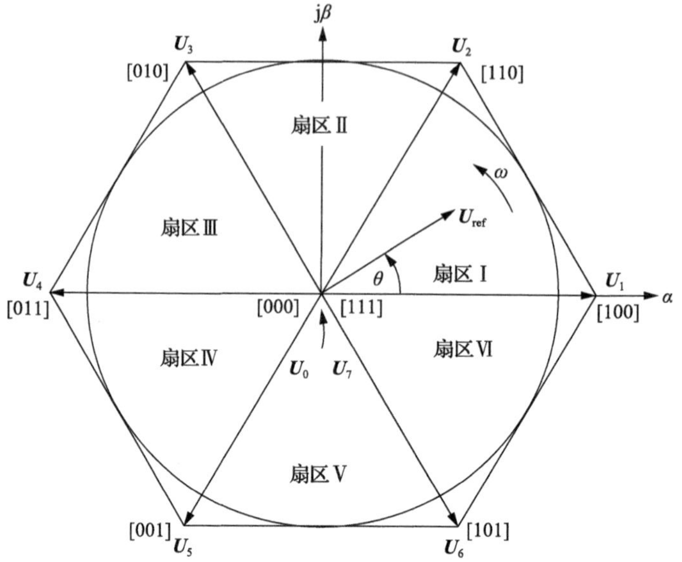

图 3-53　电压空间矢量图

若三相电压型逆变电路输出电压对应的电压空间矢量为 $\boldsymbol{U}_{\mathrm{ref}}$，则 $\boldsymbol{U}_{\mathrm{ref}}$ 将在 $\alpha\beta$ 坐标系平面上以原点为中心，以 ω 为角速度旋转，ω 可以表示为

$$\omega = 2\pi f_1 \tag{3-153}$$

式中，f_1 为三相电压型逆变电路输出电压基波频率。$\boldsymbol{U}_{\mathrm{ref}}$ 可以表示为

$$\boldsymbol{U}_{\mathrm{ref}} = u_{\alpha\mathrm{ref}} + \mathrm{j}u_{\beta\mathrm{ref}} \tag{3-154}$$

$\boldsymbol{U}_{\mathrm{ref}}$ 与 α 轴的夹角为 θ，θ 可以表示为

$$\theta = \omega t + \theta_0 \tag{3-155}$$

式中，θ_0 为当 $t=0$ 时，$\boldsymbol{U}_{\mathrm{ref}}$ 与 α 轴的初始夹角。若不考虑 $\theta = \dfrac{k\pi}{3}$ (k=0,1,2,3,4,5) 的特殊情况，在任一时刻 t，$\boldsymbol{U}_{\mathrm{ref}}$ 将位于扇区Ⅰ～Ⅵ中的某一个扇区。

如图 3-54 所示，假设 $\boldsymbol{U}_{\mathrm{ref}}$ 位于扇区Ⅰ。如果开关周期 T_{s} 足够小，可以近似认为在 T_{s} 时间内 $\boldsymbol{U}_{\mathrm{ref}}$ 保持不变，那么基于伏秒平衡的原则，$\boldsymbol{U}_{\mathrm{ref}}$ 在一个开关周期 T_{s} 作用的结果可以等效为所在扇区（图 3-54 中为扇区Ⅰ）两个相邻非零矢量（图 3-54 中为 $\boldsymbol{U}_1$ 和 $\boldsymbol{U}_2$）以及零矢量（$\boldsymbol{U}_0$ 和 $\boldsymbol{U}_7$）分别按一定时间组合作用的结果。或者说在 $\alpha\beta$ 坐标平面上任意一个旋转的空间矢量在任一时刻都可以看作相邻两个静止的空间矢量以及零矢量的合成。因此，可以得到

$$\begin{cases} T_{\mathrm{s}}\boldsymbol{U}_{\mathrm{ref}} = t_1\boldsymbol{U}_1 + t_2\boldsymbol{U}_2 + t_0\boldsymbol{U}_0 + t_7\boldsymbol{U}_7 \\ T_{\mathrm{s}} = t_1 + t_2 + t_0 + t_7 \end{cases} \tag{3-156}$$

式中，t_0、t_1、t_2、t_7分别为$\boldsymbol{U}_0$、$\boldsymbol{U}_1$、$\boldsymbol{U}_2$、$\boldsymbol{U}_7$的作用时间(dwell time)。基于图 3-54，可以对式(3-156)进行求解，可得

$$\begin{cases} t_1 = \dfrac{\sqrt{2}T_s\left|\boldsymbol{U}_{\text{ref}}\right|}{U_{\text{DC}}}\sin\left(\dfrac{\pi}{3}-\theta\right) \\ t_2 = \dfrac{\sqrt{2}T_s\left|\boldsymbol{U}_{\text{ref}}\right|}{U_{\text{DC}}}\sin\theta \\ t_0 + t_7 = T_s - t_1 - t_2 \end{cases} \quad 0 \leqslant \theta \leqslant \pi/3 \tag{3-157}$$

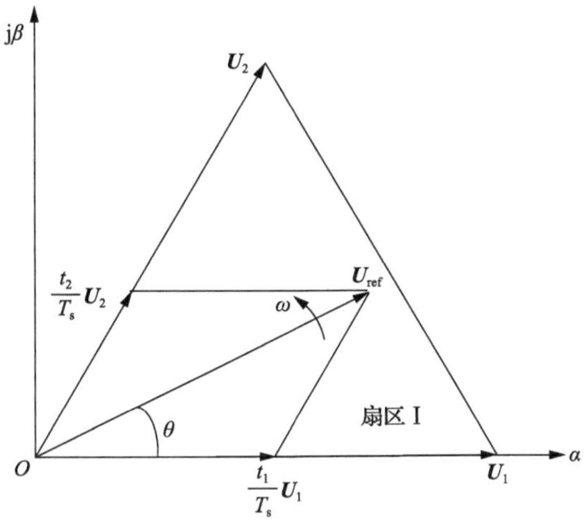

图 3-54　电压空间矢量的合成

因为$\boldsymbol{U}_0$和$\boldsymbol{U}_7$同为零矢量，所以只需保证这两个零矢量作用时间和满足式(3-157)，即可实现对$\boldsymbol{U}_{\text{ref}}$的调制。通常，选择$t_0=t_7$。

类似地，当$\boldsymbol{U}_{\text{ref}}$位于扇区Ⅱ～Ⅵ时，$\boldsymbol{U}_{\text{ref}}$在一个开关周期$T_s$作用的结果可以等效为所在扇区两个相邻非零矢量以及零矢量分别按一定时间组合作用的结果，并可以得到非零矢量和零矢量的作用时间。

3.6.2　空间矢量脉宽调制的实现

根据得到的非零矢量和零矢量的作用时间，有很多方法可以获得与$\boldsymbol{U}_{\text{ref}}$位置对应的如图 3-52 所示三相电压型逆变电路的 T_1～T_6 的占空比[18]，并由此产生不同的矢量作用顺序。比较常用的是“七段式(seven segments)”矢量作用顺序，这种组合产生的电压波形谐波含量比较低，被广泛用于三相永磁同步电机和交流感应电机的控制。$\boldsymbol{U}_{\text{ref}}$位于不同扇区的“七段式”矢量作用顺序如图 3-55 所示。图 3-55 中，在每次开关状态转换时，只改变其中 A、B、C 中一相的开关状态；同时，对零矢量在时间上进行了平均分配，从而产生对称的 PWM 电压波形，有效降低了电压波形中的高次谐波含量。

除“七段式”矢量作用顺序外，还有“五段式(five segments)”矢量作用顺序。五段

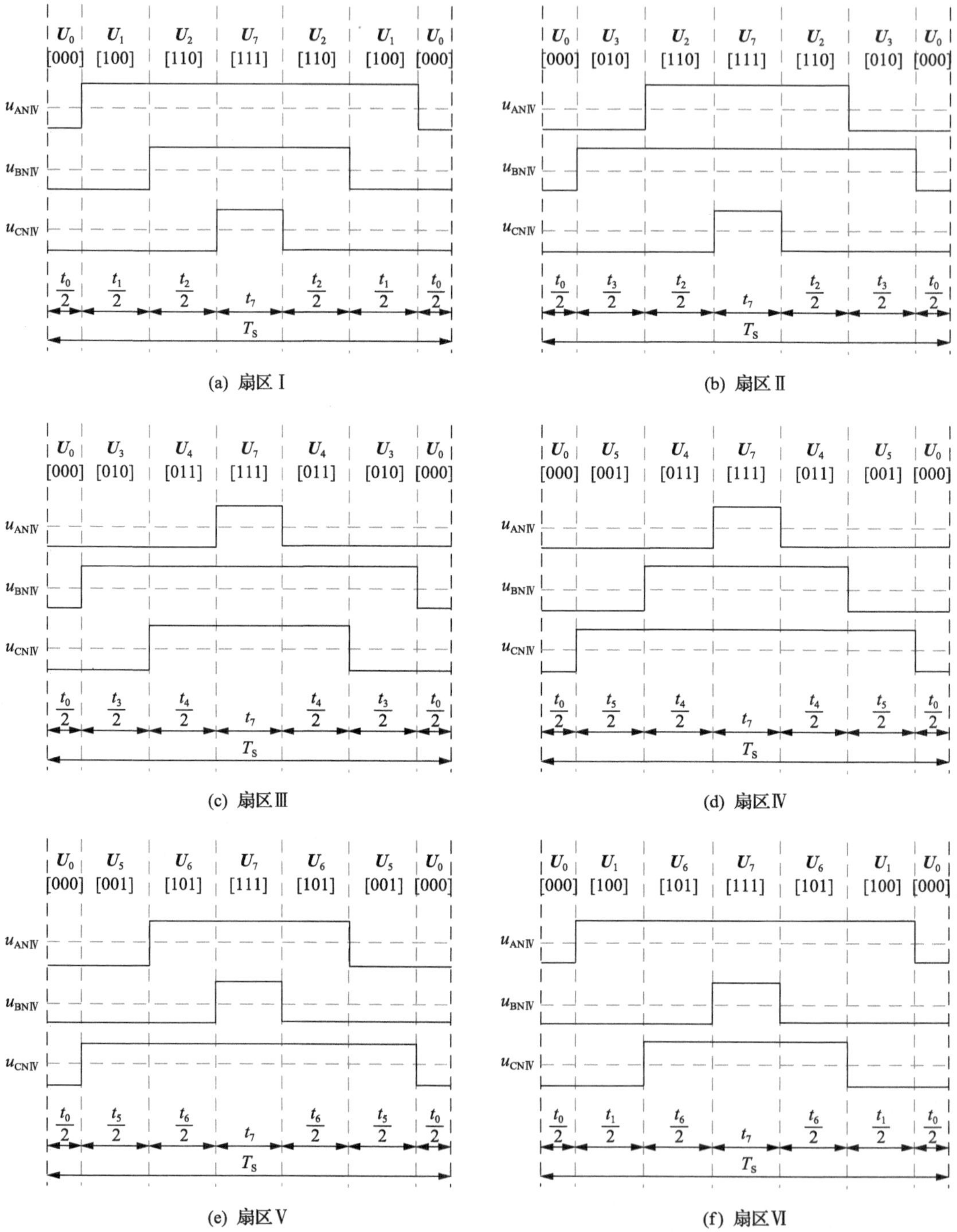

图 3-55　不同扇区的“七段式”矢量作用顺序

式”矢量作用顺序具有开关次数少、开关损耗小等优点，但电压谐波含量较高。

当具有一定幅值的$\boldsymbol{U}_{\mathrm{ref}}$在如图 3-53 所示的平面绕原点匀速旋转时，其位置将从扇区Ⅰ→Ⅱ→Ⅲ→Ⅳ→Ⅴ→Ⅵ→Ⅰ→…连续移动，与此对应的三相交流电压$u_{\mathrm{AN'}}$、$u_{\mathrm{BN'}}$和

$u_{CN'}$ 的电压波形为"马鞍波"，如图 3-56 所示。同时，可以得到线电压 u_{AB} 的波形。此外，图中给出了 $u_{AN'}$、$u_{BN'}$ 和 $u_{CN'}$ 中的零序电压分量 u_{30} 的波形，该电压波形近似为三角波。

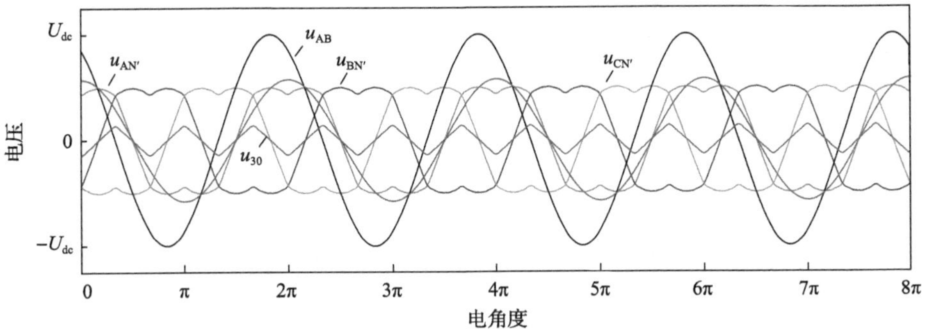

图 3-56 SVPWM 的电压波形

图 3-54 中，$\boldsymbol{U}_{ref}$ 位于扇区 I，即 $0 \leqslant \theta \leqslant \pi/3$，在满足 $t_0+t_7 \geqslant 0$ 时，由式(3-157)可以求得

$$\left|\boldsymbol{U}_{ref}\right|_{max} \geqslant \frac{U_{DC}}{\sqrt{2}} \tag{3-158}$$

式中，$\left|\boldsymbol{U}_{ref}\right|_{max}$ 为 $\boldsymbol{U}_{ref}$ 幅值的最大值。在稳态情况下，$\boldsymbol{U}_{ref}$ 应为幅值不变的旋转矢量，因此，存在

$$\left|\boldsymbol{U}_{ref}\right|_{max} = \frac{U_{DC}}{\sqrt{2}} \tag{3-159}$$

即，$\boldsymbol{U}_{ref}$ 在旋转过程中，其幅值不应超过图 3-53 所示的六个非零矢量顶点连成的六边形的内切圆。

定义 SVPWM 的幅值调制比 m_a 为

$$m_a = \frac{\sqrt{2}\left|\boldsymbol{U}_{ref}\right|}{U_{DC}} \tag{3-160}$$

正常情况下，$0 \leqslant m_a \leqslant 1$。若 $m_a > 1$，则为过调制状态。当 $\boldsymbol{U}_{ref}$ 的幅值为 $\left|\boldsymbol{U}_{ref}\right|_{max}$ 时，显然 m_a 为 1。

式(3-159)对应的 ABC 坐标系下的线电压的幅值为

$$U_{AB1m} = U_{DC} \tag{3-161}$$

因此，SVPWM 的最大直流电压利用率 λ_{mmax} 为

$$\lambda_{mmax} = \frac{U_{AB1m}}{U_{DC}} \times 100\% = 100\% \tag{3-162}$$

在永磁同步电机和交流感应电机矢量控制中，电流环输出的 dq 坐标系下的电压目标值 u_d^* 和 u_q^* 经过派克逆变换后可以得到 $\alpha\beta$ 坐标系下的电压目标值 u_α^* 和 u_β^*。那么可以有目标电压空间矢量

$$\boldsymbol{U}_{\mathrm{s}}^* = u_\alpha^* + \mathrm{j}u_\beta^* \tag{3-163}$$

由此，在任一时刻，通过判断 $\boldsymbol{U}_{\mathrm{s}}^*$ 所在扇区以及计算非零矢量和零矢量作用的时间，就可以得到三相电压型逆变电路各电力电子器件的通断状态或占空比，从而对定子绕组相电流进行跟踪，实现对电机转矩的控制。因此，SVPWM 非常适用于交流电机的矢量控制。

3.7 开关磁阻电机原理与控制技术

3.7.1 开关磁阻电机的结构与工作原理

1. 开关磁阻电机的结构

开关磁阻电机具有结构简单、起动转矩大、工作效率高、适合高转速运行和高温环境等优点，但由于存在转矩密度小、转矩纹波较大、工作噪声高等不足，其在电动汽车上应用得较少，多用于对整车舒适性要求不高的商用车上。

如图 3-57 所示，开关磁阻电机的定子和转子采用凸极结构，定子和转子铁心采用硅钢片叠压而成。开关磁阻电机的定子绕组普遍采用集中式绕组，径向相对或按一定规律间隔的定子线圈通过并联或串联构成“一相”绕组。

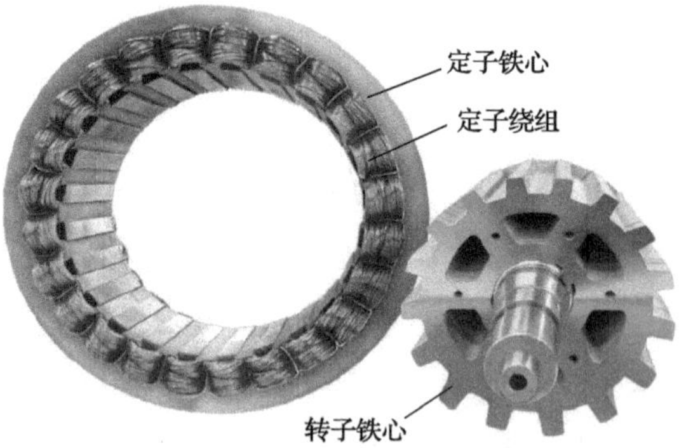

图 3-57　开关磁阻电机的定子与转子

开关磁阻电机可以设计成多相结构，且定子、转子的极数有多种不同的搭配。定子的极数 N_{s} 和转子的极数 N_{r} 一般满足

$$\begin{cases} N_{\mathrm{s}} = 2qm \\ N_{\mathrm{r}} = 2q(m \pm 1) \end{cases} \tag{3-164}$$

式中，$q=1, 2, 3\cdots$；m 为电机的相数，$m<3$ 的开关磁阻电机因通常缺乏自起动能力而很少用作电动汽车的驱动电机。

开关磁阻电机的相数越高，越有利于减小电机低速时的转矩脉动，但较高的相数会增加电机制造成本，也会增加电机控制器主电路的复杂程度，并对控制系统的计算和控制能力提出较高的要求。三相 6/4 极、四相 8/6 极以及三相 12/8 极是较常见的开关磁阻电机结构。

开关磁阻电机结构紧凑、牢固，可以根据整车驱动系统的需求，将其设计为外转子的盘式电机，并用于轮毂电机驱动系统。图 3-58 为三相 6/8 极外转子开关磁阻电机结构。

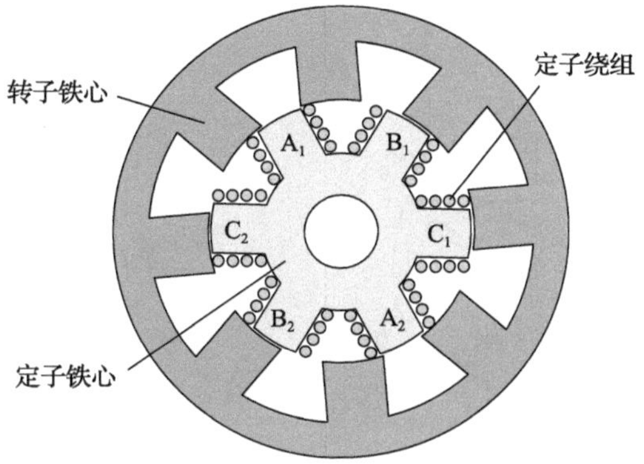

图 3-58　三相 6/8 极外转子开关磁阻电机结构

2. 开关磁阻电机的工作原理

开关磁阻电机的基本工作原理遵循"磁阻最小原理"，即磁通总是沿磁阻最小的路径闭合。当可产生相对旋转运动的定子极与转子极非对齐(unaligned)时，因为磁场扭曲，转子受到切向拉力，进而产生转矩，直到定子极与转子极对齐时，磁路磁阻达到最小值，切向拉力消失，电机转矩为零。该转矩与磁场强度、磁阻的变化相关，属于磁阻转矩。

下面以三相 6/4 极结构的开关磁阻电机为例，讨论开关磁阻电机的工作原理。

如图 3-59(a)所示，当 A 相绕组中流过电流 i_a，而 B、C 相绕组无电流时，转子凸极 X_1 与 A 相绕组所在的磁极对齐，A 相绕组磁通所流经的磁路磁阻已经为最小，遵循"磁阻最小原理"，此时电机对外不产生机械转矩。同时，转子凸极 X_2 的轴线与 B 相绕组所在的磁极轴线夹角为 30°。当 A 相绕组不再流有电流，B 相绕组流过电流 i_b 时，遵循"磁阻最小原理"，将会产生逆时针机械转矩，电机转子发生旋转，直到转子凸极 X_2 的轴线与 B 相绕组所在的磁极轴线重合，如图 3-59(b)所示。

如图 3-59(b)所示，此时转子凸极 X_1 的轴线与 C 相绕组所在的磁极轴线夹角为 30°。当 A、B 相绕组不再流有电流，C 相绕组流过电流 i_c 时，遵循"磁阻最小原理"，将会产生逆时针机械转矩，电机转子发生旋转，直到转子凸极 X_1 的轴线与 C 相绕组所在的磁极轴线重合，如图 3-59(c)所示。

如图 3-59(c)所示，此时转子凸极 X_2 的轴线与 A 相绕组所在的磁极轴线夹角为 30°。

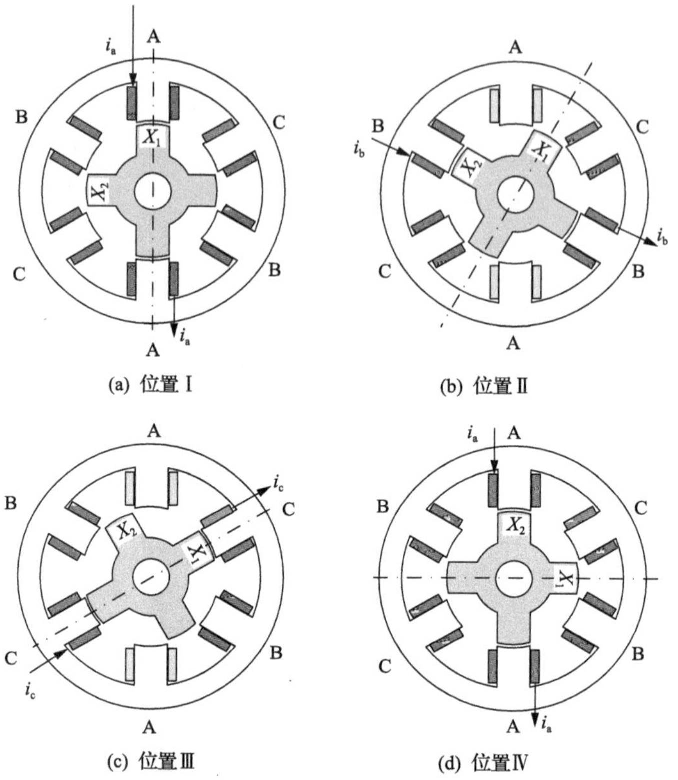

图 3-59　开关磁阻电机的工作原理

当 B、C 相绕组不再流有电流，A 相绕组流过电流 i_a 时，遵循“磁阻最小原理”，将会产生逆时针机械转矩，电机转子发生旋转，直到转子凸极 X_2 的轴线与 A 相绕组所在的磁极轴线重合，如图 3-59(d) 所示。

如此循环往复，若定子绕组按 A→B→C→A→…的顺序与外电源相连，电机转子便按照顺时针方向旋转；若定子绕组按 A→C→B→A→…的顺序与外电源相连，电机转子便按照逆时针方向旋转。

基于以上分析以及图 3-59 可知，开关磁阻电机的旋转方向或转矩方向总是与定子绕组磁场的移动方向相反；开关磁阻电机的旋转方向或转矩方向与定子绕组通电顺序有关，而与定子每相绕组电流的方向无关。若开关磁阻电机转子凸极数为 N_r，定子每相绕组的供电切换频率为 f_{ph}，则开关磁阻电机的转速可以表示为

$$n = \frac{60 f_{ph}}{N_r} \tag{3-165}$$

3.7.2　开关磁阻电机的数学模型

对于如图 3-60 所示的 m 相开关磁阻电机，若不计电机铁损以及相绕组之间的互感，可以得到第 k 相绕组的电压回路方程为

$$u_k = R_k i_k + e_k \tag{3-166}$$

式中，u_k为第 k 相绕组端电压，其中，k=a, b, ⋯, m；i_k为第 k 相绕组电流；R_k为第 k 相绕组的等效电阻；e_k为第 k 相感应电动势，其可以表示为

$$e_k = \frac{\mathrm{d}\psi_k}{\mathrm{d}t} \tag{3-167}$$

式中，ψ_k为第 k 相绕组磁链，在不计磁路饱和，即磁路为线性时，其可以表示为

$$\psi_k = L_k(\theta) i_k \tag{3-168}$$

式中，$L_k(\theta)$为第 k 相绕组电感，其为转子位置角 θ 的函数。将式(3-167)、式(3-168)代入式(3-166)，可得

$$u_k = R_k i_k + L_k(\theta)\frac{\mathrm{d}i_k}{\mathrm{d}t} + i_k \frac{\mathrm{d}L_k(\theta)}{\mathrm{d}t} \tag{3-169}$$

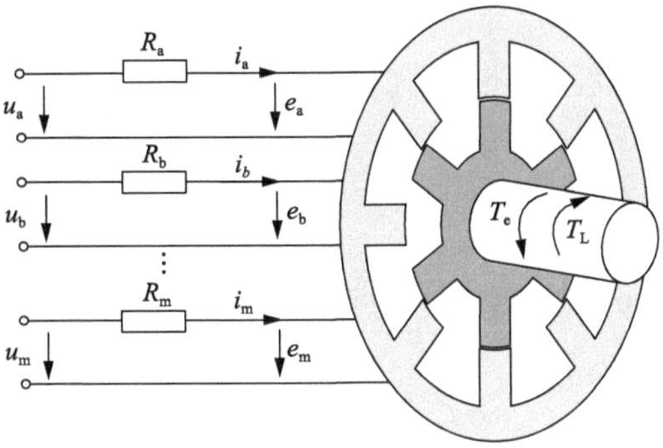

图 3-60 m 相开关磁阻电机

因为电机的旋转角速度与转子位置角 θ 之间的关系可以表示为

$$\omega_m = \frac{\mathrm{d}\theta}{\mathrm{d}t} \tag{3-170}$$

所以，式(3-169)可以改写为

$$u_k = R_k i_k + L_k(\theta)\frac{\mathrm{d}i_k}{\mathrm{d}t} + i_k \omega_m \frac{\mathrm{d}L_k(\theta)}{\mathrm{d}\theta} \tag{3-171}$$

第 k 相绕组通电下电机输入的电功率为

$$p_{ek} = e_k i_k = L_k(\theta) i_k \frac{\mathrm{d}i_k}{\mathrm{d}t} + i_k^2 \frac{\mathrm{d}L_k(\theta)}{\mathrm{d}t} \tag{3-172}$$

若开关磁阻电机的气隙磁场为无损磁场，因为假设不计磁场饱和，那么该磁场的磁能可以表示为

$$W_f = \frac{1}{2} L_k(\theta) i_k^2 \tag{3-173}$$

因此，第 k 相绕组通电期间，导致磁场能量变化的磁场吸收功率为

$$p_{\mathrm{f}}=\frac{\mathrm{d}W_{\mathrm{f}}}{\mathrm{d}t}=L_k(\theta)i_k\frac{\mathrm{d}i_k}{\mathrm{d}t}+\frac{1}{2}i_k^2\frac{\mathrm{d}L_k(\theta)}{\mathrm{d}t} \tag{3-174}$$

基于功率守恒原则，有

$$p_{\mathrm{e}k}=p_{\mathrm{f}}+p_{\mathrm{m}} \tag{3-175}$$

式中，p_{m} 为电机输出的机械功率。因此，有

$$p_{\mathrm{m}}=\frac{1}{2}i_k^2\frac{\mathrm{d}L_k(\theta)}{\mathrm{d}t} \tag{3-176}$$

所以，电机输出的机械转矩为

$$t_{\mathrm{e}k}=\frac{p_{\mathrm{m}}}{\omega_{\mathrm{m}}}=\frac{1}{2}i_k^2\frac{\mathrm{d}L_k(\theta)}{\mathrm{d}t}\cdot\frac{\mathrm{d}t}{\mathrm{d}\theta}=\frac{1}{2}i_k^2\frac{\mathrm{d}L_k(\theta)}{\mathrm{d}\theta} \tag{3-177}$$

对于 m 相开关磁阻电机，电机输出的机械转矩为

$$t_{\mathrm{e}}=\sum_{k=1}^{\mathrm{m}}t_{\mathrm{e}k} \tag{3-178}$$

若电机在整个运行过程中，只有 k 相绕组处于通电状态，则有

$$t_{\mathrm{e}}=\frac{1}{2}i_k^2\frac{\mathrm{d}L_k(\theta)}{\mathrm{d}\theta} \tag{3-179}$$

电机驱动系统的机械运动方程为

$$t_{\mathrm{e}}=J\frac{\mathrm{d}^2\theta}{\mathrm{d}t^2}+B\frac{\mathrm{d}\theta}{\mathrm{d}t}+t_{\mathrm{L}} \tag{3-180}$$

式中，J 为电机的转动惯量；B 为黏滞摩擦系数；t_{L} 为负载转矩。

3.7.3 开关磁阻电机的控制

1. 开关磁阻电机控制器主电路的拓扑结构

开关磁阻电机的转矩与绕组中电流的方向无关，但与电流的幅值密切相关。此外，对于理想的开关磁阻电机，任意时间只需一相定子绕组流有电流且各相绕组之间的互感为零。按照电动车辆的普遍要求，开关磁阻电机应可以在转矩-转速平面中四象限运行。基于此，有许多种功率变换器可以用于开关磁阻电机的控制。在各类电动汽车驱动电机的控制器中，最常见和应用最广泛的是非对称桥式主电路(asymmetric bridge main circuit)。

非对称桥式主电路又称为双开关型主电路[19]、不对称半桥主电路[20]等，用于三相开

关磁阻电机的非对称桥式主电路如图 3-61 所示。

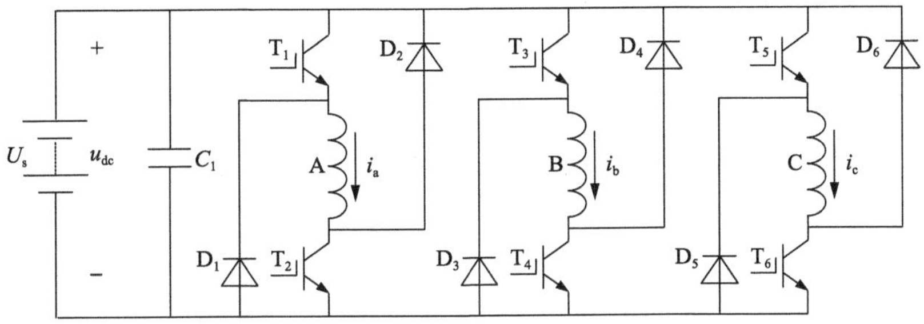

图 3-61　三相开关磁阻电机的非对称桥式主电路

在图 3-61 中，由两个全控型器件(图中为 IGBT)和两个功率二极管构成定子每相绕组的控制电路。该主电路有四种工作模式，以 A 相定子绕组工作过程为例进行说明。

模式一：如图 3-62(a)所示，T_1 和 T_2 导通。此时，D_1 和 D_2 截止，直流电源(如动力蓄电池)U_s 的电压 u_{dc} 施加在 A 相定子绕组两侧，即 $u_a=u_{dc}$，电流 i_a 迅速增加，A 相定子绕组励磁。

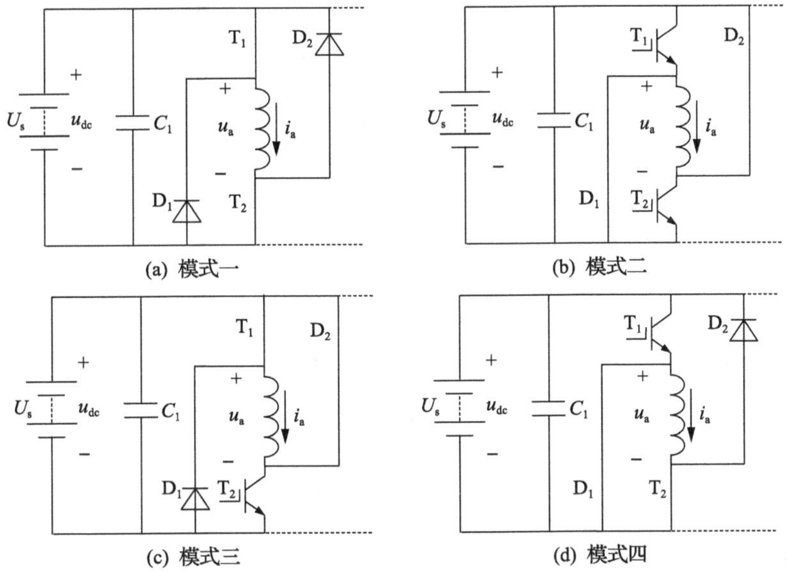

图 3-62　非对称桥式主电路的工作模式

模式二：如图 3-62(b)所示，T_1 和 T_2 截止。此时，A 相定子绕组电流 i_a 通过 D_1 和 D_2 续流，直流电源(如动力蓄电池)U_s 反向与 A 相定子绕组相连，A 相定子绕组两端电压为$-u_{dc}$，即 $u_a=-u_{dc}$，i_a 电流迅速减小，A 相定子绕组退磁。

模式三：如图 3-62(c)所示，T_1 导通，T_2 截止。此时，A 相定子绕组电流 i_a 经 T_1 和 D_2 续流。若不考虑器件的导通压降，则 A 相定子绕组两端电压为 0，即 $u_a=0$，A 相定子绕组电流 i_a 电流逐渐减小。

模式四：如图 3-62(d)所示，T_2 导通，T_1 截止。此时，A 相定子绕组电流 i_a 经 T_2 和

D_1续流。若不考虑器件的导通压降，则 A 相定子绕组两端电压为 0，即 u_a=0，A 相定子绕组电流 i_a 逐渐减小。

采用模式一和模式二的组合对 i_a 进行控制时，模式二的 i_a 衰减较快，因此可以对 i_a 实现快速调节。在 i_a 衰减过程中，一部分绕组中储存的磁场能量可以反馈回电源 U_s，另一部分绕组中储存的磁场能量转换为机械能。这种工作组合方式中，由于 T_1（或 T_2）频繁通断，器件开关损耗较大。

采用模式一和模式三（或模式四）的组合对电流 i_a 进行控制时，模式三（或模式四）的 i_a 衰减相对于模式二较慢，因此有可能在进入负转矩区时 i_a 未衰减到 0，这样会产生负转矩，从而降低电机的平均转矩。在 i_a 衰减过程中，部分绕组中储存的磁场能量都不反馈回电源 U_s，若不考虑电路中的器件损耗、绕组和铁心损耗，则绕组中储存的磁场能量全部可转换为机械能，这样可以提高电机控制器的容量利用率并减小电源侧电压的波动。这种工作组合方式中，由于 T_1 和 T_2、D_1 和 D_2 不是始终同步通断，因而器件开关损耗较小。

非对称桥式主电路具有如下优势：

(1) 定子每相绕组可以独立控制。

(2) 可以将电源电压 u_{dc} 全部施加到定子绕组上，具有较高的直流电压利用率。

(3) 定子绕组上可以得到 u_{dc}、$-u_{dc}$ 和 0 三个电压，对绕组电流控制具有较好的灵活性。

非对称桥式主电路的不足之处是所用电力电子器件多，电机控制器成本高。

2. 开关磁阻电机的控制策略

可以通过控制开关磁阻电机的定子绕组电流来实现对电机转矩的控制。有两种方法可以实现对电机定子绕组电流的控制：一是通过在固定周期下调节全控型开关器件的占空比来实现对定子绕组电流的控制，如通过控制 T_1 和 T_2 的占空比来调节 A 相定子绕组电流 i_a 的大小；二是采用电流滞环控制的方法直接对定子绕组电流进行控制，如 T_1 和 T_2 导通时，A 相定子绕组电流 i_a 增加，如果电流 i_a 超过允许的最大值，则 T_1 和 T_2 关断，T_1 和 T_2 关断后，A 相定子绕组电流 i_a 减小，如果电流 i_a 低于允许的最小值，则 T_1 和 T_2 再次导通，依次往复，实际的 A 相定子绕组电流 i_a 将跟踪目标值变化。

在对开关磁阻电机进行控制时，除控制定子绕组电流幅值 I_m 外，还要对每相绕组电流的通断时刻，即开通角 θ_{on} 和关断角 θ_{off} 进行控制。通过对 I_m、θ_{on}、θ_{off} 进行控制，可以获得三相开关磁阻电机的转矩-转速特性，如图 3-63 所示，图中 T_{emax} 和 ω_{max} 为电机的最大转矩和最高转速。

(1) 在电机转速低于基速 ω_b 时，即电机运行在低速状态下，通过对定子绕组电流的控制，能够实现电机的恒转矩运行；同时，开通角 θ_{on} 和关断角 θ_{off} 分别对应定子绕组电感从最小值 L_{min} 增加到最大值 L_{max}（电感变化的正斜率区）过程的转子磁极起始和终止位置。换言之，在电机的恒转矩区，固定 θ_{on} 和 θ_{off}，而仅是通过调整定子绕组电流来控制电机转矩。这种控制方式也称为斩波电流控制。

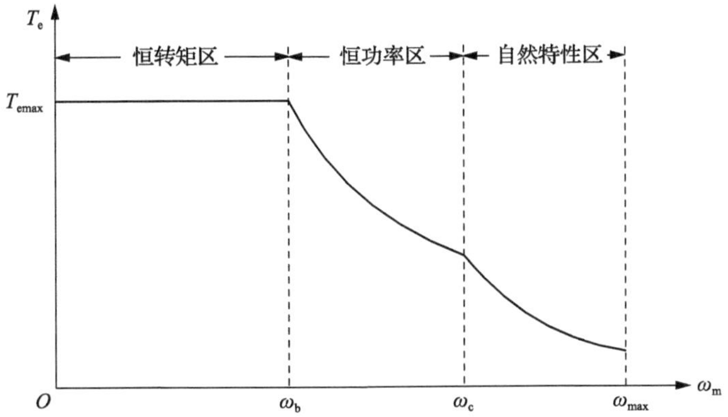

图 3-63 开关磁阻电机的转矩-转速特性

(2) 当电机转速高于基速 ω_b 且低于临界转速 ω_c 时，电机工作在恒功率区。这时需要将开通角 θ_{on} 提前，电机转速越高，开通角 θ_{on} 提前量越大。通过将开通角 θ_{on} 提前使电机转矩随电机转速的升高而反比例下降，实现电机的恒功率运行。同时，关断角 θ_{off} 也应该随着电机转速的升高而进行调整，以确保定子绕组电流在绕组电感进入负斜率区前下降为零。

(3) 当电机转速高于临界转速 ω_c 时，开关磁阻电机无法通过对开通角 θ_{on} 和关断角 θ_{off} 的提前控制而保持恒功率输出，此时电机的转速-转速特性与串励直流电机类似，因此称为串励特性区或自然特性区。

参 考 文 献

[1] 中华人民共和国国家质量监督检验检疫总局，中国国家标准化管理委员会. 电动汽车用驱动电机系统 第 1 部分:技术条件: GB/T 18488.1—2015[S]. 北京: 中国标准出版社, 2015.

[2] Patil M S, Dhamal S S. A detailed motor selection for electric vehicle traction system[C]. 2019 Third International Conference on IoT in Social, Mobile, Analytics and Cloud, Tirupur, 2019: 679-684.

[3] Yildirim M, Polat M, Kürüm H. A survey on comparison of electric motor types and drives used for electric vehicles[C]. 2014 16th International Power Electronics and Motion Control Conference and Exposition, Antalya, 2014: 218-223.

[4] 高大威. 汽车电力电子学[M]. 北京: 清华大学出版社, 2018.

[5] Sul S K. Control of Electric Machine Drive Systems[M]. Hoboken: John Wiley & Sons, Inc., 2011.

[6] Boldea I, Nasar S A. Electric Drives[M]. 2nd ed. Boca Raton: CRC Press, 2006.

[7] Krishnan R, Lee S. PM brushless DC motor drive with a new power converter topology[C]. The 1995 IEEE Industry Applications Conference, Orlando, 1995: 380-387.

[8] Gopalarathnam T, Toliyat H A. Input current shaping in BLDC motor drives using a new converter topology[C]. 27th Annual Conference of the IEEE Industrial Electronics Society, Denver, 2001: 1441-1444.

[9] Nordelöf A, Grunditz E, Tillman A-M, et al. A scalable life cycle inventory of an electrical automotive traction machine—Part Ⅰ: Design and composition[J]. The International Journal of Life Cycle Assessment, 2018, 23(1): 55-69.

[10] Nam K H. AC Motor Control and Electrical Vehicle Applications[M]. Boca Raton: CRC Press, 2010.

[11] 袁登科, 徐延东, 李秀涛. 永磁同步电动机变频调速系统及其控制[M]. 北京: 机械工业出版社, 2015.

[12] Morimoto S, Sanada M, Takeda Y. Wide-speed operation of interior permanent magnet synchronous motors with high-performance current regulator[J]. IEEE Transactions on Industry Applications, 1994, 30(4): 920-926.

[13] Morimoto S, Takeda Y, Hirasa T, et al. Expansion of operating limits for permanent magnet motor by current vector control considering inverter capacity[J]. IEEE Transactions on Industry Applications, 1990, 26(5): 866-871.

[14] Trzynadlowski A M. The Field Orientation Principle in Control of Induction Motors[M]. New York: Springer, 1994.

[15] Novotny D W, Lipo T A. Vector Control and Dynamics of AC Drives[M]. New York: Oxford University Press, 1996.

[16] Sang-Hoon K, Seung-Ki S. Maximum torque control of an induction machine in the field weakening region[J]. IEEE Transactions on Industry Applications, 1995, 31(4): 787-794.

[17] Sang-Hoon K, Seung-Ki S. Voltage control strategy for maximum torque operation of an induction machine in the field-weakening region[J]. IEEE Transactions on Industrial Electronics, 1997, 44(4): 512-518.

[18] Wu B. High-Power Converters and AC Drives[M]. Hoboken: John Wiley & Sons, Inc., 2006.

[19] Lawrenson P J, Stephenson J M, Blenkinsop P T, et al. Variable-speed switched reluctance motors[J]. IEE Proceedings B - Electric Power Applications, 1980, 127(4): 253-265.

[20] Peng F, Ye J, Emadi A. An asymmetric three-level neutral point diode clamped converter for switched reluctance motor drives[J]. IEEE Transactions on Power Electronics, 2017, 32(11): 8618-8631.

第 4 章

电动汽车传导充电系统与控制技术

4.1 传导充电系统概述

4.1.1 传导充电系统的分类

电动汽车的充电是指以受控的方式将电能从外部电源(电网、储能或发电设备)传输到电动汽车的蓄电池或其他车载储能部件中的过程。这一过程主要通过充电装置来完成。充电装置，又称充电系统，可以全部固定安装于地面上；也可以一部分安装在地面上，另一部分安装在车辆上。

充电过程中，若电能的传输必须经过地面充电设备与车辆之间的电缆来实现，即通过电传导来进行充电，则这种充电方式称为传导充电。

对于传导充电方式，如果连接地面充电设备与车辆的电缆传输的是交流电能，则这种充电系统称为交流传导充电系统，其结构与原理如图 4-1(a)所示；如果电缆传输的是直流电能，则该充电系统称为直流传导充电系统，其结构与原理如图 4-1(b)所示。按照相关国

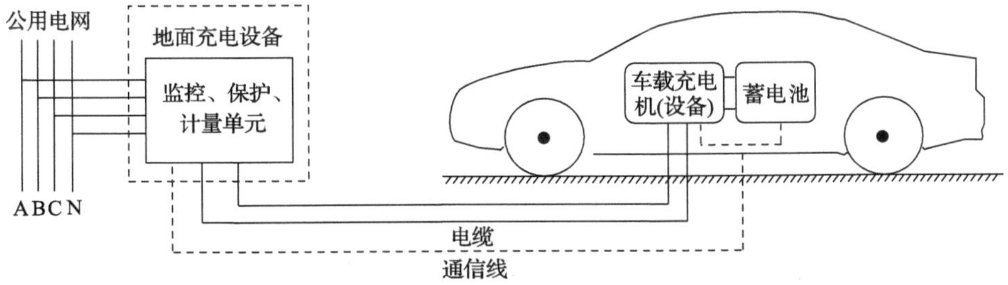

(a) 交流传导充电系统

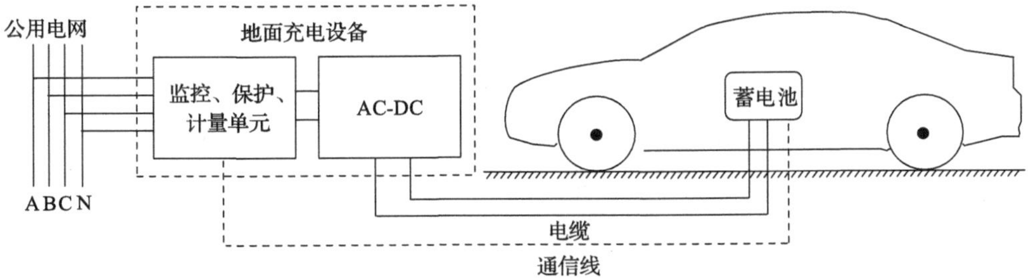

(b) 直流传导充电系统

图 4-1　传导充电系统结构与原理示意图

家标准[1]，对于交流传导充电系统，其输出额定电压为单相交流 220V 或三相交流 380V；而对于直流传导充电系统，其输出电压范围为直流 200～500V、350～700V 或 500～950V。

通常情况下，交流传导充电系统中主要的设备安装在车辆上，这些设备若集成为独立的车载部件，则称为车载充电机（设备）；直流传导充电系统大部分设备安装在地面上，成为非车载充电机的核心组成部分。

如果传导充电系统中传输的电能只是从外部电源（电网、储能或发电设备）传输到电动汽车的蓄电池或其他车载储能部件，那么这种充电系统称为单向传导充电系统；如果电能既可以从外部电源（电网、储能或发电设备）传输到车上的蓄电池或其他车载储能部件，也可以从车上的蓄电池或其他车载储能部件传输到外部电源（电网、储能或发电设备），那么这种充电系统称为双向传导充电系统。双向充电系统是实施 V2G 技术的重要物质基础。

4.1.2 传导充电系统的构成

从能量传输角度看，不管是直流传导充电系统还是交流传导充电系统，其作用都是完成电网交流电能（或地面储能装置的直流电能）与车载直流电能之间的变换和传输，因此电路结构并无明显区别。例如，将来自电网的单相交流电作为电源，车辆上的蓄电池作为负载，则电动汽车充电系统的电气结构如图 4-2 所示，图中同时给出了各电气环节前后电压波形示意图。图 4-2 中各电气环节又称为功率传输组件（power transfer component, PTC）。

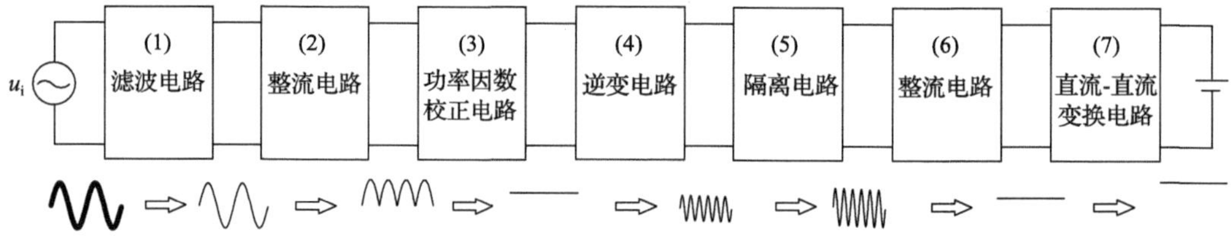

图 4-2 充电系统的电气结构

图 4-2 中各功率传输组件的作用如下：

（1）滤波电路。一方面滤波电路用于降低因电网电压畸变而产生的高频成分；另一方面，滤波电路用于减轻充电系统对电网的谐波注入、抑制充电系统产生的共模或差模干扰。

（2）整流电路。滤波电路输出侧的整流电路作用是将公用电网 50Hz 的交流电能整流为直流（或单极性）电能。

（3）功率因数校正电路。功率因数反映了电能利用率的高低。较低的功率因数表示系统的电气容量没有得到充分利用，降低了系统的工作效率。此外，如果交流电源（电网）电流中含有大量谐波成分，会对电源（或电网）造成一定的谐波污染。因此，充电系统在电源入口或整流电路出口处需要进行功率因数校正，以提高功率因数并抑制电源电流中的谐波成分。

（4）逆变电路。逆变电路将直流电能逆变为高频交流电能。

（5）隔离电路。隔离电路通常为高频变压器，实现负载（车辆上的蓄电池）与电源（电网）之间的电气隔离，保证充电过程中的人身和设备安全。此外，高频变压器对其输出电压具有调节作用。由于高频变压器的变比是固定的，因此这种调节不具有灵活性。

(6) 整流电路。隔离电路输出侧的整流电路作用是将高频交流电能(频率从几十千赫兹到上百千赫兹)转换为直流电能。

(7) 直流-直流变换电路。直流-直流变换电路的作用是调节充电系统输出电压以满足和蓄电池端电压相匹配的要求，同时实现对蓄电池充电电流的控制。

图 4-3 为小功率单向传导充电系统的一个电路示例。需要注意的是，图中电路中没有如图 4-2 所示的环节(1)。但在实际应用中，应根据充电系统所处电磁环境、电网接入要求以及系统工作情况对该滤波环节进行合理的设计。

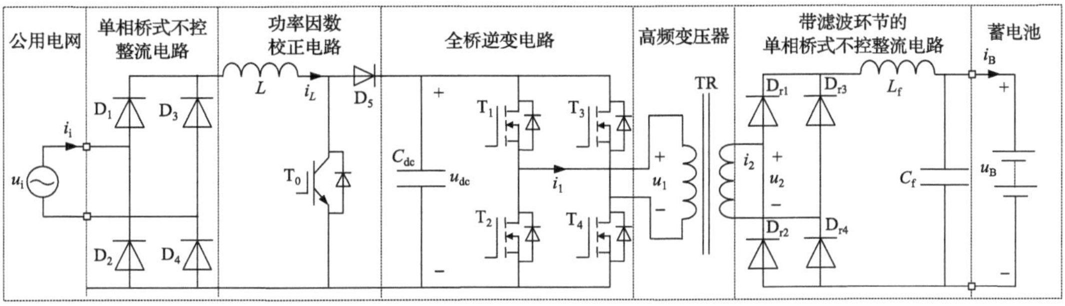

图 4-3 小功率单向传导充电系统的电路示例

由于一些功率因数校正电路具有整流功能，这种情况下图 4-2 中环节(2)可以省略；此外，图 4-2 中环节(4)、环节(5)和环节(6)构成一个隔离型直流-直流变换电路，可以通过对逆变环节的电力电子器件的通断进行控制实现对变换器输出电压或输出电流的控制，因此图 4-2 环节(7)可以省略，如图 4-3 所示。

对于能量双向传输的传导充电系统，图 4-2 中环节(2)与环节(6)应为整流/逆变环节，即除整流作用外，该环节还需要有逆变功能，才能保证能量的双向流动。

4.2 充电系统中的整流电路

4.2.1 充电系统中的桥式不控整流电路

1. 单相桥式不控整流电路[2]

图 4-4(a)所示为单相桥式不控整流电路，图 4-4(b)为该电路的工作波形。电路中以电阻 R 作为负载。从图 4-4(b)可以看出，负载 R 的电压具有较大的纹波，为抑制电压纹波可以在负载 R 两侧并联滤波电容 C，具体电路如图 4-5(a)所示。该电路的工作波形如图 4-5(b)所示。

对比图 4-4(b)和图 4-5(b)，可以看出，添加滤波电容 C 后，输出电压 u_o 的纹波得到一定的抑制。在负载不变条件下，滤波电容 C 越大，输出电压 u_o 的纹波越小。此外，添加滤波电容 C 后，电源电流 i_i 具有高次谐波成分。

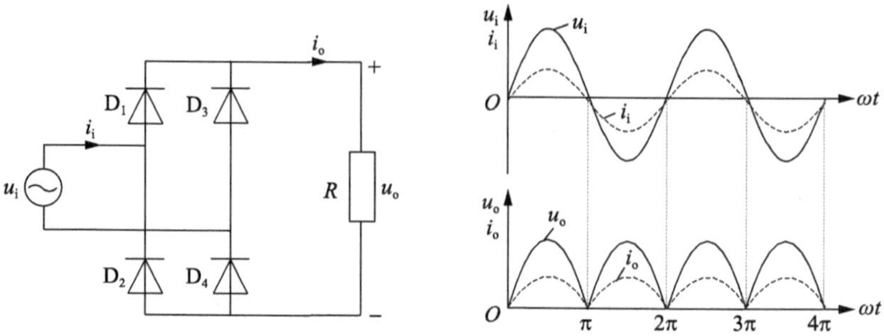

(a) 电路　　　　(b) 电压和电流波形

图 4-4　单相桥式不控整流电路及其电压和电流波形

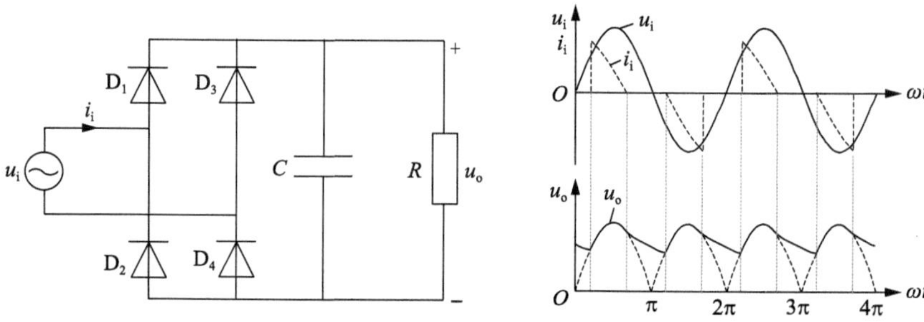

(a) 电路　　　　(b) 电压和电流波形

图 4-5　具有滤波电容的单相桥式不控整流电路及其电压和电流波形

如图 4-6(a)所示，在电路输出侧串联一个电感 L，其和电容 C 一起构成滤波电路，可以使输出电压 u_o 的纹波进一步降低，电路波形如图 4-6(b)所示。图中电源电流 i_i 仍具有高次谐波成分。

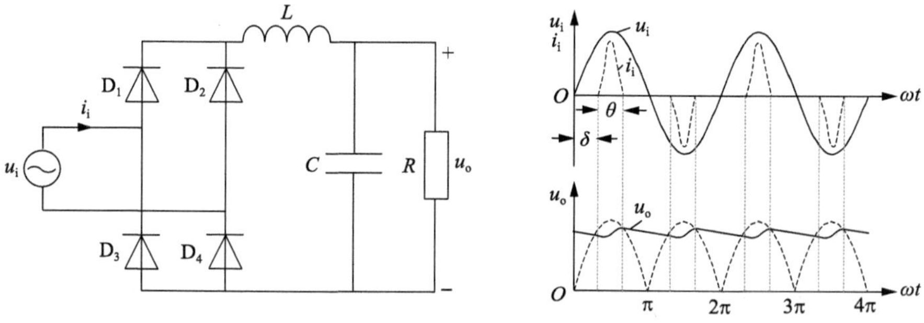

(a) 电路　　　　(b) 电压和电流波形

图 4-6　具有滤波电感和电容的单相桥式不控整流电路及其电压和电流波形

2. 三相桥式不控整流电路

三相桥式不控整流电路如图 4-7(a)所示，电路中电压和电流波形如图 4-7(b)所示。若三相交流输入电压表示为

$$\begin{cases} u_{\mathrm{ia}} = \sqrt{2}U_{\mathrm{i}}\sin(\omega t) \\ u_{\mathrm{ib}} = \sqrt{2}U_{\mathrm{i}}\sin\left(\omega t - \dfrac{2\pi}{3}\right) \\ u_{\mathrm{ic}} = \sqrt{2}U_{\mathrm{i}}\sin\left(\omega t + \dfrac{2\pi}{3}\right) \end{cases} \tag{4-1}$$

负载电压 u_{o} 的平均值可以求得为

$$U_{\mathrm{o}} \approx 2.34U_{\mathrm{i}} \tag{4-2}$$

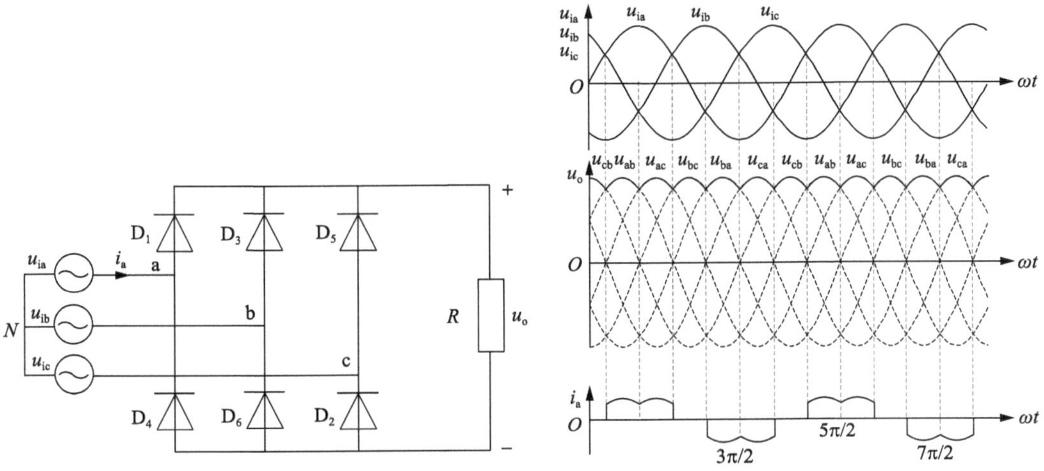

(a) 电路　　(b) 电压和电流波形

图 4-7　三相桥式不控整流电路及其电压和电流波形

在相电压相等的条件下，与单相整流电路相比，三相整流电路可以得到更高的整流输出电压。因此对于较大功率的充电系统(如充电功率大于 10kW)，宜采用三相整流电路。

4.2.2　充电系统中的同步整流技术

如果整流电路的交流电源频率不高，如为公用电网频率(即 50Hz)，那么通常采用普通整流功率二极管就可以满足要求。但对于传导充电系统中的高频变压器输出侧的整流电路[图 4-2 环节(6)]，则不仅需要考虑二极管反向恢复特性对电路高频工作过程的影响，还要考虑正向导通压降对整流电路效率的影响。一般来说，当交流电源频率为几十千赫兹，甚至上百千赫兹时，整流电路可采用功率 SBD 且考虑采用同步整流技术。采用同步整流技术的整流电路称为同步整流电路或同步整流器电路。

同步整流是指用通态损耗较低的功率 MOSFET 取代功率二极管用于整流电路中，实现整流的作用，其目的是减少整流过程产生的损耗。与整流二极管相比较，功率 MOSFET 具有正向压降小、反向阻断电压高、反向电流小等优点。但是，功率 MOSFET 用于同步整流时无法像整流二极管一样进行自然换流，需要驱动电路才能正常工作。

1. 同步整流的基本原理

图 4-8 为二极管整流电路与同步整流电路及其电压波形，对于图 4-8(a)使用的整流二极管 D，在输入交流电源电压 u_i 为正半周时，D 导通；u_i 为负半周时，D 截止。图 4-8(a)同时给出了负载电压 u_o 的波形。

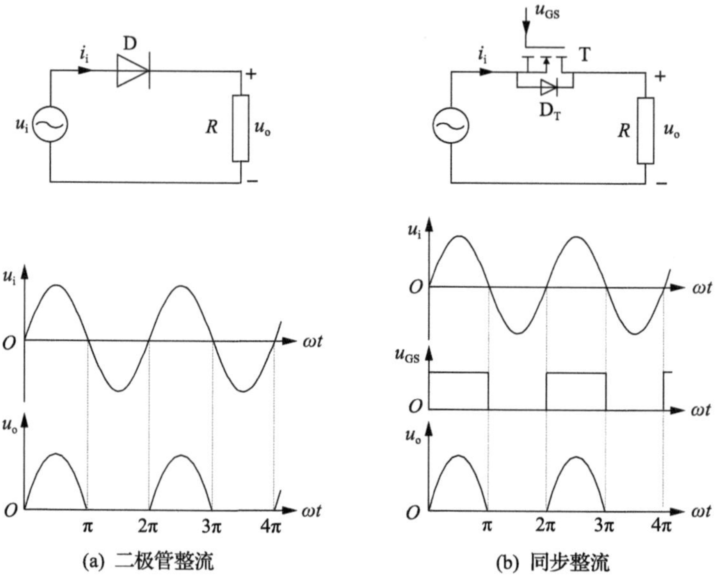

图 4-8　二极管整流与同步整流电路及其电压波形

当图 4-8(a)中整流二极管 D 用 T(功率 MOSFET)代替时，电路如图 4-8(b)所示。图 4-8(b)所示电路中，若始终不施加栅极驱动信号，则 T 不导通，此时在电源电压 u_i 正半周，电流流经功率 MOSFET 的体二极管 D_T，图 4-8(b)和图 4-8(a)所示电路没有区别，都是由二极管完成整流。若在电源电压 u_i 正半周，对 T 施加栅极驱动信号，则 T 反向导通，电流从源极流入，漏极流出。在电源电压 u_i 负半周，不对 T 施加栅极驱动信号，T 截止，其体二极管 D_T 因承受反向电压也截止，无电流流过 T。这样，T 就取代了图 4-8(a)中的整流二极管 D，实现了整流功能。通过功率 MOSFET 反接，可以起到整流作用，但要求功率 MOSFET 的驱动信号必须和交流输入电压 u_i“同步”变化，这就是“同步整流”的含义。

需要指出的是：通常情况下，功率 MOSFET 的体二极管的正向导通压降可能会比一些整流二极管(如肖特基二极管)大，反向恢复时间也会长，因此，一旦电流流过功率 MOSFET 的体二极管而不是功率 MOSFET 的导电沟道，整流损耗将明显增加[3]。

2. 同步整流的驱动方式

同步整流对功率 MOSFET 的栅极驱动信号提出了严格的时序要求，因此驱动电路的设计是决定同步整流正常工作和具有良好性能的关键。

图 4-9 为传导充电系统中全桥逆变经高频变压器后的同步整流电路，两个功率 MOSFET 通过检测变压器二次侧电压实现驱动，这种驱动方式称为自驱动方式[4]。自驱动方式具有时序准确、可靠性高的特点。

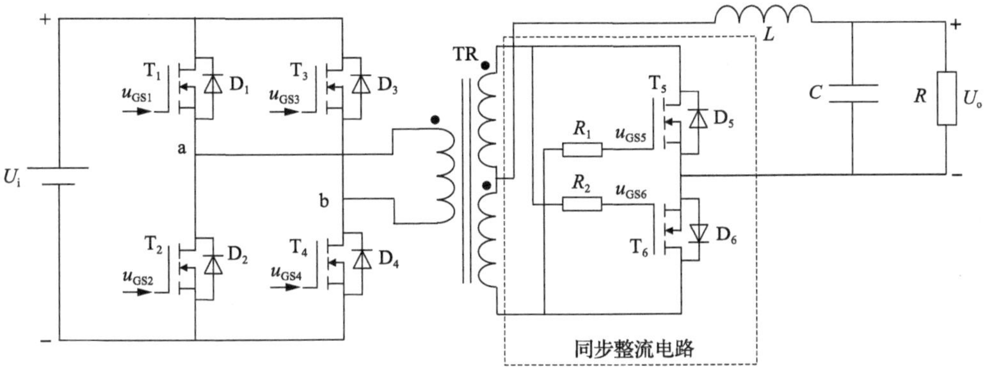

图 4-9　自驱动的同步整流

在充电系统中，构成整个系统的环节以及使用的电力电子器件较多，为保证各电能转换环节中所有器件可靠、准确地工作，通常采用以数字信号控制芯片(DSC)为核心的数字化控制子系统对整个系统进行控制。在这种情况下，同步整流电路中的功率 MOSFET 的驱动信号就来自 DSC，这种驱动方式称为外驱动。外驱动要求驱动信号产生电路(各类数字电路或模拟电路)的运算或信号处理快速、准确，以保障驱动信号具有较好的实时性。

仍以图 4-9 所示电路为例，可以得到六个电力电子器件 T_1～T_6 的控制时序，如图 4-10 所示。当 T_1 和 T_4 导通，T_2 和 T_3 关断时，T_6 应导通；当 T_2 和 T_3 导通，T_1 和 T_4 关断时，T_5 应导通；当 T_1～T_4 都关断时，T_5 和 T_6 都导通、续流。因此，从数字逻辑上应该有

$$u_{GS5}=\overline{u}_{GS1} \tag{4-3}$$

$$u_{GS6}=\overline{u}_{GS2} \tag{4-4}$$

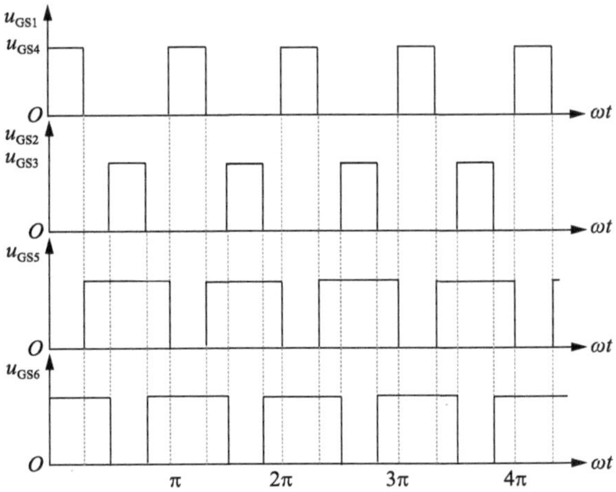

图 4-10　全桥逆变同步整流电路的控制时序

根据图 4-10 中的控制时序，数字化控制电路就可以同时给出器件 T_1～T_6 的驱动信号，从而使同步整流电路中的 T_5 和 T_6 做到“同步”驱动。

4.3 充电系统中的功率因数校正电路

4.3.1 单相功率因数校正电路

为限制电流中的高次谐波成分、提高功率因数，可以在整流电路与负载之间接入一个功率因数校正电路，应用电流反馈技术，使电源电流 i_i 尽可能接近正弦波并且与电源电压 u_i 同相位。这种技术使用了电力电子器件和反馈控制技术，因此被称为有源功率因数校正技术。

1. 单相 Boost 有源功率因数校正电路

常见的很多非隔离型直流-直流变换器电路都可以用于有源功率因数校正。其中，Boost 变换器电路因其独有的一些优点而被充电系统广泛应用。这些优点包括：输入端的电感可以降低对输入滤波器的要求，并可以减小电网对后续电力电子电路的瞬态冲击；输入电流可以连续；电力电子开关器件与输出电压共地，有利于电流采样和电力电子器件的驱动电路设计；电路工作效率高等。

当整流电路后端连接 Boost 有源功率因数校正电路后，电路如图 4-11 所示。对于大功率充电系统，也可以选择交错式 Boost 电路作为有源功率因数校正电路，此时需要考虑各 Boost 电路的均流控制，交错式 Boost 电路结构可以参照第 6 章相关内容。

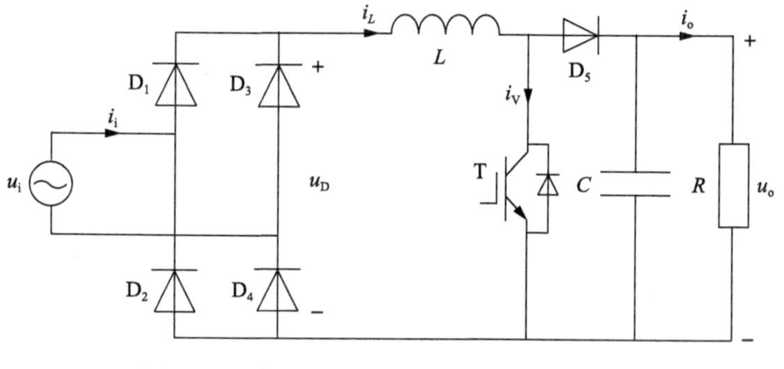

图 4-11 单相 Boost 有源功率因数校正电路

图 4-11 所示单相 Boost 有源功率因数校正电路具有电流连续模式（continuous current mode, CCM）和电流断续模式（discontinuous current mode, DCM）两种工作模式。

1）电流连续模式下的控制方法

电流连续模式是指在一个电力电子器件（图 4-11 中的 T、D_5）开关周期内，电感 L 的电流 i_L 始终连续的工作模式。

（1）电流峰值控制法。电流峰值控制法是指通过对电力电子器件 T 的占空比进行调节，

使电感电流 i_L 每个开关周期峰值的包络线始终跟踪输入电压(整流后)u_D 的波形，且使输入电流 i_i 与输入电压(整流前)u_i 同相位，并接近正弦波。与此同时，保持 Boost 电路输出电压 u_o 稳定。图 4-12 给出了电流峰值控制下电感电流 i_L 的波形。

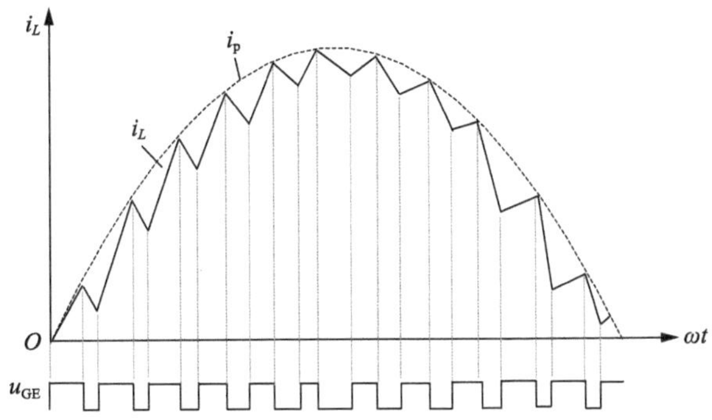

图 4-12　电流峰值控制下的电感电流波形

图 4-12 中，i_p 表示电感电流峰值的包络线。在每个开关周期起始，器件 T 都会导通，电感电流 i_L 随之上升；当 $i_L=i_p$ 时，T 关断，电流 i_L 开始下降；直到下一个开关周期开始，T 会再次导通，循环往复下去。如果电感 L 较大，则电感电流 i_L 纹波会很小，i_L 含有较少的高次谐波成分，而且可以得到较高的功率因数。

采用电流峰值控制法时，电力电子器件 T 的占空比可能大于 0.5，电路中有可能产生次谐波振荡，为了防止产生次谐波振荡，需要进行谐波补偿，以使功率因数校正电路能稳定工作[5]。这是采用电流峰值控制法需要重视的问题。此外，电感电流的峰值与每个开关周期的平均值之间具有一定误差，如果这个误差较大，在一定条件下，可能不能满足系统对电流总谐波畸变率(total harmonic distortion, THD)[6]以及电路功率因数的要求；同时，电流峰值控制过程对电磁噪声相当敏感。

(2) 电流滞环控制法。电流滞环控制法的原理是对目标电感电流 i_{Lref} 确定两个基准：i_{max} 和 i_{min}。其中 i_{max} 为目标电流的上限值，i_{min} 是目标电流的下限值。将检测到的电感电流 i_L 与 i_{max} 和 i_{min} 进行比较。当 i_L 达到 i_{min} 时，电力电子器件 T 导通，i_L 上升；当 i_L 达到 i_{max} 时，T 关断，i_L 下降。以此循环往复，使电感电流 i_L 跟踪目标电流 i_{Lref} 的变化。

图 4-13 为电流滞环控制下的电感电流 i_L 的波形。目标电感电流 i_{Lref} 的上下限值 i_{max} 和 i_{min} 如图中虚线所示。图中同时给出了目标电感电流 i_{Lref} 的波形。由 i_{max} 和 i_{min} 确定的电流滞环宽度决定了实际电感电流 i_L 纹波的大小。显然，滞环宽度比较小时，i_L 的纹波也会很小，但 T 的开关频率会提高。

电流滞环控制法适用于电流连续模式，可以很好地控制电感电流跟踪电源电压的变化，功率因数较高；主要的缺点是电力电子器件的开关频率对负载和电源电压都比较敏感，由于开关频率不固定，设计输出滤波器时难度较大。

(3) 平均电流控制法。平均电流控制法是指控制每个开关周期内流经电感的平均电流，使其跟随瞬时输入正弦电压的变化，从而使电感电流具有较低的谐波分量且电路具有较高的功率因数。同时，通过对流经电感的电流的控制，抑制 Boost 电路输出电压的波动。平均电流控制下的电感电流波形如图 4-14 所示。

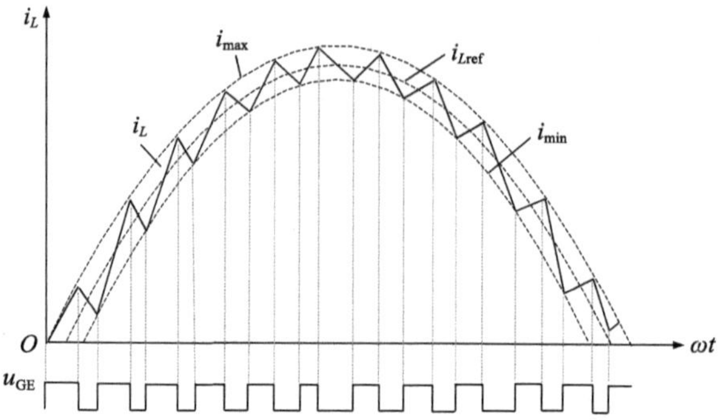

图 4-13　电流滞环控制下的电感电流波形

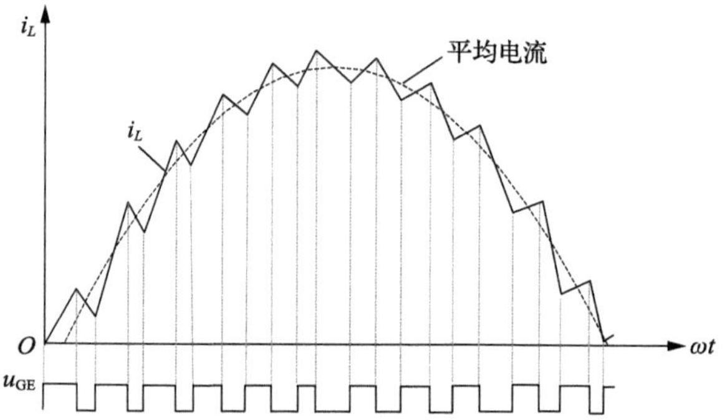

图 4-14　平均电流控制下的电感电流波形

平均电流控制法的控制结构示意图如图 4-15 所示。平均电流控制法普遍采用“电压外环、电流内环”的双闭环控制系统。

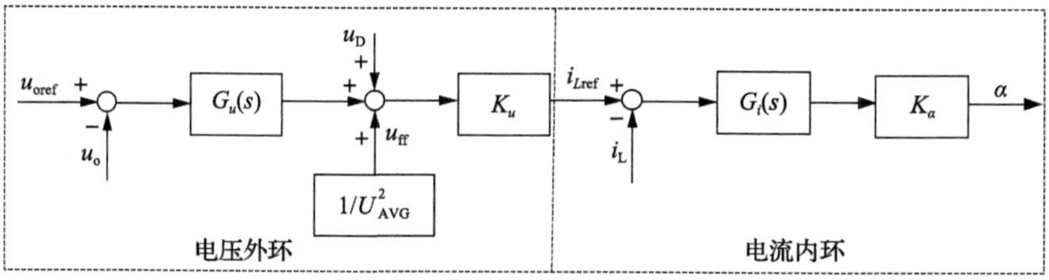

图 4-15　平均电流控制法的控制结构示意图

外层电压闭环是以控制 Boost 电路输出电压 u_o 为目的，图 4-15 中，u_{oref} 为输出电压目标参考值。若电压闭环采用 PI 控制器，$G_u(s)$ 可以表示为

$$G_u(s) = k_{up} + \frac{k_{ui}}{s} \tag{4-5}$$

式中，k_{up} 和 k_{ui} 分别为比例系数和积分系数。图 4-15 中 u_{ff} 是前馈项，可以表示为

$$u_{ff} = \frac{1}{U_{AVG}^2} \tag{4-6}$$

式中，U_{AVG}为u_{D}的平均值，可以表示为

$$U_{\mathrm{AVG}}=\frac{1}{T}\int_{t}^{t+T}u_{\mathrm{D}}\mathrm{d}t \tag{4-7}$$

u_{D}为输入电压u_{i}经过整流后得到的电压，所以U_{AVG}反映输入电压u_{i}的变化。控制系统引入前馈项u_{ff}的目的是：当输入电压u_{i}发生变化时，电流闭环目标电流参考值$i_{L\mathrm{ref}}$能呈现出反比例变化，使功率因数校正电路输出功率保持不变；加快控制系统的动态响应。图 4-15 中，K_u为比例系数，保证目标电流参考值$i_{L\mathrm{ref}}$在合理的范围内。

内层电流闭环是以控制电感电流i_L为目的。若电流闭环采用 PI 控制器，$G_i(s)$可以表示为

$$G_i(s)=k_{i\mathrm{p}}+\frac{k_{i\mathrm{i}}}{s} \tag{4-8}$$

式中，$k_{i\mathrm{p}}$和$k_{i\mathrm{i}}$分别为比例系数和积分系数。图 4-15 中，K_α为调制系数，保证控制系统输出的目标占空比α在合理的范围内。通常要求电流闭环的带宽应远大于电压闭环的带宽。

平均电流控制法具有电感电流的畸变较小、功率因数接近 1、电路输出电压比较稳定、对电磁噪声不敏感等优点，在功率因数校正电路中获得了广泛的应用。

2) 电流断续模式下的控制方法

电流断续模式是指在一个电力电子器件(图 4-11 中的 T、D_5)开关周期内，电感电流i_L不连续的工作模式。

电流断续模式下功率因数校正电路控制方法一般采用电压跟踪法。所谓电压跟踪法是指将图 4-11 所示的 Boost 电路输出电压u_{o}作为被控量，通过对电力电子器件 T 的通断进行控制，使每个开关周期内电感电流i_L的峰值i_{p}跟随输入电压u_{D}的变化。为此只需要如图 4-16 所示的电压闭环结构即可，图中各符号的意义与图 4-15 相同。

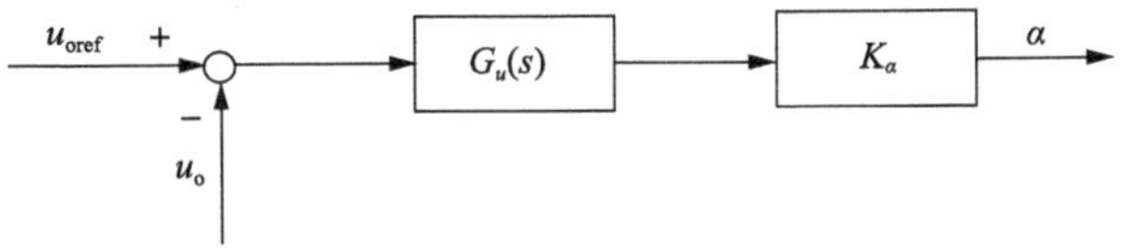

图 4-16　电流断续模式下的控制结构示意图

由于电感电流i_L不连续，在每个开关周期，在 T 导通后，电感电流从零升到最大值；在 T 关断后，电感电流从最大值降到零；由于 Boost 电路输入电压呈正弦规律变化，因此每个开关周期电感电流的最大值也是按正弦规律变化。具体电感电流i_L波形如图 4-17 所示，从图中可以看出，每个开关周期电感电流i_L的峰值的包络线呈正弦规律变化，而且与输入电压u_{D}同相位。由于电感电流i_L含有高次谐波，需要在整流电路前端加滤波电路。

当 Boost 电路电感L较小或电路传输功率较小(如几百瓦)时，电路容易工作在电流断续状态。电压跟踪法不需要对电感电流i_L进行检测，控制系统结构简单。

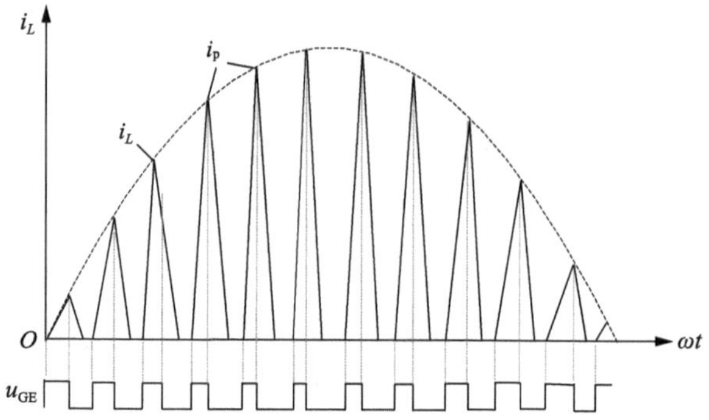

图 4-17　电流断续模式下的电感电流波形

2. 单相无桥有源功率因数校正电路

对于图 4-11 所示的单相 Boost 有源功率因数校正电路，D_1～D_4 构成的整流桥电路的作用是整流，即使电源电压 u_i 的负半周期波形反极性，也就是让 Boost 电路输入电压 $u_D \geqslant 0$，然后由 Boost 电路去完成功率因数校正的任务。如果有两个 Boost 电路，一个 Boost 电路能处理 u_i 正半周期波形的功率因数校正，而另一个 Boost 电路用于 u_i 负半周期波形的功率因数校正，这样就不需要 D_1～D_4 构成的整流桥电路。当然，两个 Boost 电路输出要连接在一起共同为后续电路传输电能，并且二者电流方向和电能传输的方向需要保持一致。这种没有整流桥而又具有整流和功率因数校正功能的电路称为无桥有源功率因数校正电路。具体的单相无桥有源功率因数校正电路如图 4-18 所示。在图 4-18(a)中，D_2 和 D_4 可以是全控型电力电子器件(如 IGBT) T_1 和 T_2 的体内寄生二极管，也可以是与 T_1 和 T_2 反并联的快恢复功率二极管。图 4-18(a)中的电感 L 也可以由两个电感 L_1 和 L_2 构成，两个电感位于电源两侧支路上，具体如图 4-18(b)所示。L_1 和 L_2 可以根据实际需要绕制在同一铁心上，从而具有磁耦合关系。

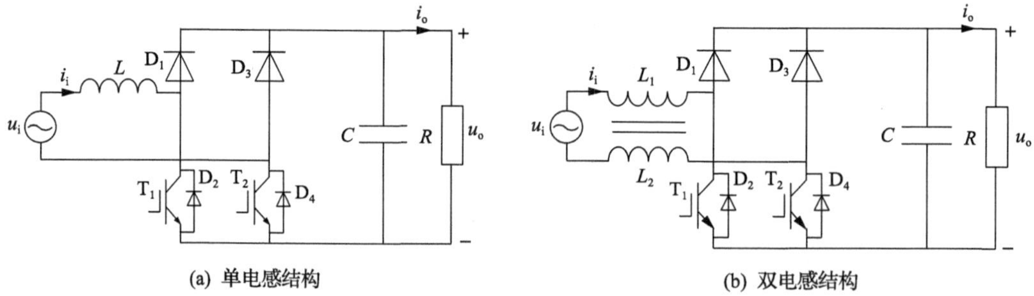

图 4-18　单相无桥有源功率因数校正电路

在图 4-18(a)中，电感 L 与电力电子器件 T_1、D_1、D_4 构成 u_i 正半周期的 Boost 功率因数校正电路；电感 L 与电力电子器件 T_2、D_2、D_3 构成 u_i 负半周期的 Boost 功率因数校正电路。电路工作原理如下：

(1) 电源电压 u_i 正半周期。T_1 导通时，输入电流 i_i 流经电感 L、器件 T_1、二极管 D_4，然后返回电源。此时，电感蓄能，负载 R 由电容 C 提供能量；当 T_1 关断时，二极管 D_1

和 D_4 导通，电感 L 释放能量。

(2) 电源电压 u_i 负半周期。T_2 导通时，输入电流 i_i 流经器件 T_2、二极管 D_2、电感 L，然后返回电源。此时，电感蓄能，负载 R 由电容 C 提供能量；当 T_2 关断时，二极管 D_3 和 D_2 导通，电感 L 释放能量。

采用平均电流控制法对图 4-18 中 T_1 和 T_2 的占空比进行控制，就可以使输入电流 i_i 按正弦规律变化并且与电源电压 u_i 同相位。

单相无桥有源功率因数校正电路具有电路结构简单、效率高(因为电流流经的器件少)等优点，但由于需对 u_i 的极性进行判别，且需对 u_i、i_i、u_o 进行采样，因而采样和控制电路略显复杂。

3. 单相全桥 PWM 整流电路

前面讨论的功率因数校正电路中，能量的流动都是从电源 u_i 流向负载 R，因此只适用于单向充电系统。对于 V2G 中广泛采用的双向充电系统，则可采用 PWM 整流电路[7]。常用的单相全桥 PWM 整流电路如图 4-19 所示。图中，电力电子器件 T_1～T_4(包括反并联二极管 D_1～D_4) 以及电容 C 构成了单相全桥逆变电路，逆变电路输出侧通过电感 L 与电压为 u_i 的交流电源连接，而逆变电路直流侧连接负载 R。

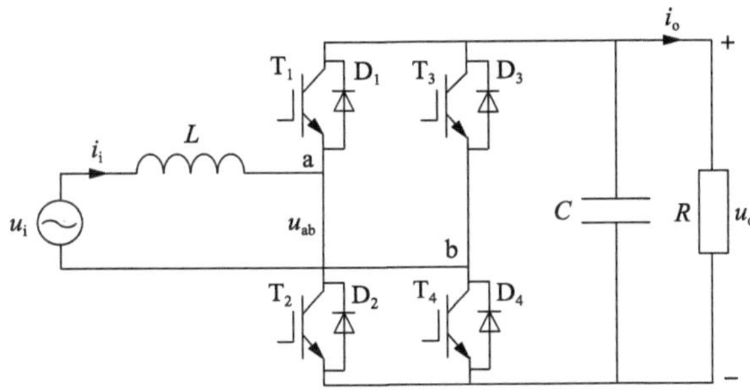

图 4-19 单相全桥 PWM 整流电路

稳态工作时，全桥 PWM 整流电路输出直流电压 u_o 不变。器件 T_1～T_4 进行正弦脉宽调制(sinusoidal pulse width modulation, SPWM)，调制波的频率和 u_i 相同(对于与公用电网相连接的充电系统，u_i 的频率为 50Hz)，器件 T_1～T_4 的开关频率则远远大于 u_i 的频率(一般为数千赫兹到几十千赫兹)。当电感 L 较大时，由于其滤波作用，电感电流即整个电路输入电流 i_i 中谐波电流成分较小，因此可以把逆变电路交流侧电压 u_{ab} 看作与 u_i 同频率的可控正弦交流电压源，它与电网的正弦电压共同作用于输入电感 L，产生正弦输入电流 i_i。从图 4-19 可得

$$\frac{\mathrm{d}i_i}{\mathrm{d}t}=\frac{u_i-u_{ab}}{L} \tag{4-9}$$

式(4-9)表明，在输入电压 u_i 不变的情况下，通过对 u_{ab} 的控制，可以控制输入电流 i_i 的幅值和相位。若 i_i 与 u_i 同相位正弦变化，则图 4-19 所示电路的功率因数为 1，交流电源输出功率大于零，电路工作在整流状态，充电系统为车载储能部件充电；若 i_i 与 u_i

反相位正弦变化，则图 4-19 所示电路的功率因数为–1，交流电源输出功率小于零，电路工作在逆变状态，充电系统将车载储能部件的能量输送到电网，车载储能部件放电。

单相全桥 PWM 整流电路通常采用前面讨论的具有双闭环控制结构的平均电流控制法。通过对器件 T_1～T_4 的控制，一方面保持直流侧电压 u_o 稳定，另一方面使电路具有较高的功率因数。

4.3.2 三相功率因数校正电路

1. 三相单开关器件功率因数校正电路

三相单开关器件功率因数校正电路如图 4-20 所示。图中，每相交流电源都通过一个电感（L_a或L_b或L_c）与三相桥式不控整流电路相连，整流电路输出侧连接单相Boost电路。这种电路的优点是：电路中只含一个电力电子器件 T；在每个开关周期内，每相输入电流的峰值与该相输入电压近似呈线性关系；功率因数高；只需对器件 T 进行恒频率的 PWM 控制就可以对输出电压 u_o 进行控制，控制系统结构简单、成本低。缺点是：电感电流 i_a、i_b 和 i_c 不连续且谐波含量较大。

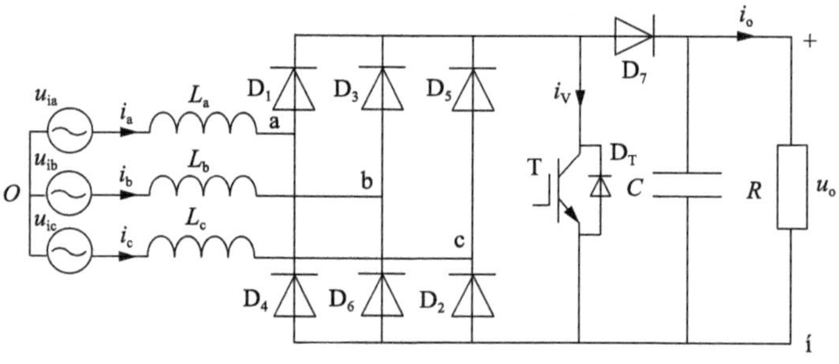

图 4-20　三相单开关器件功率因数校正电路

三相单开关器件功率因数校正电路工作原理如下：由于电路工作在电感电流断续状态，T 导通前，i_a、i_b 和 i_c 为零，当 T 导通时，相当于三相桥式不控整流电路输出侧短路，L_a、L_b 和 L_c 两端承受的电压分别为 u_{ia}、u_{ib} 和 u_{ic}，i_a、i_b 和 i_c 开始上升，电感电流上升的速率、达到的峰值与对应相电压成正比；当 T 关断瞬间，i_a、i_b 和 i_c 达到峰值，然后电感 L_a、L_b 和 L_c 通过二极管 D_7 向负载释放能量，当某相电感电流降为零时，对应的整流桥上的二极管自然关断，使该相电感电流保持为零，直到下一个开关周期 T 再次导通。这样，就使得每个开关周期的每相输入电流峰值按该相输入交流电源电压的波形呈正弦规律变化。但当 T 关断后，各相电流线性下降，且下降速率不与各相电压成比例，故在整个开关周期内的各相电流的平均值并不完全跟随各相电压变化。因此 i_a、i_b 和 i_c 会含有大量谐波成分。

常见的抑制 i_a、i_b 和 i_c 谐波成分的方法有两种：一是谐波注入法，即在 T 的占空比中叠加 6 次谐波项，可以有效消除 i_a、i_b 和 i_c 的部分 5 次谐波，进而使总的电流畸变率降低；二是采用交错式电路结构可以有效消除 i_a、i_b 和 i_c 的部分谐波成分。

2. 三相三电平 Boost 功率因数校正电路

三相三电平Boost功率因数校正电路又称为三相VIENNA整流电路[8]，电路如图4-21(a)所示。图中，S_a、S_b和S_c为电力电子器件构成的双向开关，即开关闭合时，电流既可以从点a、b或c流向点m，也可以从点m流向点a、b或c。图4-21(b)给出了用两个全控型电力电子器件反向串联实现双向开关的组合方式。此外，也可以用一个全控型电力电子器件与二极管组合形成双向开关，与此对应的三相三电平Boost功率因数校正电路如图4-22所示。

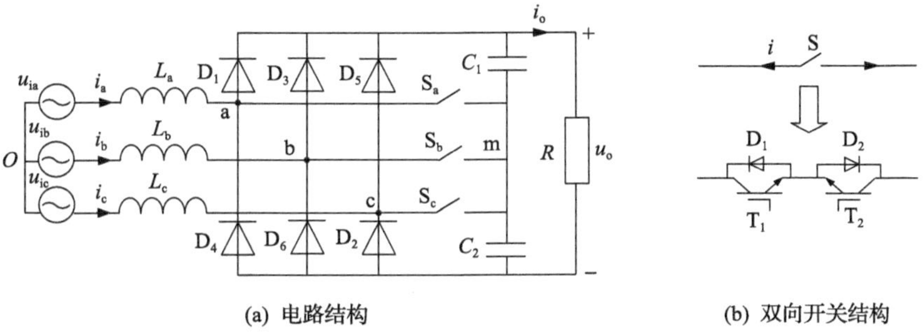

图 4-21 三相三电平 Boost 功率因数校正电路与双向开关

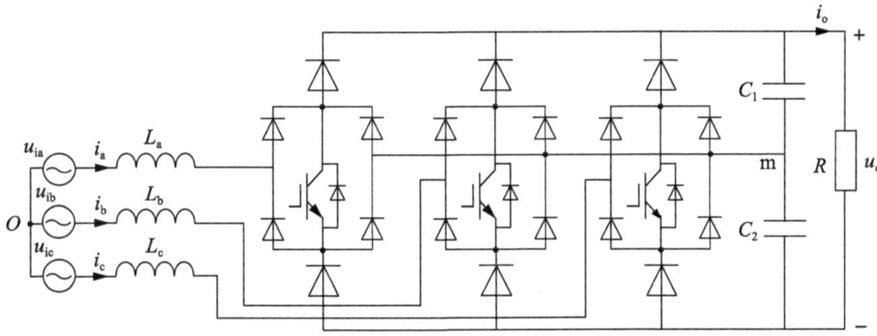

图 4-22 第二种三相三电平 Boost 功率因数校正电路

图4-21(a)电路的工作原理是：通过对S_a、S_b和S_c通断的控制以及三相全桥不控整流电路中D_1～D_6的通断，实现对a、b和c三点电位的控制，进而控制电路的输出电压u_o，同时使电感电流i_a、i_b和i_c分别按照每相交流电压u_{ia}、u_{ib}和u_{ic}呈正弦规律变化，使电路具有较高的功率因数。

三相三电平Boost功率因数校正电路适用于较大功率的单向充电系统。

3. 三相全桥 PWM 整流电路

前面讨论的两种三相功率因数校正电路中，能量都是从电源流向负载，因此只适用于单向充电系统。对于双向充电系统，则应采用三相全桥PWM整流电路，具体电路如图4-23所示[9]。图中，电力电子器件T_1～T_6(包括反并联二极管D_1～D_6)以及电容C构成了三相全桥逆变电路，逆变电路输出侧分别通过电感L_a、L_b和L_c与交流电源u_{ia}、u_{ib}

和 u_{ic} 连接，而逆变电路直流侧连接负载 R。

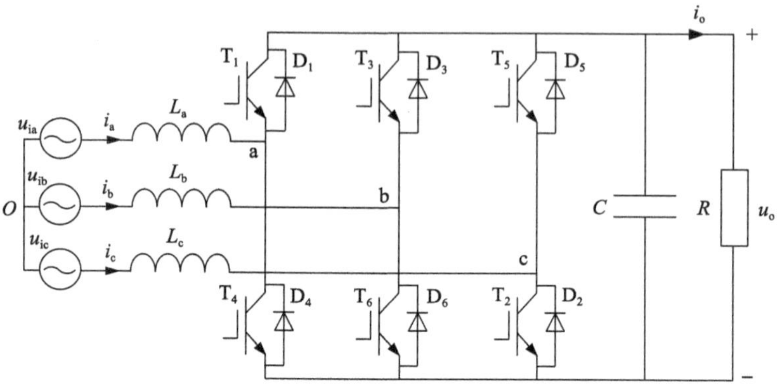

图 4-23 三相全桥 PWM 整流电路

三相全桥 PWM 整流电路的工作原理与单相全桥 PWM 整流电路类似，通过对器件 T_1～T_6 的 SPWM 驱动，可以控制输入电流 i_a、i_b 和 i_c 的幅值和相位。若 i_a、i_b 和 i_c 分别与 u_{ia}、u_{ib} 和 u_{ic} 同相位正弦变化，则图 4-23 所示电路的功率因数为 1，交流电源输出功率大于零，电路工作在整流状态，充电系统为车载储能部件充电；若 i_a、i_b 和 i_c 分别与 u_{ia}、u_{ib} 和 u_{ic} 反相位正弦变化，则图 4-23 所示电路的功率因数为−1，交流电源输出功率小于零，电路工作在逆变状态，充电系统将车载储能部件的能量输送到电网，车载储能部件放电。

三相全桥 PWM 整流电路通常采用前面讨论的具有双闭环控制结构的平均电流控制法，通过对器件 T_1～T_6 的控制，一方面保持直流侧电压 u_o 稳定，另一方面使电路具有较高的功率因数。

三相全桥 PWM 整流电路和三相交流电机控制电路具有类似的结构，可以采用与第 3 章中“磁场定向矢量控制”类似的方法对电流 i_a、i_b 和 i_c 进行控制。现做如下假设：

(1) 三相交流电压 u_{ia}、u_{ib} 和 u_{ic} 波形为三相对称正弦波，即有 $u_{ia}+u_{ib}+u_{ic}=0$。

(2) L_a、L_b 和 L_c 不饱和且电感量相等。

(3) 忽略 L_a、L_b 和 L_c 的等效电阻及线路中的等效电阻。

(4) 不考虑 i_a、i_b 和 i_c 中的高次谐波成分且 i_a、i_b 和 i_c 为三相对称，即有 $i_a+i_b+i_c=0$。

三相交流电压 u_{ia}、u_{ib} 和 u_{ic} 可以表示为

$$\begin{cases} u_{ia}=U_m\sin(\omega t) \\ u_{ib}=U_m\sin\left(\omega t-\dfrac{2\pi}{3}\right) \\ u_{ic}=U_m\sin\left(\omega t+\dfrac{2\pi}{3}\right) \end{cases} \tag{4-10}$$

式中，U_m 为相电压幅值；ω为三相交流电源角频率。若三相交流相电流表示为

$$\begin{cases} i_a = I_m \sin(\omega t - \varphi) \\ i_b = I_m \sin\left(\omega t - \dfrac{2\pi}{3} - \varphi\right) \\ i_c = I_m \sin\left(\omega t + \dfrac{2\pi}{3} - \varphi\right) \end{cases} \tag{4-11}$$

式中，I_m 为相电流幅值；φ 为每相负载的阻抗角。则三相电路的功率因数可以表示为

$$\lambda = \cos\varphi \tag{4-12}$$

式(4-11)还可以表示为

$$\begin{cases} i_a = I_m \sin(\omega t)\cos\varphi - I_m \cos(\omega t)\sin\varphi = i_{ap} + i_{aq} \\ i_b = I_m \sin\left(\omega t - \dfrac{2\pi}{3}\right)\cos\varphi - I_m \cos\left(\omega t - \dfrac{2\pi}{3}\right)\sin\varphi = i_{bp} + i_{bq} \\ i_c = I_m \sin\left(\omega t + \dfrac{2\pi}{3}\right)\cos\varphi - I_m \cos\left(\omega t + \dfrac{2\pi}{3}\right)\sin\varphi = i_{cp} + i_{cq} \end{cases} \tag{4-13}$$

式中，i_{ap}、i_{bp} 和 i_{cp} 分别为 i_a、i_b 和 i_c 的有功电流；i_{aq}、i_{bq} 和 i_{cq} 分别为 i_a、i_b 和 i_c 的无功电流。显然，若 i_a、i_b 和 i_c 只含有功电流，那么，$\varphi = 0$ 或$\varphi = \pi$。

对式(4-13)等号两端进行坐标变换，得

$$\boldsymbol{M}_P \boldsymbol{M}_C \begin{bmatrix} i_a \\ i_b \\ i_c \end{bmatrix} = \boldsymbol{M}_P \boldsymbol{M}_C \begin{bmatrix} i_{ap} \\ i_{bp} \\ i_{cp} \end{bmatrix} + \boldsymbol{M}_P \boldsymbol{M}_C \begin{bmatrix} i_{aq} \\ i_{bq} \\ i_{cq} \end{bmatrix} \tag{4-14}$$

式(4-14)可化简为

$$\begin{bmatrix} i_d \\ i_q \end{bmatrix} = \sqrt{\frac{3}{2}} I_m \cos\varphi \begin{bmatrix} 0 \\ -1 \end{bmatrix} + \sqrt{\frac{3}{2}} I_m \sin\varphi \begin{bmatrix} -1 \\ 0 \end{bmatrix} \tag{4-15}$$

式中，电流 i_d 和 i_q 分别对应 i_a、i_b、i_c 中的无功电流成分和有功电流成分，若 i_d=0，则φ=0 或φ=π，此时 i_a、i_b 和 i_c 不含无功电流成分；当 i_q<0 时，能量从三相电源流向负载，即φ=0；当 i_q>0 时，能量从负载流向三相电源，即φ=π。

图 4-23 中，若 a、b 和 c 点与三相交流电源中性点 O 之间的电压分别为 u_a、u_b 和 u_c，则有

$$\begin{cases} L\dfrac{di_a}{dt} = u_{ia} - u_a \\ L\dfrac{di_b}{dt} = u_{ib} - u_b \\ L\dfrac{di_c}{dt} = u_{ic} - u_c \end{cases} \tag{4-16}$$

假设 $L_a=L_b=L_c=L$，那么，有

$$M_P M_C \begin{bmatrix} L\dfrac{di_a}{dt} \\ L\dfrac{di_b}{dt} \\ L\dfrac{di_c}{dt} \end{bmatrix} = M_P M_C \begin{bmatrix} u_{ia} \\ u_{ib} \\ u_{ic} \end{bmatrix} - M_P M_C \begin{bmatrix} u_a \\ u_b \\ u_c \end{bmatrix} \tag{4-17}$$

即存在

$$\begin{cases} L\dfrac{di_d}{dt} - \omega L i_q = u_{id} - u_d \\ L\dfrac{di_q}{dt} + \omega L i_d = u_{iq} - u_q \end{cases} \tag{4-18}$$

式中，u_{id}和 u_{iq} 分别为 u_{ia}、u_{ib}、u_{ic} 进行坐标变换后在 dq 坐标系下的 d 轴和 q 轴电压分量；u_d 和 u_q 分别为 u_a、u_b、u_c 进行坐标变换后在 dq 坐标系下的 d 轴和 q 轴电压分量。

三相全桥 PWM 整流电路的控制结构框图如图 4-24 所示。

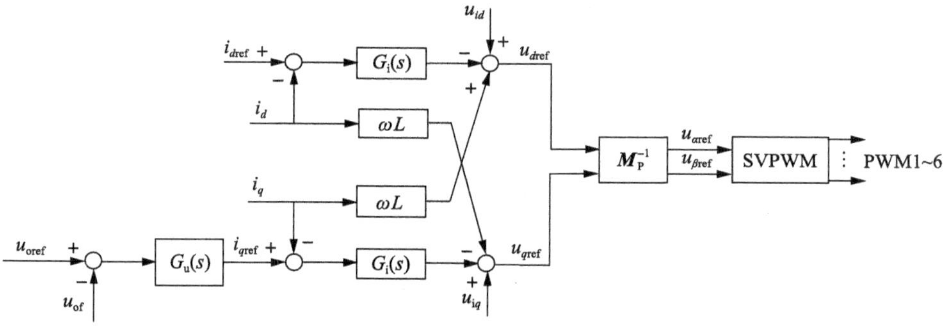

图 4-24　三相全桥 PWM 整流电路控制框图

图 4-24 中，当需要进行功率因数校正时，可令 $i_{dref}=0$；若 u_{ia}、u_{ib} 和 u_{ic} 为三相对称正弦交流电压，即式(4-10)，可以推导出

$$\begin{cases} u_{id} = 0 \\ u_{iq} = -\sqrt{\dfrac{3}{2}}U_m \end{cases} \tag{4-19}$$

通过 SVPWM，对图 4-23 中的电力电子器件 T_1～T_6 进行通断控制，就可以对直流侧电压 u_o 实现精确的控制，也可以使电路具有较高的功率因数。由于 i_q 的正负反映电能流动方向，因此三相全桥 PWM 整流电路非常适合用于双向充电系统中。

4.4　传导充电系统的控制

4.4.1　车载储能部件的充电模式

1. 蓄电池和超级电容等效电路模型

蓄电池和超级电容是电动汽车的主要储能部件和动力源。图 4-25(a)为应用较为广泛的蓄电池 Thevenin 等效电路模型[10]，图中，u_{OCV} 为蓄电池的开路电压；u_{BL} 为外电路电压；R_{BI} 为蓄电池的欧姆内阻；R_{BP} 为蓄电池的极化电阻；C_{BP} 为蓄电池的极化电容。若不考虑蓄电池的动态特性，则可以采用较为简单的 Rint 等效电路模型来分析蓄电池的充放电特性，具体如图 4-25(b)所示[11]。图中，R_{Bint} 为蓄电池等效内阻。

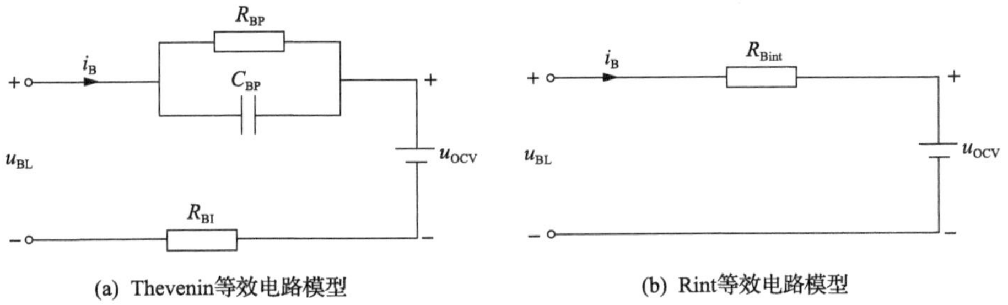

图 4-25　蓄电池等效电路模型

图 4-26(a)为超级电容等效电路模型。图中，C_0 为理想电容，容量等于超级电容容量；u_{CL} 为外电路电压；u_{SC} 为超级电容的开路电压；R_{CI} 为超级电容的欧姆内阻，即串联等效内阻；R_{CP} 为反映超级电容自放电和漏电流作用形成损耗的电阻。若不考虑超级电容自放电和漏电流产生的影响，则超级电容等效电路模型可以简化为图 4-26(b)[12]。

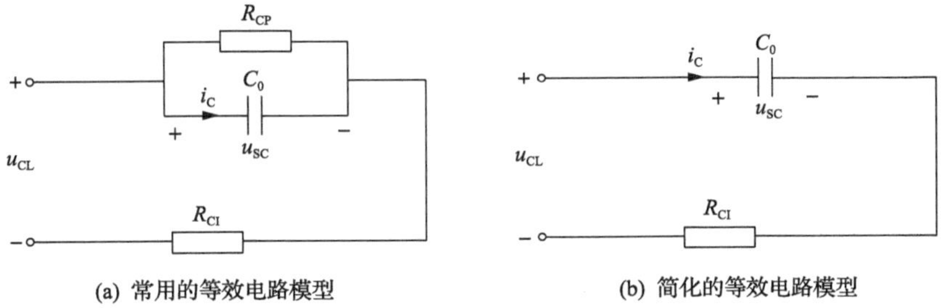

图 4-26　超级电容等效电路模型

由图 4-25(b)和图 4-26(b)可以看出，蓄电池和超级电容可以用类似的等效电路进行描述，并且可以得到

$$\begin{cases} i_B = \dfrac{u_{BL} - u_{OCV}}{R_{Bint}} \\ i_C = \dfrac{u_{CL} - u_{SC}}{R_{CI}} \end{cases} \tag{4-20}$$

因此，当蓄电池与充电系统相连接时，u_{BL} 为充电系统输出电压。当 $u_{BL}>u_{OCV}$ 时，$i_B>0$，充电系统为蓄电池充电；当 $u_{BL}<u_{OCV}$ 时，$i_B<0$，充电系统为蓄电池放电。

相同地，当超级电容与充电系统相连接时，u_{CL} 为充电系统输出电压。当 $u_{CL}>u_{SC}$ 时，$i_C>0$，充电系统为超级电容充电；当 $u_{CL}<u_{SC}$ 时，$i_C<0$，充电系统为超级电容放电。

与蓄电池相比，超级电容可以允许较大的充放电电流，即具有较大的充放电功率；但受自身储能容量的限制，在大电流作用下，超级电容充放电时间较短，即具有较小的充放电能量。除此之外，蓄电池与超级电容作为充电系统负载，对充电系统控制方面的要求并无明显差异，因此下面只以蓄电池为例进行分析，相关结论同样适用于超级电容。

2. 蓄电池的充电模式

1) 恒流限压模式

恒流限压模式是应用较多的一种充电模式，也称为恒流-恒压(constant current-constant voltage, CC-CV)充电模式。

恒流限压模式是以恒定不变的电流对蓄电池进行充电，当蓄电池电压达到其最大允许充电电压后，转入恒压充电方式。转入恒压充电方式后，随着充电时间的延长，充电电流越来越小，直到小于规定的最小充电电流时，充电结束。

在恒流阶段，可以根据蓄电池充电需求和状态采用不同的充电电流组合，但要求任意一个阶段的充电电流不能超过蓄电池的最大允许充电电流。

在恒压阶段，充电系统的输出电压不能超过蓄电池最大允许充电电压。

图 4-27 给出了典型的恒流限压模式下的充电电压、充电电流及荷电状态(充电容量)随充电时间的变化曲线。可以看出，整个充电过程可以分三个阶段。

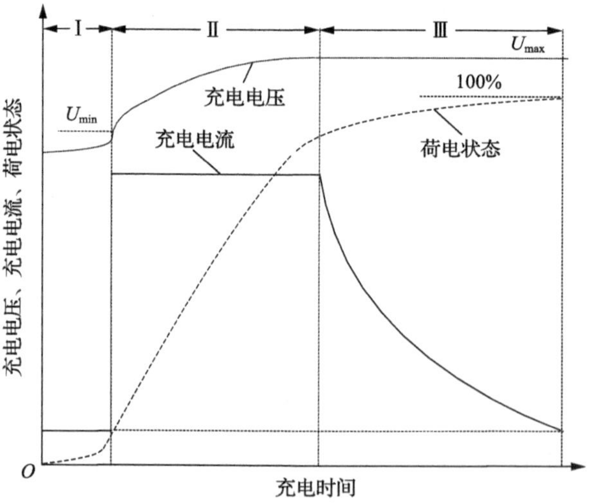

图 4-27　恒流限压模式下充电电压、充电电流和荷电状态曲线

(1) 阶段Ⅰ：由于蓄电池静置时间过长或过放电等，其荷电状态(state of charge, SOC)过低，蓄电池电压低于最低允许电压 U_{min}。这时，采用较小的充电电流(如 0.1C)对蓄电池进行恒流充电。这个阶段也称为预充电阶段、涓流充电阶段或预调节阶段。这个阶段

的目的主要是避免在蓄电池容量过低的状态下，较大的充电电流对蓄电池内部产生损害。同时，通过较小的充电电流也可以对蓄电池状态进行检测和评估，如果发现蓄电池处于非正常工作状态，则停止充电。若在充电前，蓄电池开路电压已经高于最低允许电压 U_{min}，则可以不经过阶段Ⅰ，直接进入阶段Ⅱ。

(2) 阶段Ⅱ：以不高于蓄电池最大允许充电电流的电流值对蓄电池进行恒流充电，随着充电时间的增加，蓄电池端电压(即充电系统输出电压)不断升高，蓄电池荷电状态不断升高。当蓄电池端电压达到蓄电池最大允许充电电压 U_{max} 时，阶段Ⅱ结束。

(3) 阶段Ⅲ：充电系统输出电压为蓄电池最大允许充电电压 U_{max} 并保持恒定，随着充电时间的增加，蓄电池充电电流会逐渐下降，当充电电流等于规定的蓄电池最小充电电流时(如 0.1C)，充电结束。在这个阶段，规定的蓄电池最小充电电流越小，则需要的充电时间越长，蓄电池荷电状态也越接近 100%。

2) 恒压限流模式

这种模式要求充电系统输出电压保持恒定，但根据式(4-20)可知，若充电电压远高于蓄电池开路电压，则充电电流会非常大，很可能高于蓄电池最大允许充电电流，这时可能会损坏蓄电池。因此，必须限制充电电流不能超过蓄电池最大允许充电电流。在这种充电模式下，有两种情况。

第一种情况：充电系统输出电压保持恒定，充电电流没有超过蓄电池最大允许充电电流。这时，随着充电时间的增长，充电电流越来越小，直到达到规定的蓄电池最小充电电流，充电过程结束。

第二种情况：充电系统输出电压保持恒定，充电电流超过蓄电池最大允许充电电流。这时，以最大允许充电电流对蓄电池进行恒流充电，直到蓄电池端电压达到期望的恒压设定值，转入恒压充电。随着充电时间的增长，充电电流越来越小，直到达到规定的蓄电池最小充电电流，充电过程结束，这种情况和恒流限压模式比较类似。

3) 恒流定时模式

充电系统以恒定电流对蓄电池进行充电，当充电时间达到设定值时，充电过程结束。如果在充电过程中，蓄电池端电压达到蓄电池最大允许充电电压，则进入恒压充电模式。

4) 恒压定时模式

充电系统以恒定的电压对蓄电池进行充电，当充电时间达到设定值时，充电过程结束。如果在充电过程中，蓄电池充电电流超过蓄电池最大允许充电电流，则进入恒流充电模式，以蓄电池最大允许充电电流对蓄电池进行充电。

3. 充电系统的工作区域

前面四种充电模式要求充电系统既可以对其输出电压进行调节，也可以对其输出电流进行调节。在充电过程中，对蓄电池端电压和充电电流都有限制，否则可能会损坏蓄电池。对于放电过程也是如此，因此，可以得到充电系统蓄电池一侧的工作区域，如图 4-28 所示[13]。图中，U_{max} 为蓄电池最大允许电压；U_{min} 为蓄电池最小允许电压；I_{c_max} 是蓄电池最大允许充电电流；I_{c_st} 是恒压充电的最小充电电流；I_{rc_max} 是蓄电池最大允许放电电流；I_{rc_st}是恒压放电的最小放电电流。以上各限值将图 4-28 所示坐标平面划分为八个区域，其中Ⅲ、Ⅳ、Ⅶ、Ⅷ应是蓄电池避免进入的区域，充电系统和蓄电池相连接时严禁进入Ⅳ、Ⅶ、Ⅷ区域；如果其他原因导致蓄电池过放或 SOC 过低，则可以采用涓流充电方式使蓄电池端电压恢复到 U_{min}，这时充电系统工作在Ⅲ区域。

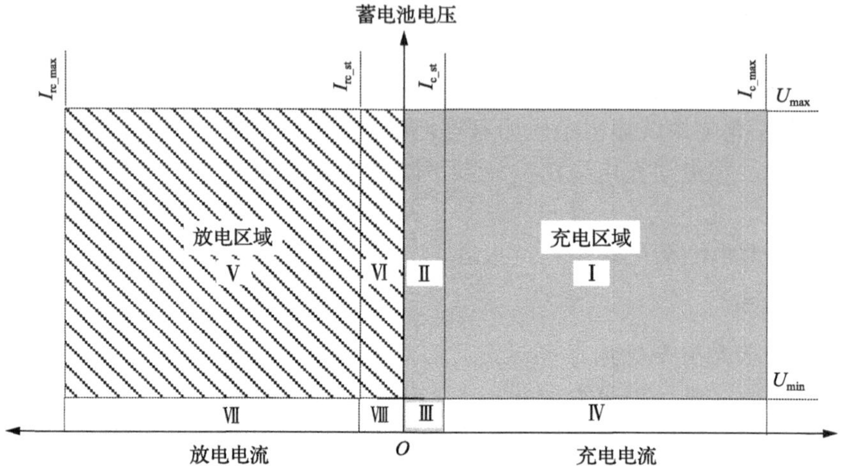

图 4-28　充电系统蓄电池一侧工作区域

作为电动汽车储能部件的蓄电池是由许多单体构成的，即蓄电池的对外体现形式是蓄电池组。蓄电池单体具有与图 4-28 类似的电流和电压限值。在蓄电池长时间工作过程中，蓄电池单体之间可能存在性能的差异。因此，充放电过程可能满足蓄电池组对端电压、充放电电流的限值要求，却不一定满足每个蓄电池单体端电压、充放电电流的限值要求。此外，蓄电池 SOC、健康状态(state of health, SOH)、蓄电池温度等运行参数对图 4-28 所示区域会产生很重要的影响。换言之，图 4-28 中各区域并非一成不变，而是随着蓄电池各单体、蓄电池组运行状态而不断进行变化。因此，充电系统需从蓄电池管理系统(battery management system, BMS)获取相关数据才能正常为蓄电池组充放电，充电系统与 BMS 之间通常通过 CAN 总线实现数据交互。基于 BMS 在充放电过程中起到的作用，充电系统控制方法有两种：一是 BMS 提供蓄电池目标端电压或目标电流，充电系统根据目标参数对充电系统输出电压或输出电流进行控制；二是 BMS 提供蓄电池组以及各单体的重要物理量数据，充电系统根据这些数据，按一定的控制策略得到目标输出电压或目标输出电流，并按一定的充放电模式对蓄电池进行充放电。这两种控制方法的区别在于，前者是以 BMS 为主，以充电系统为辅；后者是以充电系统为主，以 BMS 为辅。

4.4.2　传导充电系统的控制方法

如图 4-3 所示的小功率单向传导充电系统的控制电路框图如图 4-29 所示。充电系统采用数字化控制电路实现对其主电路的控制，并通过 CAN 总线与 BMS 进行通信。

在图 4-29 所示的主电路中，需要基于蓄电池状态对功率因数校正环节、全桥逆变环节进行控制，从而实现对蓄电池的充电。在电路结构上，需要控制的两个环节以级联方

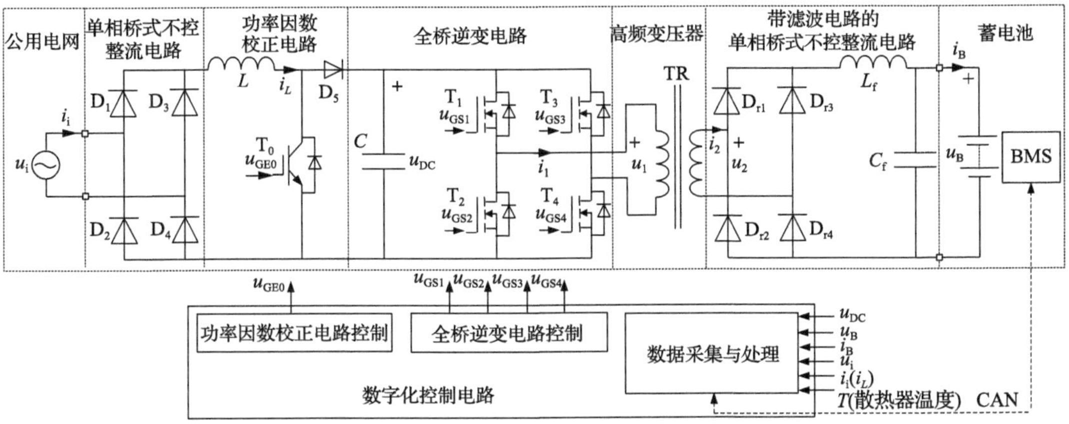

图 4-29　小功率单向传导充电系统的控制电路

式连接在一起，具有电气耦合结构；从电能的传输看，这两个环节具有能量耦合关系。其中，可采用图 4-15 所示的“电压外环、电流内环”的双闭环控制系统控制功率因数校正电路输出电压 u_{DC}；可采用“移相控制”，通过改变移相角 θ 控制全桥逆变电路输出电压 u_1 或输出电流 i_1。

有三种方法可对充电系统输出电压 u_B 或输出电流 i_B 进行控制。

(1) u_{DC} 保持某个数值不变，通过改变移相角 θ 实现对充电系统输出电压 u_B 或输出电流 i_B 的控制，相应地，充电方式为“恒压”模式或“恒流”模式。

(2) 移相角 $\theta=0$，对 u_{DC} 进行调节实现对充电系统输出电压 u_B 或输出电流 i_B 的控制。

(3) 对 u_{DC} 与移相角 θ 同时进行调节，实现对充电系统输出电压 u_B 或输出电流 i_B 的控制。

上述三种控制方法中，方法(3)更为灵活，在实现正常蓄电池充电以及功率因数校正的同时，更容易实现整个充电系统的效率优化。

在图 4-29 所示主电路中，如果在滤波电路与蓄电池之间加入 Boost 或 Buck 电路，则可在 u_{DC} 保持不变的同时，保持移相角 $\theta=0$，通过控制 Boost 或 Buck 电路中电力电子器件的占空比来对蓄电池充电电压或充电电流进行调节，缺点是充电系统的主电路结构将会变得更加复杂。

参考文献

[1] 中华人民共和国国家质量监督检验检疫总局，中国国家标准化管理委员会. 电动汽车传导充电系统 第 1 部分：通用要求：GB/T 18487.1—2015[S]. 北京：中国标准出版社, 2017.

[2] 王兆安，刘进军. 电力电子技术[M]. 5 版. 北京：机械工业出版社, 2016.

[3] Yin S, Liu Y, Liu Y, et al. Comparison of SiC voltage source inverters using synchronous rectification and freewheeling diode[J]. IEEE Transactions on Industrial Electronics, 2018, 65(2): 1051-1061.

[4] Fernández A, Sebastián J, Hernando M M, et al. New self-driven synchronous rectification system for converters with a symmetrically driven transformer[J]. IEEE Transactions on Industry Applications, 2005, 41(5): 1307-1315.

[5] 蔡宣三. 有源功率因数校正技术[J]. 电源世界, 2003, 3: 60-66.

[6] 国家技术监督局. 电能质量 公用电网谐波：GB/T 14549—1993[S]. 北京：中国标准出版社, 1993.

[7] 阮新波，王学华，潘冬华，等. LCL 型并网逆变器的控制技术[M]. 北京：科学出版社, 2015.

[8] Anderson J A, Haider M, Bortis D, et al. New synergetic control of a 20kW isolated vienna rectifier front-end ev battery charger[C]. 20th Workshop on Control and Modeling for Power Electronics, Toronto, 2019: 1-8.

[9] 周晓敏，孙文，高大威，等. 应用于无线电能传输系统的三相单开关功率因数校正方法[J]. 电力系统自动化, 2019, 43(2): 137-142.

[10] Hentunen A, Lehmuspelto T, Suomela J. Time-domain parameter extraction method for Thévenin-equivalent circuit battery models[J]. IEEE Transactions on Energy Conversion, 2014, 29(3): 558-566.

[11] Waheed A, Buss K. Modeling and validation of a three-dimensional thermoelectric model of a 50Ah lithium-iron-phosphate battery cell at three different ambient temperatures in the New European Driving Cycle (NEDC) [C]. AmE 2016 - Automotive meets Electronics; 7th GMM-Symposium, Dortmund, 2016: 1-6.

[12] Wang C, He H, Zhang Y, et al. A comparative study on the applicability of ultracapacitor models for electric vehicles under different temperatures[J]. Applied Energy, 2017, 196: 268-278.

[13] 高大威. 汽车电力电子学[M]. 北京：清华大学出版社, 2018.

第 5 章

电动汽车无线充电系统与控制技术

5.1 无线充电系统概述

5.1.1 无线充电系统的分类

若电动汽车充电系统的地面充电设备与车辆之间无须直接电气接触就可以实现能量的传输，则这种充电系统称为无线充电系统。

对于无线充电系统，如果在充电过程中电动汽车是静止的，则称为静态无线充电系统，其系统结构与原理如图 5-1(a)所示，静态无线充电系统中耦合线圈之间的位置是固定不变的；若在充电过程，电动汽车仍处于行驶状态中，即汽车处于边行驶边充电状态，这种充电系统称为动态无线充电系统[1]或行驶汽车充电系统[2]，其结构与原理如图 5-1(b)所示，动态无线充电系统中耦合线圈之间的位置随着汽车的运动而动态变化。

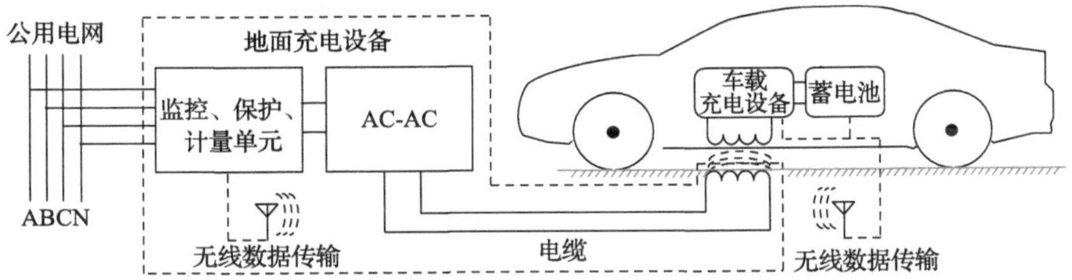

(a) 静态无线充电系统

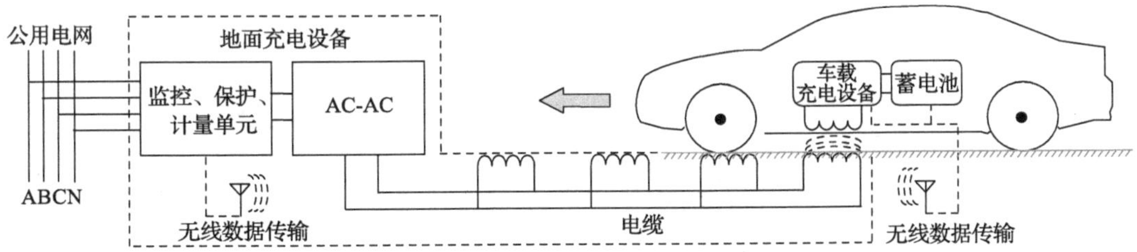

(b) 动态无线充电系统

图 5-1 无线充电系统结构与原理示意图

目前国内外相关标准对静态无线充电系统的输入容量 S_{in} 的规定为 S_{in}≤3.7kV·A、3.7kV·A<S_{in}≤7.7kV·A、7.7kV·A<S_{in}≤11.1kV·A、11.1kV·A<S_{in}≤22kV·A、22kV·A<S_{in}≤33kV·A、33kV·A<S_{in}≤66kV·A、S_{in}>66kV·A 几个等级[3,4]。

无线充电系统中电能的传输是通过地面上和车辆上的耦合线圈之间的电磁耦合来实

现的，因此无线充电系统中的部分装置必须安装在地面上，其他装置安装在车辆上，而不能把整个系统全部安装在地面上，这一点和传导充电系统不同。耦合线圈是无线充电系统中的核心组件，按照国内外相关标准的要求，对于适合轻型汽车的无线充电系统，耦合线圈之间的中心距离分为四个等级，分别为100～150mm、140～210mm、170～250mm以及250mm以上[3,5]。

和传导充电系统类似，根据充电系统中电能的传输方向，无线充电系统可以分为单向无线充电系统和双向无线充电系统。

5.1.2 无线充电系统的构成

图5-2[4]为《电动汽车无线充电系统 第1部分：通用要求》(GB/T 38775.1—2020)给出的无线充电系统的构成。在电气结构上，无线充电系统具有与传导充电系统类似的结构，大多功率传输组件的作用也是相同的。二者最明显的区别在于隔离电路，传导充电系统通常采用高频变压器实现负载(车辆上的蓄电池)与电源(电网)之间的电气隔离，而无线充电系统则通过耦合线圈实现系统中的电气隔离和电能无线传输，具体如图5-3所示。

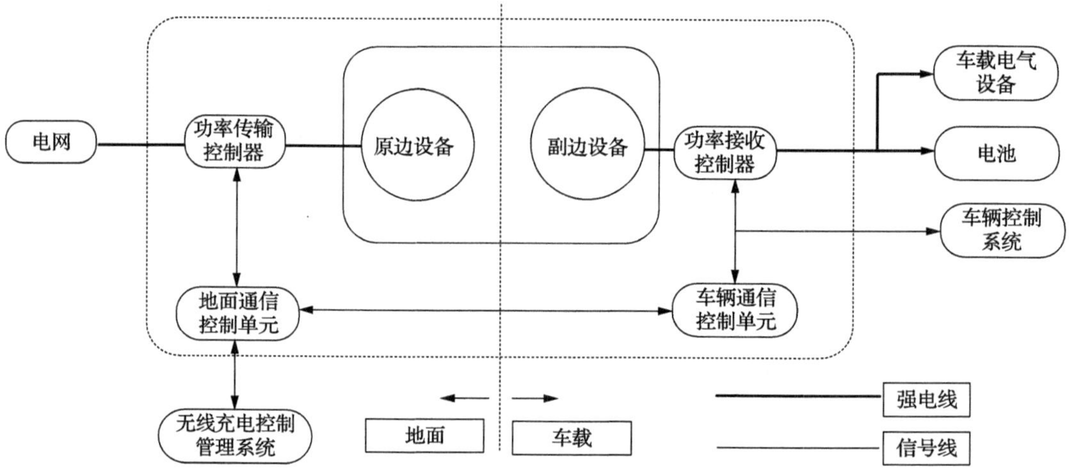

图5-2 无线充电系统的构成

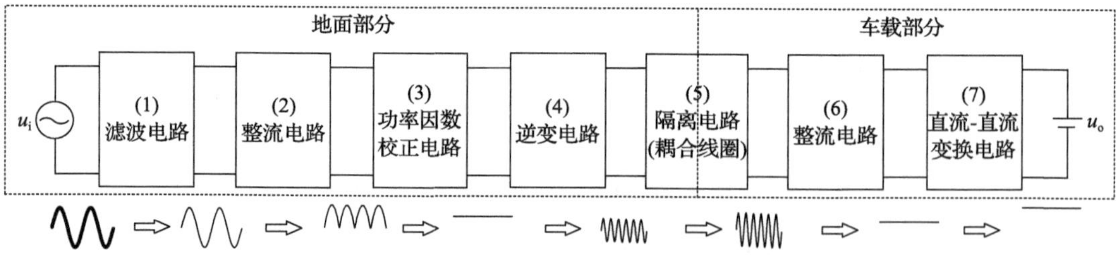

图5-3 无线充电系统的电气结构

图5-4为无线充电系统的一个电路示例。若只实现电能的单向传输，即只为车载蓄电池充电，那么图5-4靠近蓄电池侧(车载侧)的单相全桥PWM整流/逆变电路可以改为第4章中的桥式不控整流电路或同步整流电路。

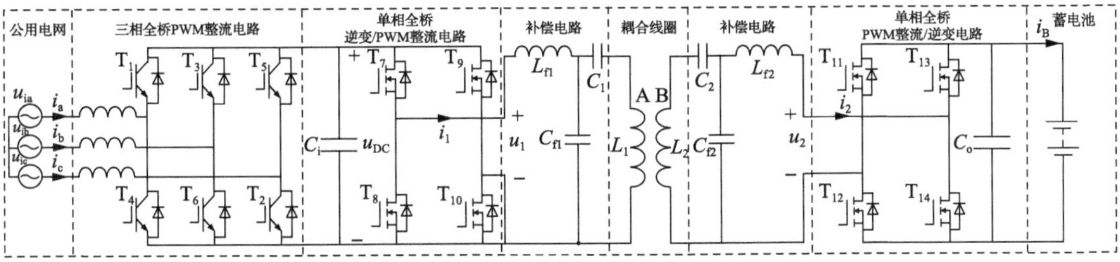

图 5-4　无线充电系统的电路示例

本章主要讨论无线充电系统中的耦合线圈原理与特性以及无线充电系统的控制方法。图 5-3 和图 5-4 所示的无线充电系统中其他电路环节或组件的内容可以参考第 4 章内容或其他文献[6]。

5.2　耦合线圈的数学模型

5.2.1　双线圈系统的磁耦合关系

对于空间放置的两个线圈，当其中一个线圈流过电流时，会在线圈周围产生磁场，若该磁场与另外一个线圈产生交链，就称这两个线圈为耦合线圈或感应线圈。

如图 5-5 所示，对于两个耦合线圈 A 和 B，A 的匝数为 N_1，B 的匝数为 N_2，A 和 B 分别与独立的电流源连接。

在分析图 5-5 前，做如下假设[2]：

(1) 忽略线圈的寄生参数。

(2) 线圈形成的电感为线性元件。

(3) 电流源电流 i_1 和 i_2 的频率较低，只考虑近场传输，不考虑电磁辐射和传输延时。

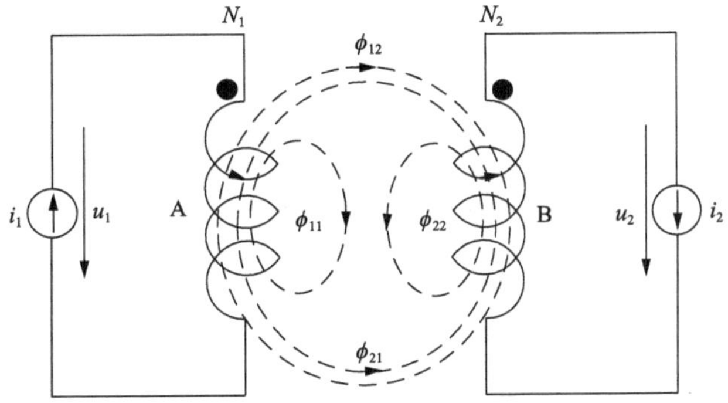

图 5-5　双耦合线圈示意图

图 5-5 中，线圈 A 的磁通量包括两部分，即不与线圈 B 交链的磁通量ϕ_{11}以及与线圈 B 耦合的磁通量ϕ_{12}；类似地，线圈 B 产生的磁通量也包括两部分，即不与线圈 A 交链的磁通量ϕ_{22}以及与线圈 A 耦合的磁通量ϕ_{21}。定义图中磁通量ϕ_{11}和ϕ_{12}的方向为正，则与线圈 A 和线圈 B 各自交链的磁通量为

$$\begin{cases}\phi_1=\phi_{11}+\phi_{12}-\phi_{21}\\ \phi_2=-\left(\phi_{22}+\phi_{21}-\phi_{12}\right)\end{cases} \tag{5-1}$$

若ϕ_{11}、ϕ_{12}、ϕ_{22}和ϕ_{21}所经磁路的磁阻分别为 R_{11}、R_{12}、R_{22} 和 R_{21}，且有

$$R_{12}=R_{21} \tag{5-2}$$

则存在

$$\begin{cases}\phi_{11}=\dfrac{N_1 i_1}{R_{11}}\\ \phi_{12}=\dfrac{N_1 i_1}{R_{12}}\\ \phi_{22}=\dfrac{N_2 i_2}{R_{22}}\\ \phi_{21}=\dfrac{N_2 i_2}{R_{21}}\end{cases} \tag{5-3}$$

根据式(5-1)～式(5-3)得到线圈 A 和 B 的磁链为

$$\begin{cases}\psi_1=N_1\phi_1=\dfrac{N_1^2}{R_{11}}i_1+\dfrac{N_1^2}{R_{12}}i_1-\dfrac{N_1N_2}{R_{21}}i_2=L_{11}i_1+L_{12}i_1-Mi_2=L_1i_1-Mi_2\\ \psi_2=N_2\phi_2=-\dfrac{N_2^2}{R_{22}}i_2-\dfrac{N_2^2}{R_{21}}i_2+\dfrac{N_1N_2}{R_{12}}i_1=-L_{12}i_2-L_{21}i_2+Mi_1=-L_2i_2+Mi_1\end{cases} \tag{5-4}$$

式中，L_{11} 和 L_{12} 分别为线圈 A 和 B 的漏感；L_{12} 和 L_{21} 分别为线圈 A 和 B 励磁电感；$L_1= L_{11}+L_{12}$ 和 $L_2= L_{12}+ L_{21}$ 分别为线圈 A 和 B 的自感；M 为线圈 A 和 B 之间的互感。

5.2.2 双线圈系统的数学模型与等效电路

根据图 5-5，有

$$\begin{cases}u_1=\dot{\psi}_1=L_1\dot{i}_1-M\dot{i}_2\\ u_2=\dot{\psi}_2=M\dot{i}_1-L_2\dot{i}_2\end{cases} \tag{5-5}$$

则图 5-5 所示的双耦合线圈可以等效为图 5-6 所示的电路，该电路又称为双耦合线圈 A 和 B 的“M-等效电路”，式(5-5)称为双耦合线圈 A 和 B 的“M-数学模型”。

式(5-5)可以变形为

$$\begin{cases}u_1=\left(L_1-M\right)\dot{i}_1+M\left(\dot{i}_1-\dot{i}_2\right)\\ u_2=-\left(L_2-M\right)\dot{i}_2+M\left(\dot{i}_1-\dot{i}_2\right)\end{cases} \tag{5-6}$$

因此，可以得到如图 5-7 所示的等效电路，该电路又称为双耦合线圈 A 和 B 的“T-等效电路”，式(5-6)称为双耦合线圈 A 和 B 的“T-数学模型”[7]。

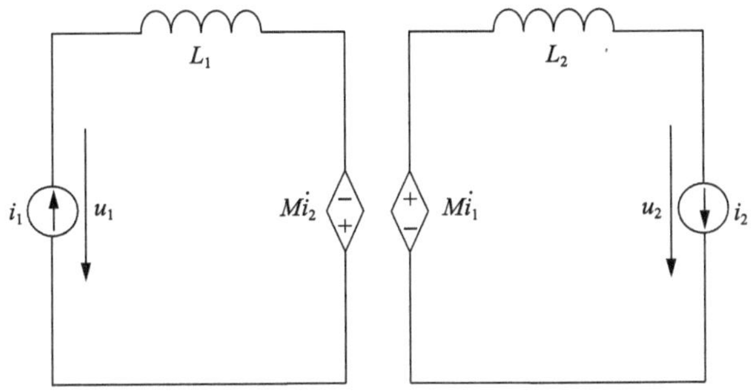

图 5-6　双耦合线圈的“M-等效电路”

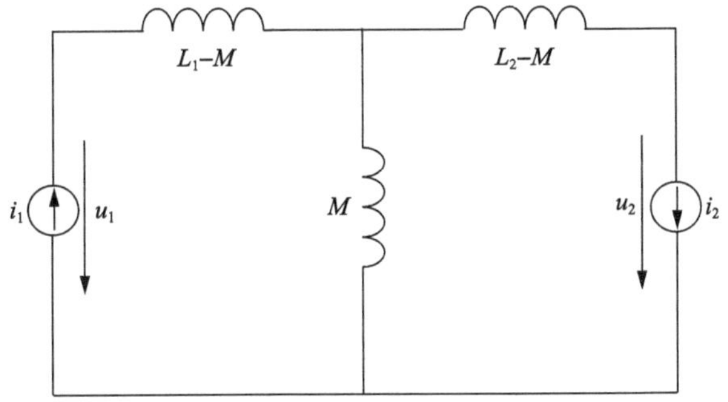

图 5-7　双耦合线圈的“T-等效电路”

令耦合线圈 A 和 B 的匝数比为 n，即有

$$n = \frac{N_1}{N_2} \tag{5-7}$$

由式(5-3)、式(5-4)和式(5-7)，存在

$$L_{12} = n^2 L_{21} \tag{5-8}$$

为便于分析，将线圈 A 的励磁电感表示为 L_m，即存在

$$L_{12} = L_m \tag{5-9}$$

则有

$$M = \frac{L_m}{n} \tag{5-10}$$

将式(5-8)～式(5-10)代入式(5-4)，可以推导得

$$\begin{cases} \psi_1 = L_{11}i_1 + L_m\left(i_1 - \dfrac{i_2}{n}\right) = L_{11}i_1 + L_m i_m \\ \psi_2 = \dfrac{L_m}{n}\left(i_1 - \dfrac{i_2}{n}\right) - L_{12}i_2 = \dfrac{L_m}{n} i_m - L_{12}i_2 \end{cases} \tag{5-11}$$

式中，有

$$i_{\mathrm{m}} = i_1 - \frac{i_2}{n} \tag{5-12}$$

因此，存在

$$\begin{cases} u_1 = L_{11}\dot{i}_1 + L_{\mathrm{m}}\dot{i}_{\mathrm{m}} = L_{11}\dot{i}_1 + u_{\mathrm{m}} \\ u_2 = \dfrac{L_{\mathrm{m}}}{n}\dot{i}_{\mathrm{m}} - L_{12}\dot{i}_2 = \dfrac{u_{\mathrm{m}}}{n} - L_{12}\dot{i}_2 \end{cases} \tag{5-13}$$

式中

$$u_{\mathrm{m}} = L_{\mathrm{m}}\dot{i}_{\mathrm{m}} \tag{5-14}$$

由式(5-13)可以构建如图 5-8 所示的等效电路，该电路又称为双耦合线圈 A 和 B 的“变压器等效电路”，式(5-13)称为双耦合线圈 A 和 B 的“变压器数学模型”。图 5-8 中 TR 为理想变压器。

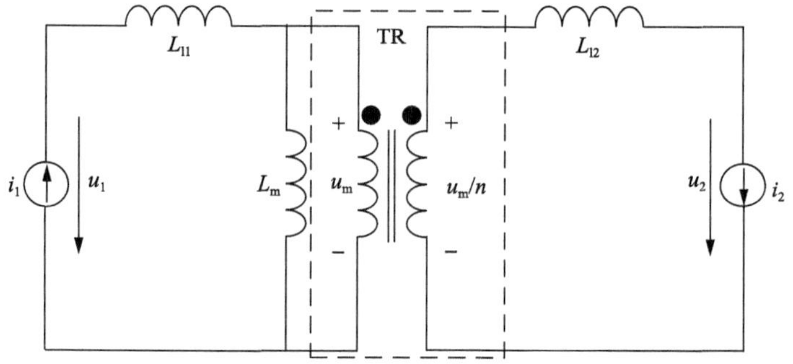

图 5-8 双耦合线圈的“变压器等效电路”

对于图 5-5 所示的双耦合线圈系统，可以定义线圈 A 和 B 之间的耦合系数 k_{AB} 为

$$k_{\mathrm{AB}} = \frac{M}{\sqrt{L_1 L_2}} \tag{5-15}$$

耦合系数也称为耦合因子，反映的是线圈之间的耦合强弱。对于一个理想变压器，可以认为 L_{11}、L_{12} 是零，所以有 $k_{\mathrm{AB}}=1$。而在无线充电系统中，发射线圈和接收线圈之间的耦合属于松散耦合，L_{11}、L_{12} 会比较大，M 会很小，因此，有

$$k_{\mathrm{AB}} \ll 1 \tag{5-16}$$

从数学关系上看，以上给出的三种模型是一致的。可以根据实际需要，采用不同的模型对线圈之间的耦合关系进行分析。

应该指出的是，上面对三个模型的分析是基于“无损”线圈得出的，实际的线圈在工作中会存在导线电阻引起的铜损以及由涡流损耗和磁滞损耗构成的铁损等损耗。同时，在高频工作条件下，线圈自身的分布参数会对系统工作产生较大的影响。如果考虑以上

因素，双耦合线圈的等效电路和数学模型将会变得复杂，如考虑寄生参数后的变压器等效模型如图 5-9 所示。图中，R_1 和 R_2 分别为线圈 A 和 B 的铜损等效电阻；R_m 为铁损等效电阻；C_1 和 C_2 分别为线圈 A 和 B 的集总等效电容；C_{12} 和 C_{21} 为线圈 A 和 B 之间的等效耦合电容。在线圈的实际制作中，为减少集肤效应以及邻近效应的影响，多采用利兹线按顺时针或逆时针方向以规则的形状(圆形、正方形、长方形等)绕制而成。

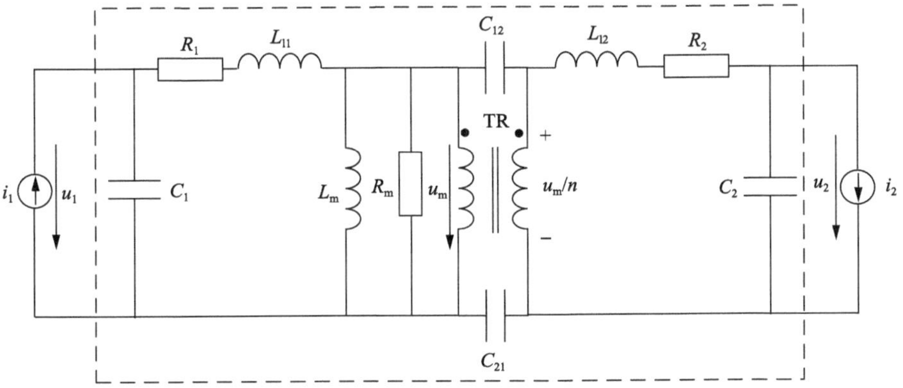

图 5-9　考虑寄生参数后的变压器等效模型

对于如图 5-8 所示双耦合线圈的“变压器等效电路”，若 A 为变压器一次侧线圈，B 为二次侧线圈，当 A 与一个正弦交流电源相连，而 B 连接一个负载时，电路图如图 5-10 所示。在较大负载下(即 R_o 很小)，由于 L_{11}、L_{12} 较大，因此输出电压 u_2 会很小，耦合线圈无法实现大功率的电能输送。因此，必须采用在电路中添加电容的补偿措施来抵消 L_{11}、L_{12} 的不良影响。

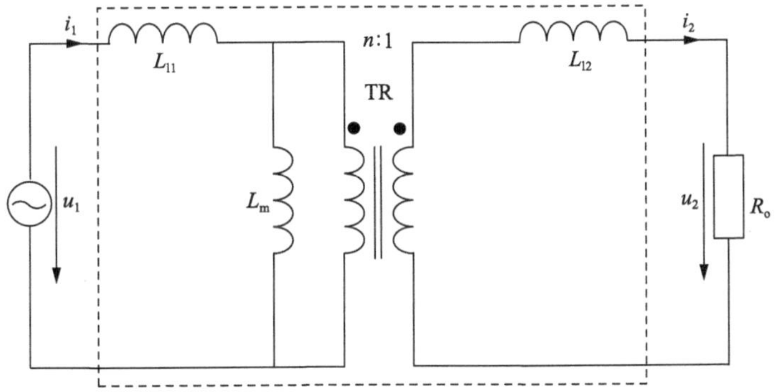

图 5-10　“变压器等效电路”下的双耦合线圈电路图

5.3　耦合线圈的补偿与谐振电路

5.3.1　耦合线圈的串联-串联型补偿

串联-串联型补偿是在耦合线圈的一次侧和二次侧采用串联电容的补偿，具体如

图 5-11 所示。图中，C_1 和 C_2 分别为一次侧和二次侧线圈回路的补偿电容；Z_1、Z_2、Z_3 为电路中不同虚线处右侧的等效阻抗，Z_i 为补偿后的双线圈系统的输入阻抗。若用电抗来表示图中各元件参数，则有

$$\begin{cases} X_{L_{11}} = \omega_s L_{11} \\ X_{L_{12}} = \omega_s L_{12} \\ X_{L_m} = \omega_s L_m \\ X_{C_1} = \dfrac{1}{\omega_s C_1} \\ X_{C_2} = \dfrac{1}{\omega_s C_2} \end{cases} \tag{5-17}$$

式中，ω_s 为电源 u_1 的角频率。若

$$\begin{cases} X_{L_{11}} + X_{L_m} - X_{C_1} = 0 \\ X_{L_m} + n^2(X_{L_{12}} - X_{C_2}) = 0 \end{cases} \tag{5-18}$$

可得

$$\begin{cases} Z_1 = jX_{L_{12}} - jX_{C_2} + R_o \\ Z_2 = n^2 R_o - jX_{L_m} \\ Z_3 = \dfrac{(n^2 R_o - jX_{L_m})jX_{L_m}}{n^2 R_o} \\ Z_i = \dfrac{X_{L_m}^2}{n^2 R_o} \end{cases} \tag{5-19}$$

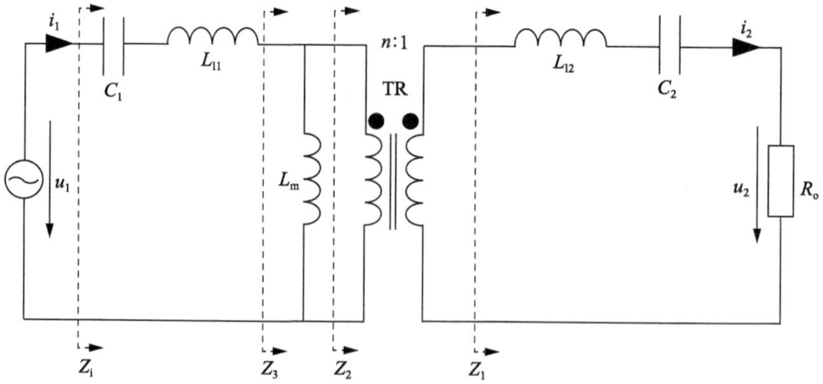

图 5-11 “变压器等效电路”下的串联-串联型补偿电路

因此，图 5-11 所示电路可以简化为图 5-12。图 5-12 中，R_{eq} 为

$$R_{eq} = Z_i = \frac{X_{L_m}^2}{n^2 R_o} \tag{5-20}$$

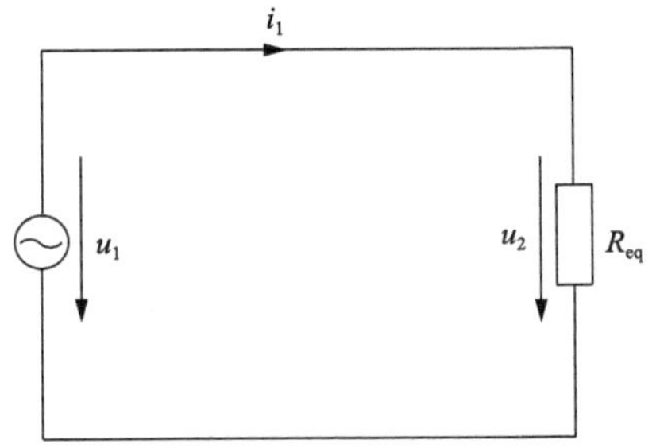

图 5-12 串联-串联型补偿后的等效电路

可见，当选取满足式(5-18)的补偿电容 C_1 和 C_2 时，电源 u_1 的负载为一个电阻 R_{eq}。根据图 5-11 所示电路，可以求得

$$\begin{cases} i_1 = \dfrac{u_1 n^2 R_o}{X_{L_m}^2} = \dfrac{u_1 n^2 R_o}{(\omega_s L_m)^2} \\ i_2 = j\dfrac{u_1 n}{X_{L_m}} = j\dfrac{u_1 n}{\omega_s L_m} \end{cases} \tag{5-21}$$

通过以上分析，可以得到如下结论：二次侧线圈回路电流，即负载电流，只与电源电压 u_1、电源角频率 ω_s、励磁电感 L_m 及线圈匝数比 n 有关，而与负载 R_o 无关。在耦合线圈位置固定、电路参数固定的前提下，通过调节 u_1 就可以对负载电流进行调节。这非常有利于无线充电系统对车载蓄电池等储能部件进行充电电流调节，因此串联-串联型补偿是无线充电系统中应用较多的一种补偿方式。

此外，当负载短路，即 R_o 为零时，一次侧线圈回路电流 $i_1=0$；而当负载开路，即 R_o 为无穷大时，一次侧线圈回路电流 i_1 为无穷大。这一点从图 5-11 也容易看出，当负载开路时，C_1、L_{l1}、L_m 形成串联谐振，电流 i_1 为无穷大。因此，采用串联-串联型补偿结构电路时，应避免负载开路。

由式(5-8)～式(5-11)、式(5-18)可以得到

$$\begin{cases} X_{L_1} - X_{C_1} = 0 \\ X_{L_2} - X_{C_2} = 0 \end{cases} \tag{5-22}$$

式中

$$\begin{cases} X_{L_1} = \omega_s L_1 \\ X_{L_2} = \omega_s L_2 \end{cases} \tag{5-23}$$

即

$$\begin{cases} C_1 = \dfrac{1}{\omega_s^2 L_1} \\ C_2 = \dfrac{1}{\omega_s^2 L_2} \end{cases} \tag{5-24}$$

对双耦合线圈若采用图 5-6 所示的“M-等效电路”，那么串联-串联型补偿电路如图 5-13 所示。

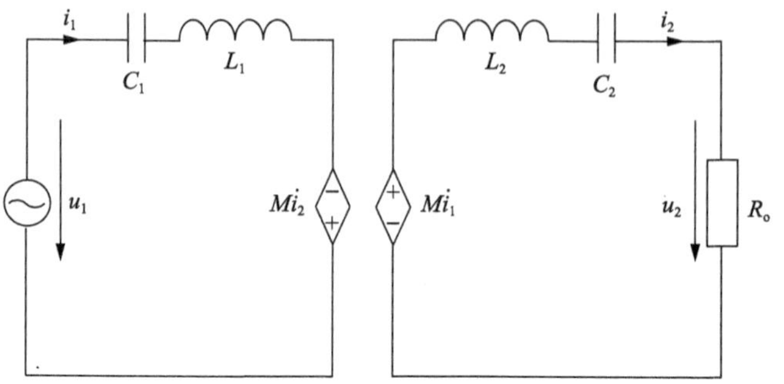

图 5-13 “M-等效电路”下的串联-串联型补偿电路

根据式(5-23)，在电源角频率为ω_s时，图 5-13 所示电路中，一次侧线圈回路和二次侧线圈回路皆发生串联谐振。式(5-21)表明，从电源角度看整个电路，电路的功率因数为 1；此外，二次侧电流 i_2 超前一次侧电流 i_1 或电压 $u_1$90°。

式(5-18)和式(5-24)是一致的。因此，无论采用“变压器等效电路”还是采用“M-等效电路”，得到的结论都是相同的。但采用“M-等效电路”时，由于将线圈漏感和励磁电感等效为自感，可以更直接得到电路的谐振条件。

5.3.2 耦合线圈的串联-并联型补偿

串联-并联型补偿是一次侧线圈与电容串联、二次侧线圈与电容并联的补偿，具体如图 5-14 所示。

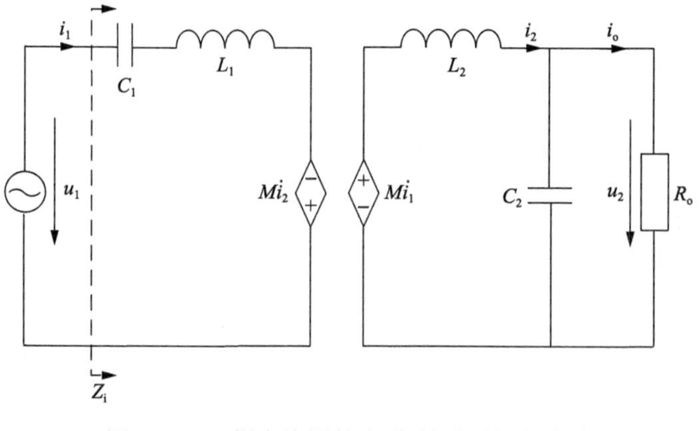

图 5-14 双耦合线圈的串联-并联型补偿电路

若二次侧线圈回路满足

$$X_{L_2} - X_{C_2} = 0 \tag{5-25}$$

即

$$C_2 = \frac{1}{\omega_s^2 L_2} \tag{5-26}$$

则根据图 5-14 可以得到输入阻抗 Z_i 为

$$Z_i = \frac{M^2 R_o}{L_2^{\ 2}} + j\left(X_{L_1} - X_{C_1} - \frac{\omega_s M^2}{L_2}\right) \tag{5-27}$$

因此，当满足下面条件时：

$$C_1 = \frac{1}{\omega_s^2 \left(L_1 - \dfrac{M^2}{L_2}\right)} \tag{5-28}$$

输入阻抗 Z_i 为纯阻性且有

$$Z_i = R_{eq} = \frac{M^2 R_o}{L_2^{\ 2}} \tag{5-29}$$

这种情况下，双耦合线圈系统功率因数为 1。一次侧补偿电容 C_1 不仅与两侧线圈电感值 L_1 和 L_2 有关，还与线圈间的互感 M 有关。当两个耦合线圈空间相对位置变化时，C_1 也要随着变化才能保证正常的谐振状态，这在实际应用中是很难做到的。

当满足式(5-26)、式(5-28)时，也可以得到一次侧和二次侧线圈电流的表达式：

$$\begin{cases} i_1 = \dfrac{L_2^{\ 2}}{M^2 R_o} u_1 \\ i_2 = \left(\dfrac{L_2}{R_o M} + j\dfrac{1}{\omega_s M}\right) u_1 \end{cases} \tag{5-30}$$

而负载电流为

$$i_o = i_2 \frac{-jX_{C_2}}{R_o - jX_{C_2}} \tag{5-31}$$

显然，负载电流同样与互感 M 相关，这增加了车载储能部件充电电流的控制难度。

5.3.3 耦合线圈的并联-串联型补偿

并联-串联型补偿是一次侧线圈与电容并联、二次侧线圈与电容串联的补偿，具体如图 5-15 所示。

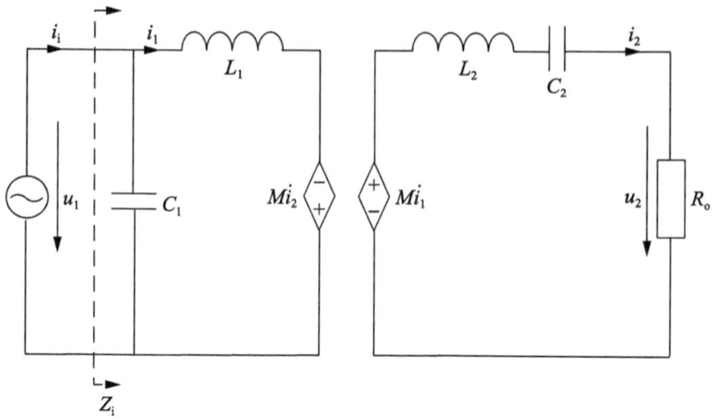

图 5-15　双耦合线圈的并联-串联型补偿电路

若二次侧线圈回路满足

$$C_2 = \frac{1}{\omega_s^2 L_2} \tag{5-32}$$

则根据图 5-15 可以得到输入阻抗 Z_i 为

$$Z_i = \frac{1}{jX_{C_1} + \dfrac{1}{jX_{L_1} + \dfrac{\omega_s^2 M^2}{R_o}}} \tag{5-33}$$

因此，当满足下面条件时：

$$C_1 = \frac{L_1}{\left(\dfrac{\omega_s^2 M^2}{R_o}\right)^2 + X_{L_1}^2} \tag{5-34}$$

输入阻抗 Z_i 为纯阻性且有

$$Z_i = R_{eq} = \frac{X_{C_1} X_{L_1}^3 M^2 R_o - X_{C_1} X_{L_1}^2 M^2 R_o (X_{L_1} - X_{C_1})}{(X_{L_1} \omega_s M^2)^2 + (X_{L_1} - X_{C_1})^2 (L_1 R_o)^2} \tag{5-35}$$

这种情况下，双耦合线圈系统功率因数为 1。一次侧补偿电容 C_1 不仅与一次侧线圈电感值 L_1、线圈间的互感值 M 有关，还与负载 R_o 有关。因此在实际应用中，很难确定准确的 C_1。

当满足式(5-32)、式(5-34)时，可根据式(5-36)计算电源电流、一次侧线圈电流、二次侧线圈电流(即负载电流)：

$$\begin{cases} i_{\mathrm{i}} = \dfrac{u_1}{Z_{\mathrm{i}}} \\ i_1 = i_{\mathrm{i}} \dfrac{-\mathrm{j}X_{C_1}}{\dfrac{\omega_{\mathrm{s}}^2 M^2}{R_{\mathrm{o}}} + \mathrm{j}(X_{L_1} - X_{C_1})} \\ i_2 = i_1 \dfrac{\mathrm{j}\omega_{\mathrm{s}} M}{R_{\mathrm{o}}} \end{cases} \tag{5-36}$$

显然，影响负载电流的因素较多。因此采用并联-串联型补偿结构后，车载储能部件充电电流的控制难度较大。

5.3.4　耦合线圈的并联-并联型补偿

并联-并联型补偿是一次侧线圈与电容并联、二次侧线圈与电容并联的补偿，具体如图 5-16 所示。

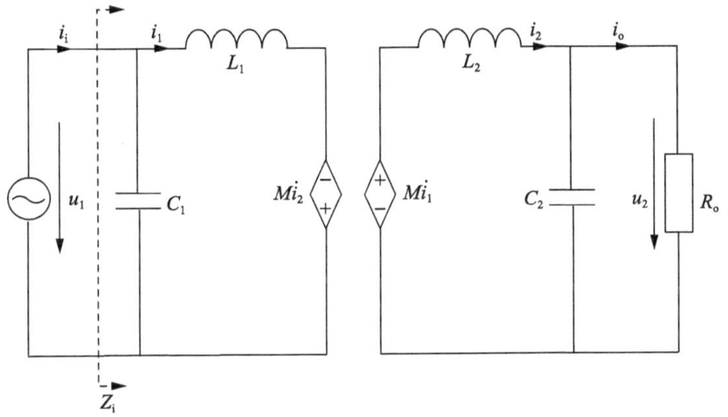

图 5-16　双耦合线圈的并联-并联型补偿电路

若二次侧线圈回路满足

$$C_2 = \frac{1}{\omega_{\mathrm{s}}^2 L_2} \tag{5-37}$$

则根据图 5-16 可以得到输入阻抗 Z_{i} 为

$$Z_{\mathrm{i}} = \frac{1}{\mathrm{j}X_{C_1} + \dfrac{1}{\mathrm{j}X_{L_1} + \left(\dfrac{M^2 R_{\mathrm{o}}}{L_2^{\ 2}} - \mathrm{j}\dfrac{\omega_{\mathrm{s}} M^2}{L_2}\right)}} \tag{5-38}$$

因此，当满足下面条件时：

$$C_1=\frac{L_1-\dfrac{M^2}{L_2}}{\left(\dfrac{M^2R_o}{L_2^2}\right)^2+\omega_s^2\left(L_1-\dfrac{M^2}{L_2}\right)^2}\tag{5-39}$$

输入阻抗 Z_i 为纯阻性且有

$$Z_i=R_{eq}=\frac{\dfrac{M^2R_o}{{L_2}^2}}{\left[1-\dfrac{1}{X_{C_1}}\left(X_{L_1}-\dfrac{\omega_s M^2}{L_2}\right)\right]^2+\left(\dfrac{\omega_s C_1 M^2 R_o}{{L_2}^2}\right)^2}\tag{5-40}$$

这种情况下，双耦合线圈系统功率因数为 1。一次侧补偿电容 C_1 不仅与两侧线圈电感值 L_1、L_2 有关，还与线圈间的互感值 M 以及负载 R_o 有关。因此在实际应用中，很难确定准确的 C_1。

当满足式(5-37)、式(5-39)时，也可以得到电源电流、一次侧和二次侧线圈电流、负载电流：

$$\begin{cases}i_i=\dfrac{u_1}{Z_i}\\ i_1=i_i\dfrac{-jX_{C_1}}{\left(\dfrac{M^2R_o}{{L_2}^2}-j\dfrac{\omega_s M^2}{L_2}\right)+jX_{L_1}-jX_{C_1}}\\ i_2=j\omega_s M\left(\dfrac{R_L}{X_{L_2}^2}-j\dfrac{1}{X_{L_2}}\right)i_1\\ i_o=\dfrac{-jX_{C_2}}{R_o-jX_{C_2}}i_2\end{cases}\tag{5-41}$$

显然，负载电流与互感 M 及负载 R_o 相关，这增加了车载储能部件充电电流的控制难度。

表 5-1 对上述四种补偿结构的一次侧和二次侧电容值的选择进行了归纳。

表 5-1 双耦合线圈系统补偿结构电容值

电容位置	串联-串联(S-S)	串联-并联(S-P)	并联-串联(P-S)	并联-并联(P-P)
一次侧电容（C_1）	$\dfrac{1}{\omega_s^2L_1}$	$\dfrac{1}{\omega_s^2\left(L_1-\dfrac{M^2}{L_2}\right)}$	$\dfrac{L_1}{\left(\dfrac{\omega_s^2M^2}{R_o}\right)^2+\omega_s^2{L_1}^2}$	$\dfrac{L_1-\dfrac{M^2}{L_2}}{\left(\dfrac{M^2R_o}{L_2^2}\right)^2+\omega_s^2\left(L_1-\dfrac{M^2}{L_2}\right)^2}$
二次侧电容（C_2）	$\dfrac{1}{\omega_s^2L_2}$	$\dfrac{1}{\omega_s^2L_2}$	$\dfrac{1}{\omega_s^2L_2}$	$\dfrac{1}{\omega_s^2L_2}$

5.3.5　耦合线圈的“C-CC”型补偿

“C-CC”型补偿结构是指一次侧线圈有一个补偿电容，而二次侧线圈有两个补偿电容的结构[2]，具体电路如图 5-17 所示。

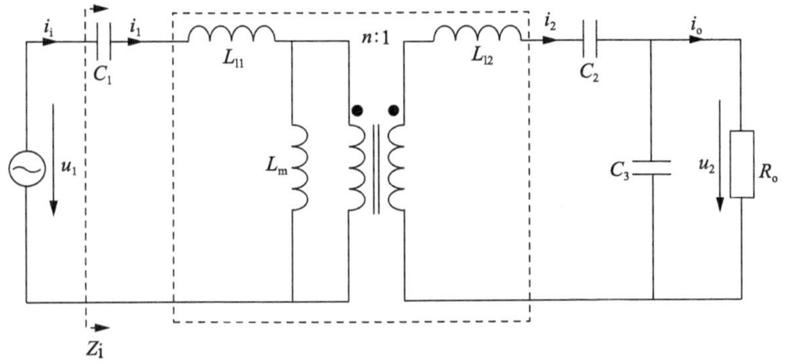

图 5-17　双耦合线圈的“C-CC”型补偿电路

若补偿电容 C_1 和 C_2 满足

$$\begin{cases} C_1 = \dfrac{1}{\omega_s^2 L_{11}} \\ C_2 = \dfrac{1}{\omega_s^2 L_{12}} \end{cases} \tag{5-42}$$

则根据图 5-17 可以得到输入电流 i_i 为

$$i_i = \frac{u_1}{n^2 R_o} + ju_1\left(\frac{\omega_s C_3}{n^2} - \frac{1}{\omega_s L_m}\right) \tag{5-43}$$

若电路功率因数为 1，则有

$$C_3 = \frac{n^2}{\omega_s^2 L_m} \tag{5-44}$$

当同时满足式(5-42)、式(5-44)时，输入阻抗 Z_i 为

$$Z_i = n^2 R_o \tag{5-45}$$

此时，双耦合线圈和三个补偿电容一起构成理想变压器 TR，即图 5-17 简化为图 5-18。这时，对负载 R_o 来说，双耦合线圈系统就可以等效为一个电压源，并且电压源电压为 u_1/n。因此，通过控制电压源电压 u_1 可以对负载电流进行调节。

对于“C-CC”型补偿结构，需要预先得到耦合线圈的漏感 L_{11} 和 L_{12}，才能计算补偿电容 C_1 和 C_2。此外，补偿电容 C_3 与励磁电感 L_m 密切相关。因此，在实际应用中，较难获得准确的补偿电容。

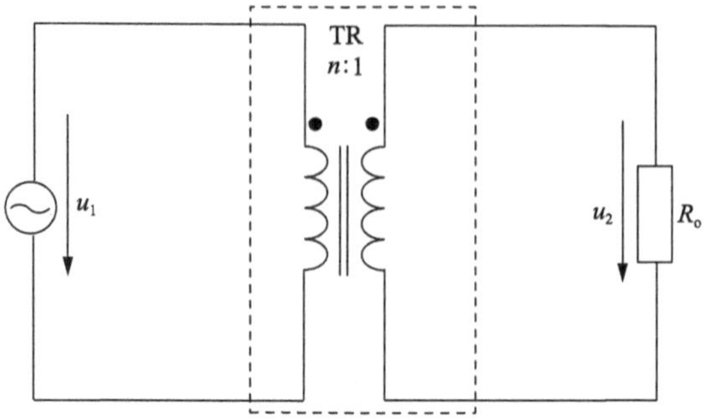

图 5-18 满足谐振条件的“C-CC”型补偿电路

5.3.6 耦合线圈的“LCC-CCL”型补偿

“LCC-CCL”型补偿结构指一次侧和二次侧线圈采用如图 5-19 所示的补偿网络，由于按元件的连接顺序，一次侧线圈补偿网络包括串联电感 L_{f1}、并联电容 C_{f1} 和串联电容 C_1，二次侧线圈补偿网络包括串联电容 C_2、并联电容 C_{f2} 和串联电感 L_{f2}，因此称为“LCC-CCL”型补偿结构。

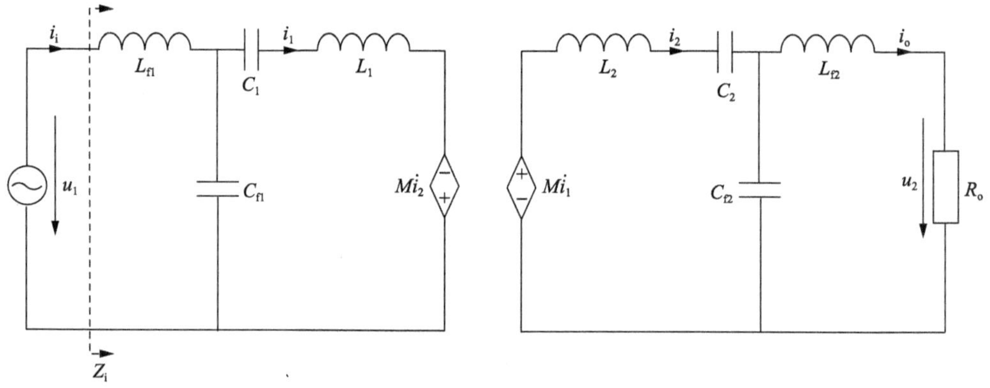

图 5-19 双耦合线圈的“LCC-CCL”型补偿电路

若满足

$$\begin{cases} \mathrm{j}\omega_s L_1 + \dfrac{1}{\mathrm{j}\omega_s C_1} = -\dfrac{1}{\mathrm{j}\omega_s C_{f1}} = \mathrm{j}\omega_s L_{f1} \\ \mathrm{j}\omega_s L_2 + \dfrac{1}{\mathrm{j}\omega_s C_2} = -\dfrac{1}{\mathrm{j}\omega_s C_{f2}} = \mathrm{j}\omega_s L_{f2} \end{cases} \tag{5-46}$$

则输入阻抗 Z_i 为

$$Z_i = \frac{\omega_s^2 L_{f1}^2 L_{f2}^2}{M^2 R_o} \tag{5-47}$$

此时电路的功率因数为 1。

容易得到一次侧线圈和二次侧线圈电流为

$$\begin{cases} i_1 = -\mathrm{j}\dfrac{1}{\omega_s L_{f1}} u_1 \\ i_2 = \dfrac{MR_o}{\omega_s^2 L_{f1} L_{f2}{}^2} u_1 \end{cases} \tag{5-48}$$

因此，可得负载电流 i_o 为

$$i_o = -\mathrm{j}\frac{M}{\omega_s L_{f1} L_{f2}} u_1 \tag{5-49}$$

由式(5-48)、式(5-49)可得以下结论。

(1)一次侧线圈电流 i_1 与电源电压 u_1、电源角频率ω_s及补偿电感的电感量 L_{f1} 相关，而与互感 M、负载 R_o 无关。因而，当 u_1、ω_s、L_{f1} 确定后，一次侧线圈电流恒定不变。相应地，由一次侧线圈产生的磁场也将保持恒定不变。

(2)当负载断路时，二次侧线圈中的 L_2、C_2 和 C_{f2} 产生串联谐振，二次侧线圈电流 i_2 无穷大，实际工作中应尽量避免。

(3)负载电流 i_o 只与互感 M、电源电压 u_1、电源角频率ω_s及补偿电感的电感量 L_{f1} 和 L_{f2} 相关，而与负载 R_o 无关。随着车载储能部件充电时间的延长，充电系统的等效负载 R_o 会发生变化，而由于“LCC-CCL”型补偿结构中负载电流 i_o 与 R_o 无关，非常容易做到恒流充电，因此，这种补偿结构的双耦合线圈系统得到了较广泛的关注。

和串联-串联型补偿结构相比，“LCC-CCL”型补偿结构使用了更多的电容和电感元件，电路结构复杂，也会增加系统的成本。但是，“LCC-CCL”型补偿结构拥有一些串联-串联型补偿结构没有的优势。例如，对于串联-串联型补偿结构，由式(5-21)得

$$i_1 = \frac{u_1 R_o}{\omega_s^2 M^2} \tag{5-50}$$

因此，电路的输入功率 p_i 为

$$p_i = u_1 i_1 = \frac{u_1^2 R_o}{\omega_s^2 M^2} \tag{5-51}$$

式(5-51)表明，电路的输入功率随互感 M 的减小而增大。这就要求两个耦合线圈尽可能对正位置，同时需要对电路的输入功率加以限制，防止线路或元器件过流而失效。而对于“LCC-CCL”型补偿结构，由式(5-49)可得电路的输入功率 p_i 为

$$p_i = \frac{M^2 R_o}{\omega_s^2 L_{f1}^2 L_{f2}^2} u_1^2 \tag{5-52}$$

式(5-52)表明，电路的输入功率随 M 的减小而减小。此外，式(5-46)涉及六个无源

元件，因此补偿元件参数更容易得到优化。

需要指出的是，一方面，耦合线圈的补偿可以提高电路的功率因数，进而提高电路的有功功率的传输，提升无线充电系统传输电能的能力；另一方面，补偿效果与两个耦合线圈的相对位置、电源频率，甚至负载的变化都密切相关，这也是在实际应用中需要注意的问题。

另外，由无源元件构成的补偿电路还具有滤波的功能。虽然经过高频逆变电路后，耦合线圈系统输入电源 u_1 的波形是方波，但由于补偿电路对电源回路及负载回路电流具有“带通”作用，流经一次侧和二次侧线圈的电流一般都非常接近正弦波。当然，由电感和电容构成的补偿电路会具有明显的“惯性环节”特征，在一些情况下，会导致电路的动态响应偏慢。

对于由多个电感和电容构成的复杂结构的补偿电路，不同支路、不同回路可能会有不同的谐振频率。因此，在电源频率变化范围较大时，如系统启动过程或动态调节过程，在某些频率下，可能会产生谐振，进而出现过电压或过电流，在系统设计应用过程中应给予充分的重视。

5.4 耦合线圈的电能传输特性

前面对各类补偿电路的分析都是基于假设电路中的耦合线圈及其他元件是无损的，即没有考虑线圈及补偿元件寄生电阻带来的损耗对电路工作的影响。两个无损耦合线圈之间电能传输的效率永远是100%，加入补偿元件，只是提高了电路的功率因数，进而提高了线圈传输有功功率的能力。同时，补偿元件的加入，会使负载侧的电压或电流更容易控制。

但实际的线圈及补偿电感、电容在工作中都会产生损耗，这部分损耗不仅与流过元件的电流有关，还与电流的频率甚至元件的工作温度密切相关。这部分损耗不但降低了系统工作效率，而且降低了系统传输电能的能力。在对电路进行分析时，通常可以用电阻来等效元件工作中产生的损耗。

5.4.1 耦合线圈系统的输出特性

以图 5-13 所示的串联-串联型补偿电路为例，当考虑电路中的元件损耗后，电路如图 5-20 所示。图中，R_1 和 R_2 分别为一次侧和二次侧线圈回路中考虑损耗的等效电阻。

若图 5-20 所示电路满足式(5-22)所示的回路串联谐振条件，可以得到

$$\begin{cases} i_1 = \dfrac{u_1(R_2 + R_o)}{\omega_s^2 M^2 + R_1 R_2 + R_1 R_o} \\ i_2 = \dfrac{j\omega_s M u_1}{\omega_s^2 M^2 + R_1 R_2 + R_1 R_o} \end{cases} \tag{5-53}$$

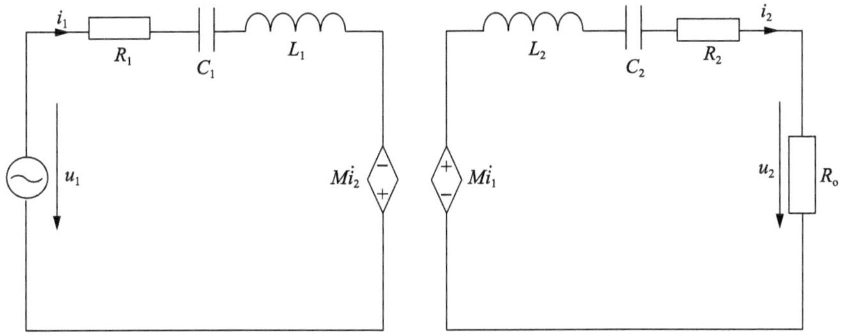

图 5-20　考虑损耗下的耦合线圈串联-串联型补偿电路

则负载 R_o 消耗的瞬时功率 p_o 可以表示为

$$p_o = i_2^2 R_o = \frac{\omega_s^2 M^2 u_1^2 R_o}{(\omega_s^2 M^2 + R_1 R_2 + R_1 R_o)^2} \tag{5-54}$$

由式(5-54)可知，若等号右侧其他参数不变，只是 R_o 发生变化，当满足

$$R_o = \frac{\omega_s^2 M^2 + R_1 R_2}{R_1} \tag{5-55}$$

时，R_o 消耗的瞬时功率 p_o 达到最大值 $p_{om\text{-}R}$。图 5-21(a)给出了 p_o 随 R_o 变化的曲线。

由式(5-15)，p_o 可以表示为

$$p_o = \frac{\omega_s^2 L_1 L_2 u_1^2 R_o}{\left(\dfrac{R_1 R_2 + R_1 R_o}{k} + \omega_s^2 L_1 L_2 k\right)^2} \tag{5-56}$$

式中，k 为耦合线圈间的耦合系数。若式(5-56)等号右侧其他参数不变，只是 k 发生变化，当满足

$$k = \frac{1}{\omega_s}\sqrt{\frac{R_1 R_2 + R_1 R_o}{L_1 L_2}} \tag{5-57}$$

时，R_o 消耗的瞬时功率 p_o 达到最大值。图 5-21(b)给出了 p_o 随 k 变化的曲线，图中 k_{pm} 对应着输出功率的最大值 p_{om_k}。

5.4.2　耦合线圈系统的效率特性

图 5-20 所示电路中电源输出的瞬时功率 p_i 为

$$p_i = u_1 i_1 = \frac{u_1^2 (R_2 + R_o)}{\omega_s^2 M^2 + R_1 R_2 + R_1 R_o} \tag{5-58}$$

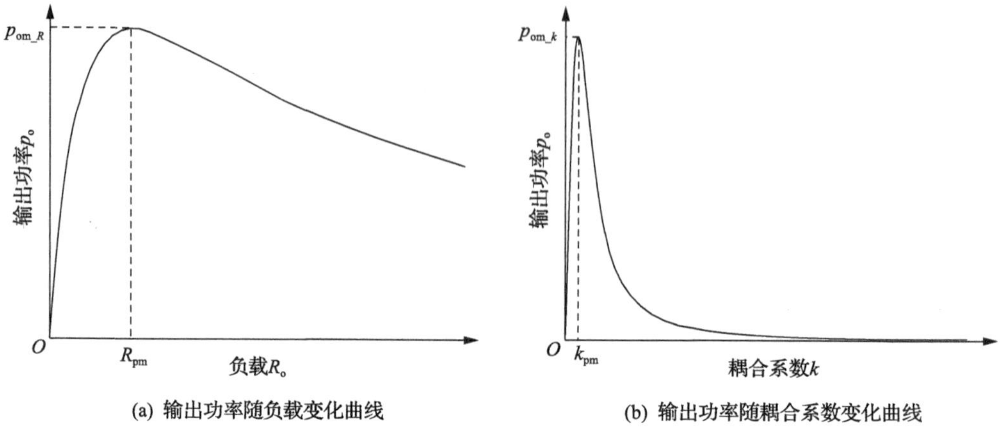

(a) 输出功率随负载变化曲线　(b) 输出功率随耦合系数变化曲线

图 5-21　双耦合线圈系统输出功率随负载及耦合系数变化曲线

因此，双耦合线圈系统的效率η为

$$\eta=\frac{p_o}{p_i}=\frac{\omega_s^2M^2R_o}{(R_2+R_o)(\omega_s^2M^2+R_1R_2+R_1R_o)} \tag{5-59}$$

同时，式(5-59)还可以表示为

$$\eta=\frac{\omega_s^2k^2L_1L_2R_o}{(R_2+R_o)(\omega_s^2k^2L_1L_2+R_1R_2+R_1R_o)} \tag{5-60}$$

图 5-22(a)和图 5-22(b)分别给出双耦合线圈系统的效率随负载及耦合系数变化曲线。由图 5-22(a)可以看出，当式(5-59)等号右侧其他参数都不变，只有 R_o 发生变化时，系统工作效率在 R_{em} 处达到最大值η_{m_R}。而随着耦合系数的增加，系统工作效率具有增加的趋势。

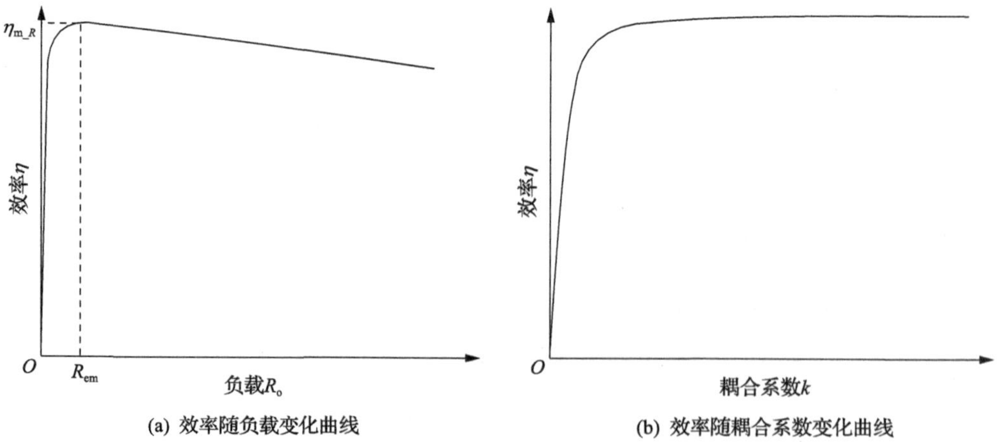

(a) 效率随负载变化曲线　(b) 效率随耦合系数变化曲线

图 5-22　双耦合线圈系统效率随负载及耦合系数变化曲线

5.5 无线充电系统的电磁安全性

在无线充电系统工作过程中，其耦合线圈之间及线圈周边会产生高频电磁场，高频电磁场一方面是电能传输的媒介，另一方面也可能对线圈周边的人或其他生物产生有害的影响。因此，无线充电技术得到推广应用的前提之一就是保证该系统周边生物活动范围内，电磁场强度满足相关标准或法规的要求。

为控制电场、磁场、电磁场所致公众暴露，电气与电子工程师协会(Institute of Electrical and Electronics Engineers, IEEE)制定的IEEE Std C95.1™—2005(以下简称IEEE标准)[8]、国际非电离辐射防护委员会(International Commission on Non-Ionizing Radiation Protection, ICNIRP)制定的《限制时变电场、磁场和电磁场暴露的导则(300GHz 以下)》(以下简称ICNIRP标准)[9]、《电动汽车无线充电系统 第4部分：电磁环境限值与测试方法》(GB/T 38775.4—2020)(以下简称GB/T 38775.4)[10]等都对电磁环境中电场、磁场、电磁场场量参数的限值做出了明确的规定，具体数值如图5-23所示。在电动汽车领域，美国汽车工程师协会(Society of Automotive Engineers, SAE)于2019年4月发布了SAE J2954(第二版)标准[3]，规定了轻型电动汽车无线充电系统常用的标称频率为85kHz，允许的工作频率范围为79～90kHz。在85kHz下，相关标准或法规的电场强度、磁场强度和磁感应强度的公众暴露控制限值分别列于表5-2。

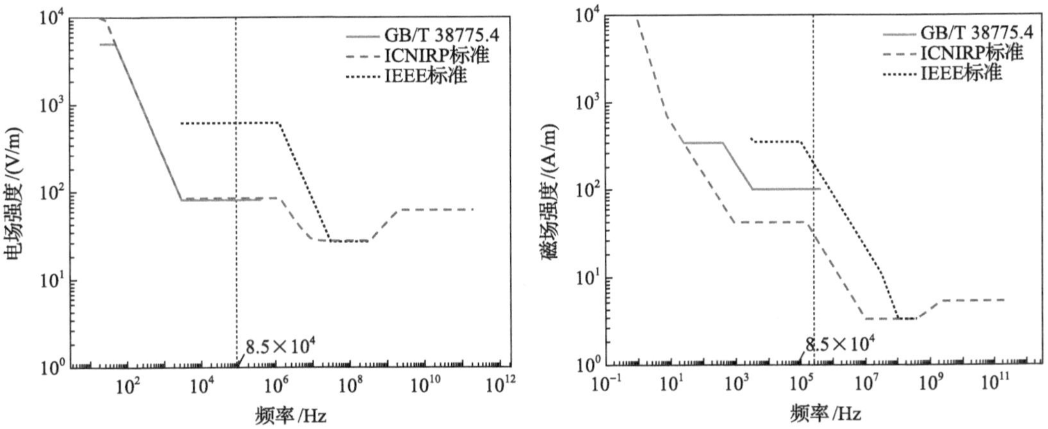

(a) 电场强度限值 (b) 磁场强度限值

图5-23 相关标准规定的电场强度与磁场强度的公众暴露限值

表5-2 85kHz下相关标准的公众暴露限值

标准	电场强度/(V/m)	磁场强度/(A/m)	磁感应强度/μT
GB/T 38775.4	83	21	27
IEEE 标准	614	163	205
ICNIRP 标准	87	5	6.25

在无线充电系统设计过程中，应依据GB/T 38775.4或无线充电系统相关的国家标准的要求设计耦合线圈结构，并采取适当的电磁抑制措施，使其周边特定区域内电磁辐射

强度满足相关限值要求。

在电动汽车无线充电系统中，人所能接触到的区域为车内乘客舱或汽车外部周边区域，如图 5-24 所示。同时，基于无线充电系统组件的安装位置、司乘人员活动区域及电磁场对有源植入式医疗器械(如植入式心脏起搏器等)的影响等，可以将无线充电系统的电磁敏感区域细化为如图 5-25 所示的①～④区域。其中，区域①是无线充电系统操作运行区域；区域②是区域①和区域③的过渡区域。区域①和区域②是通过防御措施避免司乘人员或生物体进入的区域，这些防御措施包括控制司乘人员或生物体进入、在司乘人员或生物体进入该区域后关闭无线充电系统等。

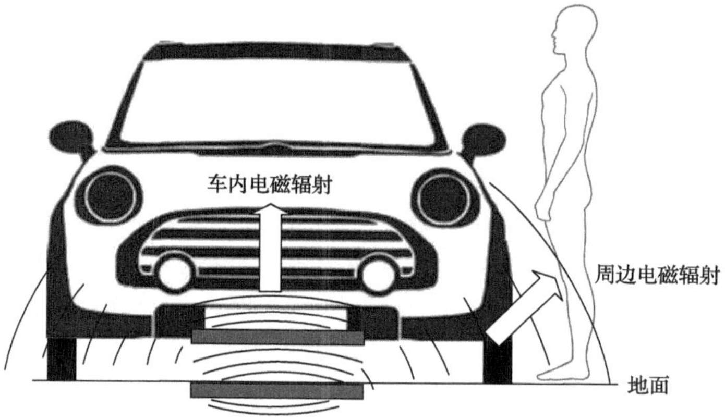

图 5-24　无线充电系统中电磁辐射敏感区域

图 5-25　电磁辐射敏感区域的划分

基于电磁感应原理的电动汽车无线充电系统的耦合线圈一般具有“有芯”结构，如图 5-26(a)所示。车辆一侧的线圈磁芯(一般为铁氧体材料或金属材料)及底盘金属结构具有较好的电磁屏蔽作用，通常情况下图 5-25 中区域④的电磁辐射强度较低。应重点考虑对图 5-25 中区域ⓐ和ⓑ电磁辐射的抑制。

对于图 5-26(b)所示的无磁芯耦合线圈结构，线圈电流频率一般要比前面讨论的感应式无线充电系统耦合线圈电流频率高很多，可达数兆赫兹。当线圈达到强耦合谐振状态时，电能可以传输较远的距离并具有较高的传输效率。国内外一些文献将其称为磁谐振式无线电能传输。磁谐振式无线电能传输机理一般可用耦合模理论加以解释，即将线圈视作振荡器，两线圈及中间间隙视为谐振腔来分析两线圈间能量的传递与转换[11]。

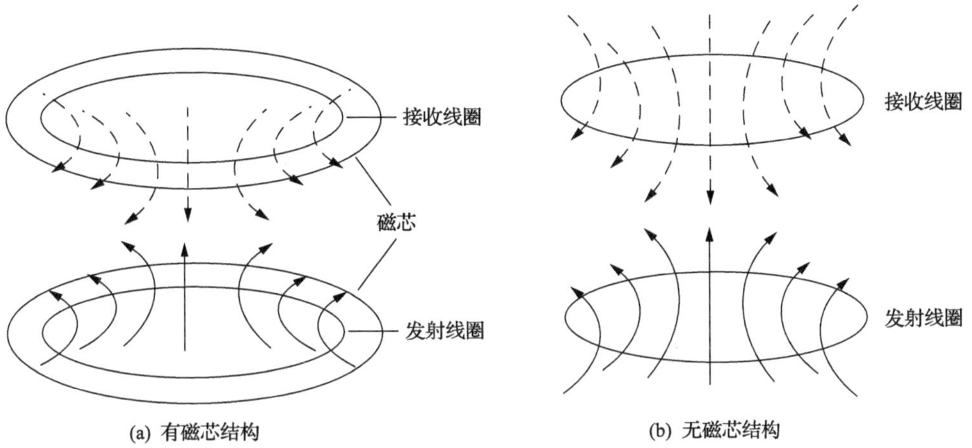

图 5-26 耦合线圈结构

通常，有两种方法可以用于无线充电系统不良电磁辐射的抑制[12]。

1) 被动屏蔽法

被动屏蔽法是指在耦合线圈周边设置固态屏蔽体，抑制对外电磁辐射。屏蔽材料主要指铁氧体材料、导电性金属材料等。采用被动屏蔽法时，需要将耦合线圈与屏蔽体进行一体化设计才能获得较理想的效果，很多时候需要"设计—仿真计算—试验验证"的反复迭代。同时，所采用的屏蔽体可能会对耦合线圈的耦合系数、充电系统的损耗等产生不良影响，降低系统传输电能的能力以及传输电能的效率，这些屏蔽体带来的负面效应需在设计中加以考虑。

2) 主动抑制法

主动抑制法是通过采用主动降低电磁场对外辐射强度的措施来使得系统在电磁敏感区的电磁强度低于限值的方法，其特点是系统对外电磁辐射强度抑制效果可控，灵活性较强。主动抑制法包括以下两种措施。

(1) 耦合线圈结构的优化，如采用多发射线圈并独立控制的方法，一方面可以缓解接收线圈的偏移引起的传输功率不足或效率低的问题，另一方面可以根据敏感区域的电磁场强度进行灵活控制，进而满足相关标准或法规要求。

(2) 采用反向补偿电流[13]，即在耦合线圈周边添加补偿线圈，通以补偿电流，产生一个磁场方向与发射线圈产生的磁场方向相反的电磁场，进而起到抑制不良电磁辐射的作用。由于补偿电流可控，因此其具有很好的灵活性。

5.6 无线充电系统的控制

如图 5-4 所示的大功率双向无线充电系统的控制电路框图如图 5-27 所示。充电系统采用数字化控制电路实现对其主电路的控制，并通过 CAN 总线与 BMS 进行通信。

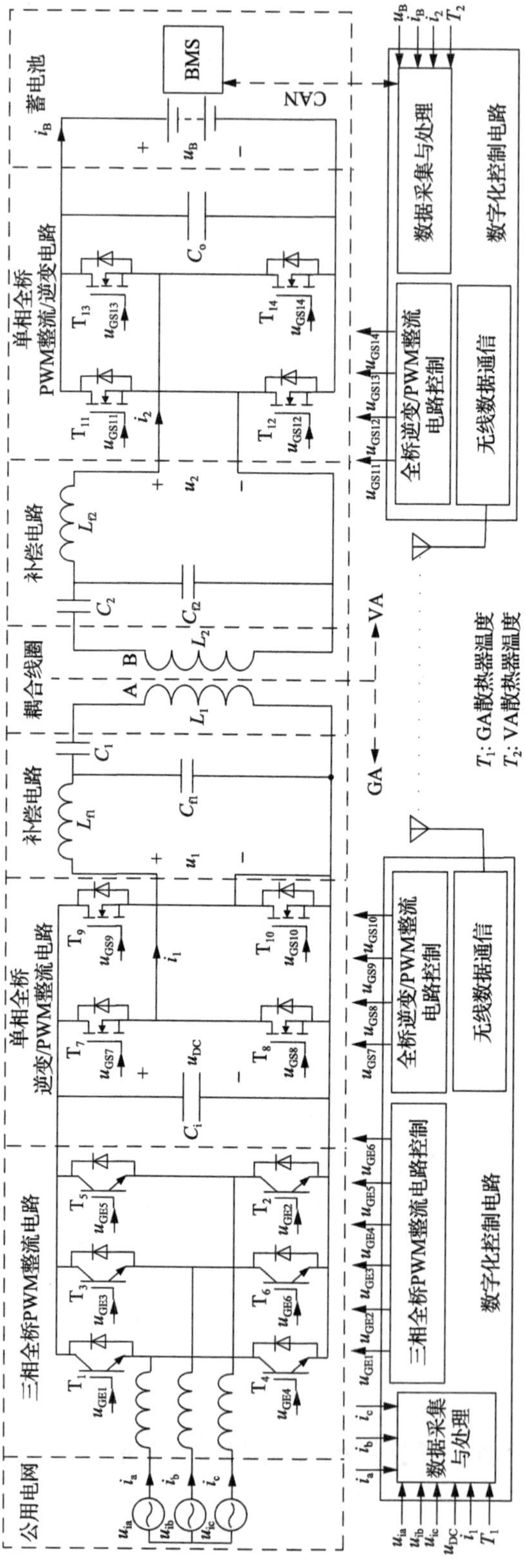

图5-27 大功率双向无线充电系统的控制电路框图

按耦合线圈 A、B 中间分界，可以将无线充电系统划分为地面部分(ground assembly, GA)和车载部分(vehicle assembly, VA)，这两部分没有电气上的物理连接。

地面部分和车载部分具有分别独立的数字控制电路。这两个控制电路都集成为无线数据通信单元，分别称为地面通信单元(supply equipment communication controller, SECC)和车载通信单元(electric vehicle communication controller, EVCC)。地面通信单元和车载通信单元通过 Wi-Fi、蓝牙等无线通信技术进行数据通信。无线数据通信协议应符合或参考相关标准[如 SAE J2847-6、《电动汽车无线充电系统 第 2 部分：车载充电机和无线充电设备之间的通信协议》(GB/T 38775.2—2020)等][14]或法规的要求。

地面部分和车载部分都包含单相全桥逆变/PWM 整流电路。当蓄电池充电时，地面部分的单相全桥逆变/PWM 整流电路可以采用“移相控制”工作在逆变状态，而车载部分的单相全桥逆变/PWM 整流电路工作在整流状态；当蓄电池放电时，地面部分的单相全桥逆变/PWM 整流电路工作在整流状态，而车载部分的单相全桥逆变/PWM 整流电路可以采用“移相控制”工作在逆变状态。

无论是在充电状态还是在放电状态，都可以采用“电压外环、电流内环”的双闭环控制系统对地面部分的三相全桥 PWM 整流电路进行控制，使其直流侧电压 u_{DC} 跟踪目标值 u_{DC}^{*} 的变化。

由于在整个能量传输过程中，图 5-27 有三个电力电子单元(一个三相全桥电路、两个单相全桥电路)可以控制电能的转换和传输，因此需要对这三个电力电子单元进行协调控制，在控制过程中应注意以下事项。

(1) 保证蓄电池充电过程或放电过程始终处于图 4-28 的安全区域。

(2) 尽可能提高系统的工作效率。

(3) 地面部分、车载部分协调控制系统需要具有快速的动态响应特性，因此对地面通信单元和车载通信单元的通信可靠性和实时性提出了非常高的要求。

(4) 车辆及其周边电磁敏感区域的电磁场辐射限制满足相关法规或标准要求。

参 考 文 献

[1] Azad A N, Echols A, Kulyukin V A, et al. Analysis, optimization, and demonstration of a vehicular detection system intended for dynamic wireless charging applications[J]. IEEE Transactions on Transportation Electrification, 2019, 5(1): 147-161.

[2] Rim C T, Mi C. Wireless Power Transfer for Electric Vehicles and Mobile Devices[M]. Hoboken: John Wiley & Sons, Inc., 2017.

[3] SAE. Wireless power transfer for light-duty plug-in/electric vehicles and alignment methodology: J2954[S]. Warrendale: SAE International, 2019.

[4] 国家市场监督管理总局, 国家标准化管理委员会. 电动汽车无线充电系统 第 1 部分: 通用要求: GB/T 38775.1—2020[S]. 北京: 中国标准出版社, 2020.

[5] 国家市场监督管理总局, 国家标准化管理委员会. 电动汽车无线充电系统 第 3 部分: 特殊要求: GB/T 38775.3—2020[S]. 北京: 中国标准出版社, 2020.

[6] 周晓敏, 孙文, 高大威, 等. 应用于无线电能传输系统的三相单开关功率因数校正方法[J]. 电力系统自动化, 2019, 43(2): 137-142.

[7] 王硕. 电动汽车无线充电系统建模与电磁辐射安全性研究[D]. 北京: 清华大学, 2017.

[8] IEEE. IEEE stand for safety levels with respect to human exposure to radio frequency electromagnetic fields, 3 kHz to 300 GHz: IEEE Std C95.1™—2005[S]. New York: International Committee on Electromagnetic Safety, 2005.

[9] ICNIRP. Guidelines for limiting exposure to time varying electric, magnetic, and electromagnetic fields (up to 300GHz) [J]. Health Physics, 1998, 74 (4) : 494-522.

[10] 国家市场监督管理总局, 国家标准化管理委员会. 电动汽车无线充电系统 第 4 部分: 电磁环境限值与测试方法: GB/T 38775.4—2020[S]. 北京: 中国标准出版社, 2020.

[11] Kurs A, Karalis A, Moffatt R, et al. Wireless power transfer via strongly coupled magnetic resonances[J]. Science, 2007, 317: 83-86.

[12] 高大威, 王硕, 杨福源. 电动汽车无线充电技术的研究进展[J]. 汽车安全与节能学报, 2015, 6 (4) : 314-327.

[13] Zhu G, Gao D, Lin S. Leakage magnetic field suppression using dual-transmitter topology in EV wireless charging[J]. Journal of Power Electronics, 2019, 19 (3) : 625-636.

[14] 国家市场监督管理总局, 国家标准化管理委员会. 电动汽车无线充电系统 第 2 部分: 车载充电机和无线充电设备之间的通信协议: GB/T 38775.2—2020[S]. 北京: 中国标准出版社, 2020.

第 6 章

燃料电池汽车直流-直流变换器与控制技术

6.1　燃料电池汽车直流-直流变换器概述

6.1.1　燃料电池动力系统构型

由于车用燃料电池系统自身技术水平的限制以及基于制动能量回收等方面的考虑，燃料电池汽车普遍采用电-电混合动力系统，即在燃料电池汽车动力系统中，除采用质子交换膜燃料电池(proton exchange membrane fuel cell, PEMFC)作为基本动力源提供整车消耗的能量外，还需要蓄电池、超级电容等储能部件(energy storage system, ESS)作为动力源。燃料电池动力系统的典型构型有两种[1]。

构型Ⅰ：如图 6-1 所示，直流-直流变换器位于燃料电池一侧，即燃料电池和直流-直流变换器串联后再与蓄电池并联，共同为整车提供所需的能量。在车辆制动过程中，驱动电机工作在发电状态，蓄电池可以吸收制动回馈的能量。此外，在蓄电池比较低、整车驱动功率需求较小时，可以控制燃料电池的功率输出并为蓄电池充电。在非插电式燃料电池汽车中，燃料电池提供整车消耗的能量，蓄电池在更多情况下起到能量缓冲作用，即整车需求的能量全部经由直流-直流变换器[2]。这种情况下，只有直流-直流变换器效率尽可能高，才可能保证整车具有较好的经济性。在这种构型中，直流-直流变换器中能量的流动是单向的。

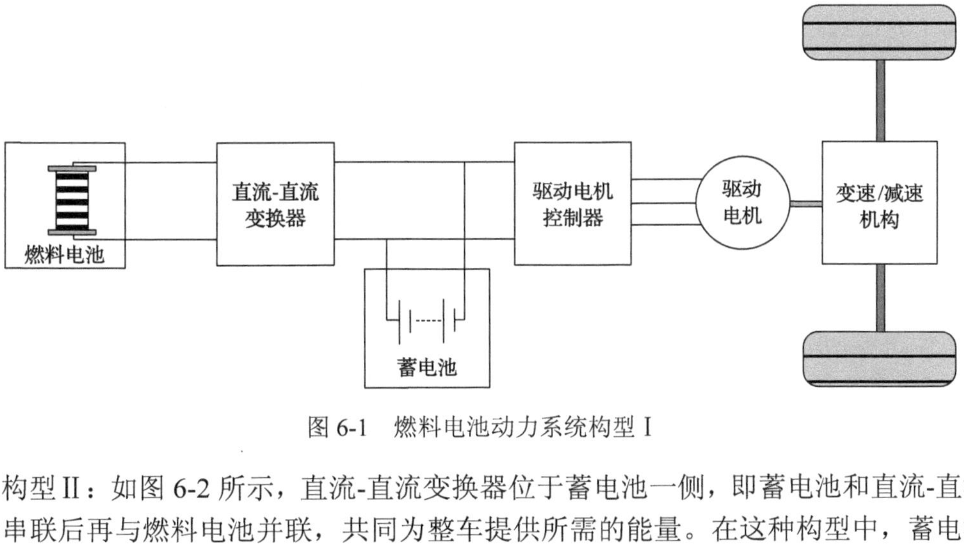

图 6-1　燃料电池动力系统构型Ⅰ

构型Ⅱ：如图 6-2 所示，直流-直流变换器位于蓄电池一侧，即蓄电池和直流-直流变换器串联后再与燃料电池并联，共同为整车提供所需的能量。在这种构型中，蓄电池的充放电能量都要经过直流-直流变换器，蓄电池动态缓冲能力、功率响应时间受到直流-直流变换器的制约。这就要求直流-直流变换器应具有较高的工作效率以及较快的动态响应特性。在这种构型中，直流-直流变换器中能量的流动是双向的。

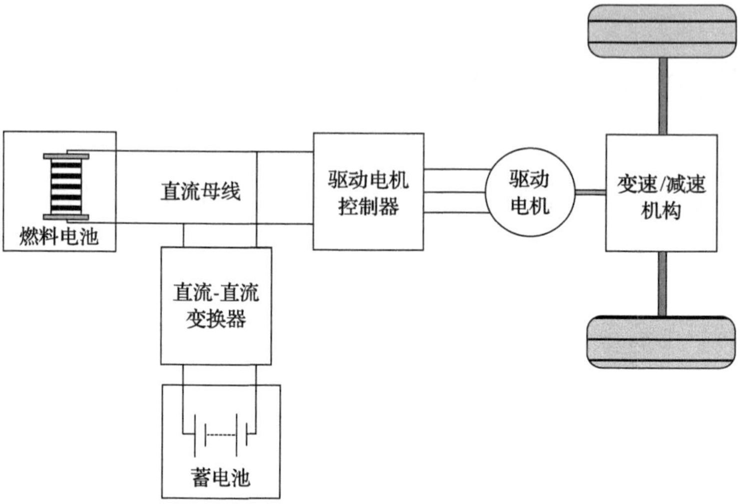

图 6-2　燃料电池动力系统构型 II

无论是构型 I 还是构型 II，直流-直流变换器在工作过程中都会有较大功率的电能通过，考虑到能量传输的高效率要求，直流-直流变换器主电路通常采用非隔离型。

6.1.2　燃料电池汽车直流-直流变换器的作用

在燃料电池汽车动力系统中，直流-直流变换器的作用体现在以下四个方面[3]。

1) 电压匹配

在工作中，燃料电池汽车上的电化学动力源部件(如燃料电池、蓄电池、超级电容等)受负荷以及自身性能的影响，输出电压通常会在一定的范围内变动。而负载部件(如驱动电机系统、电动空调、电动转向系统、电动制动系统等)在工作中对输入电压的波动有严格的限制，若超过允许波动范围，部件将不能正常工作甚至失效或损坏。这种情况下可采用直流-直流变换器将二者连接起来。直流-直流变换器实现了电源与负载的电压解耦。

2) 功率控制

在具有两个或两个以上电化学动力源的电-电混合动力系统中，和电化学动力源相串联的直流-直流变换器除具有电压匹配功能外，还有控制电化学动力源功率的作用。

在如图 6-1 所示的燃料电池动力系统中，燃料电池通过直流-直流变换器和蓄电池并联。通过对直流-直流变换器中电力电子器件的控制，可以控制燃料电池输出功率的大小，实现整车需求功率在两个电化学动力源(燃料电池和蓄电池)之间的合理分配。

同理，在如图 6-2 所示的燃料电池动力系统中，蓄电池通过直流-直流变换器和燃料电池并联。通过对直流-直流变换器中电力电子器件的控制，可以控制蓄电池输出功率的大小，实现整车需求功率在燃料电池和蓄电池之间的合理分配。

3) 对电化学动力源的保护

在图 6-1、图 6-2 中，连接在电化学动力源的直流-直流变换器可以根据动力系统及电化学动力源的工作状态对电化学动力源端电压或电流进行限制或控制，使电化学动力源始终工作在其运行能力范围之内，保证电化学动力源的运行安全。例如，连在燃料电池出口的直流-直流变换器可以对燃料电池输出电压进行控制，使其不低于燃料电池容许的最低电压；连在蓄电池出口的直流-直流变换器可以控制蓄电池的充放电电流，使其不超出最大允许充放电电流等。

4) 对电化学动力源工作状态进行在线监测

通过对直流-直流变换器的合理控制，可以对电化学动力源施加微小的高频交流电压，通过电化学动力源输出电压和电流的变化得到电化学动力源的电化学阻抗谱(electrochemical impedance spectroscopy, EIS)，从而实现对电化学动力源工作状态的在线监测以及故障的实时检测。

6.1.3 燃料电池汽车直流-直流变换器的类型

1. 根据变换器端口电压分类

若直流-直流变换器的输出侧电压高于输入侧电压，则称这种变换器为升压型直流-直流变换器；若直流-直流变换器的输出侧电压低于输入侧电压，则称这种变换器为降压型直流-直流变换器；若直流-直流变换器的输出侧电压可能大于输入侧电压，也可能小于输入侧电压，则称这种变换器为升降压型直流-直流变换器。

对于如图 6-1 所示的构型 I 中的直流-直流变换器类型选择的主要依据是燃料电池输出电压范围和直流母线电压范围之间的关系。图 6-3 给出了燃料电池特性曲线及直流母线电压范围。当燃料电池输出电压范围在直流母线电压范围之下时，应选择升压型直流-直流变换器；当燃料电池输出电压范围在直流母线电压范围之上时，应选择降压型直流-直流变换器；不属于以上两种情况时，应选择升降压型直流-直流变换器。

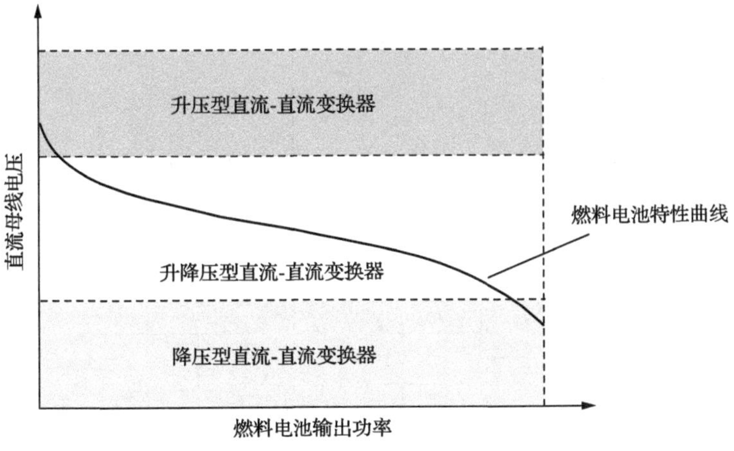

图 6-3　直流-直流变换器的选择

需要指出的是，因为燃料电池在小功率负荷下，其输出电压随功率的增加下降得很快，所以，即使燃料电池特性曲线与直流母线电压在高电压区域有部分重合，仍可选择升压型直流-直流变换器。

在大功率负荷下，燃料电池输出电压较低。而此时，往往整车需求功率也较大，直流母线电压也较低，因此即使燃料电池特性曲线与直流母线电压在低电压区域有部分重合，仍可选择降压型直流-直流变换器。

2. 根据变换器能量流动方向分类

若电能只能从直流-直流变换器端口 A 流入，从端口 B 流出，则这种变换器称为单向直流-直流变换器。端口 A 所在的一侧称为变换器的输入侧，而端口 B 所在的一侧称为变换器的输出侧。

若电能可以从直流-直流变换器端口 A 流入，从端口 B 流出，也可以反方向从端口 B 流入，从端口 A 流出，则这种变换器称为双向直流-直流变换器。

显然，图 6-1 所示的燃料电池动力系统构型 I 采用的是单向直流-直流变换器；图 6-2 所示的燃料电池动力系统构型 II 采用的是双向直流-直流变换器。

3. 根据变换器两端口电气耦合分类

若直流-直流变换器两端口之间没有任何的电气连接，或者说变换器输入侧与输出侧之间是电气隔离的，则称这种变换器为隔离型直流-直流变换器；反之，若变换器输入侧与输出侧之间不是电气隔离的，则称这种变换器为非隔离型直流-直流变换器。

非隔离型直流-直流变换器的工作效率普遍高于隔离型直流-直流变换器。无论是构型 I 还是构型 II，燃料电池动力系统中直流-直流变换器在工作过程中都会有较大的电功率通过，因此一般采用非隔离型直流-直流变换器。

6.2 单向直流-直流变换器主电路结构与控制

6.2.1 Buck 变换器主电路结构与基本关系式

1. 主电路结构

在燃料电池汽车中，单向降压非隔离型直流-直流变换器主要指 Buck 变换器，其内部主电路结构如图 6-4 所示。Buck 变换器主电路由全控型器件（IGBT 或功率 MOSFET）T、功率二极管 D、储能电感 L 和滤波电容 C 构成。

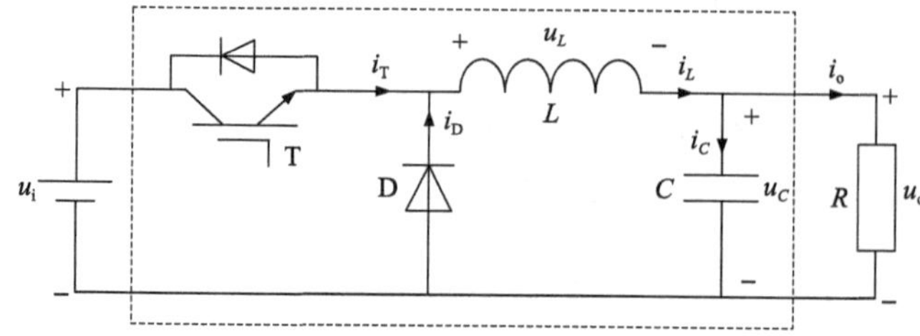

图 6-4　Buck 变换器主电路结构

随着电力电子器件 T 的通断，Buck 变换器的输入电流是脉动的，这将引起燃料电池输出电流的高频纹波，会对燃料电池寿命产生不良影响；虽然可以在燃料电池和 Buck 变换器之间增加滤波器(电路)以及采用交错式拓扑结构抑制这种影响，但和其他类型的直流-直流变换器相比，这仍是其最大的不足。

当燃料电池和 Buck 变换器连接时，若负载侧出现短路或其他异常情况，可以通过关断电力电子器件 T 实现燃料电池与负载的隔离，从而对燃料电池进行保护。

2. 电路的基本关系式

Buck 变换器主电路有两种基本工作模式，分别是电感电流连续模式和电感电流断续模式。图 6-5 给出两种工作模式下电路中电压、电流随驱动信号变化的波形。

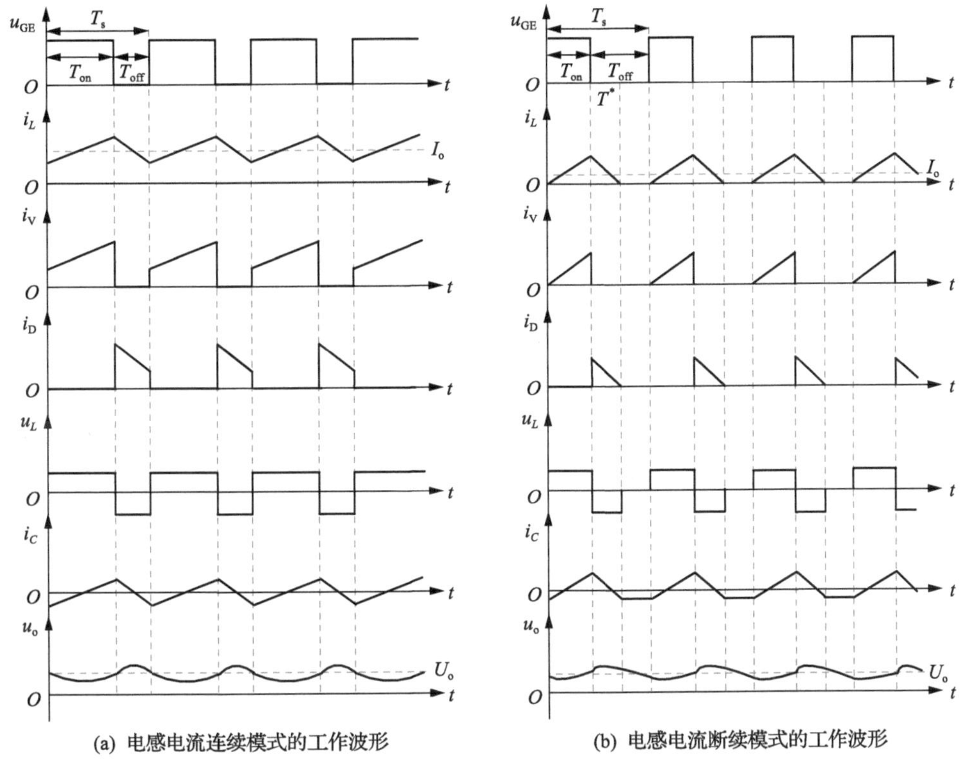

图 6-5 Buck 变换器主电路工作波形

若电力电子器件 T 开关周期为 T_s，则开关频率 $f_s=1/T_s$。一个开关周期内，T 的导通时间为 T_{on}，关断时间 $T_{off}=T_s-T_{on}$，则电力电子器件 T 驱动信号 u_{GE} 的占空比表示为

$$\alpha=\frac{T_{on}}{T_s} \tag{6-1}$$

以下讨论和给出的电路关系式基于如下假设：①电力电子器件(T 和 D)均为理想器件；②无源元件电感 L、电容 C 为理想元件；③整个电路工作于稳态，即一个周期内电路中电感电流 i_L 的变化量和电容电压 u_C 的变化量都是零。

1) 电感电流连续模式

变换器输出电压平均值 U_o 和输入电压平均值 U_i 的关系为

$$U_o = \alpha U_i \tag{6-2}$$

直流-直流变换器的电压增益 M 为

$$M = \frac{U_o}{U_i} = \alpha \tag{6-3}$$

Buck 变换器输入电流的平均值 I_i 和输出电流的平均值 I_o 的关系为

$$I_i = \alpha I_o \tag{6-4}$$

电感电流最大值 $I_{L(\max)}$ 和最小值 $I_{L(\min)}$ 的表达式分别为

$$I_{L(\max)} = \frac{U_o}{R}\left[1 + \frac{R}{2L}(1-\alpha)T_s\right] \tag{6-5}$$

$$I_{L(\min)} = \frac{U_o}{R}\left[1 - \frac{R}{2L}(1-\alpha)T_s\right] \tag{6-6}$$

式中，R 为负载电阻。

流过电力电子器件 T 和 D 的平均电流 I_T 和 I_D 分别为

$$I_T = \alpha I_o \tag{6-7}$$

$$I_D = (1-\alpha) I_o \tag{6-8}$$

电容 C 的纹波电压可以表示为

$$\Delta U_o = \frac{(1-\alpha)U_o}{8LCf_s^2} \tag{6-9}$$

2) 电感电流断续模式

变换器输出电压平均值和输入电压平均值的关系为

$$U_o = \frac{(U_i T_{on})^2}{U_i T_{on}^2 + 2I_o L T_s} = \frac{(U_i \alpha)^2}{U_i \alpha^2 + 2I_o L / T_s} \tag{6-10}$$

显然，在电感电流断续模式下，变换器的输出电压平均值 U_o 不仅与输入电压平均值 U_i、占空比 α 有关，还与电感值 L、负载电流 I_o、开关周期 T_s 有关。在这种情况下，对变换器输出电压的控制将比电感电流连续时的难度大很多。所以，在实际应用中，要尽可能避免电感电流断续情况。

3) 电感电流连续、断续的临界条件

若电感电流的最小值为 $I_{L(\min)}$，为保证电感电流连续，需要满足

$$I_{L(\min)} = I_o - \frac{U_o}{2L}(1-\alpha)T_s \geqslant 0 \tag{6-11}$$

即

$$I_o \geqslant \frac{U_o}{2L}(1-\alpha)T_s \tag{6-12}$$

从式(6-12)可以看出，较大的变换器负载电流 I_o、较大的电感 L、较小的开关周期 T_s 有利于变换器电感电流连续。在实际应用中，由于电感 L 和开关周期 T_s 是不变的，所以当燃料电池输出功率较小时，可能会使 Buck 变换器出现电流不连续现象。

6.2.2　Boost 变换器主电路结构与基本关系式

1. 主电路结构

在燃料电池汽车中，单向升压非隔离型直流-直流变换器主要指 Boost 变换器，其内部主电路结构如图 6-6 所示。和 Buck 变换器主电路类似，Boost 变换器主电路也由全控型器件(IGBT 或功率 MOSFET)T、功率二极管 D、储能电感 L 和滤波电容 C 构成，但电力电子器件 T 和 D 以及储能电感 L 的位置与 Buck 变换器不同。

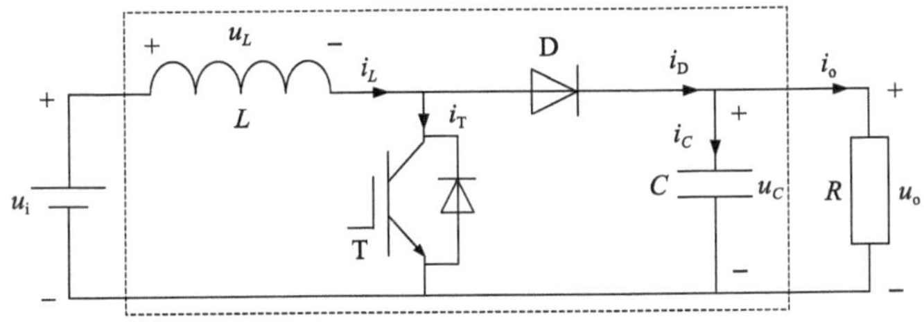

图 6-6　Boost 变换器主电路结构

燃料电池和 Boost 变换器连接时，当负载侧出现短路或其他异常时，无法通过关断电力电子器件 T 实现燃料电池与负载的隔离。

在电感电流连续模式下，Boost 变换器的输入电流具有较小的纹波，通过在燃料电池和 Boost 变换器之间增加滤波器(电路)以及采用交错式拓扑结构或者通过提高 T 的开关频率 f_s 或增加电感 L 等措施，基本可以消除输入电流纹波对燃料电池寿命产生的不良影响。

2. 电路的基本关系式

Boost 变换器主电路有两种基本工作模式，分别是电感电流连续模式和电感电流断续模式。图 6-7 给出两种工作模式下主电路中电压、电流随驱动信号变化的波形。

以下讨论和给出的电路关系式都基于如下假设：①电力电子器件(T 和 D)均为理想器件；②无源元件电感 L、电容 C 为理想元件；③整个电路工作于稳态，即一个周期内电路中电感电流 i_L 的变化量和电容电压 u_C 的变化量都是零。

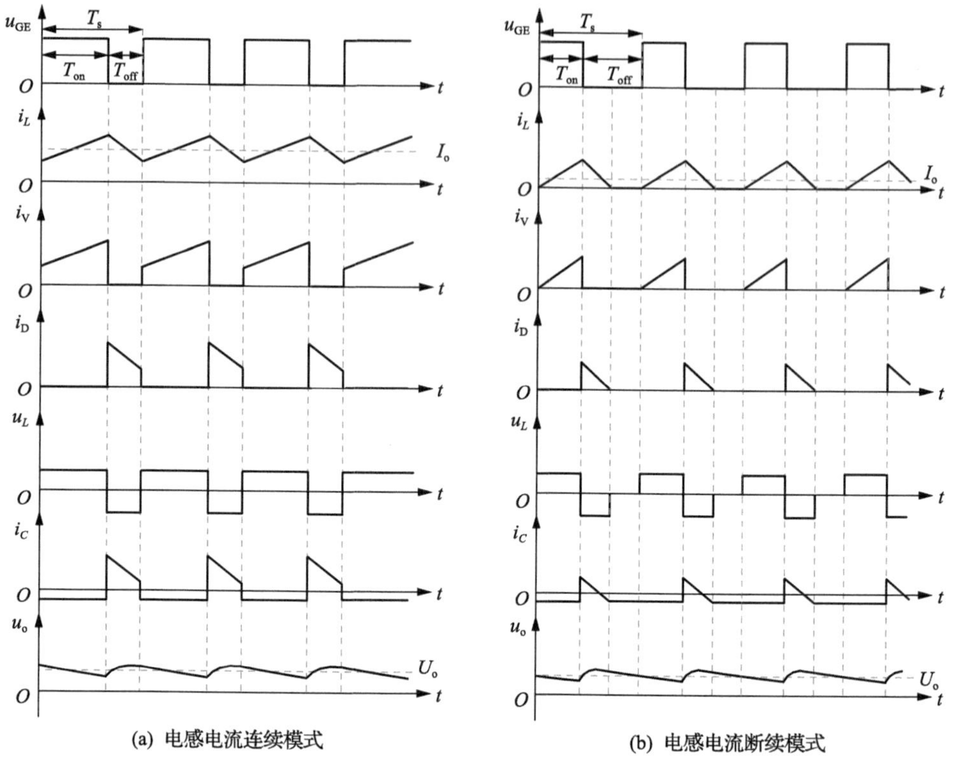

图 6-7 Boost 变换器主电路工作波形

1) 电感电流连续模式

变换器输出电压平均值 U_o 和输入电压平均值 U_i 的关系为

$$U_o = \frac{U_i}{1-\alpha} \tag{6-13}$$

Boost 变换器的电压增益 M 为

$$M = \frac{U_o}{U_i} = \frac{1}{1-\alpha} \tag{6-14}$$

Boost 变换器输入电流的平均值 I_i 和输出电流的平均值 I_o 的关系为

$$I_i = \frac{I_o}{1-\alpha} \tag{6-15}$$

功率二极管 D 电流的平均值 I_D 为

$$I_D = I_o \tag{6-16}$$

电力电子器件 T 的电流平均值 I_T 为

$$I_T = \frac{\alpha}{1-\alpha} I_o \tag{6-17}$$

通过电力电子器件 T 的电流最大值 $I_{T(max)}$和 D 的电流最大值 $I_{D(max)}$与电感电流最大值 $I_{L(max)}$相等，且可以表示为

$$I_{T(max)} = I_{D(max)} = I_{L(max)} = \frac{I_o}{1-\alpha} + \frac{(1-\alpha)\alpha U_o}{2Lf_s} \tag{6-18}$$

若不考虑输出电压的纹波，电力电子器件 T 和 D 在一个开关周期 T_s 所承受的最高电压和输出电压平均值 U_o 相等，即存在

$$U_{T(max)} = U_{D(max)} = U_o \tag{6-19}$$

输出电压的纹波 ΔU_o 为

$$\Delta U_o = \frac{\alpha I_o}{Cf_s} \tag{6-20}$$

2) 电感电流断续模式

变换器输出电压平均值 U_o 和输入电压平均值 U_i 的关系为

$$U_o = U_i + \frac{(U_i\alpha)^2 T_s}{2I_oL} \tag{6-21}$$

显然，在电感电流断续情况下，变换器的输出电压 U_o 不仅与输入电压 U_i、占空比α有关，还与负载电流 I_o、开关周期 T_s 有关。在这种情况下，对变换器输出电压的控制将比电感电流连续时难度大很多。所以，在实际应用中，要尽可能避免电感电流断续情况。

3) 电感电流连续、断续的临界条件

若电感电流的最小值为 $I_{L(min)}$，为保证电感电流连续，需要满足

$$I_{L(min)} = \frac{1}{1-\alpha} I_o - \frac{U_o}{2L}\alpha(1-\alpha)T_s \geqslant 0 \tag{6-22}$$

即

$$I_o \geqslant \frac{U_o}{2L}\alpha(1-\alpha)^2 T_s \tag{6-23}$$

从式(6-23)可以看出，较大的变换器负载电流 I_o、较大的电感 L、较小的开关周期 T_s 有利于变换器电感电流连续。在实际应用中，由于电感 L 和开关周期 T_s 是不变的，所以当燃料电池输出功率较小时，可能会使 Boost 变换器出现电流不连续现象。

6.2.3 升降压型变换器主电路结构与基本关系式

1. 级联式非隔离型升降压变换器主电路

级联式非隔离型升降压变换器主电路是将一个 Boost 电路和一个 Buck 电路级联在一

起构成的变换器主电路。根据级联的顺序，有两种电路结构：第一种是 Boost 电路在前，Buck 电路在后，从而构成 Boost-Buck 级联式变换器主电路，具体如图 6-8 所示；第二种是 Buck 电路在前，Boost 电路在后，从而构成 Buck-Boost 级联式变换器主电路，具体如图 6-9 所示。对于第二种电路结构，在电路中，由于 Buck 电路的输出侧电容可以省去，且可将 Buck 电路和 Boost 电路中的电感合二为一，因此电路结构可以得到简化。

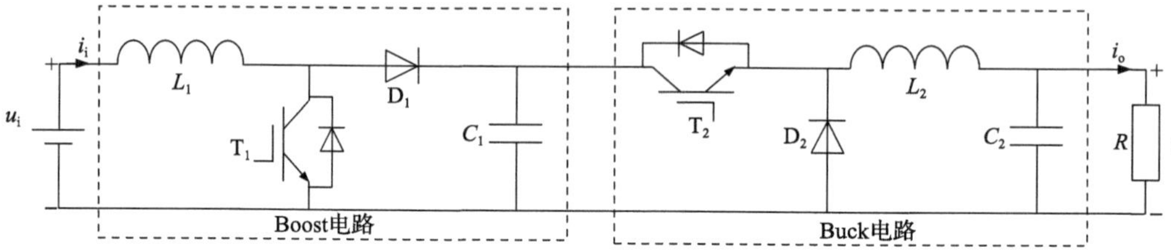

图 6-8　Boost-Buck 级联式变换器主电路

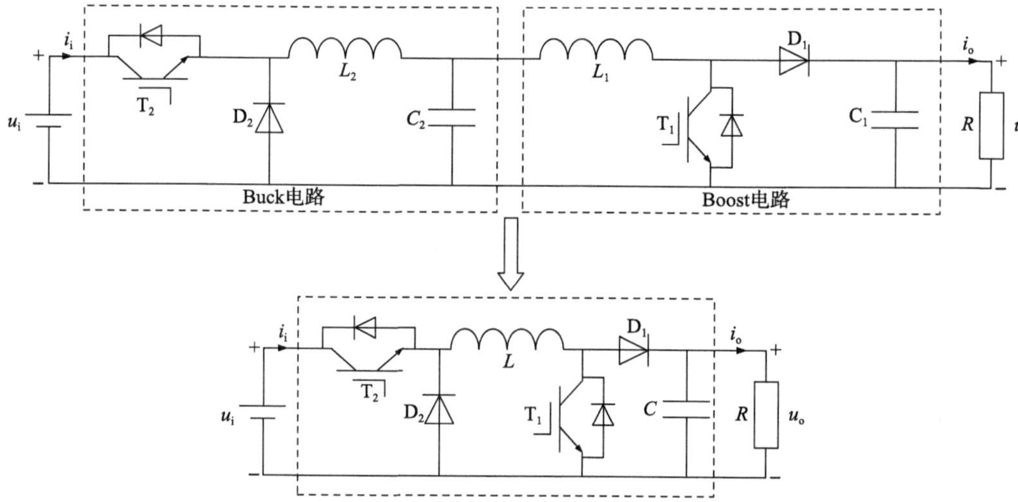

图 6-9　Buck-Boost 级联式变换器主电路

根据图 6-8 和图 6-9 所示电路结构，可以得到级联式变换器主电路的电压增益 M 为

$$M = \frac{U_o}{U_i} = \frac{\alpha_2}{1-\alpha_1} \tag{6-24}$$

式中，α_1为电力电子器件 T_1 的占空比；α_2为电力电子器件 T_2 的占空比。

假设变换器没有损耗，则输出电流平均值 I_o 和输入电流平均值 I_i 的关系为

$$\frac{I_o}{I_i} = \frac{1-\alpha_1}{\alpha_2} \tag{6-25}$$

通过对 α_1 和 α_2 进行调节就可以对这种级联式变换器的输出电压和输出电流进行控制。考虑到要尽可能降低电力电子器件的开关损耗，在实际应用中，根据燃料电池输出电压和母线电压的幅值，可以把 α_1 和 α_2 中的一个值固定，而只调节另外一个值。

2. 并联式非隔离型升降压变换器主电路[4]

如图 6-10 所示，并联式非隔离型升降压变换器的电路是将 Buck 电路与 Boost 电路的输入端采取并联的方式组合而成。

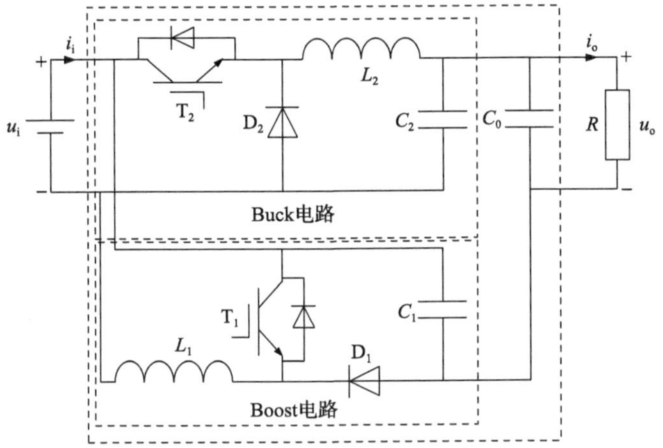

图 6-10 并联式非隔离型升降压变换器主电路

根据图 6-10 所示电路结构，可以得到并联式非隔离型升降压变换器主电路的电压增益 M 为

$$M = \frac{U_o}{U_i} = \frac{\alpha_1 + \alpha_2 - \alpha_1\alpha_2}{1 - \alpha_1} \tag{6-26}$$

假设变换器没有损耗，则输出电流平均值 I_o 和输入电流平均值 I_i 的关系为

$$\frac{I_o}{I_i} = \frac{1 - \alpha_1}{\alpha_1 + \alpha_2 - \alpha_1\alpha_2} \tag{6-27}$$

在实际应用中，根据燃料电池输出电压和母线电压的幅值，可以把 α_1 和 α_2 中的一个值固定，而只调节另外一个值。通过这种控制方式，当降压时，相当于只是变换器中的 Buck 电路工作；而升压时，则相当于只是变换器中的 Boost 电路工作[5]。

6.2.4 高电压增益变换器主电路拓扑结构与基本关系式

对于 Boost 变换器，在稳定状态下最大的升压能力一般小于 5 倍，否则系统的稳定性会下降，即电压增益 $M<5$。若要实现更高的电压增益，需采用其他拓扑结构的变换器。

1. Boost-Boost 级联式变换器主电路

如图 6-11 所示，将两个 Boost 电路级联在一起，构成 Boost-Boost 级联式变换器主电路。

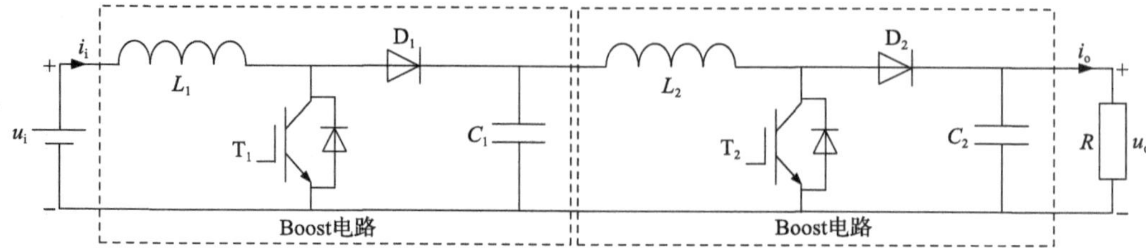

图 6-11　Boost-Boost 级联式变换器主电路

图 6-11 中，若前一级 Boost 电路中电力电子器件 T_1 工作的占空比为α_1，后一级 Boost 电路中电力电子器件 T_2 工作的占空比为α_2，而且两级 Boost 电路都工作在电感电流连续状态，变换器的电压增益为

$$M = \frac{U_o}{U_i} = \frac{1}{1-\alpha_1} \cdot \frac{1}{1-\alpha_2} \tag{6-28}$$

若忽略变换器的损耗，则变换器输出电流的平均值 I_o 与输入电流的平均值 I_i 的关系为

$$\frac{I_o}{I_i} = (1-\alpha_1)(1-\alpha_2) \tag{6-29}$$

通过对α_1和α_2进行调节就可以对这种级联式变换器的输出电压和输出电流进行控制，并可以获得很高的电压增益。

图 6-11 中，前一级 Boost 电路的输出是后一级 Boost 电路的输入，对α_1和α_2进行协调控制时应避免出现振荡过程。此外，第一级 Boost 电路中电力电子器件 T_1、D_1 及电感 L_1 需承受较大的电流应力；第二级 Boost 电路中的电力电子器件 T_2、D_2 需要承受较大的电压应力。

2. Boost-Boost 并联式变换器主电路

如图 6-12 所示，将两个 Boost 电路并联在一起，构成 Boost-Boost 并联式变换器主电路。Boost-Boost 并联式变换器也称为双 Boost 变换器[6]。

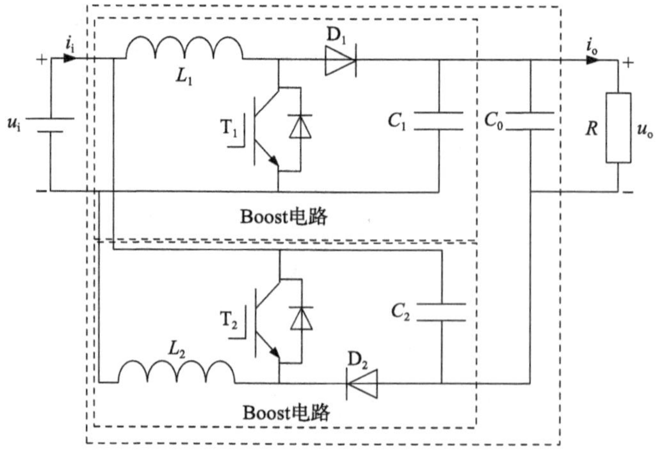

图 6-12　Boost-Boost 并联式变换器主电路

图 6-12 中，若上面 Boost 电路中电力电子器件 T_1 工作的占空比为 α_1，下面 Boost 电路中电力电子器件 T_2 工作的占空比为 α_2，在两级 Boost 电路都工作在电感电流连续状态下时，存在

$$u_o = \frac{1}{1-\alpha_1}u_i + \frac{1}{1-\alpha_2}u_i - u_i \tag{6-30}$$

若 T_1 和 T_2 占空比相等，即

$$\alpha_1 = \alpha_2 = \alpha \tag{6-31}$$

那么，变换器的电压增益为

$$M = \frac{1+\alpha}{1-\alpha} \tag{6-32}$$

若忽略变换器的损耗，则输出电流平均值 I_o 和输入电流平均值 I_i 的关系为

$$\frac{I_o}{I_i} = \frac{1-\alpha}{1+\alpha} \tag{6-33}$$

通过对 α 进行调节就可以对这种并联式变换器的输出电压和输出电流进行控制，并可以获得较高的电压增益。和 Boost-Boost 级联式变换器相比，Boost-Boost 并联式变换器内的电力电子器件承受的电气应力要低。

3. 高电压增益直流-直流变换器的效率

对于如图 6-11 所示的 Boost-Boost 级联式变换器，若 T_1 和 T_2 占空比相等且为 α，那么除输入、输出电压的差别外，两级 Boost 电路工作状态完全相同，可近似认为两级 Boost 电路工作效率也相同，即有

$$\eta_1 = \eta_2 = \eta \tag{6-34}$$

式中，η_1 和 η_2 分别为第一级和第二级 Boost 电路的工作效率。因此，Boost-Boost 级联式变换器的工作效率 η_T 可以表示为

$$\eta_T = \frac{P_o}{P_i} = \frac{P_o}{P_o + 2P_l} = \frac{U_o I_o}{U_i I_i} = \eta_1 \cdot \eta_2 = \eta^2 \tag{6-35}$$

式中，P_i、P_o 分别为变换器的输入功率和输出功率；P_l 为每一级变换器电路的功率损耗。

同理，对于图 6-12 所示的 Boost-Boost 并联式变换器主电路，变换器的工作效率 η_T 可以表示为

$$\eta_T = \frac{P_o}{P_i} = \frac{2P - U_i I_o}{2P + 2P_l - U_i I_o} \tag{6-36}$$

式中，P 为图 6-12 中每个 Boost 电路的输出功率，由式(6-32)和式(6-36)，有

$$\eta_T = \frac{\eta M}{M + 1 - \eta} \tag{6-37}$$

式中，η 为图 6-12 中每个 Boost 电路的工作效率。

假设 Boost 电路的工作效率保持不变，则可以得到 Boost-Boost 级联式变换器和 Boost-Boost 并联式变换器的效率曲线，如图 6-13 所示。由图 6-13 可知，Boost-Boost 并联式变换器具有更高的工作效率。

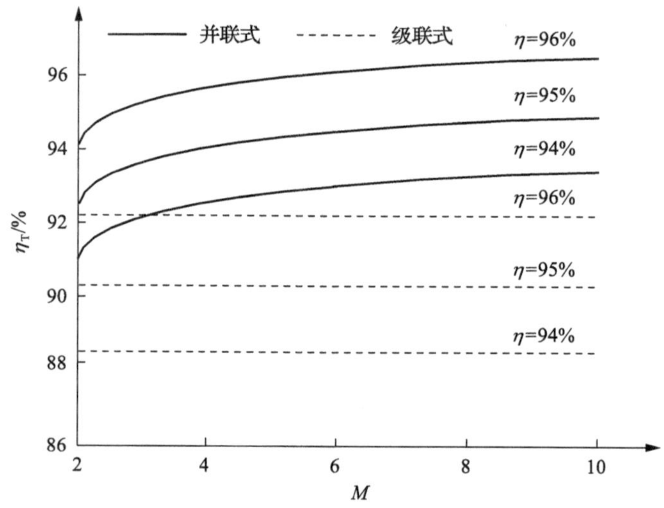

图 6-13 Boost-Boost 并联式变换器和 Boost-Boost 级联式变换器效率对比

6.2.5 功率分配与变换器被控量的选择

1. 燃料电池汽车动力系统中的功率分配

对如图 6-1 和图 6-2 所示的燃料电池动力系统，需基于整车功率需求采用一定的能量管理策略对燃料电池和蓄电池输出功率进行分配。功率分配的基本原则如下：

(1) 两个电化学动力源的输出功率满足整车需求功率。

(2) 燃料电池尽可能工作在高效区。

(3) 避免蓄电池过充或过放。

(4) 燃料电池的输出功率变化尽可能平缓。

上述原则中，(1) 是为了满足整车动力性，(2) 是为了提高整车经济性，而 (3) 和 (4) 分别是为了保证蓄电池和燃料电池的耐久性和安全性。这四个原则可以用式(6-38)～式(6-41)来表示。

$$P_{Veh} = P_{FC} + P_{Bat} \tag{6-38}$$

$$P_{Eff\_L} \leqslant P_{FC} \leqslant P_{Eff\_H} \tag{6-39}$$

$$\begin{cases}-I_{\mathrm{Bat\_R}} \leqslant I_{\mathrm{Bat}} \leqslant I_{\mathrm{Bat\_C}} \\ \mathrm{SOC}_{\min} \leqslant \mathrm{SOC} \leqslant \mathrm{SOC}_{\max}\end{cases} \tag{6-40}$$

$$\left|\frac{\mathrm{d}P_{\mathrm{FC}}}{\mathrm{d}t}\right| \leqslant \Delta P_{\mathrm{FC\_max}} \tag{6-41}$$

式(6-38)中，P_{Veh} 为整车需求功率；P_{FC} 为燃料电池输出功率；P_{Bat} 为蓄电池输出功率。式(6-39)中，$P_{\mathrm{Eff\_L}}$ 和 $P_{\mathrm{Eff\_H}}$ 为燃料电池高效区对应的功率边界。式(6-40)中，I_{Bat} 为蓄电池电流；$I_{\mathrm{Bat\_C}}$ 为最大允许放电电流；$I_{\mathrm{Bat\_R}}$ 为最大允许充电电流；SOC 为蓄电池的荷电状态；$\mathrm{SOC}_{\min}$ 为蓄电池允许的荷电状态最小值；$\mathrm{SOC}_{\max}$ 为蓄电池允许的荷电状态最大值。式(6-41)中$\Delta P_{\mathrm{FC_max}}$ 为单位时间最大允许的燃料电池输出功率变化量。

基于以上的功率分配原则，要求对燃料电池的输出功率尽可能实现精确控制。以图 6-1 所示的燃料电池动力系统构型为例，燃料电池的输出功率的控制是通过单向直流-直流变换器来实现的。

2. 直流-直流变换器被控量的选择

对于一个双端口部件，直流-直流变换器中可以作为被控量的有输出电压、输出电流、输入电压和输入电流，而其控制量为主电路中的电力电子全控型器件的占空比。

1) 将输出电压作为被控量

在图 6-1 中，直流-直流变换器的输出电压即为直流母线电压，也是蓄电池输出电压。当蓄电池输出电压变化时，蓄电池输出电流会随之变化；由于蓄电池内阻较小，直流母线电压的微弱变化都可能导致蓄电池输出功率的剧烈波动。因此，对直流-直流变换器输出电压的控制相当于对蓄电池输出功率的控制。由式(6-38)可知，在一定的整车需求功率下，可以通过对蓄电池输出功率的控制来间接实现对燃料电池输出功率的控制。

但由于道路工况的复杂性、驾驶员驾驶习惯的差异及车上一些辅助负载(如空调、电动转向、低压用电部件等)工作状态的频繁变化，很难对整车需求功率进行准确的预测。因此，将直流-直流变换器的输出电压作为被控量，难以做到对燃料电池输出功率的精确控制，式(6-39)和式(6-40)不易实现。

2) 将输出电流作为被控量

对于图 6-1，若忽略直流-直流变换器的损耗，则存在

$$P_{\mathrm{FC}}=U_{\mathrm{DC}}I_{\mathrm{o}} \tag{6-42}$$

式中，U_{DC} 为直流母线电压，即蓄电池输出电压，其与蓄电池 SOC、蓄电池内阻及整车需求功率相关。相对于蓄电池输出电流，蓄电池输出电压的变化率较小，因此可以基于式(6-40)对燃料电池输出功率进行调节。此时，式(6-39)和式(6-41)容易得到满足。

但若整车需求功率波动剧烈或蓄电池性能较差(内阻较大)，燃料电池输出功率可能产生较大波动。此外，由于蓄电池输出电压的变化及实际变换器存在着功率损耗，不易实现燃料电池输出功率的高精度控制。

3) 将输入电压作为被控量

图 6-14 为一个车用 50kW 质子交换膜燃料电池的电压、电流随输出功率变化的曲线。在稳态情况下，燃料电池电压(即直流-直流变换器输入电压)与燃料电池输出功率具有一一对应的关系，因此将变换器的输入电压作为被控量可以对燃料电池输出功率进行较准确的控制。

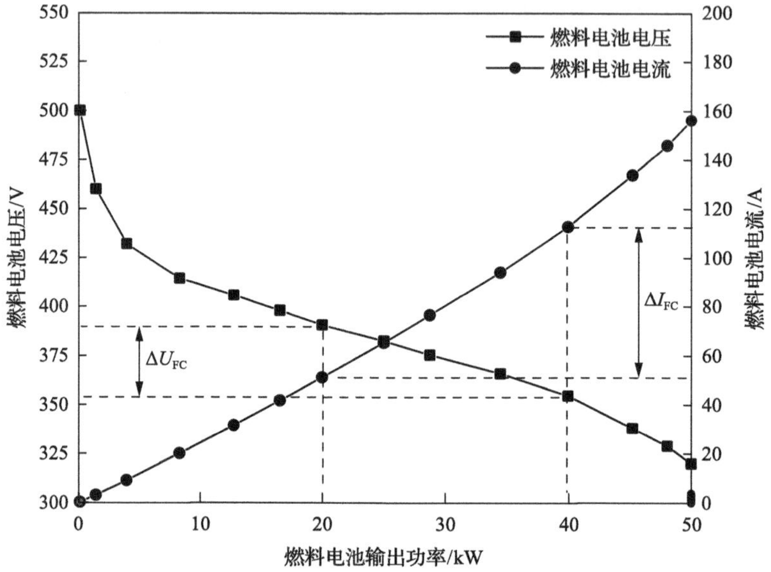

图 6-14　燃料电池电压-功率、电流-功率曲线

同时，将变换器的输入电压作为被控量，可以实现对燃料电池电压的“钳位”保护，避免因燃料电池的输出电压过低而对燃料电池产生损害。

4) 将输入电流作为被控量

从图 6-14 中可以看出，在稳态情况下，燃料电池输出电流，即直流-直流变换器输入电流与燃料电池输出功率同样具有一一对应的关系，而且在燃料电池高效区(输出功率为 20～40kW)，燃料电池电压的变化较缓，相对而言，燃料电池电流随功率始终保持较高的变化率。采用输入电流作为被控量可以对燃料电池输出功率实现更精确的控制。

从前面的分析看，优先选择的燃料电池输出功率的控制方法是：根据燃料电池输出电流和输出功率的关系对直流-直流变换器输入电流进行控制，同时对输出电流、输出电压及输入电压进行监测，在变换器运行中为输入和输出的欠压、过压及输出过流保护提供依据。

6.2.6 单向直流-直流变换器的建模与控制

1. 状态空间平均法

单向直流-直流变换器中包含着电力电子器件(IGBT、功率二极管等)，这些器件的周期性导通和关断会使变换器主电路结构随时间而发生变化，直流-直流变换器主电路具有明显的非线性和时变特征。状态空间平均法(state-space averaging approach)[7]是直流-直流变换器常用的一种建模方法。

对于如图 6-4 所示的 Buck 电路和图 6-6 所示的 Boost 电路，可以选取电感电流 i_L 和电容电压 u_C 作为状态变量，若用矩阵形式表示，状态变量 $\boldsymbol{x}$ 为

$$\boldsymbol{x}=\begin{bmatrix} i_L & u_C \end{bmatrix}^{\mathrm{T}} \tag{6-43}$$

可选取 Buck 电路和 Boost 电路中可以测量的物理量，如输入电流 i_{i} 和输出电压 u_{o} 作为输出变量，并表示为

$$\boldsymbol{y}=\begin{bmatrix} i_{\mathrm{i}} & u_{\mathrm{o}} \end{bmatrix}^{\mathrm{T}} \tag{6-44}$$

此外，变换器的输入变量 $\boldsymbol{u}$ 表示为

$$\boldsymbol{u}=\begin{bmatrix} u_{\mathrm{i}} \end{bmatrix} \tag{6-45}$$

那么，变换器系统的状态方程为

$$\dot{\boldsymbol{x}}=\boldsymbol{A}\boldsymbol{x}+\boldsymbol{B}\boldsymbol{u} \tag{6-46}$$

式中，$\dot{\boldsymbol{x}}$ 为 $\frac{\mathrm{d}\boldsymbol{x}}{\mathrm{d}t}$；$\boldsymbol{A}$ 为状态矩阵；$\boldsymbol{B}$ 为输入矩阵，$\boldsymbol{A}$ 和 $\boldsymbol{B}$ 由变换器参数决定。

变换器系统的输出方程可以表示为

$$\boldsymbol{y}=\boldsymbol{C}\boldsymbol{x}+\boldsymbol{D}\boldsymbol{u} \tag{6-47}$$

式中，$\boldsymbol{C}$ 为输出矩阵；$\boldsymbol{D}$ 为前馈矩阵，$\boldsymbol{C}$ 和 $\boldsymbol{D}$ 由变换器参数决定。

式(6-46)和式(6-47)合称为状态空间表达式。

在电力电子器件 T 导通的 αT_{s} 时间内，若有

$$\begin{cases} \dot{\boldsymbol{x}}=\boldsymbol{A}_1\boldsymbol{x}+\boldsymbol{B}_1\boldsymbol{u} \\ \boldsymbol{y}=\boldsymbol{C}_1\boldsymbol{x}+\boldsymbol{D}_1\boldsymbol{u} \end{cases} \tag{6-48}$$

在电力电子器件 T 关断 $(1-\alpha)T_{\mathrm{s}}$ 时间内，若有

$$\begin{cases} \dot{\boldsymbol{x}}=\boldsymbol{A}_2\boldsymbol{x}+\boldsymbol{B}_2\boldsymbol{u} \\ \boldsymbol{y}=\boldsymbol{C}_2\boldsymbol{x}+\boldsymbol{D}_2\boldsymbol{u} \end{cases} \tag{6-49}$$

那么，对于一个开关周期 T_{s}，基于状态空间平均法，存在

$$\begin{cases} \dot{\boldsymbol{x}}=\bar{\boldsymbol{A}}\boldsymbol{x}+\bar{\boldsymbol{B}}\boldsymbol{u} \\ \boldsymbol{y}=\bar{\boldsymbol{C}}\boldsymbol{x}+\bar{\boldsymbol{D}}\boldsymbol{u} \end{cases} \tag{6-50}$$

式中

$$\begin{cases}\bar{\boldsymbol{A}}=\alpha\boldsymbol{A}_1+(1-\alpha)\boldsymbol{A}_2\\ \bar{\boldsymbol{B}}=\alpha\boldsymbol{B}_1+(1-\alpha)\boldsymbol{B}_2\\ \bar{\boldsymbol{C}}=\alpha\boldsymbol{C}_1+(1-\alpha)\boldsymbol{C}_2\\ \bar{\boldsymbol{D}}=\alpha\boldsymbol{D}_1+(1-\alpha)\boldsymbol{D}_2\end{cases} \tag{6-51}$$

式(6-50)称为状态空间平均方程，其体现出两种变换器状态的加权平均，成立的前提条件是开关周期 T_s 要远小于电路的自然响应时间[8]。

1)无损耗的理想 Buck 电路的建模

如图 6-4 所示，当 T 导通($0\sim\alpha T_s$)时，存在

$$\dot{\boldsymbol{x}}=\begin{bmatrix}\dfrac{\mathrm{d}i_L}{\mathrm{d}t}\\ \dfrac{\mathrm{d}u_C}{\mathrm{d}t}\end{bmatrix}=\begin{bmatrix}0 & -\dfrac{1}{L}\\ \dfrac{1}{C} & -\dfrac{1}{RC}\end{bmatrix}\begin{bmatrix}i_L\\ u_C\end{bmatrix}+\begin{bmatrix}\dfrac{1}{L}\\ 0\end{bmatrix}[u_\mathrm{i}] \tag{6-52}$$

以及

$$\boldsymbol{y}=\begin{bmatrix}i_\mathrm{i}\\ u_\mathrm{o}\end{bmatrix}=\begin{bmatrix}1 & 0\\ 0 & 1\end{bmatrix}\begin{bmatrix}i_L\\ u_C\end{bmatrix}+\begin{bmatrix}0\\ 0\end{bmatrix}[u_\mathrm{i}] \tag{6-53}$$

当 T 关断($\alpha T_s\sim T_s$)时，存在

$$\dot{\boldsymbol{x}}=\begin{bmatrix}\dfrac{\mathrm{d}i_L}{\mathrm{d}t}\\ \dfrac{\mathrm{d}u_C}{\mathrm{d}t}\end{bmatrix}=\begin{bmatrix}0 & -\dfrac{1}{L}\\ \dfrac{1}{C} & -\dfrac{1}{RC}\end{bmatrix}\begin{bmatrix}i_L\\ u_C\end{bmatrix}+\begin{bmatrix}0\\ 0\end{bmatrix}[u_\mathrm{i}] \tag{6-54}$$

以及

$$\boldsymbol{y}=\begin{bmatrix}i_\mathrm{i}\\ u_\mathrm{o}\end{bmatrix}=\begin{bmatrix}0 & 0\\ 0 & 1\end{bmatrix}\begin{bmatrix}i_L\\ u_C\end{bmatrix}+\begin{bmatrix}0\\ 0\end{bmatrix}[u_\mathrm{i}] \tag{6-55}$$

因此，对于一个开关周期 T_s，基于式(6-48)～式(6-51)有

$$\dot{\boldsymbol{x}}=\begin{bmatrix}\dfrac{\mathrm{d}i_L}{\mathrm{d}t}\\ \dfrac{\mathrm{d}u_C}{\mathrm{d}t}\end{bmatrix}=\begin{bmatrix}0 & -\dfrac{1}{L}\\ \dfrac{1}{C} & -\dfrac{1}{RC}\end{bmatrix}\begin{bmatrix}i_L\\ u_C\end{bmatrix}+\begin{bmatrix}\dfrac{\alpha}{L}\\ 0\end{bmatrix}[u_\mathrm{i}] \tag{6-56}$$

以及

$$\boldsymbol{y}=\begin{bmatrix}i_\mathrm{i}\\ u_\mathrm{o}\end{bmatrix}=\begin{bmatrix}\alpha & 0\\ 0 & 1\end{bmatrix}\begin{bmatrix}i_L\\ u_C\end{bmatrix} \tag{6-57}$$

式(6-56)、式(6-57)就是理想 Buck 电路的状态空间平均方程。

2) 无损耗的理想 Boost 电路的建模

如图 6-6 所示，当 T 导通 $(0\sim\alpha T_s)$ 时，存在

$$\dot{\boldsymbol{x}}=\begin{bmatrix}\dfrac{\mathrm{d}i_L}{\mathrm{d}t}\\ \dfrac{\mathrm{d}u_C}{\mathrm{d}t}\end{bmatrix}=\begin{bmatrix}0 & 0\\ 0 & -\dfrac{1}{RC}\end{bmatrix}\begin{bmatrix}i_L\\ u_C\end{bmatrix}+\begin{bmatrix}\dfrac{1}{L}\\ 0\end{bmatrix}[u_i] \tag{6-58}$$

$$\boldsymbol{y}=\begin{bmatrix}i_i\\ u_o\end{bmatrix}=\begin{bmatrix}1 & 0\\ 0 & 1\end{bmatrix}\begin{bmatrix}i_L\\ u_C\end{bmatrix}+\begin{bmatrix}0\\ 0\end{bmatrix}[u_i] \tag{6-59}$$

当 T 关断 $(\alpha T_s\sim T_s)$ 时，存在

$$\dot{\boldsymbol{x}}=\begin{bmatrix}\dfrac{\mathrm{d}i_L}{\mathrm{d}t}\\ \dfrac{\mathrm{d}u_C}{\mathrm{d}t}\end{bmatrix}=\begin{bmatrix}0 & -\dfrac{1}{L}\\ \dfrac{1}{C} & -\dfrac{1}{RC}\end{bmatrix}\begin{bmatrix}i_L\\ u_C\end{bmatrix}+\begin{bmatrix}\dfrac{1}{L}\\ 0\end{bmatrix}[u_i] \tag{6-60}$$

$$\boldsymbol{y}=\begin{bmatrix}i_i\\ u_o\end{bmatrix}=\begin{bmatrix}1 & 0\\ 0 & 1\end{bmatrix}\begin{bmatrix}i_L\\ u_C\end{bmatrix}+\begin{bmatrix}0\\ 0\end{bmatrix}[u_i] \tag{6-61}$$

因此，对于一个开关周期 T_s，基于式 (6-48) ～式 (6-51) 有

$$\dot{\boldsymbol{x}}=\begin{bmatrix}\dfrac{\mathrm{d}i_L}{\mathrm{d}t}\\ \dfrac{\mathrm{d}u_C}{\mathrm{d}t}\end{bmatrix}=\begin{bmatrix}0 & -\dfrac{1-\alpha}{L}\\ \dfrac{1-\alpha}{C} & -\dfrac{1}{RC}\end{bmatrix}\begin{bmatrix}i_L\\ u_C\end{bmatrix}+\begin{bmatrix}\dfrac{1}{L}\\ 0\end{bmatrix}[u_i] \tag{6-62}$$

$$\boldsymbol{y}=\begin{bmatrix}i_i\\ u_o\end{bmatrix}=\begin{bmatrix}1 & 0\\ 0 & 1\end{bmatrix}\begin{bmatrix}i_L\\ u_C\end{bmatrix} \tag{6-63}$$

式 (6-62)、式 (6-63) 就是理想 Boost 电路的状态空间平均方程。

2. 变换器的小信号模型

1) 理想 Buck 变换器主电路的小信号模型

对于如图 6-4 所示的 Buck 变换器主电路，运行于某一稳定工作点时占空比为 α_s，输入电压为 U_i，电容电压为 U_C，电感电流为 I_L，变换器输出电流为 I_i。若对占空比和输入电压在稳态工作点附近施加一个低频小扰动（符号“^”表示小扰动），即

$$\begin{cases}\alpha=\alpha_s+\hat{\alpha}\\ u_i=U_i+\hat{u}_i\end{cases} \tag{6-64}$$

则 Buck 变换器主电路中状态变量及输出变量由于受到小信号扰动而发生微小的变化，即

$$\begin{cases}\boldsymbol{x}=\boldsymbol{X}+\hat{x}\\ \boldsymbol{y}=\boldsymbol{Y}+\hat{y}\end{cases} \tag{6-65}$$

将式(6-64)、式(6-65)代入式(6-56)、式(6-57)，得

$$\begin{cases}\dfrac{\mathrm{d}(I_L+\hat{i}_L)}{\mathrm{d}t}=-\dfrac{1}{L}(U_C+\hat{u}_C)+\dfrac{\alpha_\mathrm{s}+\hat{\alpha}}{L}(U_\mathrm{i}+\hat{u}_\mathrm{i})\\ \dfrac{\mathrm{d}(U_C+\hat{u}_C)}{\mathrm{d}t}=\dfrac{I_L+\hat{i}_L}{C}-\dfrac{U_C+\hat{u}_C}{RC}\\ I_\mathrm{i}+\hat{i}_\mathrm{i}=(\alpha_\mathrm{s}+\hat{\alpha})(I_L+\hat{i}_L)\end{cases} \tag{6-66}$$

令式(6-66)等号两端的直流项相等，有

$$\begin{cases}U_C=\alpha_\mathrm{s}U_\mathrm{i}\\ I_L=\dfrac{U_C}{R}\\ I_\mathrm{i}=\alpha_\mathrm{s}\dfrac{U_C}{R}=\alpha_\mathrm{s}I_\mathrm{o}\end{cases} \tag{6-67}$$

式(6-67)反映的是 Buck 变换器在稳态工作点($\alpha_\mathrm{s}, U_\mathrm{i}$)的各物理量的关系。令式(6-66)等号两端的一阶交流项相等，同时忽略二阶交流项，得

$$\begin{cases}\dfrac{\mathrm{d}\hat{i}_L}{\mathrm{d}t}=-\dfrac{1}{L}\hat{u}_C+\dfrac{\alpha_\mathrm{s}\hat{u}_\mathrm{i}+U_\mathrm{i}\hat{\alpha}}{L}\\ \dfrac{\mathrm{d}\hat{u}_C}{\mathrm{d}t}=\dfrac{\hat{i}_L}{C}-\dfrac{\hat{u}_C}{RC}\\ \hat{i}_\mathrm{i}=\alpha_\mathrm{s}\hat{i}_L+\hat{\alpha}I_L\end{cases} \tag{6-68}$$

式(6-68)称为理想 Buck 变换器主电路在电感电流连续时的小信号模型，反映了 Buck 变换器在稳态工作点(α_s, U_i)附近的动态行为，是 Buck 变换器系统闭环反馈控制的基础。

2)理想 Boost 变换器主电路的小信号模型

对于如图 6-6 所示的 Boost 变换器主电路，运行于某一稳定工作点时占空比为α_s，输入电压为 U_i。若对占空比和输入电压在稳态工作点附近施加一个低频小扰动，即

$$\begin{cases}\alpha=\alpha_\mathrm{s}+\hat{\alpha}\\ u_\mathrm{i}=U_\mathrm{i}+\hat{u}_\mathrm{i}\end{cases} \tag{6-69}$$

则 Boost 变换器主电路中状态变量及输出变量由于受到小信号扰动而发生微小的变化，即

$$\begin{cases} \boldsymbol{x} = \boldsymbol{X} + \hat{x} \\ \boldsymbol{y} = \boldsymbol{Y} + \hat{y} \end{cases} \tag{6-70}$$

将式(6-69)、式(6-70)代入式(6-62)、式(6-63)，得

$$\begin{cases} \dfrac{\mathrm{d}(I_L + \hat{i}_L)}{\mathrm{d}t} = -\dfrac{1-\alpha_s-\hat{\alpha}}{L}(U_C + \hat{u}_C) + \dfrac{1}{L}(U_i + \hat{u}_i) \\ \dfrac{\mathrm{d}(U_C + \hat{u}_C)}{\mathrm{d}t} = \dfrac{1-\alpha_s-\hat{\alpha}}{C}(I_L + \hat{i}_L) - \dfrac{U_C + \hat{u}_C}{RC} \end{cases} \tag{6-71}$$

令式(6-71)等号两端的直流项相等，有

$$\begin{cases} U_C = \dfrac{U_i}{1-\alpha_s} \\ I_L = \dfrac{U_C}{(1-\alpha_s)R} \end{cases} \tag{6-72}$$

式(6-72)反映的是Boost变换器在稳态工作点(α_s, U_i)的输入电流和输出电流关系。令式(6-71)等号两端的一阶交流项相等，同时忽略二阶交流项，得

$$\begin{cases} \dfrac{\mathrm{d}\hat{i}_L}{\mathrm{d}t} = -\dfrac{1-\alpha_s}{L}\hat{u}_C + \dfrac{U_i\hat{\alpha}}{L(1-\alpha_s)} + \dfrac{\hat{u}_i}{L} \\ \dfrac{\mathrm{d}\hat{u}_C}{\mathrm{d}t} = \dfrac{(1-\alpha_s)\hat{i}_L}{C} - \dfrac{U_i\hat{\alpha}}{RC(1-\alpha_s)^2} - \dfrac{\hat{u}_C}{RC} \end{cases} \tag{6-73}$$

式(6-73)称为理想 Boost 变换器主电路在电感电流连续时的小信号模型，反映了Boost变换器在稳态工作点(α_s, U_i)附近的动态行为，是Boost变换器系统闭环反馈控制的基础。

以上的讨论是在电感电流连续的条件下进行的，其基本思路同样适用于电感电流断续情况。

3. 变换器的闭环控制

对于Buck变换器主电路，将式(6-68)等号两端进行拉普拉斯变换，得

$$\begin{cases} s\hat{i}_L(s) = -\dfrac{1}{L}\hat{u}_C(s) + \dfrac{\alpha_s\hat{u}_i(s) + U_i\hat{\alpha}(s)}{L} \\ s\hat{u}_C(s) = \dfrac{\hat{i}_L(s)}{C} - \dfrac{\hat{u}_C(s)}{RC} \end{cases} \tag{6-74}$$

以及

$$\hat{i}_i(s) = \alpha_s\hat{i}_L(s) + \hat{\alpha}(s)I_L \tag{6-75}$$

由式(6-74)，可得

$$\begin{cases} \hat{i}_L(s) = \dfrac{(1+RCs)U_\mathrm{i}}{RLCs^2+Ls+R}\hat{\alpha}(s) + \dfrac{(1+RCs)\alpha_\mathrm{s}}{RLCs^2+Ls+R}\hat{u}_\mathrm{i}(s) \\ \hat{u}_C(s) = \dfrac{RU_\mathrm{i}}{RLCs^2+Ls+R}\hat{\alpha}(s) + \dfrac{R\alpha_s}{RLCs^2+Ls+R}\hat{u}_\mathrm{i}(s) \end{cases} \tag{6-76}$$

因此，可以得到传递函数

$$G_{iL\alpha}(s) = \left.\frac{\hat{i}_L(s)}{\hat{\alpha}(s)}\right|_{\hat{u}_\mathrm{i}(s)=0} = \frac{(1+RCs)U_\mathrm{i}}{RLCs^2+Ls+R} \tag{6-77}$$

以及

$$G_{iLu\mathrm{i}}(s) = \left.\frac{\hat{i}_L(s)}{\hat{u}_\mathrm{i}(s)}\right|_{\hat{\alpha}(s)=0} = \frac{(1+RCs)\alpha_\mathrm{s}}{RLCs^2+Ls+R} \tag{6-78}$$

根据前面的分析，可以得到 Buck 变换器输入电流的反馈闭环系统结构图，如图 6-15 所示。图中电流反馈支路加入了低通滤波环节：

$$H(s) = \frac{\omega_\mathrm{c}}{s+\omega_\mathrm{c}} \tag{6-79}$$

式中，ω_c 为截止角频率。

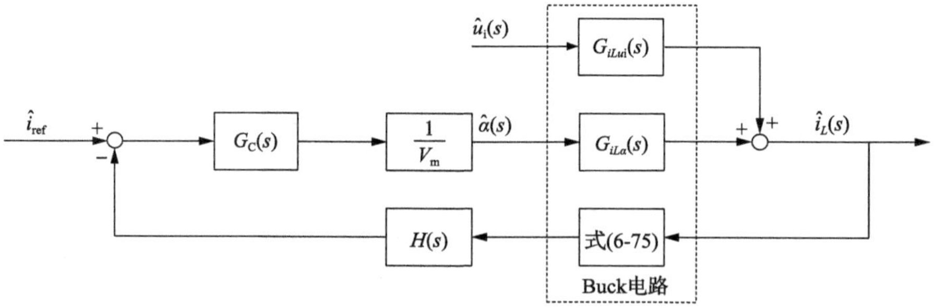

图 6-15 Buck 变换器输入电流的反馈闭环系统结构图

图 6-15 所示系统的电流闭环控制通常采用 PI 或 PID 控制。若采用 PI 控制，则补偿环节 $G_\mathrm{C}(s)$ 可以表示为

$$G_\mathrm{C}(s) = k_\mathrm{p} + \frac{k_\mathrm{i}}{s} \tag{6-80}$$

式中，k_p 和 k_i 为比例系数和积分系数。

图 6-15 中，$\dfrac{1}{V_\mathrm{m}}$ 为调制系数，该环节输出范围为 0～1。

对于 Boost 变换器主电路，将式(6-73)等号两端进行拉普拉斯变换，得

$$\begin{cases} s\hat{i}_L(s) = -\dfrac{1-\alpha_s}{L}\hat{u}_C(s) + \dfrac{U_i\hat{\alpha}(s)}{L(1-\alpha_s)} + \dfrac{\hat{u}_i(s)}{L} \\ s\hat{u}_C(s) = \dfrac{(1-\alpha_s)\hat{i}_L(s)}{C} - \dfrac{U_i\hat{\alpha}(s)}{RC(1-\alpha_s)^2} - \dfrac{\hat{u}_C(s)}{RC} \end{cases} \tag{6-81}$$

由式(6-81)，可得

$$\begin{cases} \hat{i}_L(s) = \dfrac{(2+RCs)U_i}{RLCs^2+Ls+(1-\alpha_s)^2}\hat{\alpha}(s) + \dfrac{1+RCs}{RLCs^2+Ls+(1-\alpha_s)^2}\hat{u}_i(s) \\ \hat{u}_C(s) = \dfrac{RU_i - \dfrac{LU_i}{(1-\alpha_s)^2}s}{RLCs^2+Ls+R(1-\alpha_s)^2}\hat{\alpha}(s) + \dfrac{R(1-\alpha_s)}{RLCs^2+Ls+R(1-\alpha_s)^2}\hat{u}_i(s) \end{cases} \tag{6-82}$$

因此，可以得到传递函数

$$G_{iL\alpha}(s) = \left.\frac{\hat{i}_L(s)}{\hat{\alpha}(s)}\right|_{\hat{u}_i(s)=0} = \frac{(2+RCs)U_i}{RLCs^2+Ls+(1-\alpha_s)^2} \tag{6-83}$$

以及

$$G_{iLui}(s) = \left.\frac{\hat{i}_L(s)}{\hat{u}_i(s)}\right|_{\hat{\alpha}(s)=0} = \frac{1+RCs}{RLCs^2+Ls+(1-\alpha_s)^2} \tag{6-84}$$

根据前面的分析，可以得到 Boost 变换器输入电流的反馈闭环系统结构图，如图 6-16 所示，图中低通滤波环节 $H(s)$ 和补偿环节 $G_C(s)$ 分别如式(6-79)和式(6-80)所示，$\dfrac{1}{V_m}$ 为调制系数，该环节输出范围为 0～1。

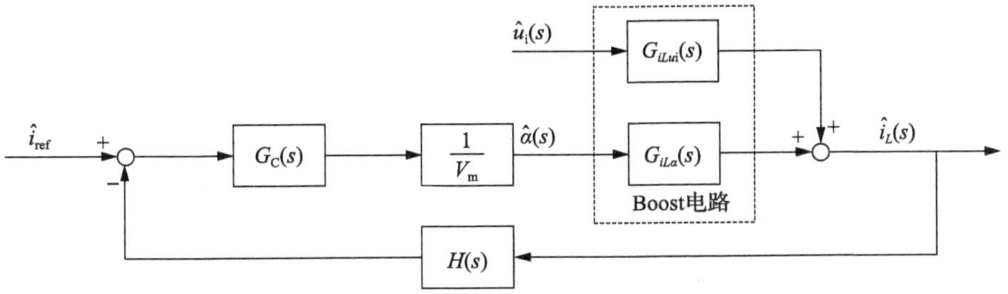

图 6-16 Boost 变换器输入电流的反馈闭环系统结构图

以上建模过程以及反馈闭环系统是将直流-直流变换器的输入电流作为被控量进行分析，上述方法同时适用于将输出电流、输入电压和输出电压作为被控量的情况。

6.3 双向非隔离型直流-直流变换器主电路拓扑结构与控制

6.3.1 双向非隔离型直流-直流变换器主电路的拓扑结构

双向非隔离型直流-直流变换器(以下简称双向直流-直流变换器)可以实现能量的双向流动，可以将其看作一个双端口的电气部件，其中一个端口为低压侧，另一个端口为高压侧。当能量从高压侧流向低压侧时，对外体现出降压的特点；而当能量从低压侧流向高压侧时，对外体现出升压的特点。因此，可以将Buck变换器主电路和Boost变换器主电路反并联实现能量的双向流动，这样就形成如图6-17所示的电路，图中 u_L 为低压侧电压，u_H 为高压侧电压。

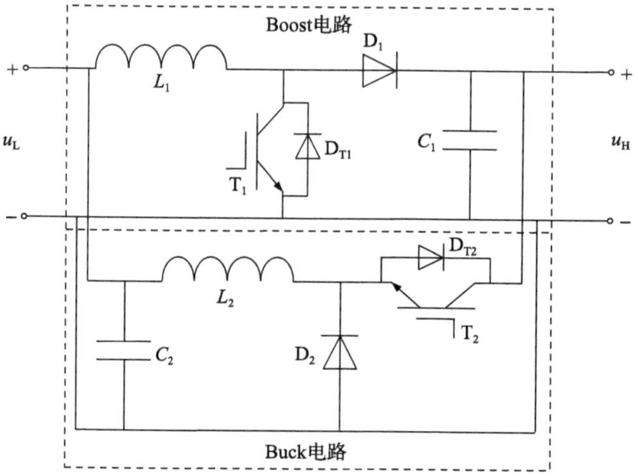

图6-17　由Buck和Boost电路反并联构成的电路

如果将图6-17中电感 L_1 和 L_2 合二为一，同时用 T_2 反并联的功率二极管 D_{T2} 代替 D_1，用 T_1 反并联的功率二极管 D_{T1} 代替 D_2，则图6-17电路会演变为如图6-18所示的电路。

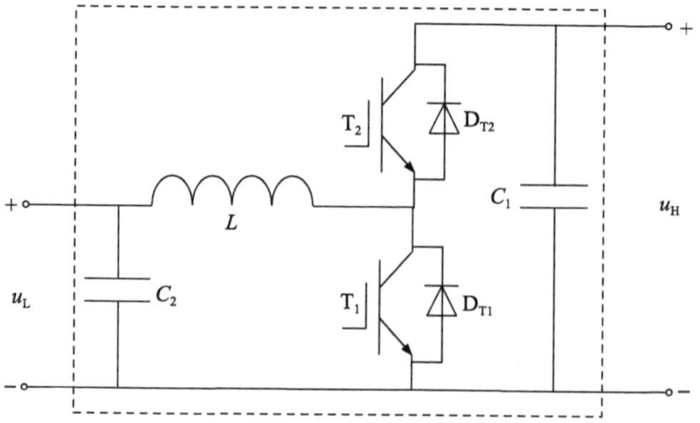

图6-18　双向直流-直流变换器主电路

图 6-18 即为典型的双向直流-直流变换器主电路。电路中，L、T_2、D_{T1} 和 C_2 构成 Buck 电路，实现降压功能，能量从右侧流向左侧；L、T_1、D_{T2} 和 C_1 构成 Boost 电路，实现升压功能，能量从左侧流向右侧。

6.3.2　双向直流-直流变换器的控制

1. 被控量的选择

1) 双向直流-直流变换器高压侧无储能部件

以图 6-19 所示的动力系统为例，蓄电池通过双向直流-直流变换器与驱动电机控制器相连接。动力系统控制器或整车控制器根据驾驶员意图、当前车速及蓄电池 SOC 等信息，一方面对驱动电机控制器给出目标电机转矩，另一方面对双向直流-直流变换器提供电能变换指令。

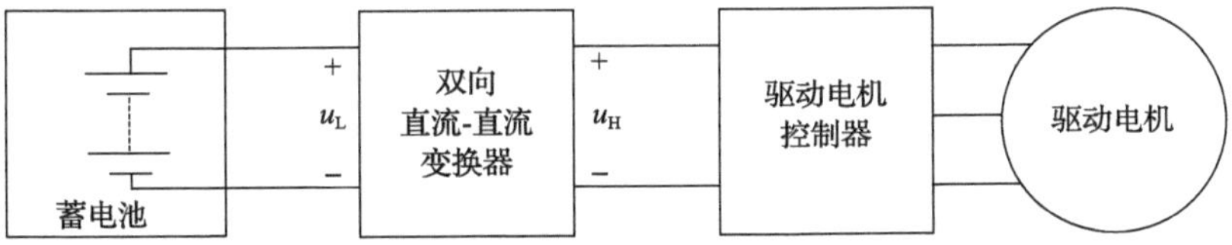

图 6-19　双向直流-直流变换器高压侧无储能部件的动力系统

在升压工作模式下，蓄电池通过双向直流-直流变换器升压后为驱动电机控制器提供电能，车辆处于驱动状态。此时，要求驱动电机控制器输入电压相对稳定，否则会影响驱动电机的正常运行，尤其在电机转速较高的时候，电机系统处于弱磁控制区，直流电压的波动会对驱动电机的弱磁控制产生非常大的影响。因此，在升压模式下，应采用高压侧电压作为被控量。

在降压模式下，驱动电机控制器通过双向直流-直流变换器降压后将制动回馈能量存储到蓄电池，车辆处于制动状态。此时，双向直流-直流变换器需要尽快把电机控制器输出的直流电能输送到低压侧，如果蓄电池吸收的电功率低于制动功率，双向直流-直流变换器高压侧电压会急剧升高，严重情况下会导致驱动电机控制器或双向直流-直流变换器中的直流侧电容或电力电子器件损坏而使电力电子部件失效。因此，这时仍需将双向直流-直流变换器高压侧电压作为被控量。

从图 6-19 所示的动力系统结构看，在不考虑变换器自身损耗的前提下，应时刻保持变换器两侧的功率平衡。不仅要求整车或动力系统控制器对驱动电机控制器和双向直流-直流变换器进行协调控制，还要求双向直流-直流变换器、驱动电机控制器具有较好的动态特性和响应速度。为更好地满足这一点，许多整车企业或部件厂商已经把双向直流-直流变换器和驱动电机控制器进行了集成，这种集成不只是为提高功率密度而进行的"物理集成"，从控制角度看，更容易实现二者的协调控制，满足变换器两侧的功率平衡，尤其是当同一个控制系统对双向直流-直流变换器和驱动电机控制器中所有电力电子器件进行控制时，能更好地发挥二者的性能，从而在一定程度上做到"功能集成"。

当选择双向直流-直流变换器高压侧电压作为被控量时，也要对低压侧电流进行监控，防止蓄电池充放电电流超过最大允许值。

2) 双向直流-直流变换器高压侧有储能部件

以图 6-20 所示动力系统为例，由于双向直流-直流变换器和驱动电机控制器之间连接有蓄电池，因此并不需要保持驱动电机控制器和双向直流-直流变换器二者之间的功率平衡。此时，选取双向直流-直流变换器高压侧电压作为被控量可能会使蓄电池的作用无法得到充分的发挥，也不易做到超级电容和蓄电池之间的合理“功率分配”。

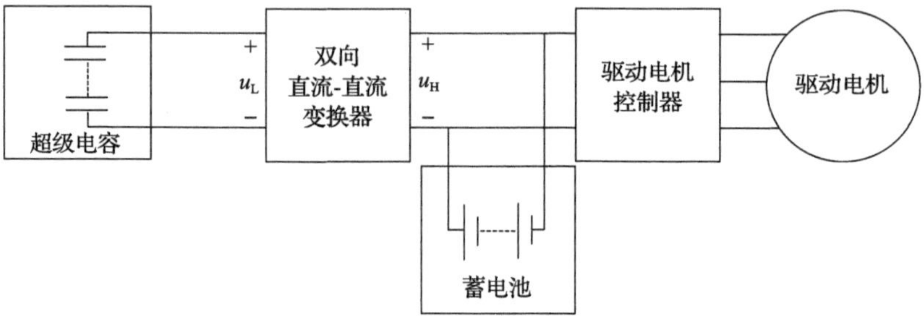

图 6-20 双向直流-直流变换器高压侧有储能部件的动力系统

对于如图 6-20 所示的动力系统，可以采用双向直流-直流变换器低压侧电流作为被控量。在忽略双向直流-直流变换器低压侧电容电流的影响时，双向直流-直流变换器低压侧电流即为双向直流-直流变换器的电感电流，也是图中超级电容的电流。通过对双向变换器低压侧电流的控制，可以较好地控制超级电容的输入或输出功率，并可保证超级电容充放电电流在运行范围内，有益于发挥超级电容的性能以及延长其使用寿命。

2. 双向直流-直流变换器的控制

由于双向直流-直流变换器主电路可以看作 Buck 变换器主电路和 Boost 变换器主电路的组合，因此可以采用 Buck 变换器主电路和 Boost 变换器主电路的建模方法对双向直流-直流变换器主电路进行建模。

双向直流-直流变换器的控制量为电力电子器件 T_1 和 T_2 的占空比 α_1 和 α_2。若一个开关周期内变换器低压侧电压的平均值为 U_L，高压侧电压的平均值为 U_H，那么在电感电流连续时，显然在升压模式下存在

$$U_H=\frac{U_L}{1-\alpha_1},\qquad 0\leqslant\alpha_1<1,\alpha_2=0 \tag{6-85}$$

在降压模式下，存在

$$U_L=\alpha_2 U_H,\qquad 0\leqslant\alpha_2\leqslant 1,\alpha_1=0 \tag{6-86}$$

图 6-18 的电感电流随占空比变化的波形如图 6-21 所示。双向直流-直流变换器只能工作在降压或升压模式中的一种模式，因此，T_1 和 T_2 的占空比 α_1 和 α_2 之间没有直接的关系。不同工作模式下，T_1 和 T_2 也可以选择不同的开关周期 T_s。

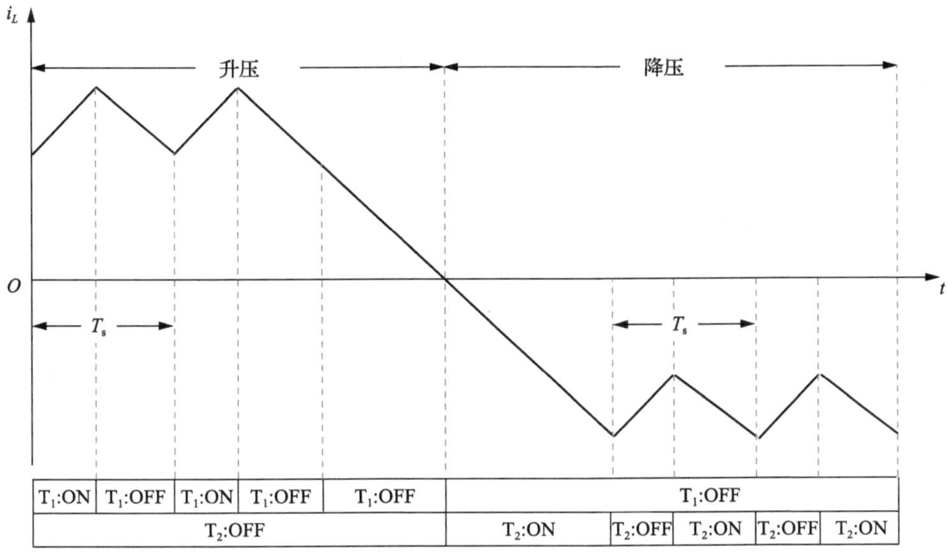

图 6-21　电感电流波形

当图 6-18 中的电力电子器件采用功率 MOSFET 时，为利用功率 MOSFET 反向导通通态压降小、损耗低的特性，可以在降压和升压两种模式下采用相同的开关周期 T_s，且 T_1 和 T_2 的占空比 α_1 和 α_2 具有以下关系：

$$\alpha_1 + \alpha_2 = 1 \tag{6-87}$$

按照式(6-87)，T_1 和 T_2 将具有互补的工作关系。这样，在控制算法中，只需将 α_1 和 α_2 中的一个作为被控量，另外一个满足式(6-87)即可，这样比较容易实现不同工作模式的平稳切换，对提高模式切换响应也是有益的。实际应用中，电力电子器件 T_1 和 T_2 的驱动信号之间要加入“死区”，防止 T_1 和 T_2 出现“直通”现象。

6.4　直流-直流变换器的交错式主电路拓扑结构与控制

6.4.1　直流-直流变换器的交错式主电路拓扑结构

电动汽车中非隔离型直流-直流变换器是动力系统能量传输中的一个重要环节，大功率、高电压、大电流、高效率、低纹波的要求导致变换器的电力电子器件、电感和电容体积及重量较大、成本也较高，这和整车的高功率密度和低成本的要求相矛盾[9]。交错式变换器主电路结构可以有效缓解或解决这一矛盾。

所谓交错式主电路结构是指将 N 相(个)小功率变换器模块两端口并联而实现大功率直流电能变换的电路结构。这种电路结构中，各功率变换器模块的电力电子器件开关周期相同，皆为 T_s，但驱动信号互差 $\frac{T_s}{N}$ 时间间隔。

由于交错式变换器电路拓扑结构要比单一结构变换器复杂，对其控制系统也提出了较高的要求。

具有三相交错式结构的 Buck 变换器和 Boost 变换器分别如图 6-22 和图 6-23 所示。图中，三相变换器主电路中输出侧电容由于是并联关系，可以等效为一个电容 C。

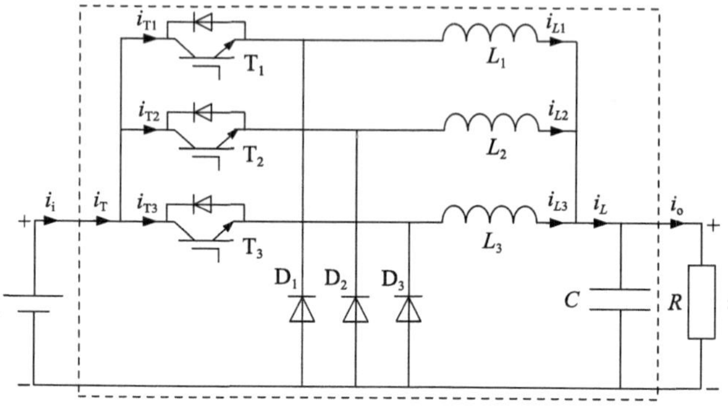

图 6-22　三相交错式 Buck 变换器主电路结构

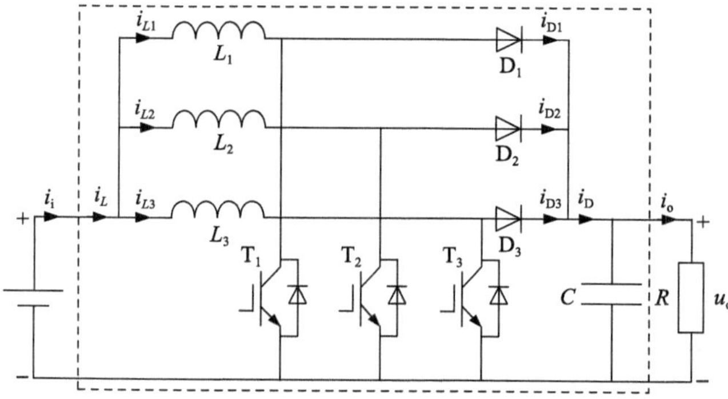

图 6-23　三相交错式 Boost 变换器主电路结构

图 6-22 和图 6-23 所示的两种变换器主电路中存在：

$$i_L = i_{L1} + i_{L2} + i_{L3} \tag{6-88}$$

图 6-24 给出了电感电流连续时的两种变换器主电路驱动与电流波形，图中，$u_{GEi}\,(i=1,2,3)$ 为器件 $T_i\,(i=1,2,3)$ 的栅极驱动电压波形。从图中看出，虽然每相变换器主电路中，电感电流 $i_{Li}\,(i=1,2,3)$ 的纹波都比较大，但采用交错控制后，总的电感电流 i_L 纹波很小。

同时，对于交错式 Buck 变换器主电路还有

$$i_i = i_T = i_{T1} + i_{T2} + i_{T3} \tag{6-89}$$

从图 6-24 (a) 可以看出，当将其接在燃料电池输出侧时，燃料电池输出电流的脉动将大为改善，对变换器和燃料电池之间的滤波电路要求降低，甚至可以取消滤波电路。

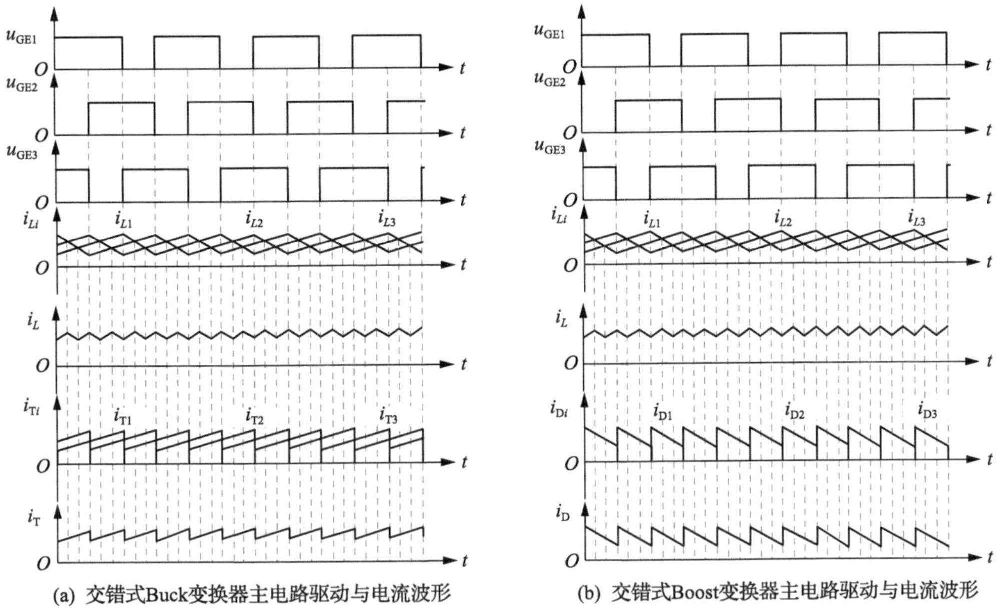

图 6-24　交错式 Buck 和 Boost 变换器主电路驱动与电流波形

对于交错式 Boost 变换器主电路，二极管电流存在

$$i_D = i_{D1} + i_{D2} + i_{D3} \tag{6-90}$$

从图 6-24(b)可以看出，总的二极管电流 i_D 纹波较小，变换器输出电流和电压的纹波也较小，在相同的纹波要求下，输出侧电容 C 的容量可以减小。

虽然增加相数有利于减小电流纹波，但并不是相数越多越好，一方面较多相数的变换器主电路结构复杂，使用的元器件较多，对控制和驱动电路也提出了较高的要求；另一方面，除相数外，交错式电路电流纹波还与电力电子器件的占空比密切相关。图 6-25 给出了不同相数 Buck 或 Boost 变换器的 $\dfrac{\Delta I_L}{\Delta I_{LM}}$ 随占空比 α 的变化情况。其中，ΔI_L 为变换器总的电感电流纹波；ΔI_{LM} 为变换器最大的电感纹波电流，其可以表示为

$$\Delta I_{LM} = \begin{cases} \dfrac{T_s}{L}(U_i - U_o), & \text{Buck变换器} \\ \dfrac{T_s}{L}U_i, & \text{Boost变换器} \end{cases} \tag{6-91}$$

式中，U_i 和 U_o 分别为变换器的输入和输出电压。

因此，在实际应用中，应根据电力电子器件的占空比的范围合理地选择交错相数。

前面讨论的级联式或并联式直流-直流变换器以及双向直流-直流变换器都可以采用交错式电路结构，图 6-26 和图 6-27 分别给出了两相交错式 Buck-Boost 并联式直流-直流变换器和三相交错式双向直流-直流变换器的主电路。

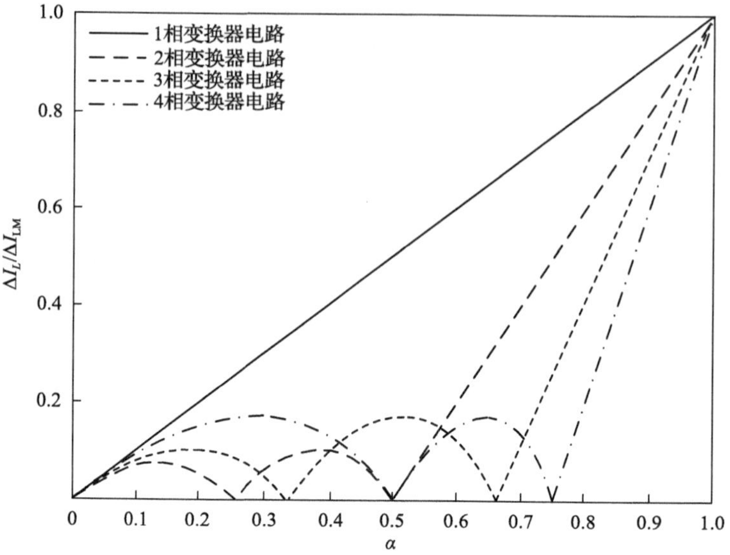

图 6-25　电感电流纹波与占空比的关系

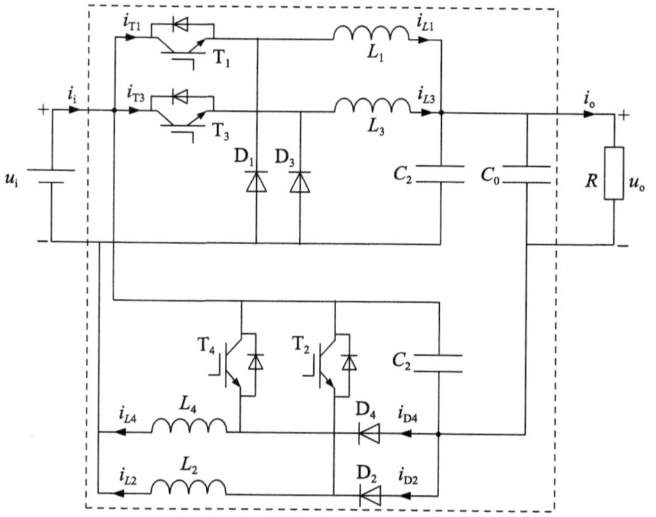

图 6-26　两相交错式 Buck-Boost 并联式直流-直流变换器主电路

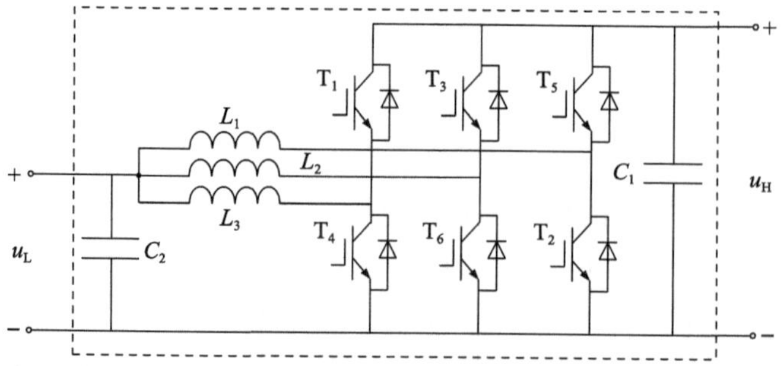

图 6-27　三相交错式双向直流-直流变换器主电路

6.4.2 交错式电路拓扑结构直流-直流变换器的控制

交错式电路拓扑结构的直流-直流变换器可以看作多个 Buck 变换器或 Boost 变换器的并联。因此，如果对变换器的总输入电流或输出电流进行控制，就可以转化为对每个 Buck 变换器或 Boost 变换器的输入电流或输出电流进行控制。可以将总电流平均分配到每相变换器主电路中，也可以根据一定的分配规则，得到每相电路的目标电流。

例如，对于图 6-23 所示的三相交错式 Boost 变换器，若按平均电流分配，可以得到变换器电感电流的控制框图，如图 6-28 所示。图 6-28 中，$I_{L\text{ref}}$ 为总电感电流的目标值，$I_{1\text{ref}}$、$I_{2\text{ref}}$ 和 $I_{3\text{ref}}$ 为每相电感电流的目标值，$H_{\text{i}}(s)$ 为电流采用的低通滤波环节，$G_{\text{Ci}}(s)$ 为补偿校正环节。

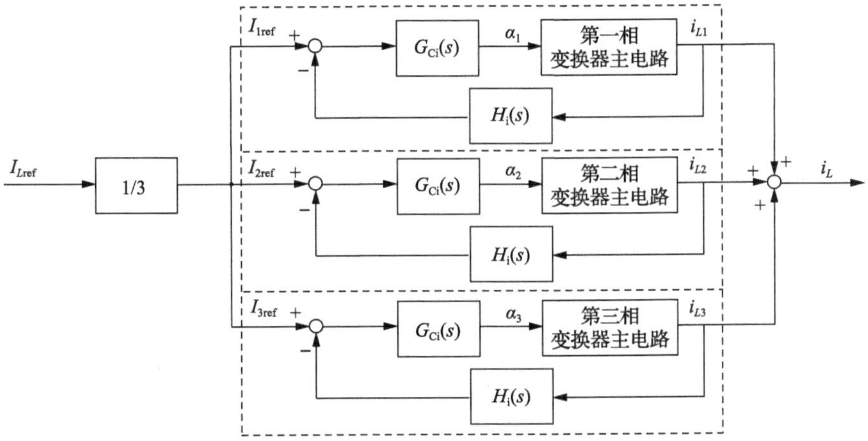

图 6-28　三相交错式 Boost 变换器电感电流的控制结构示意图

若采用变换器的输入电压或输出电压为被控量，为了保证每相变换器电感电流均流，通常采用“电压外环、电流内环”的双闭环控制结构。以图 6-22 为例，若将输出电压作为被控量，则其双闭环控制结构如图 6-29 所示。

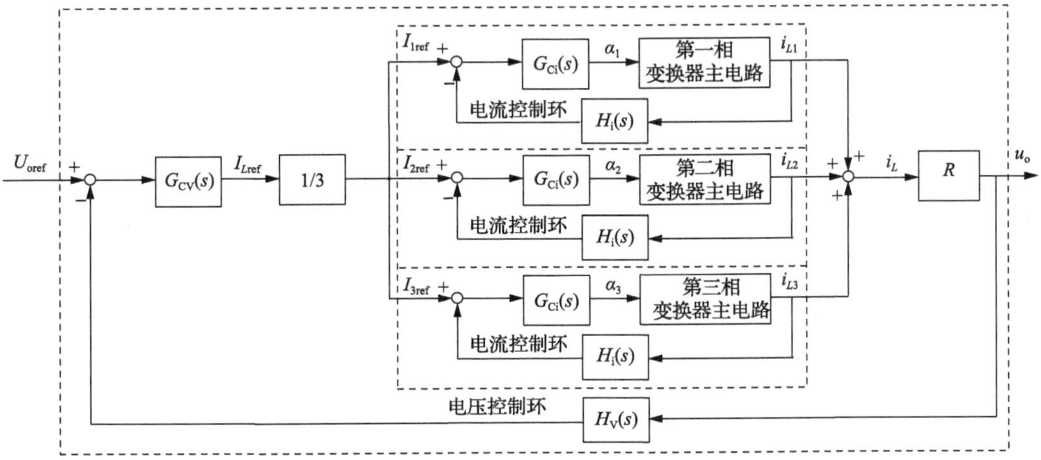

图 6-29　三相交错式 Buck 变换器输出电压的双闭环控制结构示意图

除保证交错式直流-直流变换器各相均流外，各相相同位置的电力电子器件的开关周期相同，皆为 T_s，但驱动信号互差 $\frac{T_s}{N}$ 时间间隔。

6.5 寄生参数对变换器性能的影响

6.5.1 寄生参数对 Buck 变换器性能的影响

可以用一个理想电感 L 和一个串联等效电阻 R_L 来表示非理想电感，R_L 消耗的功率代表电感 L 在工作过程中产生的损耗[10,11]；同理，用串联等效电阻 R_T 和 R_D 分别代表电力电子全控型器件 T 和功率二极管 D 的通态电阻；L 的铁损、T 的开关损耗、D 的恢复损耗及电容 C 的损耗这里忽略不计；T 的通态压降为 U_T，D 的通态压降为 U_D。此时，图 6-4 所示的 Buck 变换器主电路可变为图 6-30。

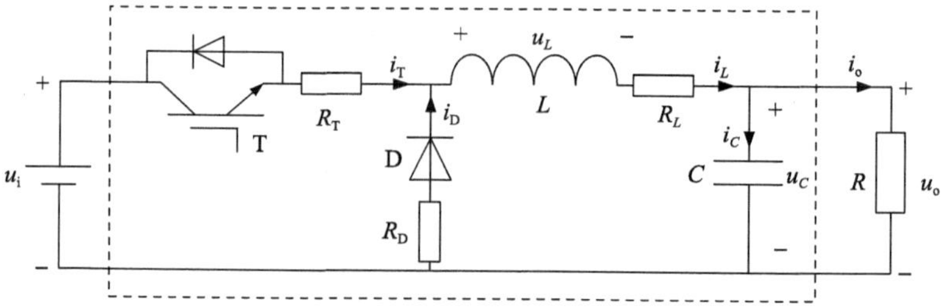

图 6-30 非理想元器件构成的 Buck 变换器主电路

当 T 导通 $(0\sim\alpha T_s)$ 时，存在

$$u_L(t)=U_i-U_T-i_L(t)(R_T+R_L)-U_o \tag{6-92}$$

$$i_C(t)=i_L(t)-\frac{U_o}{R} \tag{6-93}$$

当 T 关断 $(\alpha T_s\sim T_s)$ 时，存在

$$u_L(t)=-U_o-i_L(t)(R_D+R_L)-U_D \tag{6-94}$$

$$i_C(t)=i_L(t)-\frac{U_o}{R} \tag{6-95}$$

依据电感伏秒平衡原理，由式 (6-92) 和式 (6-94)，有

$$[U_i-U_T-i_L(t)(R_T+R_L)-U_o]\alpha T_s+[-U_o-i_L(t)(R_D+R_L)-U_D](1-\alpha)T_s=0 \tag{6-96}$$

依据电容安秒平衡原理，由式 (6-93) 和式 (6-95)，有

$$\left[i_L(t)-\frac{U_o}{R}\right]\alpha T_s+\left[i_L(t)-\frac{U_o}{R}\right](1-\alpha)T_s=0 \tag{6-97}$$

由式(6-97)可得

$$i_L(t)=\frac{U_o}{R} \tag{6-98}$$

将式(6-98)代入式(6-96)，整理后，得

$$U_o=\frac{\alpha(U_i-U_T)R-(1-\alpha)U_D R}{R+R_L+\alpha R_T+(1-\alpha)R_D} \tag{6-99}$$

从式(6-99)可以看出，当考虑任意一个元器件的寄生参数时，变换器的电压增益都会变小。若只考虑电感的串联等效电阻，由式(6-99)可以得到Buck变换器的电压增益M为

$$M=\frac{U_o}{U_i}=\frac{\alpha}{1+\dfrac{R_L}{R}} \tag{6-100}$$

依据式(6-100)可以得到变换器电压增益M与占空比α的关系，如图6-31所示。

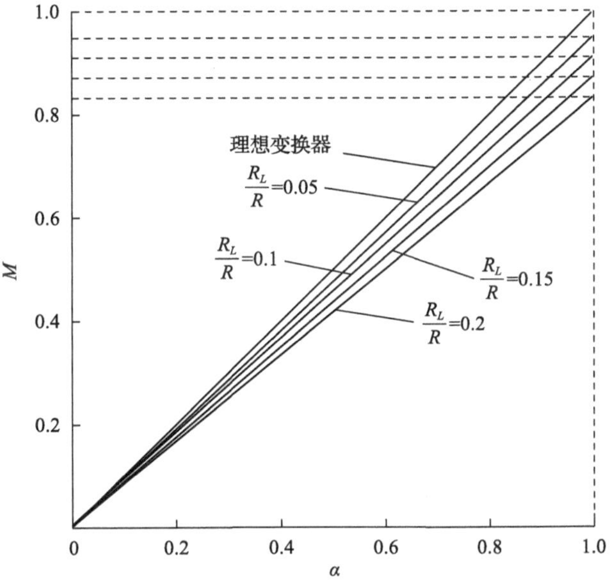

图6-31　电感寄生电阻对Buck变换器电压增益的影响

由式(6-98)知，在一个开关周期内，Buck变换器输入电流平均值可以表示为

$$I_i=\frac{\alpha U_o}{R} \tag{6-101}$$

由式(6-100)和式(6-101)可以推导出只考虑电感寄生电阻，忽略其他寄生参数时Buck变换器的效率为

$$\eta=\frac{U_o I_o}{U_i I_i}=\frac{1}{1+\dfrac{R_L}{R}} \tag{6-102}$$

依据上述推导过程，可以得到考虑其他寄生参数的 Buck 变换器的电压增益和效率。

6.5.2 寄生参数对 Boost 变换器性能的影响

和非理想的 Buck 变换器主电路分析方法类似，用 R_L、R_T、R_D、U_T 和 U_D 表示非理想 Boost 变换器主电路中的寄生参数。此时，图 6-6 所示的 Boost 变换器主电路可变为图 6-32。

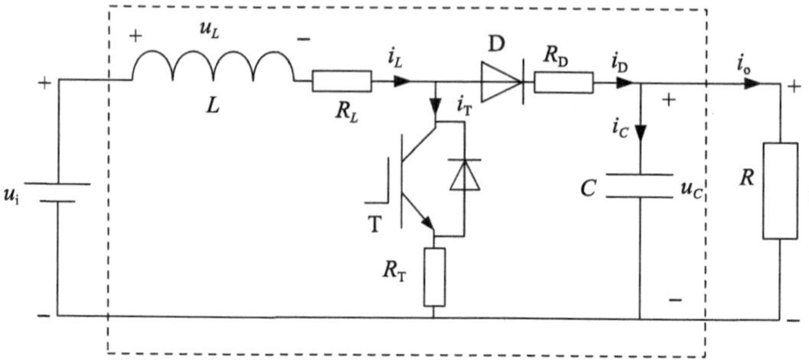

图 6-32　非理想元器件构成的 Boost 变换器主电路

当 T 导通($0\sim\alpha T_s$)时，存在

$$u_L(t)=U_i-U_T-i_L(t)(R_T+R_L) \tag{6-103}$$

$$i_C(t)=-\frac{U_o}{R} \tag{6-104}$$

当 T 关断($\alpha T_s\sim T_s$)时，存在

$$u_L(t)=U_i-U_o-i_L(t)(R_D+R_L)-U_D \tag{6-105}$$

$$i_C(t)=i_L(t)-\frac{U_o}{R} \tag{6-106}$$

依据电感伏秒平衡原理，由式(6-103)和式(6-105)，有

$$[U_i-U_T-i_L(t)(R_T+R_L)]\alpha T_s+[U_i-U_o-i_L(t)(R_D+R_L)-U_D](1-\alpha)T_s=0 \tag{6-107}$$

依据电容安秒平衡原理，由式(6-104)和式(6-106)，有

$$\left(-\frac{U_o}{R}\right)\alpha T_s+\left[i_L(t)-\frac{U_o}{R}\right](1-\alpha)T_s=0 \tag{6-108}$$

根据式(6-108)，可得

$$i_L(t)=\frac{U_o}{R(1-\alpha)} \tag{6-109}$$

将式(6-109)代入式(6-107)，整理后得

$$U_o = \frac{[U_i - \alpha U_T - (1-\alpha)U_D](1-\alpha)R}{(1-\alpha)^2 R + R_L + \alpha R_T + (1-\alpha)R_D} \tag{6-110}$$

从式(6-110)可以看出，当考虑任意一个元器件的寄生参数时，变换器的电压增益都会变小。若只考虑电感的串联等效电阻，由式(6-110)可以得到 Boost 变换器的电压增益 M 为

$$M = \frac{U_o}{U_i} = \frac{(1-\alpha)R}{(1-\alpha)^2 R + R_L} \tag{6-111}$$

依据式(6-111)可以得到变换器电压增益 M 与占空比 α 的关系，如图 6-33 所示。

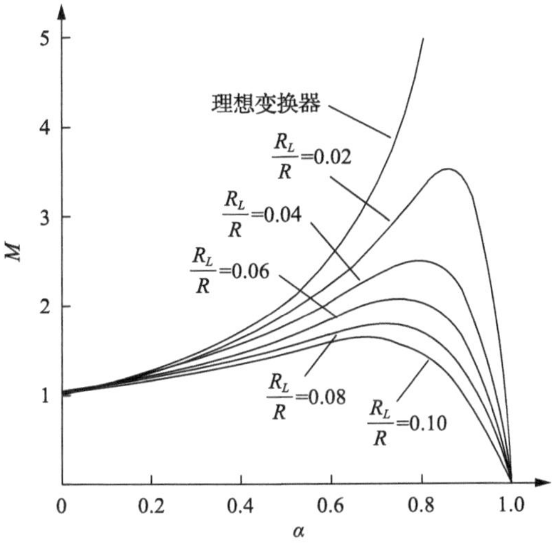

图 6-33 电感寄生电阻对 Boost 变换器电压增益的影响

由式(6-109)知，在一个开关周期内，Boost 变换器输入电流平均值可以表示为

$$I_i = \frac{U_o}{R(1-\alpha)} \tag{6-112}$$

由式(6-111)和式(6-112)，可以推导出只考虑电感寄生电阻，忽略其他寄生参数时的变换器效率为

$$\eta = \frac{U_o I_o}{U_i I_i} = \frac{1}{1 + \frac{R_L}{R(1-\alpha)^2}} \tag{6-113}$$

图 6-34 为依据式(6-113)得到的考虑电感寄生电阻后的 Boost 变换器效率 η 与占空比 α 的关系曲线。

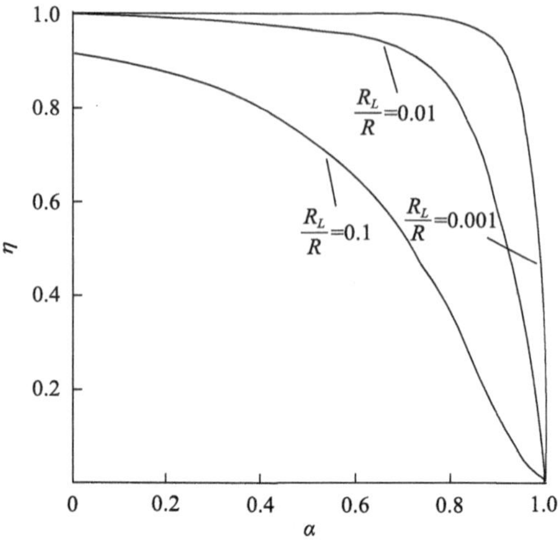

图 6-34　电感寄生电阻对 Boost 变换器效率的影响

依据上述推导过程，可以得到考虑其他寄生参数的Boost变换器的电压增益和效率。

参 考 文 献

[1] 秦孔建, 高大威, 卢青春, 等. 燃料电池汽车混合动力系统构型研究[J]. 汽车技术, 2005(4): 24-27.

[2] Gao D, Jin Z, Lu Q. Energy management strategy based on fuzzy logic for a fuel cell hybrid bus[J]. Journal of Power Sources, 2008, 185(1): 311-317.

[3] 高大威. 汽车电力电子学[M]. 北京: 清华大学出版社, 2018.

[4] Gao D, Jin Z, Liu J, et al. An interleaved step-up/step-down converter for fuel cell vehicle applications[J]. International Journal of Hydrogen Energy, 2016, 41(47): 22422-22432.

[5] 刘劼勋. 燃料电池汽车 DC-DC 变换器拓扑结构的研究[D]. 北京: 清华大学, 2016.

[6] 王跃. 燃料电池汽车 DC-DC 变换器的建模与控制[D]. 北京: 清华大学, 2016.

[7] Middlebrook R D, Cuk S. A general unified approach to modelling switching-converter power stages[C]. 1976 IEEE Power Electronics Specialists Conference, Cleveland, 1976: 18-34.

[8] 蔡宣三. 开关电源的瞬态建模和分析(Ⅰ)——状态空间平均法[J]. 电源世界, 2002, 7: 59-65.

[9] 马后成, 周晓敏, 高大威. 基于 SiC 功率器件的大功率 DC-DC 变换器[J]. 工程科学学报, 2017, 39(8): 1224-1231.

[10] Williams B W. Principles and Elements of Power Electronics: Devices, Drivers, Applications, and Passive Components[M]. Glasgow: Barry Wayne Williams, 2006.

[11] Gerard H W, Hugo W W. Transformers and Inductors for Power Electronics: Theory, Design and Applications[M]. Chichester: John Wiley & Sons Inc., 2013.

第 7 章

电动汽车低压直流-直流变换器与控制技术

7.1　低压直流-直流变换器概述

除一些混合动力汽车外，多数电动汽车无法像传统燃油汽车那样，由发电机提供整车低压直流电能，而是用一个小功率(数千瓦)的直流-直流变换器将来自高压直流母线的电能转换为低压直流电能，为整车控制系统、照明系统、冷却系统等供电，这种直流-直流变换器在整车动力系统的典型电气连接方式如图 7-1 所示。

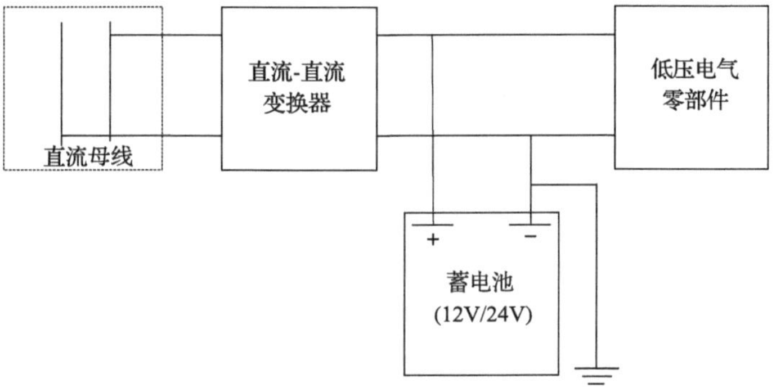

图 7-1　直流-直流变换器在整车动力系统中的电气连接

在整车高压系统不工作，即直流母线没有电压时，直流-直流变换器不转换能量，由蓄电池(12V/24V)提供整车需要的低压直流电能；在整车高压系统工作，即直流母线有高电压时，直流-直流变换器将高压直流电能变换为低压直流电能，为整车提供低压电能，同时依据蓄电池荷电状态来对蓄电池充电。与燃料电池或动力蓄电池出口侧的直流-直流变换器(参见 6.1.1 节相关内容)相比，这种直流-直流变换器的功率要小很多，很多时候也被称作辅助直流-直流变换器或低压直流-直流变换器。这种直流-直流变换器的技术特点是：

(1) 考虑到高、低压之间的电气绝缘，输入侧和输出侧是电气隔离的，即为隔离型直流-直流变换器。此外，其普遍采用高频变压器作为隔离环节。

(2) 多选择输出电压为被控量，可以将电池厂家给出的推荐“浮充电压”作为目标参考值。如果从蓄电池性能、寿命等方面综合考虑，也可以将输出电流作为控制量，此时要考虑变换器输出电压的过压保护。

(3) 和非隔离型变换器相比，隔离型直流-直流变换器的工作效率要低，可以通过“软开关”“同步整流”等技术降低变换器损耗。

(4)在实际应用中，应尽可能将其与其他车载电力电子部件形成“物理集成”，便于液冷系统一体化设计。如果独立安装，由于体积和功率偏小，可以根据实际发热情况，尽可能采用自然冷却方式并安装于车辆散热环境较好的区域。

7.2 全桥式低压直流-直流变换器

全桥式低压直流-直流变换器的电路如图 7-2 所示，由全桥式逆变电路、高频变压器、整流电路和滤波电路四部分组成。

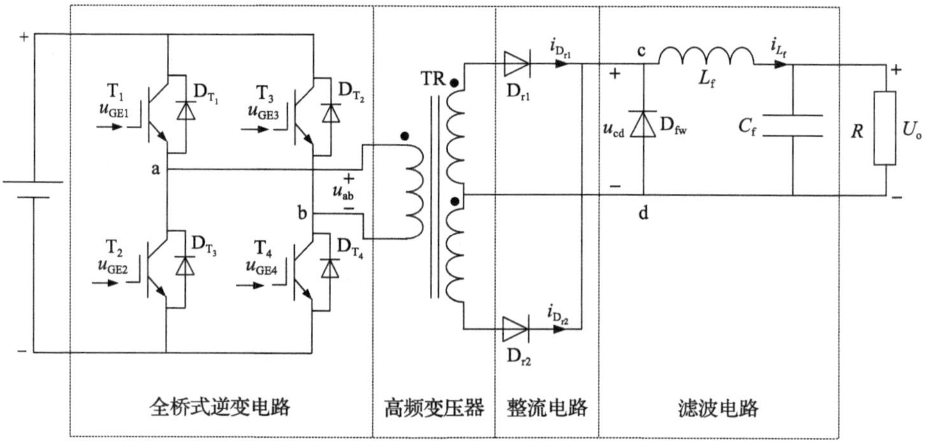

图 7-2 全桥式低压直流-直流变换器主电路

图 7-2 中，若高频变压器 TR 的变比为 $n:1:1$，当 T_1 和 T_4 导通时，存在

$$u_{ab}=U_i \tag{7-1}$$

当 T_2 和 T_3 导通时，存在

$$u_{ab}=-U_i \tag{7-2}$$

在上面两种情况下，有

$$u_{cd}=\frac{U_i}{n} \tag{7-3}$$

若电力电子器件 T_1～T_4 的开关周期为 T_s，占空比为α，其中，T_1 和 T_4 在前半个周期导通，而 T_2 和 T_3 在后半个周期导通，即

$$0\leqslant\alpha\leqslant0.5 \tag{7-4}$$

依据电感电流 i_{L_f} 的变化情况，可以将变换器工作模式分为电感电流连续模式和电感电流断续模式。在电感电流连续模式下，电压 u_{cd} 经过 L_f 和 C_f 构成的滤波电路，变换器输出电压平均值或稳态值可以表示为

$$U_o = 2\alpha \cdot \frac{U_i}{n} \tag{7-5}$$

图 7-3 为电感电流连续模式下的全桥式低压直流-直流变换器主电路的工作波形。

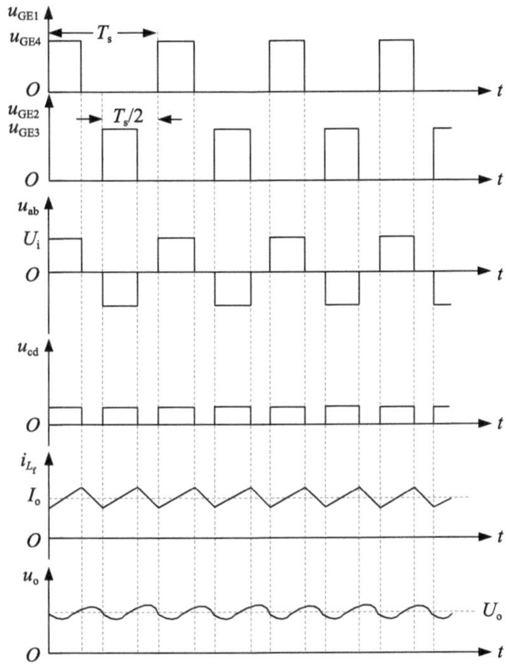

图 7-3 全桥式低压直流-直流变换器主电路工作波形

从图 7-2 中的变换器主电路结构及图 7-3 中的波形都可以看出，功率二极管 D_{fw} 右侧的电路结构和工作状态与 Buck 变换器主电路相同。这里，通过对电力电子器件 T_1～T_4 的开关过程的控制，使功率二极管 D_{fw} 上得到了一个“斩波”直流电压。所以，Buck 变换器主电路中电感电流 i_{L_f} 纹波和输出电压 u_o 的纹波相关公式（参见 6.2.1 节相关内容）同样可以用于全桥式低压直流-直流变换器主电路。

Buck 变换器主电路在电感电流不连续状态下的分析方法也适用于全桥式低压直流-直流变换器主电路。

在实际应用中，可以省去功率二极管 D_{fw}，这时变换器的工作过程和波形与具有 D_{fw} 时是有区别的。现以 T_1 和 T_4 的工作过程为例加以说明：在 T_1 和 T_4 导通的末期，电感电流 i_{L_f} 达到最大值；T_1 和 T_4 关断后，电感电流 i_{L_f} 会经过整流二极管 D_{r1} 以及高频变压器 TR 的二次侧绕组续流；由于变换器二次侧电流 i_{L_f} 的存在，变换器一次侧电流方向不会发生变化，而这时 T_1 和 T_4 关断，所以一次侧电流会流经与 T_2 和 T_3 反并联的二极管 D_{T_2} 和 D_{T_3}，即二极管 D_{T_2} 和 D_{T_3} 导通，这时存在 $u_{ab}=-U_i$；此时，二次侧整流二极管 D_{r2} 就会导通，由于存在 $i_{L_f} = i_{D_{r1}} + i_{D_{r2}}$，流过 D_{r1} 的电流会减小；当 $i_{D_{r1}} = i_{D_{r2}}$ 时，变压器二次侧绕组的合成磁势为零，一次侧绕组的电流也降为零，一次侧续流结束，二极管 D_{T_2} 和 D_{T_3} 关断；此后，电流 $i_{D_{r1}}$ 和 $i_{D_{r2}}$ 随 i_{L_f} 的减小而下降，直到 T_2 和 T_3 导通。具体电流 i_{L_f}、$i_{D_{r1}}$ 和 $i_{D_{r2}}$ 的波形如图 7-4 所示。

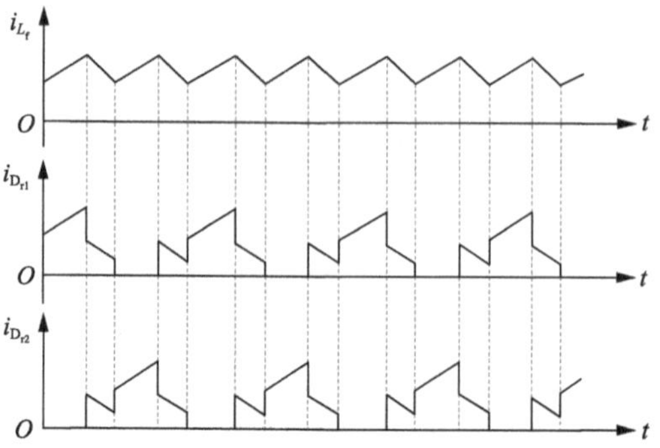

图 7-4 无二极管 D_{fw} 的全桥式低压直流-直流变换器主电路工作波形

在图 7-2 所示电路中，若 T_1 和 T_4、T_2 和 T_3 的占空比有所差别，或者两组器件的导通压降不一致，在一个循环周期内，会使方波电压 u_{ab} 波形中正的面积和负的面积不相等，即 u_{ab} 会含有直流分量。直流分量长时间作用可能导致高频变压器铁心直流磁化直至饱和，从而使变换器不能正常工作。抑制 u_{ab} 中的直流分量时主要采用变压器一次侧绕组串联隔直电容、变压器一次侧绕组电流波形监测等措施。但最关键的是严格控制逆变电路两组电力电子器件，使其占空比尽量一致。常用的电力电子器件 T_1～T_4 的控制方式有以下几种。

(1) 如图 7-3 所示，T_1 和 T_4 是一组、T_2 和 T_3 是另外一组。每组两个电力电子器件的驱动信号完全相同，都按照 PWM 方式工作。

(2) 如图 7-5(a) 所示，T_1 和 T_2 按 PWM 方式工作，T_3 和 T_4 轮流导通半个周期。

(3) 如图 7-5(b) 所示，T_1 和 T_4 轮流导通半个周期，T_2 和 T_3 轮流导通半个周期，但 T_1 和 T_4、T_2 和 T_3 不同步导通，导通相位差角度 θ。通过控制 θ，就可以控制两组器件导通的占空比，这种控制也称为移相控制。

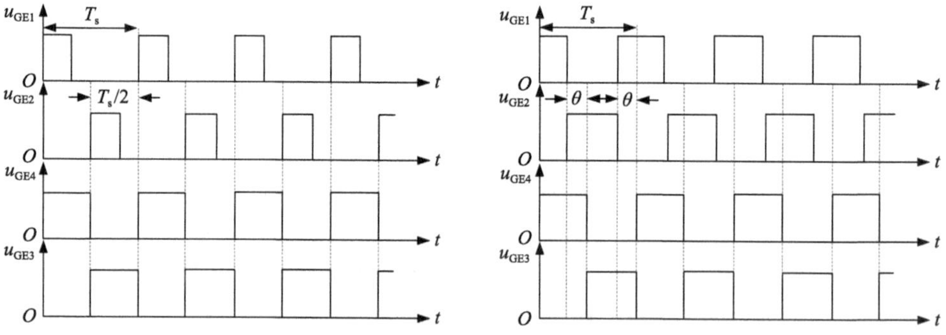

(a) “PWM+半周期”导通方式　　(b) 移相控制方式

图 7-5 全桥式低压直流-直流变换器电力电子器件的驱动控制

7.3 半桥式低压直流-直流变换器

半桥式低压直流-直流变换器的电路如图 7-6 所示，半桥式低压直流-直流变换器中逆变器电路为半桥式逆变电路，其他部分电路结构与全桥式低压直流-直流变换器相同。半桥式逆变电路中，变压器一次侧绕组一端接在器件 T_1 和 T_2 的中点，另一端连接到两个完全相同的电容 C_1 和 C_2 的中点。

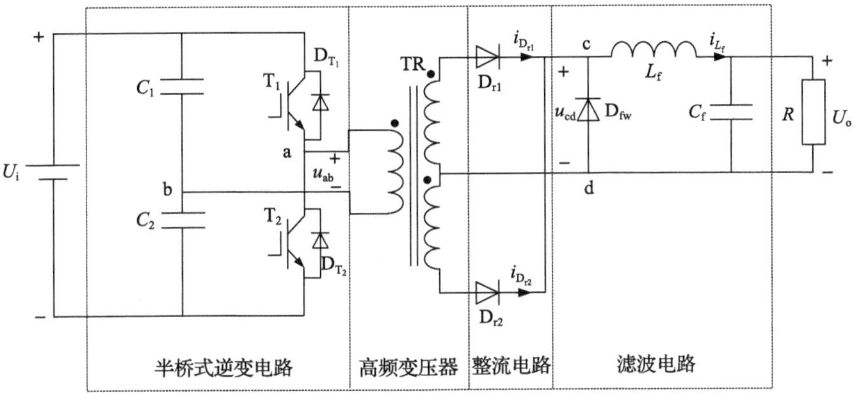

图 7-6 半桥式低压直流-直流变换器主电路

图 7-6 中，若高频变压器的变比为 $n:1:1$，当 T_1 导通、T_2 关断时，存在

$$u_{ab}=\frac{U_i}{2} \tag{7-6}$$

当 T_2 导通、T_1 关断时，存在

$$u_{ab}=-\frac{U_i}{2} \tag{7-7}$$

在上面两种情况下，有

$$u_{cd}=\frac{U_i}{2n} \tag{7-8}$$

若电力电子器件 T_1 和 T_2 的开关周期为 T_s，占空比为 α，其中，T_1 在前半个周期导通，而 T_2 在后半个周期导通，在电感电流连续模式下，电压 u_{cd} 经过 L_f 和 C_f 构成的滤波电路，变换器输出电压平均值或稳态值可以表示为

$$U_o=\alpha\cdot\frac{U_i}{n} \tag{7-9}$$

从上面的分析可以看出，半桥式低压直流-直流变换器和全桥式低压直流-直流变换器主电路的工作过程是类似的，工作波形也可以参照图 7-3 和图 7-4。

对于半桥式逆变电路中的 C_1 和 C_2、T_1 和 T_2，要求其参数尽可能一致，这样才能使 u_{ab} 不含有直流分量。但由于半桥式逆变电路中一个桥臂为电容串联支路，具有隔直作用，因此与全桥式逆变电路相比，不容易发生变压器的偏磁或直流磁饱和。

半桥式低压直流-直流变换器比全桥式低压直流-直流变换器使用的电力电子全控型器件数量少，控制和驱动也得到简化，成本较低，非常适合电动汽车上将数百伏高电压变换为十几伏或数十伏低电压的场合。

7.4 低压直流-直流变换器的软开关技术

电动汽车用的低压直流-直流变换器的发展趋势是高功率密度、高效率和高可靠性，同时对电磁兼容性和成本也提出了更高的要求。

提高电力电子器件的开关频率，可以减小变换器电路中的电感和电容，从而降低变换器的体积和重量，同时对降低变换器电压和电路纹波也有很大益处。但较高的开关频率会增加电力电子器件的开关损耗、降低系统效率，同时会产生严重的电磁兼容问题。

如果电力电子器件在导通前电压先降为零，关断前电流先降为零，就可以消除器件开关过程中的电压和电流波形的重叠，降低电压和电流的变化率，从而在很大程度上减小甚至消除开关损耗，进而提高电路的工作效率，并限制开关过程的电磁噪声，这样的开关过程称为软开关过程[1]。软开关过程通常依靠电路中的电感、电容产生谐振来实现。

虽然，软开关相关技术具有降低损耗、提高效率、降低电磁噪声、降低系统热管理难度等优点，但由于需要在电路中增加电感、电容等辅助元件，或增加辅助功率器件，电路变得比较复杂；此外，电路中零电压、零电流产生的条件往往与电路器件的寄生参数、电源及负载参数相关，因此控制难度上一般大于硬开关电路；同时，由于电路工作中伴随着谐振过程，可能会导致电路中元器件的电应力增大。

软开关技术在电动汽车低压直流-直流变换器上的应用已经非常普遍。

7.4.1 半桥式 LLC 谐振直流-直流变换器

半桥式 LLC 谐振直流-直流变换器的电路结构如图 7-7 所示，包括半桥式逆变电路、谐振电路、高频变压器、整流电路和滤波电路几个部分。其中，半桥式 LLC 谐振直流-直流变换器器件开关频率较高，半桥式逆变电路由功率 MOSFET T_1 和 T_2 构成，D_{T_1} 和 D_{T_2} 为其寄生二极管，C_1 和 C_2 为其体电容。变换器工作过程中，T_1 和 T_2 的占空比皆为 0.5，实际应用中二者的驱动信号之间应考虑必要的死区。谐振电容 C_r、谐振电感 L_r 与

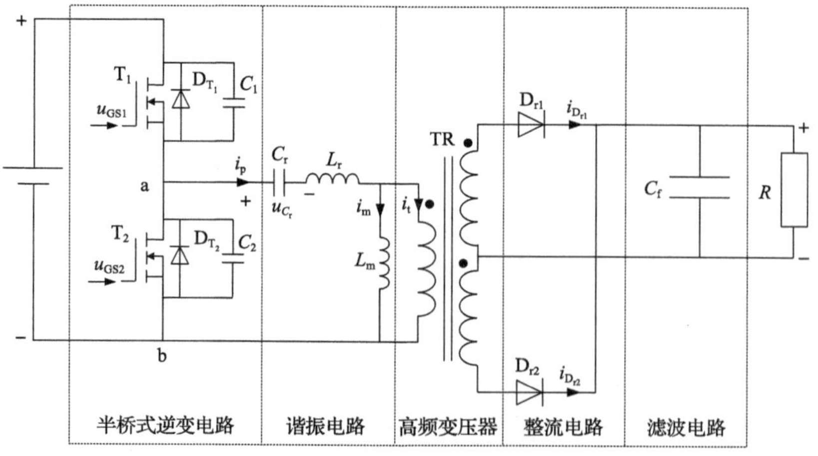

图 7-7 半桥式 LLC 谐振直流-直流变换器

高频变压器 TR 的励磁电感 L_m 构成串联谐振电路，谐振电感 L_r 可以通过高频变压器 TR 的漏感来等效或替代，因此在图 7-7 中，也可以将 L_r 和 L_m 看作高频变压器 TR 的组成部分。在高频变压器 TR 的二次侧连接由二极管 D_{T_1} 和 D_{T_2} 组成的全波整流电路，滤波电路由输出滤波电容 C_f 构成。

若输出滤波电容 C_f 足够大，则变换器输出电压基本保持不变，为 U_o。在二极管 D_{r1} 或 D_{r2} 导通时，高频变压器 TR 的一次侧，即电感 L_m 电压被钳位，此时 L_m 不参加谐振过程，由电容 C_r 与电感 L_r 决定的谐振频率为

$$f_r = \frac{1}{2\pi\sqrt{L_r C_r}} \tag{7-10}$$

在 T_1 和 T_2 不导通时，L_m 参加谐振过程，由电容 C_r 与电感 L_r 以及 L_m 决定的谐振频率为

$$f_m = \frac{1}{2\pi\sqrt{(L_r + L_m)C_r}} \tag{7-11}$$

若电力电子器件 T_1 和 T_2 的开关频率为 f_v，当 $f_m < f_v < f_r$ 时，变换器主电路中部分电压和电流的波形如图 7-8 所示。

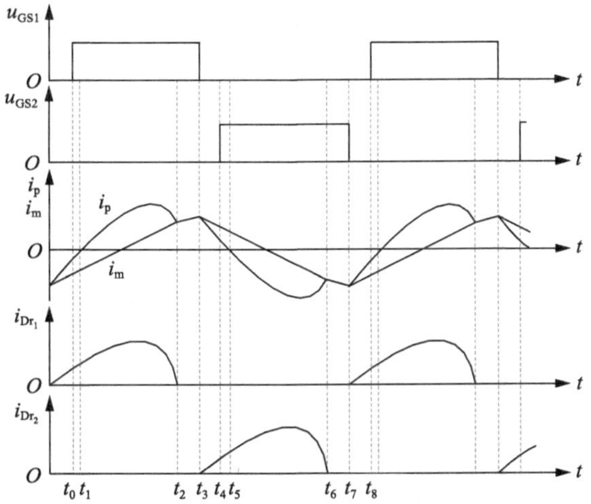

图 7-8　$f_m < f_v < f_r$ 情况下变换器主电路部分工作波形

图 7-7 所示电路工作过程如下：

(1) $t_0 \sim t_1$：当 $t < t_0$ 时，L_r、C_r 谐振。此时，谐振电路电流 $i_p < 0$，二极管 D_{T_1} 导通，器件 T_1 两端电压为零。TR 一次侧电压上正下负，D_{r1} 导通，D_{r2} 关断，电感 L_m 两端电压被钳位在 nU_o，电流 i_m 随时间的增长而线性增加。在 $t=t_0$ 时，因二极管 D_{T_1} 导通，此时若为器件 T_1 施加驱动信号 u_{GS1}，T_1 可实现零电压开通，但由于 $i_p < 0$，T_1 会反向导通；在 $t=t_1$ 时，电流 i_p 由负变正，T_1 开始正向导通。

(2) $t_1 \sim t_2$：器件 T_1 开始正向导通，电流 i_m 随时间的增长而增加。在 $t=t_2$ 时，$i_p=i_m$，

变压器一次侧电流 i_t=0，变压器二次侧电流 $i_{D_{r1}}$ 也变为零，整流二极管 D_{r1} 零电流关断。负载 R 由输出滤波电容 C_f 提供能量。

(3) t_2～t_3：L_m、L_r、C_r 谐振。在 $t=t_3$ 时，器件 T_1 关断，进入器件 T_1 和 T_2 的死区时间，器件 T_1 的体电容 C_1 开始充电，器件 T_2 的体电容 C_2 开始放电。

(4) t_3～t_4：L_r、C_r 谐振。从 $t=t_3$ 开始，器件 T_2 的寄生二极管 D_{T_2} 导通，$i_m>i_p$，变压器一次侧电流 $i_t<0$，整流二极管 D_{r2} 导通，电感 L_m 两端电压被钳位在 $-nU_o$，L_m 不再参与谐振，重新回到 L_r 和 C_r 谐振状态。电流 i_m 随时间的增长而线性减小。

(5) t_4～t_5：当 $t=t_4$ 时，因二极管 D_{T_2} 导通，此时若对器件 T_2 施加驱动信号 u_{GS2} 可实现零电压开通，但由于 $i_p>0$，T_2 会反向导通；在 $t=t_5$ 时，电流 i_p 由正变负，T_2 开始正向导通。

(6) t_5～t_6：器件 T_2 正向导通，电流 i_m 随时间的增长而减小。在 $t=t_6$ 时，$i_p=i_m$，变压器一次侧电流 i_t=0，变压器二次侧电流 $i_{D_{r2}}$ 也变为零，整流二极管 D_{r2} 零电流关断。负载 R 由输出滤波电容 C_f 提供能量。

(7) t_6～t_7：L_m、L_r、C_r 谐振。当 $t=t_7$ 时，器件 T_2 关断，进入器件 T_1 和 T_2 的死区时间，器件 T_2 的体电容 C_2 开始充电，器件 T_1 的体电容 C_1 开始放电。

(8) t_7～t_8：L_r、C_r 谐振。从 $t=t_7$ 开始，$i_m<i_p$，器件 T_1 的寄生二极管 D_{T_1} 导通，变压器一次侧电流 $i_t>0$，整流二极管 D_{r1} 导通，电感 L_m 两端电压被钳位在 nU_o。从 $t=t_8$ 开始，进入下一个开关周期。

若 $f_v=f_r$，则变换器主电路的工作波形如图 7-9 所示。可以将 $f_v=f_r$ 看作 $f_m<f_v<f_r$ 的特殊情况，与图 7-8 相比，没有了 t_2～t_3 和 t_6～t_7 两个阶段，谐振电流 i_p 为正弦波，整流二极管 D_{r1} 和 D_{r2} 的电流是临界连续。

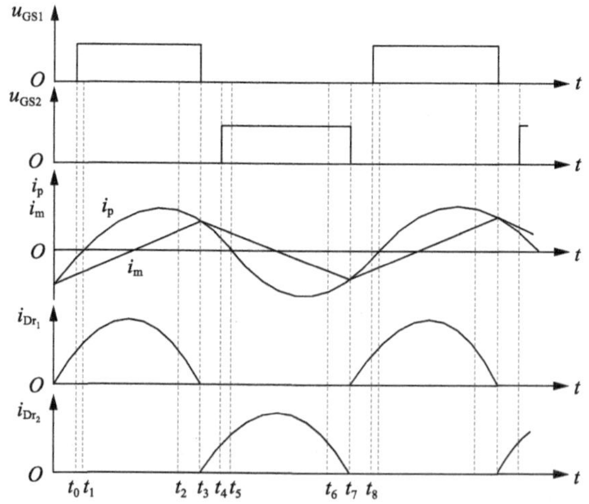

图 7-9 $f_v=f_r$ 情况下变换器主电路工作波形

若 $f_v>f_r$，则变换器主电路的工作波形如图 7-10 所示。此时，图 7-7 所示电路的工作过程如下：

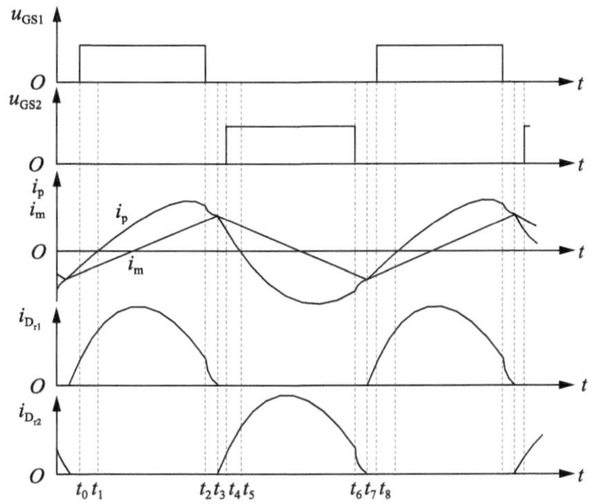

图 7-10 $f_v > f_r$ 情况下变换器主电路工作波形

(1) $t_0 \sim t_1$：当 $t < t_0$ 时，L_r、C_r 谐振。此时，谐振电路电流 $i_p < 0$，二极管 D_{T_1} 导通，器件 T_1 两端电压为零。TR 一次侧电压上正下负，D_{r1} 导通，D_{r2} 关断，电感 L_m 两端电压被钳位在 nU_o，电感 L_m 不参与谐振，电流 i_m 随时间的增长而线性增加。在 $t=t_0$ 时，因二极管 D_{T_1} 导通，此时若为器件 T_1 施加驱动信号 u_{GS1}，T_1 可实现零电压开通，但由于 $i_p < 0$，T_1 会反向导通；在 $t=t_1$ 时，电流 i_p 由负变正，T_1 开始正向导通。

(2) $t_1 \sim t_2$：器件 T_1 开始正向导通，电流 i_m 随时间的增长而增加。在 $t=t_2$ 时，器件 T_1 截止。

(3) $t_2 \sim t_3$：当 $t=t_2$ 时，进入器件 T_1 和 T_2 的死区时间，电流 i_p 为器件 T_1 的体电容 C_1 充电，器件 T_2 的体电容 C_2 开始放电。在 $t=t_3$ 时，$i_p=i_m$，此时整流二极管 D_{r1} 截止。

(4) $t_3 \sim t_4$：从 $t=t_3$ 开始，$i_m > i_p$，器件 T_2 的寄生二极管 D_{T_2} 导通，变压器一次侧电流 $i_t < 0$，整流二极管 D_{r2} 导通，电感 L_m 两端电压被钳位在 $-nU_o$，L_m 不参与谐振。电流 i_m 随时间的增长而线性减小。

(5) $t_4 \sim t_5$：当 $t=t_4$ 时，因二极管 D_{T_2} 导通，此时若对器件 T_2 施加驱动信号 u_{GS2} 可实现零电压开通，但由于 $i_p > 0$，T_2 会反向导通；在 $t=t_5$ 时，电流 i_p 由正变负，T_2 开始正向导通。

(6) $t_5 \sim t_6$：器件 T_2 正向导通，电流 i_m 随时间的增长而减小，整流二极管 D_{r2} 导通。

(7) $t_6 \sim t_7$：当 $t=t_6$ 时，器件 T_2 关断，进入器件 T_1 和 T_2 的死区时间，器件 T_2 的体电容 C_2 开始充电，器件 T_1 的体电容 C_1 开始放电。当 $t=t_7$ 时，$i_p=i_m$，变压器一次侧电流 $i_t=0$，变压器二次侧电流 $i_{D_{r2}}$ 也变为零，整流二极管 D_{r2} 截止。

(8) $t_7 \sim t_8$：从 $t=t_7$ 开始，$i_m < i_p$，器件 T_1 的寄生二极管 D_{T_1} 导通，变压器一次侧电流 $i_t > 0$，整流二极管 D_{r1} 导通，电流 i_m 随时间的增长而线性增加。从 $t=t_8$ 开始，进入下一个开关周期。

对于图 7-7 所示的电路，当电力电子器件 T_1 和 T_2 交替导通和关断时，加在谐振网络上的电压 u_{ab} 为一个方波，图 7-7 电路变形为如图 7-11 的电路。可以用基波近似法（first harmonic approximation, FHA）[2]对该电路进行稳态分析，即近似认为电路依靠“基波”来传递能量。

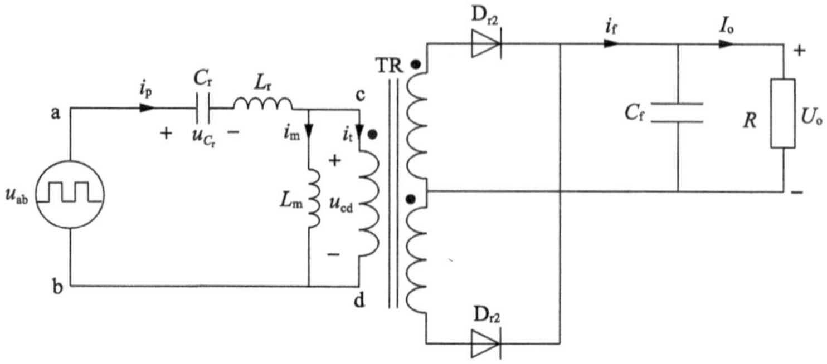

图 7-11　半桥式 LLC 谐振直流-直流变换器等效电路

在图 7-11 中，可用 u_{cd1}、i_{t1} 表示变压器一次侧电压和电流的基波分量，分别表示为

$$u_{cd1}=\frac{4nU_o}{\pi}\sin(2\pi f_v t) \tag{7-12}$$

$$i_{t1}=\frac{I_m}{n}\sin(2\pi f_v t) \tag{7-13}$$

式中，f_v 为 u_{ab} 的频率；I_m 为变压器二次侧电流 i_f 的幅值。负载电流平均值为

$$I_o=\frac{2}{T_s}\int_0^{\frac{T_s}{2}}[I_m\sin(2\pi f_v t)]\mathrm{d}t=\frac{2I_m}{\pi} \tag{7-14}$$

而且

$$I_o=\frac{U_o}{R} \tag{7-15}$$

所以，存在

$$R_e=\frac{u_{cd1}}{i_{t1}}=\frac{8n^2}{\pi^2}R \tag{7-16}$$

式中，R_e 为高频变压器二次侧折算到一次侧的等效负载，因此图 7-11 的电路可以等效为图 7-12 所示的电路。

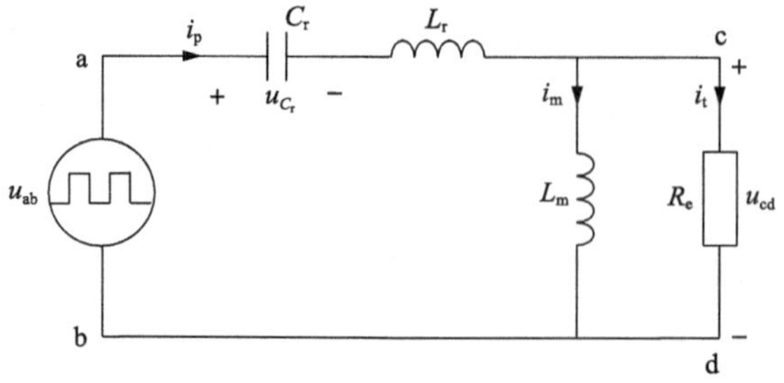

图 7-12　负载折算到变压器一次侧后的等效电路

根据式(7-12)，R_e 的电压 u_{cd1} 的有效值可以表示为

$$E_o = \frac{2\sqrt{2}nU_o}{\pi} \tag{7-17}$$

而图 7-11 中，u_{ab} 的基波分量有效值可以表示为

$$E_i = \frac{\sqrt{2}U_i}{\pi} \tag{7-18}$$

对于图 7-11 所示的电路，定义直流电压增益 M' 为

$$M' = \frac{E_o}{E_i} = 2n\frac{U_o}{U_i} \tag{7-19}$$

由图 7-11，可推导出

$$M' = \left| \frac{1}{1 + \frac{L_r}{L_m}\left(1 - \frac{f_r^2}{f_v^2}\right) + \mathrm{j}\left(\frac{f_v}{f_r} - \frac{f_r}{f_v}\right)Q} \right| = \frac{1}{\sqrt{\left[1 + \frac{L_r}{L_m}\left(1 - \frac{f_r^2}{f_v^2}\right)\right]^2 + \left(\frac{f_v}{f_r} - \frac{f_r}{f_v}\right)^2 Q^2}} \tag{7-20}$$

式中，Q 为谐振电路的品质因数，表示为

$$Q = \frac{\sqrt{\frac{L_r}{C_r}}}{R_e} \tag{7-21}$$

此外，f_v 为器件 T_1 和 T_2 的开关频率。根据式(7-19)和式(7-20)，可得变换器的电压增益为

$$M = \frac{U_o}{U_i} = \frac{M'}{2n} = \frac{1}{2n\sqrt{\left[1 + \frac{L_r}{L_m}\left(1 - \frac{f_r^2}{f_v^2}\right)\right]^2 + \left(\frac{f_v}{f_r} - \frac{f_r}{f_v}\right)^2 Q^2}} \tag{7-22}$$

由式(7-20)和式(7-22)可知，当 f_v=f_r 时，有 $M'=1$，$M=\frac{1}{2n}$。

由式(7-20)及图 7-12 可以看出，在 $f_m<f_v<f_r$ 或 $f_v>f_r$ 时，可以通过调节器件 T_1 和 T_2 的开关频率 f_v 来控制直流电压增益 M'，进而控制变换器电压增益 M，同时，可以实现 T_1 和 T_2 的零电压开通[3]。

在图 7-7 所示电路中，也可以将半桥式逆变电路换成全桥式逆变电路，或者在高频变压器没有中间抽头时，将整流电路改为全桥整流电路，改后的直流-直流电路仍然属于 LLC 谐振变换器，具体如图 7-13 所示，前面的分析过程和结论仍是适用的。

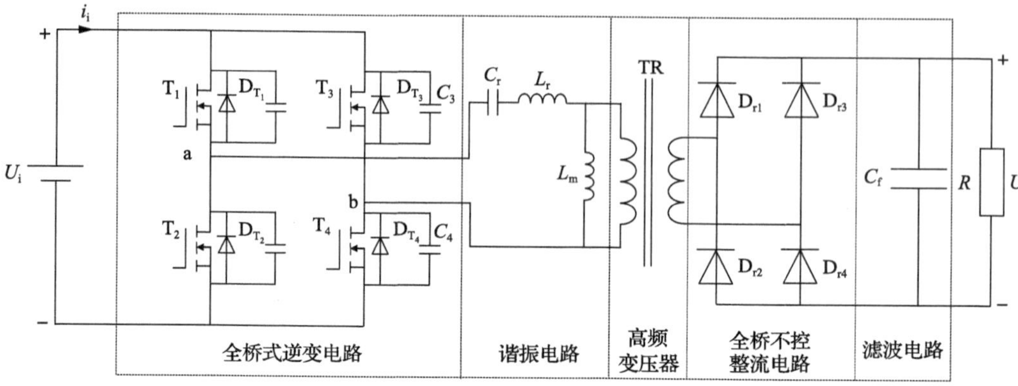

图 7-13　全桥式 LLC 谐振直流-直流变换器等效电路

从上面的分析可以看出，LLC 谐振直流-直流变换器具有如下优点：

(1) 应用软开关技术可以忽略功率 MOSFET 的开关损耗，且器件关断电流低，关断损耗小，因此变换器具有较高的效率。

(2) 高频变压器二次侧整流电路输出没有滤波电感，整流二极管的电压应力较低。

(3) LLC 谐振电路中的谐振电感 L_r 和变压器励磁电感 L_m 比较容易通过集成在高频变压器上得到，简化了变换器的物理结构，提高了变换器的功率密度。

(4) 变换器可以工作在输入电压或负载变化范围都很大的情况，具有良好的电压调节特性，比较适合用于电动汽车从较高电压到较低电压的变换。

7.4.2　有源钳位正反激直流-直流变换器

有源钳位正反激直流-直流变换器又称为具有变压器二次侧绕组带抽头整流电路的有源钳位正激直流-直流变换器[4]，具体电路如图 7-14 所示。图 7-14 中，T_1 为主开关器件，T_2 为钳位开关器件，C_r 为谐振电容，C_a 为钳位电容，L_r 为谐振电感，L_m 为高频变压器 TR 的励磁电感，L_f 和 C_f 构成变换器输出侧的滤波电路。

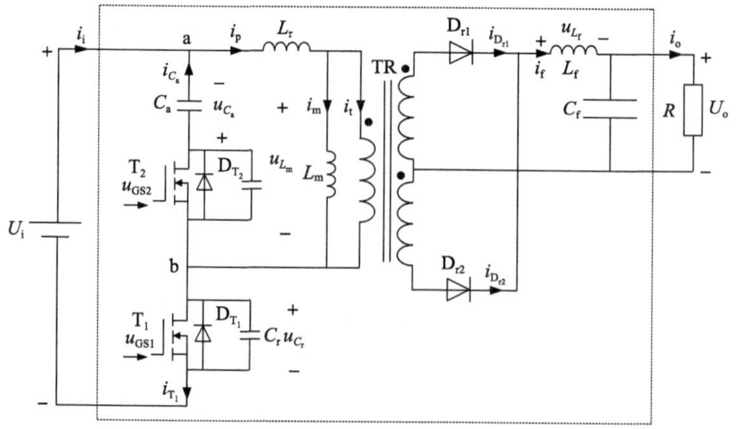

图 7-14　有源钳位正反激直流-直流变换器主电路结构

若高频变压器的变比为 $n:1:1$，稳态情况下，当器件 T_1 导通，T_2 关断时，存在

$$u_{L_m}=U_i \tag{7-23}$$

$$u_{L_f}=\frac{U_i}{n}-U_o \tag{7-24}$$

当器件 T_2 导通，T_1 关断时，存在

$$u_{L_m}=-u_{C_a} \tag{7-25}$$

$$u_{L_f}=\frac{u_{C_a}}{n}-U_o \tag{7-26}$$

若器件 T_1 的占空比为α，器件 T_2 的占空比为 $1-\alpha$，由电感伏秒平衡原理，有

$$u_{C_a}=\frac{\alpha U_i}{1-\alpha} \tag{7-27}$$

变换器电压增益 M 为

$$M=\frac{U_o}{U_i}=\frac{2\alpha}{n} \tag{7-28}$$

有源钳位正反激直流-直流变换器主电路的工作波形如图 7-15 所示，现结合该图对有源钳位正反激直流-直流变换器的动态工作过程进行分析。为便于分析电路工作过程，做如下假设：$C_r<C_a$ 且 $L_r<L_m$；L_f 和 C_f 足够大，可以认为 i_f 和负载电压 U_o 在一个开关周期内基本保持不变。

电路工作过程如下：

(1) $t_0\sim t_1$：当 $t<t_0$ 时，器件 T_1 已经零电压导通(u_{GS1} 不为零之前，二极管 D_1 已经导通)；当 $t=t_0$ 时，变压器一次侧绕组电压 u_{L_m} 为变换器输入电压 U_i，变压器二次侧 D_{r1} 导通，D_{r2} 关断；变压器励磁绕组电流在 U_i 作用下线性上升；此外，u_{C_r} 为零，u_{C_a} 按式(7-27)计算。

(2) $t_1\sim t_2$：当 $t=t_1$ 时，器件 T_1 关断。由于在一个开关周期内 i_f 基本保持不变，因此整流二极管 D_{r1} 继续保持导通；此时，电感 L_r、L_m 与电容 C_r 产生谐振，C_r 开始充电，充电电流为 i_{V1}，呈现正弦规律变化，随着 C_r 两端电压 u_{C_r} 的逐渐升高，变压器一次侧绕组两端电压 u_{L_m} 开始下降；当 $t=t_2$ 时，$u_{C_r}=U_i$，变压器一次侧绕组电压 u_{L_m} 近似为零。

(3) $t_2\sim t_3$：当 $t=t_2$ 时，由于 u_{L_m} 近似为零，二极管 D_{r1} 电流 $i_{D_{r1}}$ 开始下降，二极管 D_{r2} 电流 $i_{D_{r2}}$ 开始上升，二极管 D_{r1} 与 D_{r2} 同时导通，二者开始换流，但满足 $i_{D_{r1}}+i_{D_{r2}}=i_f$；在此期间，电感 L_r 与电容 C_r 产生谐振，在谐振电流作用下，u_{C_r} 继续升高，当 $t=t_3$ 时，$u_{C_r}=U_i+u_{C_a}$，此时二极管 D_{T2} 开始导通，电容 C_a 开始充电。

(4) $t_3\sim t_4$：二极管 D_{T_2} 导通，因此在此期间，器件 T_2 可以实现零电压开通。从 $t=t_3$ 开始，由于 $C_r<C_a$，所以 $i_{C_a}>i_{T_1}$。随着 D_{T_2} 的导通，变压器一次侧绕组电压 $u_{L_m}=-u_{C_a}$；当 $t=t_4$ 时，变压器二次侧换流结束，二极管 D_{r1} 截止，D_{r2} 导通。

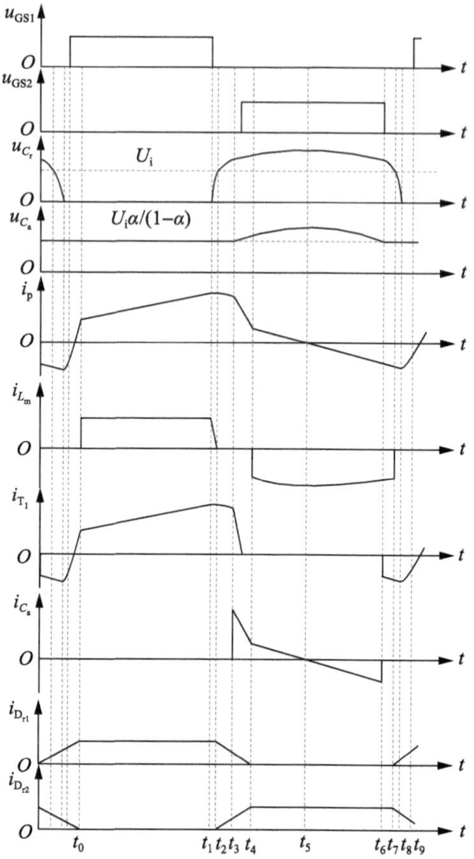

图 7-15　有源钳位正反激直流-直流变换器主电路工作波形

(5) t_4～t_5：电容 C_a 的充电电流 i_{C_a} 越来越小，在 $t=t_5$ 时，i_{C_a} 降为零，由于电容 C_r 充电电流 i_{T_1} 已非常小，可以近似认为谐振回路电流 i_p 在 $t=t_5$ 时也降为零，此时电容 C_a 的电压 u_{C_a} 和电容 C_r 的电压 u_{C_r} 都达到最大值。

(6) t_5～t_6：在 $t=t_5$ 时，器件 T_2 正向导通，电容 C_a 和 C_r 放电，相比较而言，C_r 的放电电流较小，可以近似为零；谐振回路电流 i_p 反向增大；变压器二次侧整流二极管 D_{r2} 导通。当 $t=t_6$ 时，器件 T_2 关断，此时电容 C_a 的电压 u_{C_a} 回到式(7-27)表示的数值。

(7) t_6～t_7：随着器件 T_2 的关断，电容 C_a 不再放电，此时电容 C_r 的放电电流增加，即 i_{T_1} 反向增大；随着 i_{T_1} 的反向增大，电容 C_r 的电压 u_{C_r} 由 $U_i+u_{C_a}$ 逐渐下降，在 $t=t_7$ 时，$u_{C_r}=U_i$；因此在这段时间内，变压器一次侧绕组两端电压 u_{L_m} 始终小于零，且幅值越来越小，直到 $t=t_7$ 时，u_{L_m} 等于零。

(8) t_7～t_8：电容 C_r 继续通过谐振回路放电，其电压 u_{C_r} 逐渐降低，当 $t=t_8$ 时，u_{C_r} 降为零。在此期间谐振回路电流 i_p 反向增大，当 $t=t_8$ 时，i_p 达到反向最大值；同时，当 $t=t_7$ 时，变压器二次侧整流二极管 D_{r1} 开始导通，其电流 $i_{D_{r1}}$ 开始上升，二极管 D_{r2} 电流 $i_{D_{r2}}$ 开始下降，二极管 D_{r1} 与 D_{r2} 同时导通，进入换流阶段，但存在 $i_{D_{r1}}+i_{D_{r2}}=i_f$。

(9) t_8～t_9：从 $t=t_8$ 时开始，电容 C_a 在串联谐振作用下开始反向充电，其反向电压大

于二极管 D_{T_1} 正向导通电压时，二极管 D_{T_1} 导通；变压器二次侧整流二极管 D_{r1} 与 D_{r2} 继续换流，直至器件 T_1 正向导通，换流结束，电路工作进入下一个开关周期。

和 LLC 谐振直流-直流变换器相同，如果高频变压器二次侧采用同步整流电路，有源钳位正反激直流-直流变换器会得到更高的工作效率，谐振电路中的 L_r 同样可以利用高频变压器的漏感得到。有源钳位正反激直流-直流变换器中 T_1 具有比全桥式硬开关电路更高的电压应力。有源钳位正反激直流-直流变换器非常适用于将电动汽车动力系统直流母线电压或动力蓄电池高压转换为较低(如数十伏)直流电压的小功率直流电能转换场合。

参考文献

[1] Mohan N, Undeland T M, Robbins W P. Power Electronics: Converters, Applications, and Design[M]. 3rd ed. Hoboken: John Wiley & Sons Inc., 2003.

[2] Duerbaum T. First harmonic approximation including design constraints[C]. Twentieth International Telecommunications Energy Conference, San Francisco, 1998: 321-328.

[3] Choi H S. Design consideration of half-bridge LLC resonant converter[J]. Journal of Power Electronics, 2007, 7(1): 13-20.

[4] Lin B R, Tsay S C, Yang C S. Analysis and implementation of ZVS forward converter with centre-tapped rectifier[J]. IEE Proceedings-Electric Power Applications, 2006, 153(5): 642-652.

第 8 章

电动汽车电力电子技术应用中的共性问题

8.1　电动汽车电力电子器件的驱动

8.1.1　驱动电路的作用与基本要求

1. 驱动电路的作用

对于晶闸管、功率 MOSFET 和 IGBT 三种电力电子器件，可以通过具有数字芯片或微处理器的控制电路产生数字信号来控制其导通或关断。但基于以下几个原因，该数字信号通常不能直接与主回路中电力电子器件的门极或栅极进行电气连接。

1) 控制电路与主回路之间应存在电气隔离

主回路是电能变换的核心环节，往往与高压电源相连接。以驱动电机控制器为例，主回路器件上的工作电压最高可达几百伏。控制电路通常是由车载 12V 或 24V 系统供电，工作电压较低。高低压电源之间不能有电气上的直接连接或耦合，否则会对整车电气安全带来不利影响。

2) 控制电路输出的控制信号需要整形

控制电路输出的控制信号往往因整车复杂的电磁环境而带有一些“毛刺”或“凹陷”，控制信号的上升沿或下降沿有时过急或过缓，若将这些信号直接驱动电力电子器件容易导致器件误导通或误关断，并可能增加器件的开关损耗。因此在将这些信号加在电力电子器件门极或栅极前，需要对信号进行整形。

3) 控制电路的输出电压幅值和输出功率不足以驱动电力电子器件可靠工作

控制电路输出的信号幅值多为 3.3V 或 5V，输出电流多为毫安级。此类控制信号不能直接用于驱动电力电子器件，必须经过电平转换或功率放大。

4) 电力电子器件保护的需要

控制电路因故障或软件问题可能会使控制逻辑或控制时序出现错误，从而导致电力电子器件因过压或过流而损坏；同时，在外电路短路或过流时，控制电路可能无法及时输出关断或保护信号，这也会导致电力电子器件的损坏。因此，应在控制电路与电力电子器件之间加入控制信号的校核环节，加强对电力电子器件的保护。

基于上述原因，需要在控制电路和主电路之间加入一个“接口”电路，这就是驱动电路。驱动电路的功能是将控制电路传来的控制信号按照控制目的的要求，转换为满足主电路电力电子器件门极或栅极驱动要求的驱动信号。按照不同的设计要求，驱动信号和控制信号可以具有完全相同的数字逻辑，也可以具有完全相反的数字逻辑。

对于晶闸管，驱动信号应能保证其可靠导通，但不能控制其关断；对于功率 MOSFET 和 IGBT，驱动信号既要保证器件的可靠导通，又要保证器件的可靠关断。

许多功率 MOSFET 和 IGBT 的驱动电路具有器件的保护功能，如果发现器件工作不正常，则驱动电路可以直接关断器件，而无须考虑从控制电路来的控制信号的状态如何。

2. 晶闸管驱动电路的基本要求

晶闸管驱动电路，也称为晶闸管触发电路，应满足下列要求。

(1) 驱动电路产生的驱动信号应持续一定的时间，即驱动脉冲应保持一定的宽度，以保证晶闸管可靠导通。

(2) 驱动信号应有一定的幅值，以保证驱动电流足以使晶闸管可靠地导通。但驱动信号的电压幅值不能超过晶闸管门极的最高允许电压，驱动电流不应超过晶闸管门极最大允许电流。

(3) 驱动电压信号应和控制电路控制信号实现电气隔离。

3. 功率 MOSFET 和 IGBT 驱动电路的基本要求

因为功率 MOSFET 和 IGBT 都是电压控制型器件且栅极具有类似的结构，所以对驱动电路的要求基本相同。

(1) 驱动电路可以为功率 MOSFET 和 IGBT 提供一定幅值的正反向栅极-源极（发射极）电压。通常情况下，为避免栅极-源极（发射极）电压幅值过高击穿栅极氧化层，栅极-源极（发射极）电压 $u_{GS(E)}$ 需满足

$$\left|u_{GS(E)}\right| \leqslant 20\text{V} \tag{8-1}$$

负的栅极电压可以更好地保证功率 MOSFET 和 IGBT 可靠关断。

(2) 驱动回路中一般串有栅极电阻 R_G，用来控制 $u_{GS(E)}$ 的上升沿或下降沿的陡度。过大的 R_G 会导致器件开、关时间增加，增加器件的开关损耗，降低开关的工作频率；过小的 R_G 会使器件的 $\mathrm{d}i/\mathrm{d}t$ 和 $\mathrm{d}u/\mathrm{d}t$ 增高。

(3) 驱动电路的输出驱动信号与控制电路的控制信号之间要具有电气隔离。同时要求在驱动电路内部，信号的传输无延时或延时较短。

(4) 在功率 MOSFET 和 IGBT 需要关断时，驱动电路可以输出负的驱动信号，保证可靠地关断功率 MOSFET 和 IGBT。

(5) 电路应具有过压或过流保护功能。

4. 控制信号和驱动信号之间的电气隔离

图 8-1 是一个简化的汽车电力电子部件内部电路结构示意图，图中驱动电路既要实现将控制信号和驱动信号电气隔离，又要保证二者具有逻辑上的一致性。

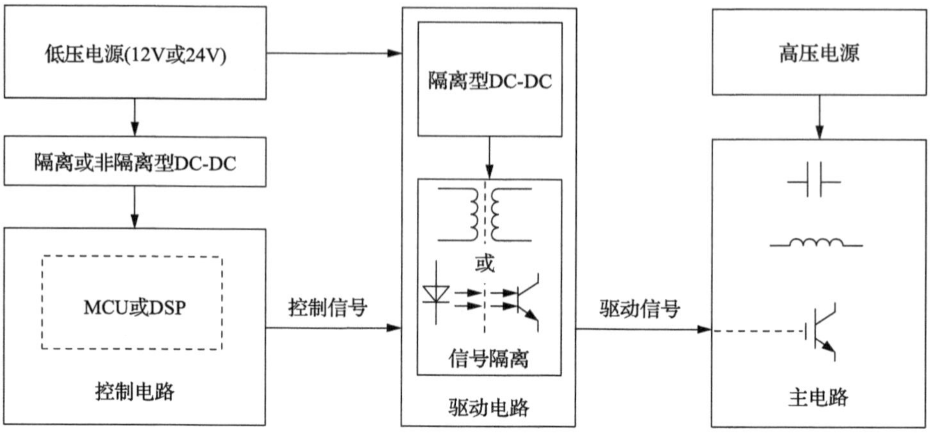

图 8-1 简化的汽车电力电子部件内部电路结构示意图

1) 采用光电耦合器件的电气隔离

光电耦合器件是将发光装置与光敏器件集成在一起，可以实现信号的传输，并保证具有较好的电气隔离性能。但光电耦合器件只能传递开关量信息，不能为驱动电路中的电力电子器件提供充足的能量。因此，需要外界提供一个隔离型电源(图 8-1 中的隔离型 DC-DC)为光电耦合器件高压侧及驱动电路提供能量。

对于光电耦合器件，信号从输入到输出存在着延迟，传输延迟时间通常为几百纳秒。传输延迟时间会对具有桥式拓扑结构主电路的驱动信号死区时间的设置产生影响，也会为高频工作的无线充电系统电力电子器件的驱动带来不良影响。

若驱动电路具有过流保护作用，保护信号需要回送到控制电路，用于控制电路中的多点控制器(MCU)或数字信号处理器(DSP)封锁电力电子器件控制信号或采取其他保护措施，这时需要另一个光电耦合器件实现保护信号的电气隔离，具体驱动电路可参考图 8-2。

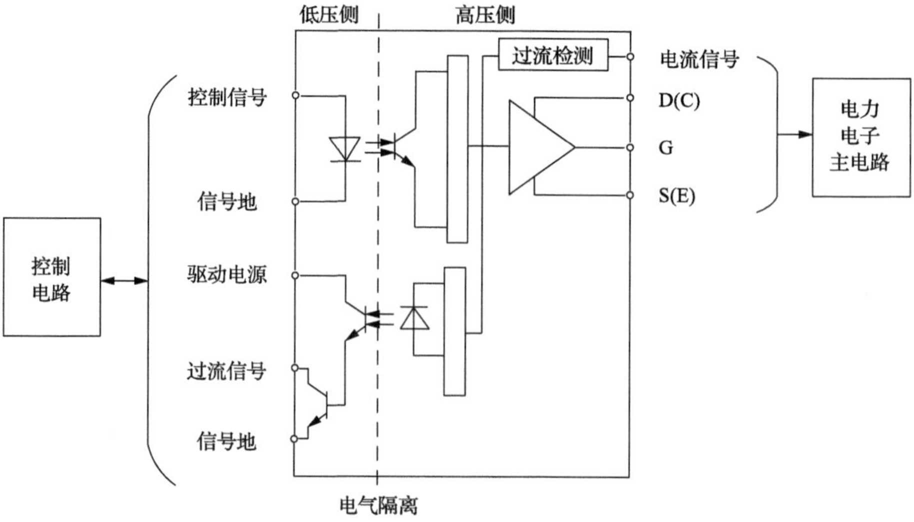

图 8-2 集成光电耦合器件的驱动电路内部结构

2) 采用高频脉冲变压器的电气隔离

脉冲变压器不仅可以实现信号的传递，还可以实现能量的传递，晶闸管驱动电路可以直接采用脉冲变压器来实现对晶闸管的触发。如图 8-3 所示，对于功率 MOSFET 和 IGBT 来说，常见的驱动电路把信号传递和能量传递分开，高频脉冲变压器负责传递信号，功率变压器负责传递能量，分离的优点是可以抑制干扰并具有很好的灵活性。

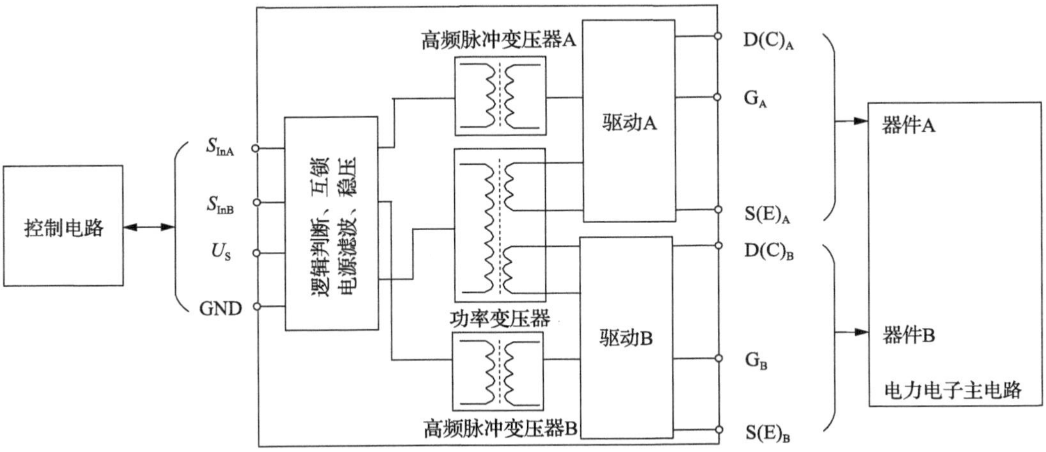

图 8-3　基于高频脉冲变压器隔离的双路 IGBT 驱动电路

与光电耦合器件相比，高频脉冲变压器传输延迟时间较短，更容易驱动并联或串联的电力电子器件。

目前，一些半导体企业开发了具有无磁芯变压器的集成驱动芯片，如图 8-4 所示，这类芯片通常体积较小、功耗较低，比较适合安装于空间小、高温的环境。

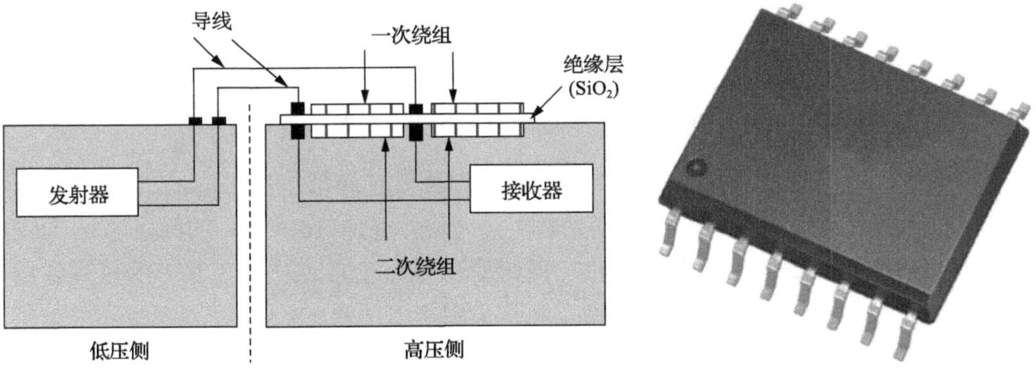

(a) 结构和原理　　(b) 芯片外形

图 8-4　无磁芯变压器驱动芯片原理与外形

除光电耦合器件和高频脉冲变压器外，还有电容耦合器件隔离、光纤隔离等电气隔离方式可用于电力电子器件的驱动。

8.1.2 驱动电压与栅极电阻的选择

1. 驱动电压的选择

对于功率 MOSFET 或 IGBT，如果在栅极-源极（发射极）之间施加一个高于阈值电压 $U_{GS(E)\_th}$ 的电压，器件就会导通。这个电压越高，器件的漏极-源极（或集电极-发射极）饱和压降越低，器件的通态损耗会越小。因此，需要一个相对高的驱动电压来获得较低的通态损耗，多数基于硅材料制造的器件的推荐值为 10～15V。而对碳化硅功率 MOSFET 来讲，其漂移层阻抗通常会比硅功率 MOSFET 低，但碳化硅功率 MOSFET 的沟道阻抗比硅功率 MOSFET 高。较高的栅极-源极电压可以得到较低的导通电阻，图 8-5 给出某碳化硅功率 MOSFET 在不同温度下导通电阻与栅极-源极电压的关系[1]。碳化硅功率 MOSFET 的驱动电压推荐值一般为 18V，且不能低于 13V，以防止出现过大的功率损耗导致器件结温过高。

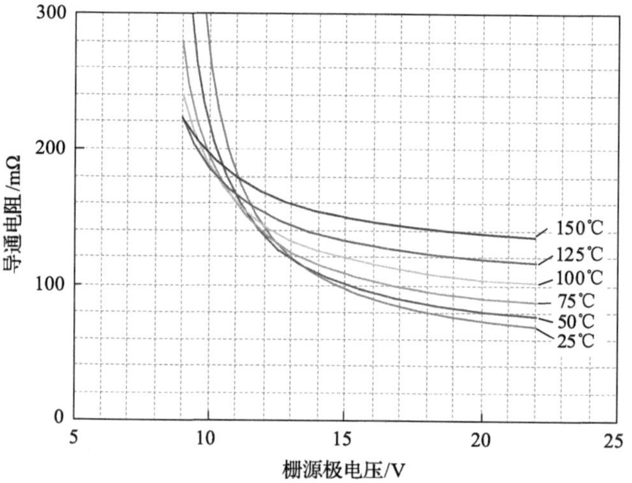

图 8-5 不同温度下碳化硅功率 MOSFET 导通电阻与栅极-源极电压的关系

另外，虽然理论上在器件施加的栅极电压为零或低于阈值电压 $U_{GS(E)\_th}$，器件就会关断，但在实际应用中，为保证器件可靠关断，会为器件施加–10～–5V 的栅极电压。栅极-源极（发射极）电压需要驱动电路来提供，同时驱动电路正常工作时，其中的芯片或器件也需要电源，而且这个电源和控制电路之间是需要电气隔离的。

图 8-6 所示为三相交流电机控制器主电路的驱动，图中每个 IGBT 驱动信号的“地”和该 IGBT 的发射极相连，这就要求任意一个半桥中两个 IGBT 驱动电路的电源要相互电气隔离；由于位于下桥臂的 $IGBT_4$、$IGBT_6$、$IGBT_2$ 的发射极与负直流母线（DC–）是等电位的，因此这三个 IGBT 驱动电路可以共用一个隔离电源，而 $IGBT_1$、$IGBT_3$、$IGBT_5$ 驱动电路则各自需要一个隔离电源[2]。

在一些低成本、小功率汽车电力电子部件中，可以采用“自举”方式为半桥中两个电力电子器件的驱动电路提供所需的电源。图 8-7 为一个典型的“自举”式供电方式，

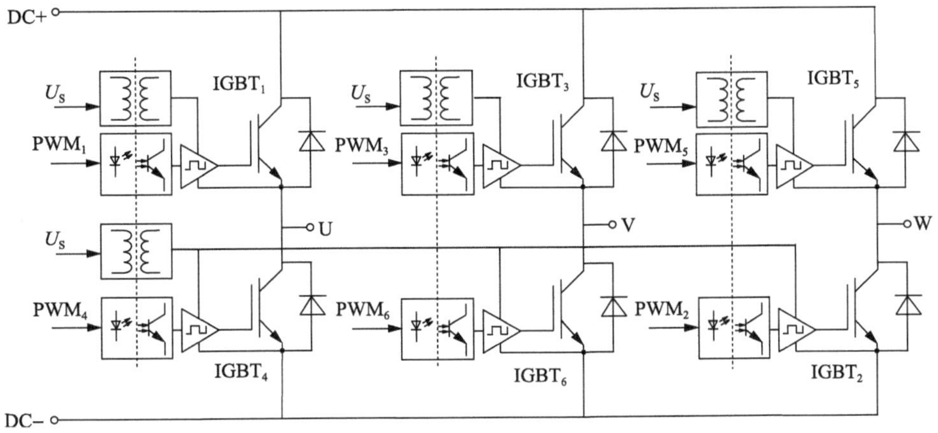

图 8-6 三相交流电机控制器主电路的驱动

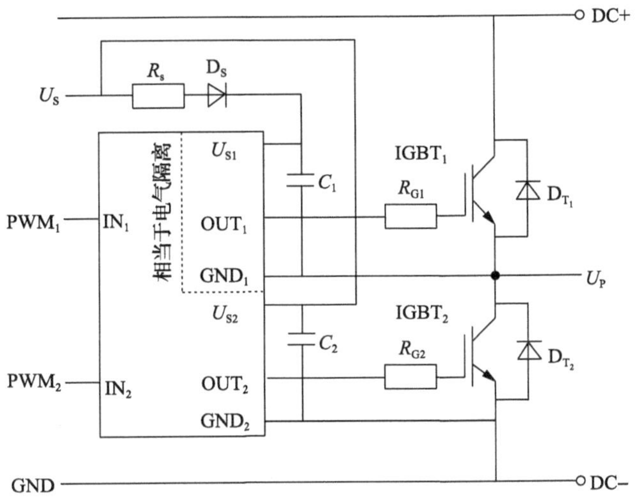

图 8-7 “自举”式供电方式

其中电源 U_s 为 $IGBT_2$ 驱动电路提供能量，而 $IGBT_1$ 驱动电路的能量则由电容 C_1 来提供。图中所示电路的工作原理为，由于半桥式主电路中两个电力电子器件 $IGBT_1$ 和 $IGBT_2$ 是交替工作的，当 $IGBT_2$ 导通时，电源 U_s 可以通过电阻 R_S、二极管 D_s 和导通的 $IGBT_2$ 为 C_1 充电，C_1 在 $IGBT_2$ 截止时应具有 $IGBT_1$ 导通所需要的驱动能量。“自举”式供电方式对电容 C_1 的容量、二极管 D_s 的工作频率和耐压性都提出了较高的要求。

2. 栅极电阻的选择

功率 MOSFET 和 IGBT 的驱动电路输出普遍采用互补式射极跟随器电路结构，如图 8-8 所示。射极跟随器的输出通过一个电阻和电力电子器件的栅极直接相连，这个电阻称为栅极电阻 R_G。栅极电阻 R_G 对功率 MOSFET 和 IGBT 的开通具有重要的影响。图 8-9 为某碳化硅功率 MOSFET 在 25℃以及感性负载下开关损耗与栅极电阻的关系；图 8-10

和图 8-11 分别为该器件在 25℃以及感性负载下器件漏源极之间承受的电压上升率 du/dt 和电流上升率 di/dt 与栅极电阻的关系[1]。由图 8-9 中可见，R_G 越大，器件的开通和关断越缓慢，开通和关断损耗会越大，但从图 8-10 和图 8-11 可以看出，此时器件漏源极之间承受的电压上升率 du/dt 和电流上升率 di/dt 越小。与之相反，R_G 越小，器件的开通和关断延迟时间也会越短，但会由此在电路中产生越大的电压上升率 du/dt 和电流上升率 di/dt。因此，要根据实际电路参数来选择合适的 R_G。

在多数情况下，功率 MOSFET 和 IGBT 导通时需要的栅极电阻 R_{G_on} 与功率 MOSFET 和 IGBT 关断时需要的栅极电阻 R_{G_off} 并不相同，可以采用不同的电路结构来对栅极电阻 R_G 进行灵活的配置，图 8-12 给出了几种配置方式。

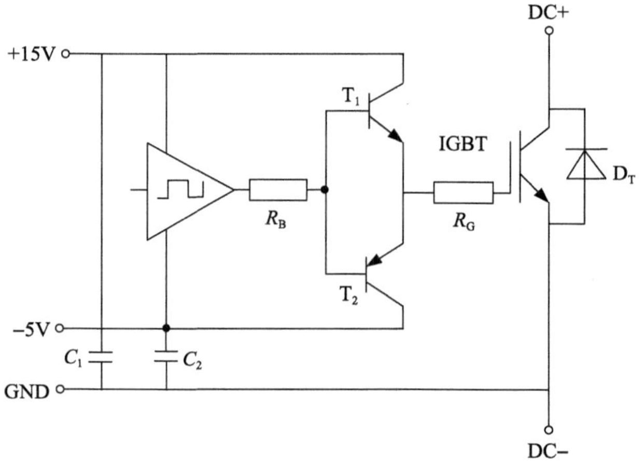

图 8-8　驱动电路输出端电路结构

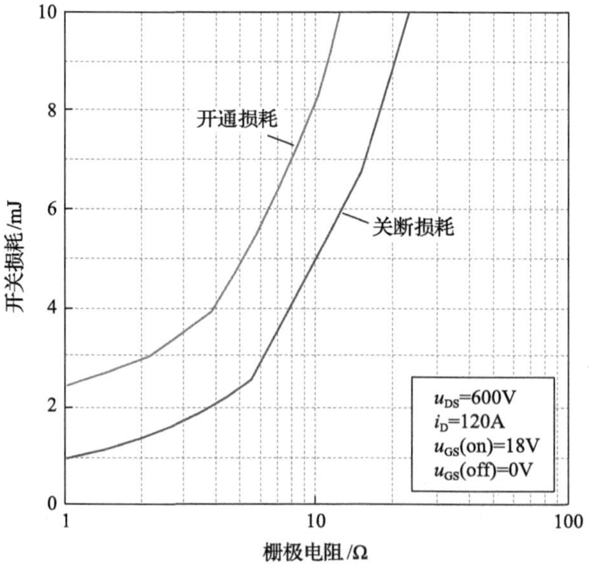

图 8-9　碳化硅功率 MOSFET 开关损耗与栅极电阻的关系

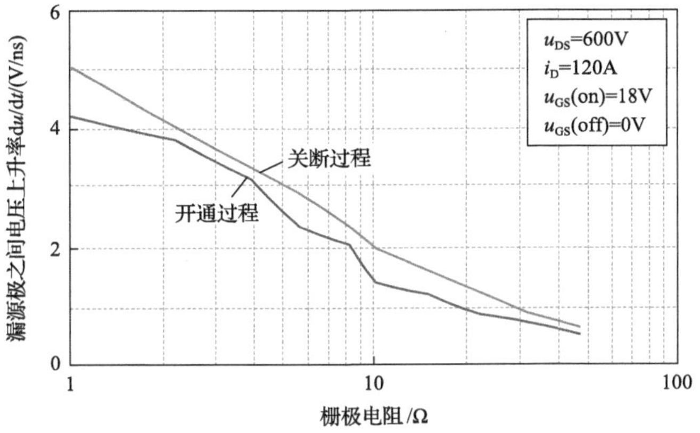

图 8-10　碳化硅功率 MOSFET 漏源极之间电压上升率 du/dt 与栅极电阻的关系

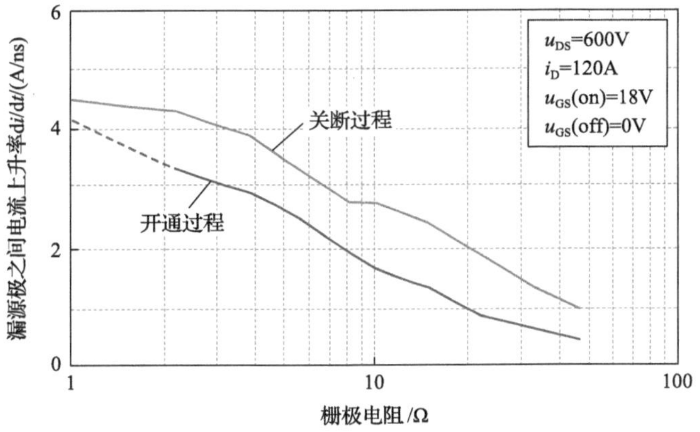

图 8-11　碳化硅功率 MOSFET 漏源极之间电流上升率 di/dt 与栅极电阻的关系

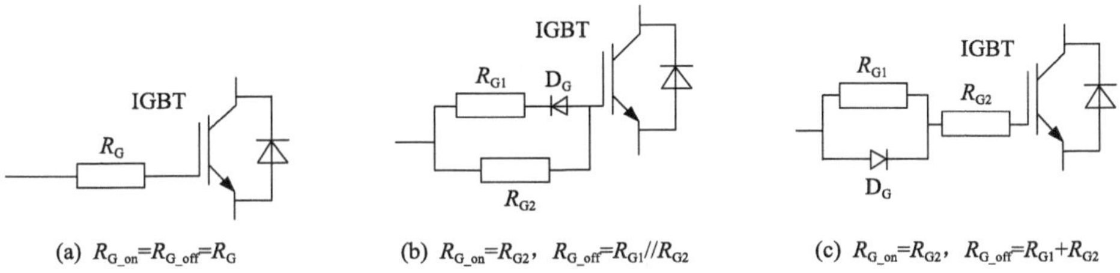

图 8-12　栅极电阻的配置

8.2　电动汽车电力电子器件的保护

8.2.1　电动汽车电力电子器件的失效分析

1. 功率二极管的失效分析

1）过热（或过温）失效

过热（或过温）失效是指功率二极管在工作时产生的功耗因没有及时散发而引起结温

升高，超过器件所允许的最高结温 T_{jM}，导致器件发生热击穿而失效。较高的正向电流、反向漏电流及反向恢复电流都可能使器件的结温升高。温度的升高会使载流子浓度增长，进而电流继续增加而形成电流和温度之间的正反馈，容易发生热击穿。

功率二极管抵抗过热(或过温)失效的能力与所处的环境温度和散热条件密切相关，应保证功率二极管功耗低于由器件封装以及散热系统所决定的最大功耗。这一点对于其他类型的电力电子器件也适用。

功率二极管过热(或过温)失效的对外表现通常是阻断能力的丧失，器件的边缘因热击穿而损坏，严重情况下会出现管芯断裂。

2) 过流失效

过流失效指正向导通中因浪涌电流产生过高的通态损耗而导致的失效。在较大的正向浪涌电流作用下，大电流和较高的导通管压降产生很高的损耗，导致温度升高。较高的温度可使器件或模块内部键合线引脚与电极连接处熔化而导致器件失效。

3) 过压失效

过压失效指功率二极管在工作中承受的电压超过最大允许电压而导致的失效。功率二极管一旦反向击穿后，可能会出现较大的反向电流使功率二极管烧毁。

4) 动态雪崩导致的失效

功率二极管在反向恢复期间发生动态雪崩后，会因电流集中而出现局部热点，引发局部失效。

除以上失效原因外，材料和工艺均匀性问题导致器件电流密度不均匀时，会出现在很小的面积内流过较大电流的现象，也会引起失效。

2. 晶闸管的失效分析

1) 过高的电流变化率($\mathrm{d}i/\mathrm{d}t$)

晶闸管开通时，若通态电流上升率高于器件的最大允许电流上升率，则因局部导通区电流密度较高而过热，器件损坏。

2) 过高的电压变化率($\mathrm{d}u/\mathrm{d}t$)

在晶闸管关断过程中，因门极开路，若晶闸管由通态转换到断态过程中正向电压上升率高于器件允许的电压上升率，晶闸管可因图 2-16(b) 中的 J_2 位移电流触发而导通。此时，晶闸管属于非正常情况下的导通，有可能会因承受过大的电流应力而失效。

除以上两种失效原因外，晶闸管还存在与功率二极管相似的失效原因，如过热、过压、过流等。

3. 功率 MOSFET 的失效分析

1) 过高的电流变化率($\mathrm{d}i/\mathrm{d}t$)

在功率 MOSFET 关断时，在较高的漏极-源极电流下降率下，外电路电感引起的漏极-源极电压出现尖峰，可导致器件击穿而失效。

2) 过高的电压变化率(du/dt)

在功率 MOSFET 关断过程中，漏极-源极电压上升较快时，漏极-源极电流会急剧增大，如果温升超过器件允许的最高结温，会导致器件失效。

3) 静电损伤

人为因素或其他原因产生的静电使栅极氧化层击穿而导致器件失效。

4) 电离辐射

在一些特殊场合和条件下(如高海拔地区或强电磁环境中)，功率 MOSFET 受到电离辐射而导致器件失效。

4. IGBT 的失效分析

1) 过电流失效

过电流失效是指流经 IGBT 集电极的电流超过所允许的最大电流而导致的失效。产生过电流的原因主要是器件参数选取不合理、负载短路、驱动逻辑错误、电路中电源工作异常等。过长时间的过电流(即较大的平均电流)会在器件上产生较大面积的熔区，甚至会使键合线脱落；而较短时间的过电流(如浪涌电流)导致的熔区面积较小。过电流失效是 IGBT 最常见的一种失效方式。

2) 过电压失效

过电压失效是指加在 IGBT 两个电极之间的电压超过所允许的最高电压而导致的失效。IGBT 过电压失效有两类。一类是集电极-发射极之间的过电压失效。这一类失效往往发生在 IGBT 关断过程中，由于电路中存在电感而导致集电极-发射极之间出现过电压，进而出现动态雪崩。另一类是栅极-发射极过电压失效。导致栅极-发射极过电压的原因有两种，一种是集电极-发射极之间过电压时通过米勒电容效应引起的栅极-发射极电压过高，还有一种是驱动电路设计不合理或驱动电路工作异常而使施加到栅极-发射极之间的电压过高。过高的栅极-发射极电压会导致栅极氧化层击穿而使 IGBT 失效。

3) 过热失效

过热失效是指 IGBT 的工作结温超过其允许的最高结温而导致的失效。在 IGBT 导通期间出现负载短路或出现浪涌电流，都可能使功耗急剧增大，从而产生大量的热量。另外，如果 IGBT 开关频率太高，开关损耗会很大，也会产生很多的热量。如果器件产生的热量不能及时散发，会因结温升高而使器件失效。

此外，即使器件处于正常工作状态，但在 IGBT 安装过程中，导热硅脂涂覆不均匀、器件底板或散热器平整度不好会导致接触热阻较大，器件正常工作产生的热量无法散出，也会导致结温升高。

4) 宇宙射线引起的失效

在高海拔地区运行的电动汽车，其内部电力电子部件的 IGBT 受到宇宙射线中高能粒子的辐照后，可能产生高浓度等离子体，这些等离子体在 IGBT 工作时，会引发不需要的感应电流，在器件中产生多余的损耗甚至损坏器件。宇宙射线会使 IGBT 的使用寿命缩短，进而降低部件或整车的耐久性。

5）过机械应力失效

过机械应力失效是指 IGBT 器件（或模块）承受的机械应力超过了其最大允许值。产生过机械应力失效的原因主要有：不正确的安装方式使器件（或模块）内部或壳体出现断裂；散热器或导电母排变形导致器件（模块）破损；电极与导线（或母排）接触不良而出现电极连接处局部烧蚀；装配或应用过程中较强的外力作用导致 IGBT 破裂等。

8.2.2 电动汽车电力电子器件的保护方法

1. 功率 MOSFET、IGBT 的栅极电压保护

加在栅极-源极（发射极）的电压的幅值稳定性对功率 MOSFET、IGBT 的正常工作会产生重要的影响。过高幅值的栅极-源极（发射极）电压可击穿栅极氧化层而使电力电子器件损坏；不稳定的（如出现剧烈振荡）驱动电压会使电力电子器件不能按照预定时序或逻辑工作，严重时会使器件失效。以下是产生栅极-源极（发射极）过压或电压不稳定的主要原因。

1）栅极驱动回路中的杂散电感

该电感在高频变化的栅极驱动信号作用下，会与回路电力电子器件寄生的结电容以及线路杂散电容产生高频振荡，该振荡容易使栅极-源极（发射极）电压幅值超过器件的最大允许值而使电力电子器件失效。较大的栅极电阻对该振荡有一定的抑制作用，但会加大电力电子器件的开关时间，增加器件开关损耗。

2）米勒电容

在如图 8-13 所示的半桥电路中，在下桥臂器件 T_2 导通瞬间，上桥臂器件 T_1 的集电极-发射极电压变化率为 du_{CE}/dt，因为栅极-集电极之间存在米勒电容（C_{GC}），所以会产生电流 i_{GC}：

$$i_{GC} = C_{GC} \cdot \frac{du_{CE}}{dt} \tag{8-2}$$

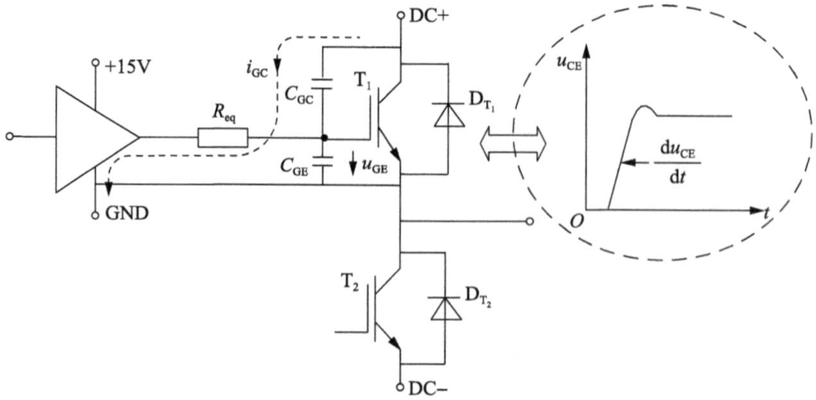

图 8-13 米勒电容引起的寄生开通

此电流流经栅极回路的等效电阻 R_{eq} 后，会产生栅极-发射极电压。如果该栅极-发射极电压高于器件 T_1 的阈值电压，就会使 T_1 导通，这种因器件寄生参数而导致的误导通，称为寄生开通。这类寄生开通持续的时间通常为 10～100ns，一般不会因整个桥臂的完全直通而使电力电子器件失效，但会增加器件的开关损耗。采用如下几种措施可以有效降低这种寄生开通的可能性：①增大器件关断时的栅极负偏压；②在栅源极之间增加极间电容；③增加栅极电阻，增大器件导通和关断的时间；④采用有源米勒钳位技术。以上几种措施中，措施①比较容易实现，也是常采用的方法；采用措施②和措施③时，需要对电容或电阻进行准确选取，以免影响器件的正常运行和电路的性能；措施④的实施需要附加外电路或利用具有米勒钳位功能的驱动芯片，在器件关断时，保证栅源极电压低于阈值电压。

3) 发射极杂散电感

图 8-14 所示为电力电子器件 T_1 发射极对外连接处的杂散电感产生寄生开通的情况。这种寄生开通通常发生在续流二极管 D_{T_1} 关断的时候，流经发射极杂散电感 $L_{\sigma E}$ 的电流变化率为 di_F/dt，则器件承受的栅极-发射极电压为

$$\Delta u = u_{GE} - L_{\sigma E} \cdot \frac{di_F}{dt} \tag{8-3}$$

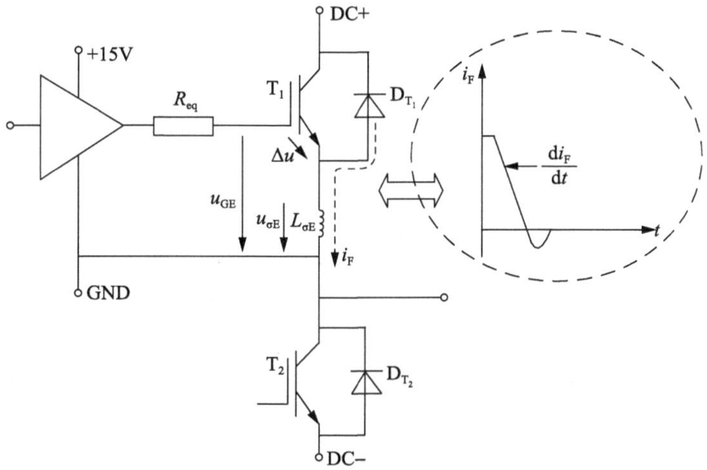

图 8-14 发射极杂散电感引起的寄生开通

若 Δu 大于器件导通所需的栅极阈值电压，那么器件将会寄生开通，进而增加器件的开关损耗。

在实际应用中，应尽量避免栅极的电压不稳定或超限而使电力电子器件工作不正常甚至失效。图 8-15 为常用的栅极驱动保护电路，为尽量减小栅极回路杂散电感的影响，该电路应尽可能靠近器件的栅极[3]。此外，采用合理的栅极电阻，优化主电路结构和连接方式，可以降低发生寄生开通的可能性。

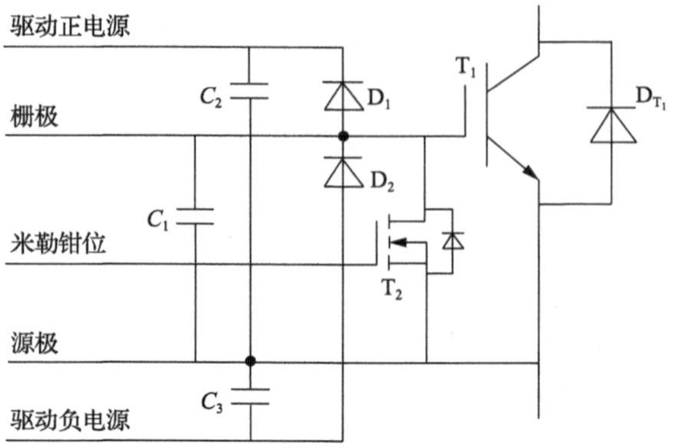

图 8-15　栅极驱动保护电路

2. 电力电子器件的过压保护

过压是电力电子器件主要的失效原因之一，过压的产生原因有两类：一类是电源电压异常引起的过压，如电动汽车在充电时，由于充电设备出现异常而导致过高的电压施加在电机控制器高压直流输入端，导致电机控制器内部主电路的电力电子器件因过压而损坏；另一类是电力电子器件工作在由导通到关断时，流过器件的电流迅速下降，较大的 di/dt 会在主电路分布电感上产生较高的感应电压，器件承受的电压应力因超过最大允许值而失效。

对于第一类过电压，可以通过器件选型时考虑一定的耐压冗余、提高汽车车载部件或配套部件的技术要求等方法来得以限制；而对于第二类过电压，多采用母排连接、电力电子器件模块化及主电路结构优化等方法尽可能减小主电路的分布电感，若还不足以将器件开关过程的过电压完全抑制在器件可接受的水平，可采用缓冲电路来抑制器件开关过程的过电压。常见的缓冲电路有四种。

1）C 缓冲电路

C 缓冲电路如图 8-16（a）所示。该缓冲电路采用一个高频特性较好的薄膜电容和电力电子器件两端并联。该电容可以抑制电力电子器件两端的电压上升率 du/dt，器件关断时，可以吸收一部分分布电感中存储的能量。这种缓冲电路结构简单，但由于电力电子器件导通时，存储在薄膜电容的能量要通过电力电子器件释放掉，因此薄膜电容容量不能选择得太大。同时，该电容容易和线路中的分布电感产生谐振，从而出现电流或电压振荡。这种缓冲电路比较适合用于小功率的电力电子器件。

2）RC 缓冲电路

RC 缓冲电路如图 8-16（b）所示。该缓冲电路由一个电阻和薄膜电容组成，这种缓冲电路普遍用于功率二极管、晶闸管的保护，在小功率直流-直流变换器电路中应用得比较多。这种缓冲电路结构比较简单，缺点是在大功率电力电子器件开关频率比较高时，电阻消耗的能量较高，电阻发热严重，这种情况下，电阻值不能太小，同时要考虑电阻散热问题。此外，电容 C 在充电过程中将在电阻 R 上产生压降，会造成一定程度的过冲电压。

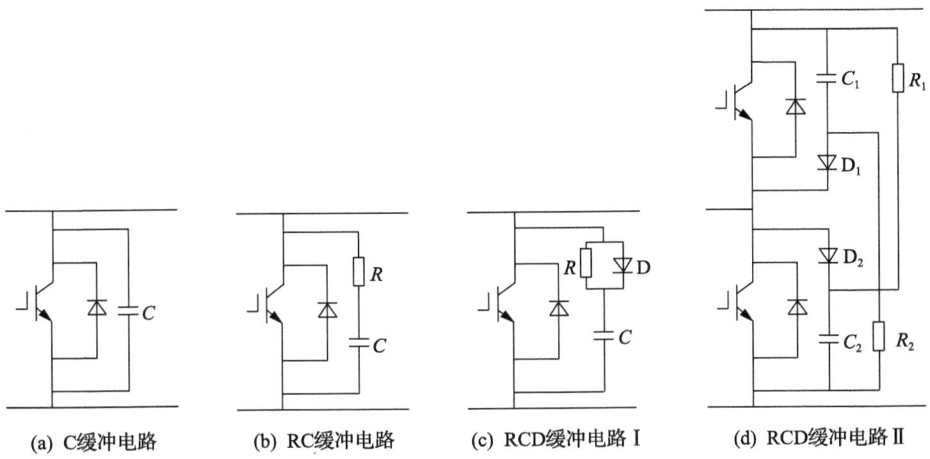

图 8-16　缓冲电路

3) RCD 缓冲电路 Ⅰ

RCD 缓冲电路 Ⅰ 如图 8-16(c) 所示。RCD 缓冲电路 Ⅰ 多用于中、大功率直流-直流变换器中功率 MOSFET 或 IGBT 的保护。电容 C 经二极管 D 吸收能量，经电阻 R 释放能量，所以和 RC 缓冲电路相比，RCD 缓冲电路 Ⅰ 的电容 C 在充电过程中不会产生过冲电压，电阻 R 功率可以选得小一些。

4) RCD 缓冲电路 Ⅱ

RCD 缓冲电路 Ⅱ 如图 8-16(d) 所示。这种缓冲电路适合用于桥式主电路中，缓冲电路中电容吸收电力电子器件关断时因分布电感而引起的过冲部分能量，并在下一次器件关断前把能量回馈到直流侧电源，因此减小了电阻 R_1 和 R_2 的功耗，但其过电压抑制能力不如 RCD 缓冲电路 Ⅰ。

应该指出，缓冲电路是为保护电力电子器件而附加的辅助电路，并非电力电子部件主电路的基本组成部分。换句话说，缓冲电路并不是必需的。尤其是近年来，随着电力电子器件工艺和相关技术的发展，可以为各种不同应用场合提供优化设计的器件或集成度较高的功率模块。降低主电路的杂散电感、选取合理的电力电子器件、提高驱动电路的驱动能力仍然是主电路设计中重点关注的问题，缓冲电路更多的是一种补充及辅助手段。

此外，虽然缓冲电路可以用来减轻器件开关过程中的电压应力，但也因此要付出电路复杂性和成本的代价。缓冲电路在实际安装时要尽可能靠近被保护的电力电子器件。结构和参数不合理的缓冲电路可能达不到抑制电压、保护器件的效果，甚至可能引起回路中的寄生振荡。对于一些 IGBT 过流保护措施，需要使用器件饱和导通压降 $U_{CE(sat)}$ 作为判据。但缓冲电路的引入，可能会对这些保护措施产生不利影响。因此要结合主电路结构和实际运行工况对缓冲电路进行设计。

通过在主电路中增加电感和电容后，与电路中元器件或线路的寄生元件产生谐振，可以使电力电子器件实现零电流开关或零电压开关，从而大大降低电力电子器件的电压应力，并降低器件的开关损耗。相关的拓扑和控制技术即为软开关技术[4]。采用软开关技术还可以从一定程度上抑制电力电子器件开关过程引起的电磁干扰。

3. 电力电子器件的过流保护

电力电子器件普遍具有一定的过流保护能力，当发生过流时，能迅速采取措施，使器件关断或使流过的电流下降到一个正常水平，器件就不会损坏。但如果过流时间较长，器件会产生很大的通态损耗，并会因热量无法及时散发而烧损。过流而失效是电力电子器件最常见的一种失效形式。

对电力电子器件的过流状态进行及时准确的检测，是实施过流保护的重要依据和前提，常用的有以下过流检测方法。

1）检测器件的导通压降

当器件导通时，随着流过器件的电流的增大，导通压降也会上升。在器件导通后，通过对导通压降的检测，并将之与正常值进行比较，可以判断出器件是否存在过流或负载是否短路。以 IGBT 为例，图 8-17(a) 为通过检测 $U_{CE(sat)}$ 来判断是否有过流发生，若出现过流，可以封锁或关闭 IGBT 的驱动信号，达到保护 IGBT 的作用。这种方法普遍用于功率 MOSFET 或 IGBT 专业集成驱动电路或模块化产品中。

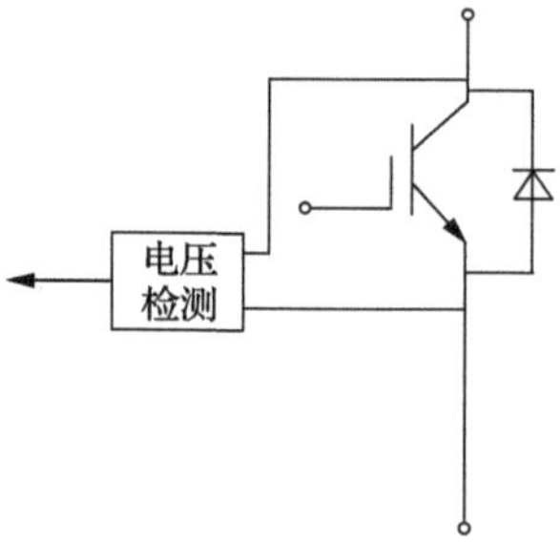

(a) 检测器件导通压降

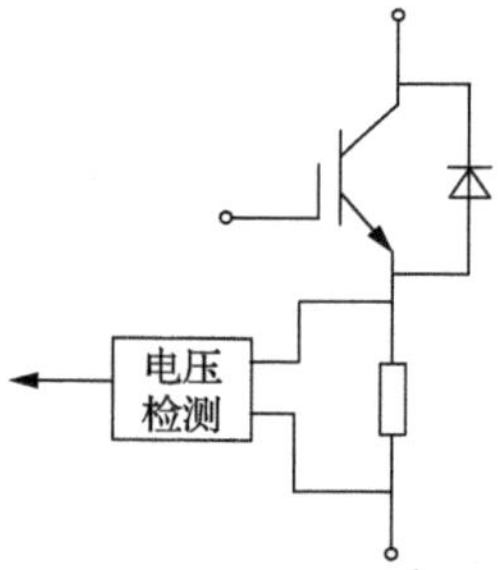

(b) 采用电阻来检测器件电流

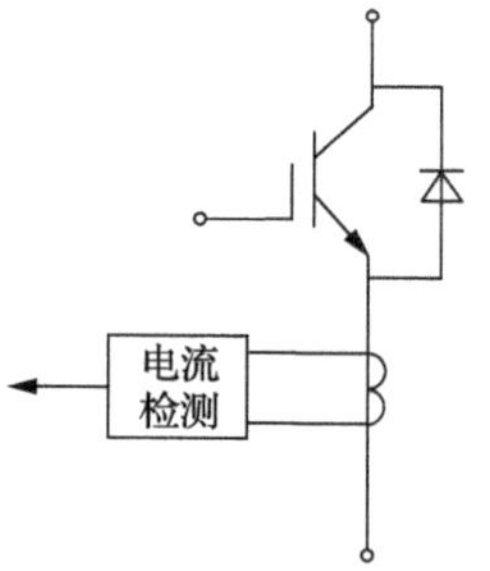

(c) 采用传感器来检测器件电流

图 8-17　过流检测电路

2）检测流过器件的电流

可以用较小阻值的电阻或电流传感器直接检测流过器件的电流，来判断器件是否过流。以 IGBT 为例，采用电阻和电流传感器的检测电路分别如图 8-17(b)、图 8-17(c) 所示。通过电阻对电流进行检测的方法，成本较低，多用于小电流、小功率的电力电子主电路中。当采用电流传感器进行电流检测时，要尽量缩短因传感器或信号处理电路而产生的延迟。对于 IGBT，允许的过流时间一般为几微秒到几十微秒，必须在这个时间内，完成电流检测并关断 IGBT。

对于拓扑结构比较复杂的汽车电力电子部件，主电路往往具有多个电力电子器件，造成电力电子器件过流的因素有很多，对过流的检测往往将上述两种办法结合使用。一方面采用器件导通压降的办法利用具有过流保护功能的驱动电路对电力电子器件进行保护；另一方面采用分布在电路中的电流传感器对关键支路电流进行采集，控制电路和驱动电路根据实际电流对电力电子器件进行保护。图 8-18 为典型的三相驱动电机控制器主电路过流检测电路，可以在图中的Ⅰ～Ⅳ位置安装电流传感器。这些传感器可以对桥臂直通、负载短路等引起的过流进行检测。由于Ⅰ和Ⅳ处的电流信息也是电机控制算法和整车控制所需要的，所以为过流保护而增加的只是Ⅱ和Ⅲ处的电流传感器。具体电流传感器的数量和安装位置的设置可以根据过流保护的需要以及负载连接方式进行灵活选择。

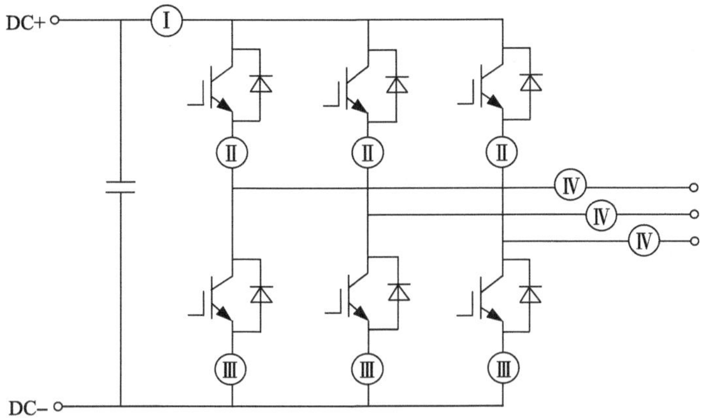

图 8-18　三相驱动电机控制器主电路过流检测电路

4. 电力电子器件的过热保护

当电力电子器件的损耗较大时，若不能及时将热量散发掉，器件的结温可能会超过最大允许值 T_{jM}，导致器件失效。导致电力电子器件过热的因素有两个：一是器件损耗过大，产热过多；二是散热能力不够。驱动逻辑不正确、驱动信号波形畸变、器件过流、开关频率过高等会使器件的损耗大、产生的热量多；而环境温度高、散热系统故障、散热系统冗余度小或设计不合理等都会导致散热能力受限。

在汽车电力电子部件中，普遍采用在散热器上安装温度传感器及利用集成在电力电子器件模块内部的温度传感器对器件的产热和散热情况进行监测。当监测到温度超过预定温度时，可以采取降功率或直接停止部件工作等措施来保护电力电子器件。

8.3　电动汽车电力电子器件的热管理

8.3.1　电动汽车电力电子器件热管理的作用

电力电子器件的损耗最终都以热量形式体现出来，这些热量需要通过有效的途径进行散发，不合理的散热环境或热管理方式会导致器件内部结温上升。器件结温的升高一方面缩短器件的使用寿命，严重时会导致器件失效；另一方面，许多半导体材料特性以及器件参数都对温度非常敏感，会随着温度的变化而发生改变。例如，在流过器件的电流达到一定程度时，IGBT 的通态饱和电压普遍具有正的温度系数，即流过相同的集电极电流 (I_C) 时，IGBT 的通态饱和电压会随着结温的升高而增大。而通态饱和电压的增大意味着器件通态损耗的增加，在散热系统设计不合理时，极其可能形成“结温升高→损耗增加→结温进一步升高”的正反馈而导致器件损坏。图 8-19 为某 650V/50A 的 IGBT 通态饱和电压随结温的变化情况。

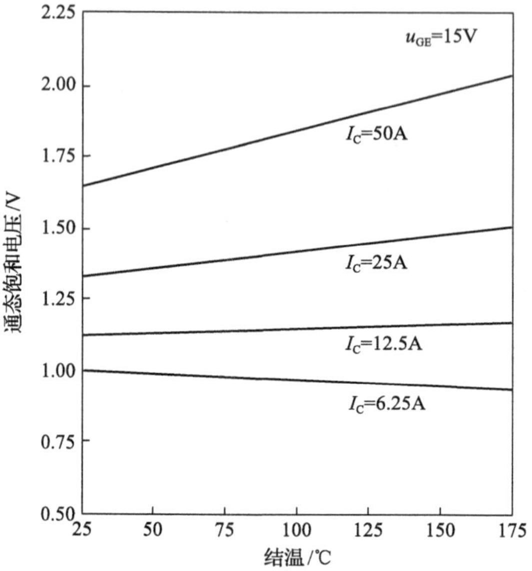

图 8-19　IGBT 通态饱和电压随结温的变化曲线

汽车电力电子器件热管理的主要内容是基于温度对汽车电力电子器件性能的影响以及汽车电力电子器件的产热机理，通过对散热系统的合理设计，使汽车电力电子器件工作在一个较合理的温度范围内，解决汽车电力电子器件因热而导致的失效问题，从而提升汽车电力电子部件的整体性能。汽车电力电子器件热管理是整车热管理的重要组成部分。

8.3.2　电动汽车电力电子器件的封装与影响

1. 电动汽车电力电子器件的封装

电力电子器件的封装具有机械支撑(用于安装、固定)、电气连接(用于负载电流和控制信号的引导)、保护(用于防水、防尘、抗一定强度的机械冲击)、散热四个重要的作用。

对一些小功率汽车电力电子部件，多采用分立式封装或塑膜封装的电力电子器件，并将其与低压控制电路、驱动电路等集成在印制电路板(printed circuit board, PCB)上。通过在部件内部进行合理的结构设计，将电力电子器件的散热底座和散热器固定在一起，方便散热；有时也将部件金属外壳作为散热体，将电力电子器件底座固定在金属外壳上。

对于中大功率的电动汽车电力电子部件，如大功率直流-直流变换器、驱动电机控制器等，则普遍采用模块化封装的电力电子器件，即功率模块。根据部件主电路的拓扑结构，可以选用单一器件模块，也可以选用多器件集成的模块。

当选用单一器件模块时，需要用铜质母排实现各模块之间的电气连接，在使用过程中，具有如下特点：

(1) 主电路布局灵活，可以根据实际需求实现模块之间的搭配。

(2) 器件选择余地大，对于一些标准器件，不同厂商的器件可以互换。

(3) 维修成本低，出现损坏时，只需对损坏的器件进行更换。

(4) 装配时，需对器件进行参数筛选和匹配。

(5) 电力电子部件体积大、重量大、功率密度低。

(6) 驱动电路、热管理等辅助电路或系统的设计难度大。

(7) 线路杂散电感较大，整个系统控制难度大。

(8) 电力电子部件制造成本高。

对于多器件集成的模块，器件厂商已经根据常见的电力电子电路拓扑结构在模块内部完成了器件之间的电气连接，在其使用过程中，具有如下特点：

(1) 主电路结构简单，易于安装，部件制造成本低。

(2) 电力电子部件具有较高的功率密度。

(3) 线路杂散电感小。

(4) 可将驱动 PCB 集成在功率模块上，从而减小寄生参数。

(5) 发热源单一，热管理系统设计更为容易。

(6) 模块内部器件单体之间一致性较好。

(7) 维护成本高，即使确定某一器件损坏，也需对整个模块进行更新。

(8) 器件选择余地小，不同厂商的器件接口标准可能不一致。

对于电动汽车，由于其电力电子部件的特殊性，对功率模块提出了更高的要求。这种特殊性体现在三个方面：一是电力电子部件功率普遍较大，最大可能超过 100kW；二是动力系统中电力电子部件较多，且主电路多采用桥式结构；三是电力电子部件之间具有电气上的耦合，例如，采用级联方式或拥有共同的直流输入端。正是由于这三个方面的特殊性以及汽车对部件体积功率密度、重量功率密度的严格要求，汽车整车以及部件厂商希望电力电子功率模块不仅能满足一个汽车部件的需要，而且应该能满足数个电力电子部件集成在一起组成一个电力电子系统的需求，这促使了集成十几个，甚至几十个电力电子器件的大规模功率模块的出现。图 8-20 所示为一个车用大规模功率模块的内部结构，该模块包含 22 只 IGBT、22 只功率二极管，可供电动汽车动力系统中一个双向直流-直流变换器和两台驱动电机控制器使用。

图 8-20 车用大规模功率模块内部结构

车用大规模功率模块的出现，推动了部件集成和整车集成技术(如硬件系统结构设计与优化技术、协调控制技术、热管理技术等)的发展，同时，对电力电子技术(如驱动电路设计、保护电路设计、器件可靠性、器件热管理等)提出了更高的要求，当然也对电力电子器件模块化封装技术提出了新的挑战。以热管理为例，当采用大规模功率模块时，由于发热点较为集中，从整车角度看，热管理系统得到了简化，同时由于大规模功率模块内器件的工况往往存在一定的差异或互补性，比较容易对热管理系统进行优化。但由于模块内电力电子器件较多，产热过于集中，尽快将器件产生的热量散发掉，使器件工作在最高允许结温之下，是保证电力电子器件可靠性和寿命的前提。针对这一点，一些电力电子器件厂商和汽车企业合作推出了双散热面模块化封装器件，如图 8-21 所示，这种功率模块和单散热面模块相比，散热面积增加了很多，更容易与外界实现热交换，双散热面功率模块已经在国外的部分电动汽车上得到应用。此外，一些电力电子器件厂商面向电动汽车研发了集成直接液冷系统的电力电子器件，如图 8-22 所示，采用这种器件会缩短电力电子部件的研发周期，提高部件的功率密度。同时，由于液冷系统与器件紧密结合，可以取得较好的散热效果。

图 8-21　双散热面模块化封装器件

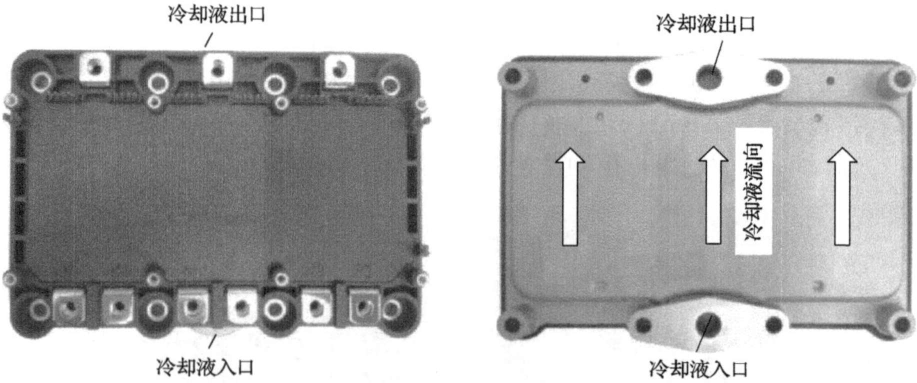

(a) 器件正面　　(b) 器件背面

图 8-22　集成直接液冷系统的电力电子器件

应该指出，不同汽车厂商、不同的动力系统对大规模功率模块的需求存在很大的差异，因此车用大规模功率模块往往具有定制化的特点，更多时候需要电力电子器件厂商根据整车需求和整车或部件企业共同研发。

2. 封装带来的寄生元件问题

电力电子器件封装后，在多个器件集成后形成的功率模块内，会出现因封装而带来的寄生电阻、寄生电感和寄生电容。在高电压、大电流环境下及高频开关工作过程中，这些寄生元件的影响不可忽视。

1) 寄生电阻

寄生电阻主要是因为模块内部半导体芯片之间、芯片与功率端子之间的金属连线产生的。寄生电阻会增大器件通态压降，增加功率模块功耗。减小寄生电阻是电力电子器件厂商一直追求的目标，功率模块的寄生电阻一般会在数据手册中给出。

2) 寄生电感

功率模块内每条电流通路都会存在寄生电感，寄生电感和外电路电感一起在大电流开关状态下引发电压尖峰。此外，寄生电感和电路中的等效电容一起形成谐振电路可能导致电流或电压的振荡。

3) 寄生电容

功率模块内部的分层结构，如直接敷铜(direct bonded copper, DBC)结构[5]，会导致寄生电容的产生。寄生电容和 PN 结结电容一起对电力电子器件工作过程构成影响，如寄生电容和寄生电感产生谐振、器件基板漏电流增加等。

3. 封装对器件性能的影响

封装会对器件的安装方式、散热产生重要影响，同时会带来器件内部寄生参数的变化，因此封装对器件性能会产生直接的影响，以功率 MOSFET 常见的“TO-247”封装为例，图 8-23(a)所示是被广泛采用的 TO-247-3L 封装，图 8-23(b)是近几年来越来越多的 TO-247-4L 封装。后者由于采用开尔文接法(Kelvin connection)，将源极的驱动端与功率端分开，降低了源极寄生电感对驱动电压的影响，进而可以降低器件的导通电阻并可提高器件的开关频率。

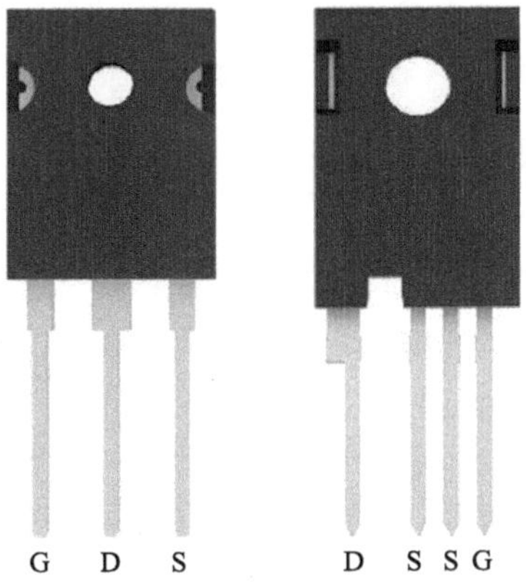

(a) TO-247-3L　(b) TO-247-4L

图 8-23 “TO-247”封装

8.3.3 电动汽车电力电子器件基本传热方式

1. 热传导

热传导指固体或液体之间因温度差异而产生的热量传递或扩散。图 8-24 为一个电力电子功率模块固定在一个散热器上。图中 TIM 为导热界面材料(thermal interface material)，用于功率模块或电力电子器件和散热器(或冷却介质)的热黏合，即填充模块或器件与散热器(或冷却介质)之间的间隙。常用的TIM为导热硅脂，即硅油和氧化锌颗粒的复合物，也可以用银或铝颗粒代替氧化锌颗粒[6]。

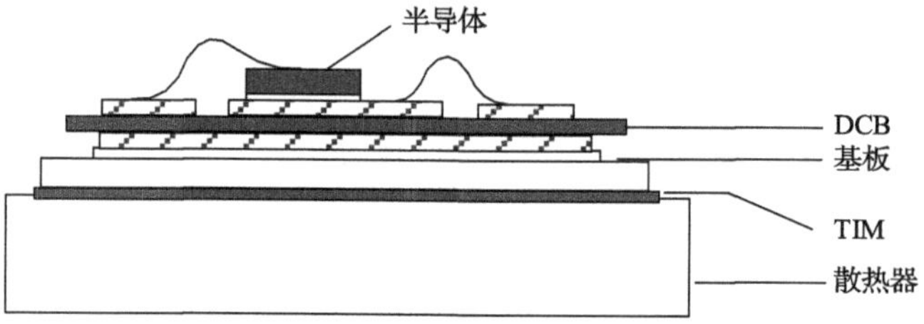

图 8-24　固定在散热器上的电力电子功率模块

基于图 8-24 的结构，可以建立如图 8-25 所示的一维等效热模型[2]，该模型基于“热路”与“电路”的类比和对应关系，可以用电路方程和求解方法来分析热量的传递过程。在一维等效热模型中，单位时间内热源产生的热量，即功率消耗，用一个电流源 P 表示；热模型中的热阻用电阻来表示，反映热路中各环节的温升 ΔT 与功耗 P_{th} 的关系；热容则用电容来表示，反映对热量的吸收或存储；图中，T_{j} 表示器件结温，“地电位” T_{a} 相当于环境温度。

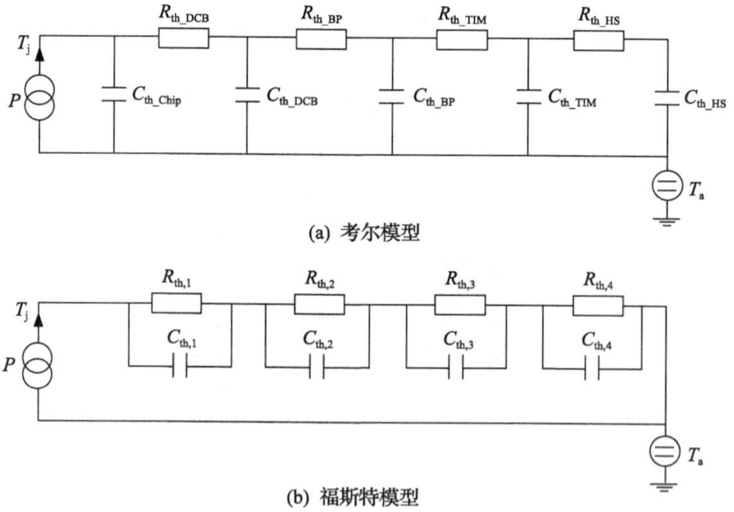

图 8-25　电力电子器件一维等效热模型

图 8-25(a)为连续网络模型或考尔(Cauer)模型，图中，下标 BP 表示基板，HS 表示散热器，Chip 表示芯片。考尔模型是根据功率模块内部实际物理层及散热材料建立的模

型，反映了真实的热量传导过程，功率模块中每一层及模块外部的散热材料都可以用相应独立的 RC 单元表示，只要图 8-25(a) 中各元件参数已知，就可以求解出每层材料的内部温度。

图 8-25(b) 为局部网络模型，也称为福斯特(Foster)模型，是另一种一维等效热模型，其每个 RC 单元中，热容和热阻是并联的。福斯特模型中各网络节点没有实际物理意义，不能反映出实际的物理结构。在福斯特模型中 RC 单元的数量只取决于测量点温度的测试样本数量。因此，对同一散热系统所建立的考尔模型和福斯特模型的 RC 单元数量不一定相同，两个模型中热阻和热容在数值上也不存在一一对应关系。福斯特模型的优势在于根据模型可以方便地求解出系统随时间变化的瞬态热阻抗：

$$Z_{\mathrm{th}}(t)=\sum_{i=1}^{n}R_i\left(1-\mathrm{e}^{-\frac{t}{\tau_i}}\right) \tag{8-4}$$

式中，τ_i 可表示为

$$\tau_i=R_i\cdot C_i \tag{8-5}$$

R_i 和 τ_i 的值通常会列在厂商提供的功率模块数据手册中。

图 8-26 为一个电动汽车用 IGBT 功率模块数据手册给出的芯片到基板的瞬态热阻抗曲线，图中给出了福斯特模型的相关数据，根据式(8-4)，可以很方便地得到图中的瞬态热阻抗。这时，如果已知功率损耗 $P(t)$ 并得到基板的温度 $T_{\mathrm{case}}(t)$，那么可以按式(8-6)计算结温：

$$T_{\mathrm{j}}(t)=T_{\mathrm{case}}(t)+P(t)Z_{\mathrm{th}}(t) \tag{8-6}$$

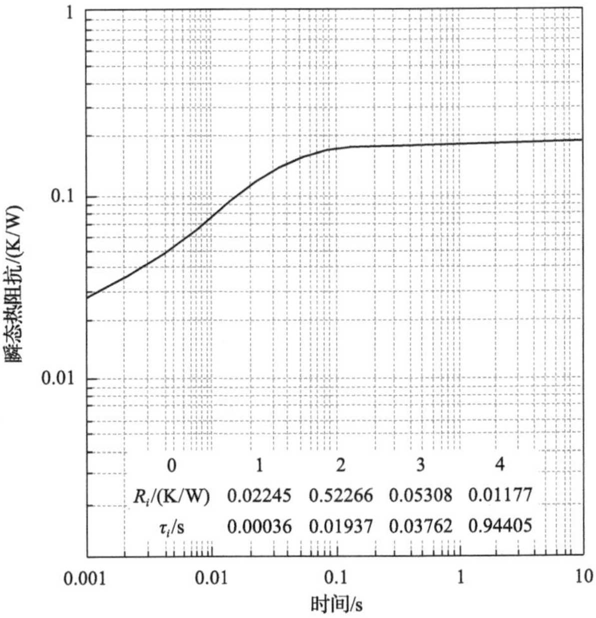

图 8-26 IGBT 功率模块的瞬态热阻抗曲线

由于福斯特模型更多地用器件数据手册中的数据计算瞬态热阻抗，模型中各 RC 单元互换不会对计算结果产生任何影响；但对于考尔模型则不同，RC 单元的互换意味着物理层之间的交换，显然会改变系统的热瞬态响应。另外，如果系统物理结构层数增加，建立新的考尔模型比较方便，只需将增加前的模型和所增加层的模型级联即可，但福斯特模型由于各环节不具有实际的物理意义，不能简单级联。换言之，考尔模型可以分解但福斯特模型不可以分解。

在实际应用中，功率模块的基板通过 TIM 与散热板（冷却面）相连，模块基板与 TIM、TIM 与散热板之间的热交换无疑会对模块基板温度 $T_{case}(t)$ 产生很大的影响。若基板和散热板之间的距离 d 以及 TIM 导热系数 λ 已知，就可以计算基板与散热板之间的热阻 R_{th_CH}。功率模块数据手册中一般会给出 d=50～100μm、λ 为某一固定数值下的 R_{th_CH}，供使用者参考。

一维等效热模型只是对功率模块内部物理层及外部散热材料散热过程的近似，不能反映出同一层产生的横向热扩散情况。若需要精确地描述系统的热扩散过程，需要将一维等效热模型拓展为三维等效热模型。和一维等效热模型相比，三维等效热模型中地节点数目会大幅度增加，求解过程也较为复杂，可以使用一些专业软件进行仿真和求解。

此外，也可以通过有限元法进行功率模块内部以及功率模块基板和散热板的传热过程分析。

2. 热对流

热对流是指流体的宏观运动导致流体各部分之间发生相对位移，冷热流体相互掺混所引起的热量传递方式。根据引起流动的原因，热对流可以分为自然对流和强制对流两种。气体或液体在不同温度下的密度差形成的对流称为自然对流；通过人工强迫气体或液体流动形成的对流称为强制对流。

增大散热面积、提高对流换热系数及降低流体温度是提高散热量或降低壁面温度的三个途径。

汽车电力电子部件的设计寿命一般不低于 10 年，小功率汽车电力电子部件可以采用自然对流冷却方式，而中大功率汽车电力电子部件普遍采用液体冷却方式。

对于采用自然对流冷却方式的电力电子部件，要求：①在满足体积功率密度以及重量功率密度指标前提下，尽量增大散热器面积；②保证安装位置周围空气流通顺畅；③远离其他热源。

在液体冷却方式中，通过吸收或放出热量的液体产生强制对流，使冷却板的热量散发。由于水等液体的强制对流换热系数很高，采用液体冷却方式具有较高的散热效率。为保证低温时车上液冷系统能正常工作，冷却液体普遍采用“乙二醇+水”的混合物，同时为了防腐蚀，有时还会添加少量磷酸盐等防腐蚀添加剂；如果需要提高整车电气绝缘性，冷却液需使用去离子水或在冷却管路中加入去离子环节。

图 8-27 为一个典型的液体冷却系统，在这个系统中，发热的功率模块通过基板以热传导方式将热量传递给冷却板，再由冷却板内的冷却液通过强制对流将热量带走，冷却液通过外部散热器散热后再次回到冷却板，循环往复达到散热目的。冷却板一般由铝质或铜质材料制成，但目前越来越多的冷却板通过液体直接冷却功率模块，也就是将功率

模块的基板作为冷却板的一部分。如图 8-28 所示，直接冷却功率模块往往采用具有针翅的镀镍铜基板，冷却板可以采用塑料材质。为保证密封性，冷却板上需具有“O”形密封槽。

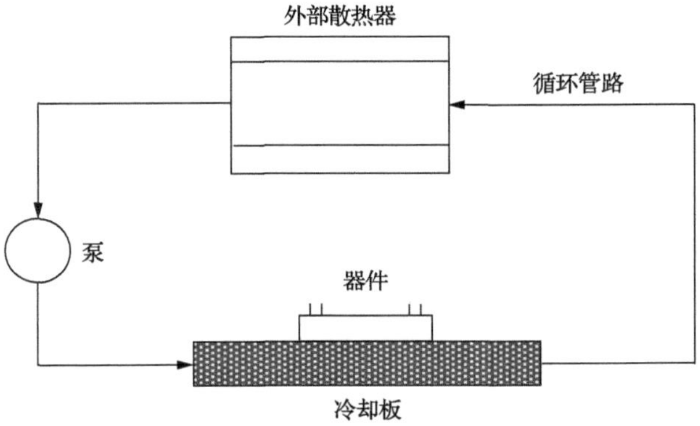

图 8-27 典型的液体冷却系统

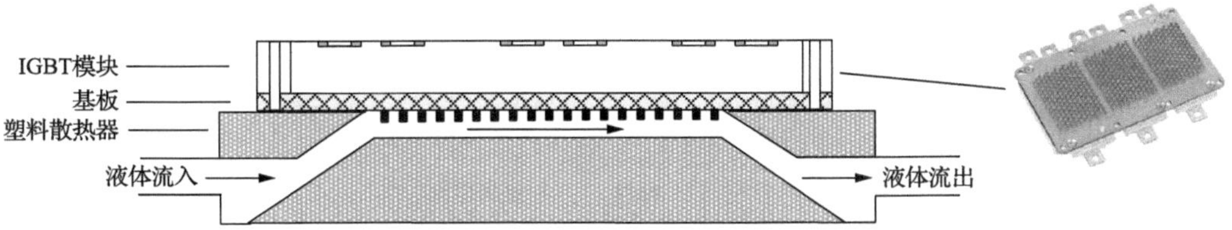

图 8-28 直接冷却功率模块与冷却系统

3. 热辐射

物体因热而发出辐射能的现象称为热辐射，物体不断地向空间发出热辐射，同时又不断地吸收其他物体发出的热辐射。辐射与吸收的共同作用导致了以辐射方式进行的物体间的热量传递。随着物体的表面温度升高，物体的热辐射强度加大。

对于一个汽车电力电子部件来说，在其密封的内部，功率模块、电感、电容、母排、导线等都是热源，都可能对周围空间发出热辐射或吸收热辐射。电力电子部件内部结构设计应使部件工作中产生的热量高效地转移到散热面上。因此，在汽车电力电子领域，热辐射源主要指散热器、散热板或部件的散热面。只要散热板、散热器或部件的散热面的温度比周围环境温度高，就会辐射热量。辐射强度由物体的发射率决定。因为汽车电力电子部件尺寸很小、部件的外壳多为铝质，所以和液体冷却、自然对流冷却相比，热辐射引起的热量传递效应几乎可以忽略不计。

8.4 电动汽车电力电子部件的数字化控制

8.4.1 数字化控制系统的技术特征与研发流程

1. 数字化控制系统的技术特征

数字化控制系统是基于自动控制理论，采用计算机及必要的模拟、数字电路对受控对象实施开环或闭环控制的系统。由于电动汽车动力系统的多层控制结构及控制可靠性、准确性等方面的要求，电动汽车电力电子部件皆采用数字化控制系统。

图 8-29 为燃料电池直流-直流变换器的数字化控制系统示意图。以对图中 Boost 变换器输出电流控制为例，结合图 8-30 所示的数字化闭环控制原理图，下面分析数字化控制系统的工作过程。

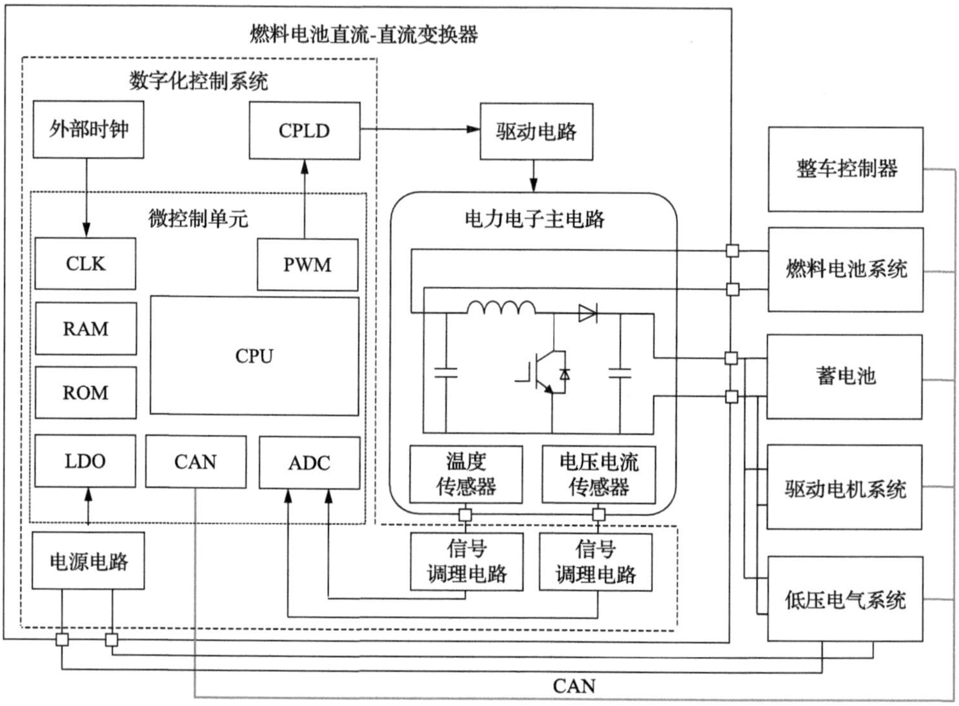

图 8-29　燃料电池直流-直流变换器的数字化控制系统

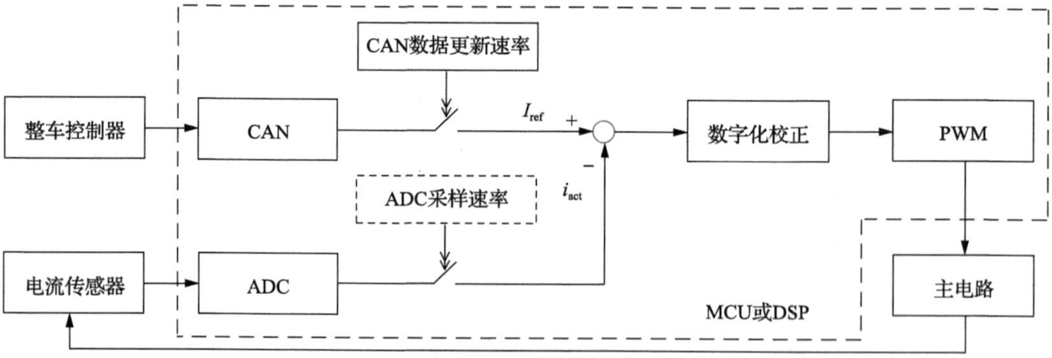

图 8-30　数字化闭环控制原理图

在燃料电池动力系统正常工作过程中，整车控制器根据各零部件工作状态、整车工作状态、驾驶员意图，通过 CAN 总线发出燃料电池直流-直流变换器的目标输出电流指令 I^*；燃料电池直流-直流变换器的数字化控制系统中的 MCU 或 DSP 通过内部 CAN 收

发单元获得 I^*后，依据动力系统其他部件的状态对此目标输出电流进行校验并作为闭环控制的参考输出电流 I_{ref}；MCU 或 DSP 通过内部 ADC 模块对通过燃料电池直流-直流变换器的输出电流传感器获得的燃料电池直流-直流变换器的实际输出电流进行采样并处理后，得到实际输出电流 i_{act}；MCU 或 DSP 采用控制算法或控制律构建控制器（图 8-30 中的数字化校正环节），控制器的输出通过 MCU 或 DSP 的 PWM 模块形成 PWM 信号，作为驱动电路的输入信号来控制燃料电池直流-直流变换器的电力电子器件的通断，从而使燃料电池直流-直流变换器的实际输出电流 i_{act} 能较好地跟随参考输出电流 I_{ref}。

电动汽车电力电子部件的数字化控制系统普遍采用 PID 控制器，如传统 PID 控制器、自适应 PID 控制器、模糊 PID 控制器等，对电压或电流进行控制。PID 控制器的参数以及 MCU 或 DSP 的 CAN 数据更新速率、ADC 采样速率、控制周期等会对控制效果产生非常重要的影响。

电动汽车电力电子部件的数字化控制系统一般具有如下技术特征：

(1) 控制系统的硬件构成：以高性能 MCU 或 DSP 为核心，配置集成度较高的电源芯片、数字或模拟信号调理芯片、通信芯片。

(2) 控制系统的输入：电流传感器、电压传感器、温度传感器、电机转子位置传感器等输出信号以及其他车载部件通过通信网络（如 CAN 总线）传输的信息。

(3) 控制系统的输出：PWM 信号、普通数字输出信号、通信网络（如 CAN 总线）信号。PWM 信号通过驱动电路控制主电路电力电子器件工作；普通数字输出信号用来控制外电路电气开关、指示工作状态等；控制系统会通过通信网络向上层控制器或其他车载部件传输数据。

电动汽车电力电子部件要求其数字化控制系统具有控制精度高、动态响应快、可靠性高、容错性好等特点。同时，作为车载部件的重要组成部分，数字化控制系统还应满足体积小、重量轻、成本低、软硬件符合相关法规或标准等要求。

2. 数字化控制系统的研发流程

电动汽车电力电子部件的数字化控制系统的研发流程一般采用 V 形开发模式，具体如图 8-31 所示，数字化控制系统开发流程包括系统需求分析、仿真验证、硬件和软件研发、测试与验证几个重要的环节。

1) 系统需求分析

数字化控制系统的需求分析是指对控制系统的控制目标、控制对象、控制系统所处环境（包括物理环境、热环境、电气与电磁环境等）、控制系统的输入和输出物理量、控制系统软硬件需满足的法规和标准、控制系统测试依据和测试手段、动力系统构型与部件参数、驱动电路和电源电路结构和参数、主电路元器件参数、主电路的保护措施、部件散热能力、系统软硬件维护性要求、控制系统可靠性和安全性要求、控制系统对外接口、控制系统安装方式、控制系统体积和重量要求、控制系统成本要求等方面做详尽的分析，并由此归纳出数字化控制系统的硬件需求和软件需求。

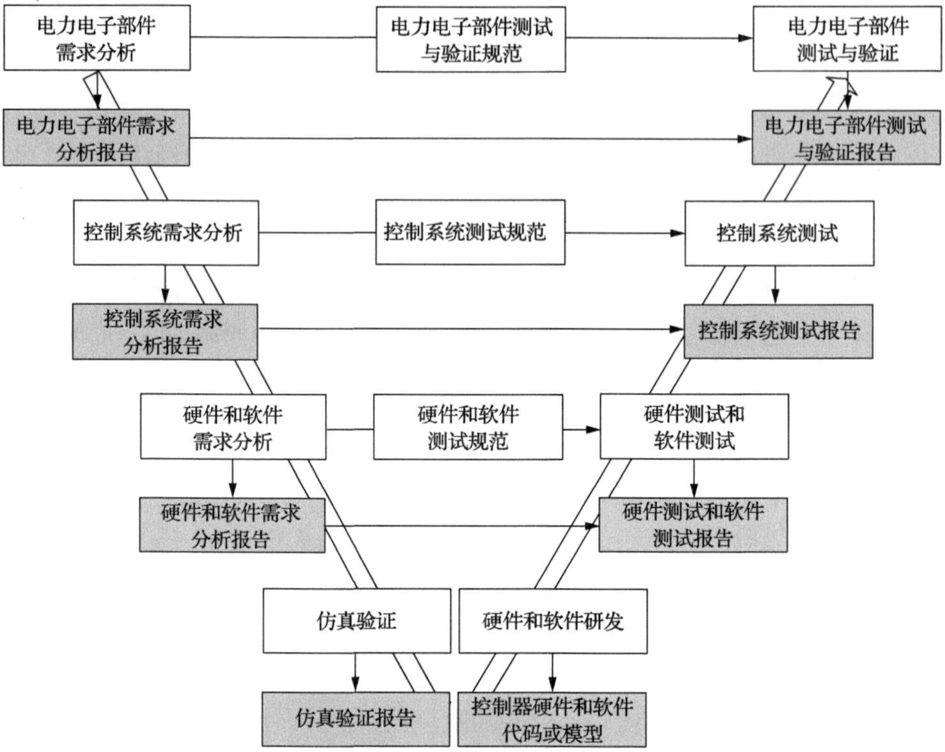

图 8-31　数字化控制系统的研发流程

2) 仿真验证

仿真验证是指对基于系统需求分析后形成的控制系统初步设计方案进行仿真，以此对设计方案的可行性进行验证。在这个环节中，不仅对控制算法或控制策略进行仿真，还对硬件电路及主电路在控制系统下的工作过程进行仿真。仿真过程应尽可能模拟控制系统的实际应用状态，仿真过程中采用的控制周期、控制器参数、主电路开关频率应与设计方案一致。

若仿真结果与预期要求具有明显差异，应查明原因并对设计方案进行修正，并对修正后的设计方案重新进行仿真验证，循环迭代，直到仿真结果达到预期要求。

3) 硬件和软件研发

硬件研发包括 MCU 或 DSP 的选型以及电源电路、各类接口电路、逻辑电路、电平转换电路、通信电路等的设计与实现，还包括主电路中电压、电流、温度及转子位置等类型传感器的选型与配置，以及主电路保护电路的设计与实现等。功能完善、工作可靠的硬件是数字化控制系统重要的物质基础，也是控制算法得以实施的重要保障。

软件研发包括控制软件、监控软件的设计与实现。严格意义上，监控软件并不属于数字化控制系统的组成部分，但由于在数字化控制系统调试和测试过程中，监控软件会完成数据的采集、记录的功能，并可以模拟整车控制器和动力系统其他部件的功能，因此其在数字化控制系统研发过程中具有非常重要的作用。

4) 测试与验证

数字化控制系统测试与验证分为控制系统自身测试与验证以及与主电路、驱动电路集成后的综合测试与验证。数字化控制系统自身测试的目的是对所研发的软硬件进行功能验证；综合测试的目的则是对整个电力电子部件进行性能评估。若测试结果不能满足性能要求和技术需求，则需对设计方案和软硬件研发过程进行检查、完善和修改，并对方案设计、软硬件研发以及控制系统测试环节进行迭代，直到电力电子部件性能达到预期要求为止。

8.4.2 数字化控制系统的硬件电路

1. MCU 或 DSP

随着电力电子器件及其电路相关技术的发展，汽车电力电子部件对 MCU 或 DSP 性能的要求也在不断提高，单核 MCU 或 DSP 已经很难满足整车或部件的需求。为此，众多微处理器厂商陆续推出了多核 MCU 或 DSP，这种多核芯片将两个或多个 MCU 或 DSP 集成在一个芯片上，用户通过合理科学的手段将控制代码分配到不同核的 MCU 或 DSP，使代码可以在不同核内形成并行运算，大大提高了 MCU 或 DSP 的运算能力和控制性能。

对于具有较为复杂的拓扑结构的电力电子电路，面向功能安全、可靠性等方面的要求，采用多核数字核心是数字化控制系统的发展趋势。对于双核或多核架构的 MCU 或 DSP，在使用过程中要注意两个问题：第一，内部不同 CPU 负荷尽量均衡、分工合理，若 CPU 之间能对控制算法做到相互校核、互为冗余，则可以大大提高控制系统的可靠性；第二，CPU 共享数据要保证完整性、实时性、可靠性和安全性。

图 8-32 是常见的双核 MCU 或 DSP 功能结构图。基于图 8-32，在电力电子部件中双核 MCU 或 DSP 各模块的功能或用途描述如表 8-1 所示。以驱动电机控制器为例，当选用旋转变压器作为电机转子位置传感器时，可以采用硬件解码芯片(如 AD2S1210)，然后通过 SPI 模块对电机转子位置或转速进行读取；同时，也可以采用软解码方式，用 PWM 模块输出旋转变压器的激励信号，而用 ADC 模块读取旋转变压器的响应信号，通过软件算法得到电机的转子位置或转速。这样就实现了旋转变压器的双解码，两种解码方法获

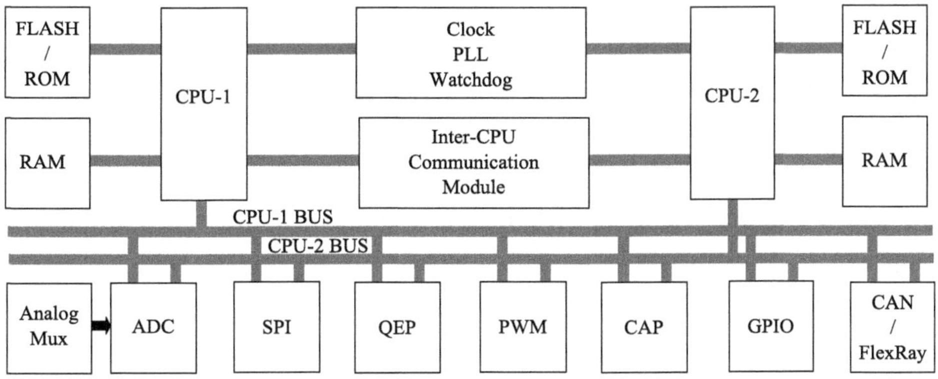

图 8-32 用于数字化控制系统的双核 MCU 或 DSP 功能结构

表 8-1　MCU 或 DSP 中各模块的功能或用途描述

模块	功能或用途描述
ADC	电压、电流和温度传感器的数据采集、旋转变压器的软件解码
SPI	与外部 EEPROM、旋转变压器硬件解码芯片、电源芯片进行通信
QEP	连接旋转编码器信号，对电机转速或转子位置进行辨识
PWM	产生电力电子器件驱动信号以及旋转变压器激励信号
CAP	连接各类保护信号(数字输入信号)，识别过流、过压、过温等信息
GPIO	连接各类保护信号(数字输入信号)、输出电气开关控制信号(数字输出信号)
CAN/FlexRay	与上层控制器或动力系统其他部件控制器进行通信

得的数据可以相互校正、互为冗余。此外，在对电机进行控制的过程中，可以采用无传感器控制算法对电机转子位置进行辨识，并以此实现有传感器控制算法和无传感器控制算法的互为冗余，从而大大提高系统的可靠性和安全性。在两个 CPU 任务分工中，可以采用一个 CPU 负责电流闭环控制算法，而另外一个 CPU 负责 ADC 数据采集、异常状态下的处理、CAN 通信等任务；当然，在运算能力范围内，也可以让两个 CPU 执行相同的任务，并互为冗余，提高系统可靠性。

基于数字化控制系统在电力电子部件中的重要作用，应优先选择针对功能安全而开发的多核 MCU 或 DSP，且在系统级层面上应满足相关标准或法规对汽车安全完整性等级(automotive safety integrity level, ASIL)的要求。

2. 电源电路或芯片

这里的电源芯片是指为数字化控制系统中控制核心的 MCU 或 DSP 以及关键元器件或芯片供电的电路或芯片。电源电路或芯片对 MCU 或 DSP 的工作产生至关重要的影响，同时对整个数字化控制系统的功能安全发挥关键作用。

基于功能安全方面的考虑，电源电路或芯片除具备较宽的输入电压范围、较大输出功率、多路输出、较高的效率外，还应具备如下的功能：

(1) 要有自检功能和在线诊断功能。

(2) 要对输入/输出电压和电流进行实时检测。

(3) 具有与 MCU 或 DSP 进行实时通信的能力。

以乘用车为例，考虑到低压电气系统中蓄电池极端状态及负载突降引起的电压上升，应保证在输入电压为 3～40V 时，电源电路或芯片可以正常工作。

MCU 或 DSP 供电电源一般为 3.3V 或 5V，MCU 或 DSP 的 ADC 模块参考电压通常为 2.5V 或 5V；ADC 模块调理电路中运算放大电路的供电电压通常为 5V；电流、电压或温度传感器的工作电压通常为 5V 或 12V。因此，电源电路或芯片应具有 3.3V、5V、12V 等多路输出能力，且输出功率能满足负载的要求。

目前一些半导体厂商针对以上要求研发出了一些专用电源芯片(如 TLF35584 等)供用户选择。这些芯片因集成度较高、功能完善，比较适合数字化控制系统采用。

3. 传感器与信号检测

1) 电流检测

电动汽车车载部件内电力电子主电路的电流通常具有直流分量和丰富的谐波成分，对其进行检测可以采用电阻采样法或采用霍尔电流传感器。对于充电系统地面装置中与公用电网连接支路的工频(50Hz)交流电流采样，可以选用成本比较低的电流互感器。

(1)电阻采样法。电阻采样法是指在目标电流所属支路中串联电阻，通过对电阻上的电压进行采样而得到目标电流值的方法。这种方法电路结构简单、无延迟、安装方便，但存在采样精度易受温度影响、大电流下采样电阻容易发热、高低压系统不隔离等缺点，因此通常用于低压小电流场合。采样电阻一般采用低阻值(毫欧级)、低温度系数的电阻，这类电阻称作电流传感电阻器，其外形如图 8-33(a)所示。

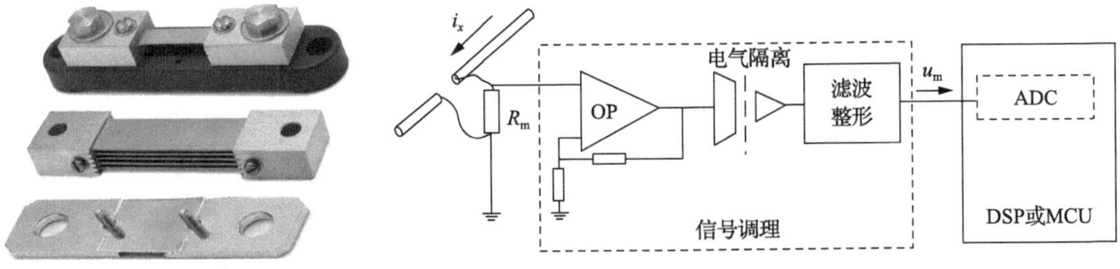

(a) 电流传感电阻器外形　　(b) 电流检测原理

图 8-33　采用电流传感电阻器实现电流检测

基于电气安全考虑，需要对高低压系统进行隔离。因此采用电阻采样法的信号调理电路需要有电气隔离环节，可以采用线性光电隔离电路或者模拟电压隔离集成芯片(如 ACPL-C87X 等)实现电气隔离，具体如图 8-33(b)所示。图中，R_m 为电流传感电阻器；i_x 为被测电流；OP 为运算放大器；u_m 为通过信号放大、滤波、整形和隔离等信号调理环节后输入 MCU 或 DSP 的 ADC 模块的信号。在信号调理电路线性度比较好的情况下，u_m 与 i_x 成正比。

(2)采用霍尔电流传感器检测电流。如图 8-34 所示，霍尔电流传感器分为两种类型：直测式电压输出型和磁平衡式电流输出型。二者的外形和安装方式没有区别。

直测式电压输出型霍尔电流传感器是将霍尔元件(或器件)直接放置于被测电流所产生的磁场中，由于该磁场的磁场强度与被测电流大小成正比，且磁场方向与电流方向具有对应关系，因此通过霍尔元件输出电压可以得到被测电流的大小和方向。直测式电压输出型霍尔电流传感器的电流检测原理如图 8-34(b)所示。直测式电压输出型霍尔传感器的优点是可以直接获得与被测量成正比的电压信号、成本相对较低；其缺点是精度和线性度较差，响应时间较长，温度漂移较大。

磁平衡式电流输出型霍尔电流传感器是通过外加线圈的电流 i_m 产生一个磁场，该磁场与目标电流产生的磁场在霍尔元件所在位置互相抵消，即在测量过程中，始终使霍尔元件所处位置的磁场强度为零。因此，i_m 与被测电流 i_x 在数值上存在正比例关系，在方

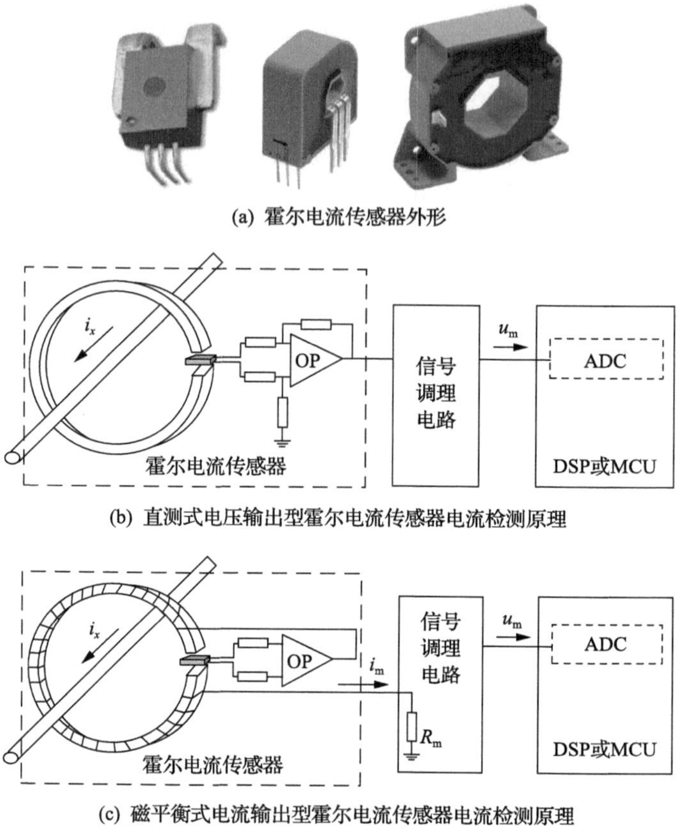

图 8-34 采用霍尔电流传感器实现电流检测

向上也具有对应关系。传感器输出电流信号 i_m 在进入 MCU 或 DSP 的 ADC 模块或信号调理电路之前需要通过测量电阻将电流信号转变为电压信号。磁平衡式电流输出型霍尔电流传感器的电流检测原理如图 8-34(c)所示。与直测式电压输出型霍尔电流传感器相比，磁平衡式电流输出型霍尔电流传感器不存在磁芯饱和问题，测试精度较高。

霍尔电流传感器的安装形式主要有两种。第一种为将传感器焊接在 PCB 上，安装比较方便，节约空间。这类焊接于 PCB 上的电流传感器体积较小、检测电流范围较小(通常在 200A 以下)，通常为直测式电压输出型霍尔电流传感器。此外，因流过较大的电流，PCB 需要有较厚的铜膜或在被测电流流经路径附加导体或导线。而且，由于被测电流需要引入 PCB，所以对 PCB 在电力电子部件内的安装带来许多不便。第二种为机械安装，即通过螺栓将电流传感器固定在被测电流所在线缆或金属导体的支路上，传感器输出信号端通过导线连接到 MCU 或 DSP 所在的 PCB 上。由于传感器与 PCB 之间的连线为低压小电流信号线，所以传感器的安装位置对电力电子部件内 PCB 的布置和安装几乎没有影响。

电流传感器在电力电子部件内占有重要位置，一方面是 MCU 或 DSP 在执行控制算法的过程中需要实际电流的反馈，电流传感器的性能对电力电子部件性能会产生直接的影响；另一方面，电流传感器存在体积较大、与大电流支路或线缆存在耦合、不利于电力电子部件内的各子系统布置和集成等弱点。电流传感器的安装位置对电力电子部件的功率密度会产生重要影响。

(3) 采用电流互感器检测电流。采用电流互感器对电流进行检测是根据电磁感应原理，即缠绕在同一个铁心的两个线圈的电流具有正比例关系，对原边的目标电流进行检测。这种方法精度较低，而且只适合对固定频率的电流进行检测，所以应用过程具有很大的局限性。电流互感器多用于电动汽车充电系统中公用电网侧的电流检测。

2) 电压检测

电动汽车车载部件内电力电子主电路的电压检测方法与电流检测原理上并没有太大区别，形式上可以分为电阻分压采样法、采用霍尔电压传感器检测电压或采用电压互感器检测电压。

(1) 电阻分压采样法。电阻分压采样法是通过多个电阻器分压的方式，将高电压转换为 MCU 或 DSP 以及信号调理电路可以接受的低电压，从而实现电压检测。

电阻分压采样法所使用的电阻器应具有高精度和低温度系数，并且要有较好的散热能力。

将分压电阻器通过焊接安装在 PCB 时，应注意电阻器之间的电气间隙和爬电距离应满足相关电气安全标准或法规的要求。此外，为将电力电子部件内部低压系统和高压系统完全隔离，采用电阻分压采样法对电流进行检测时，需要在信号调理电路中加入电气隔离环节，具体如图 8-35 所示。

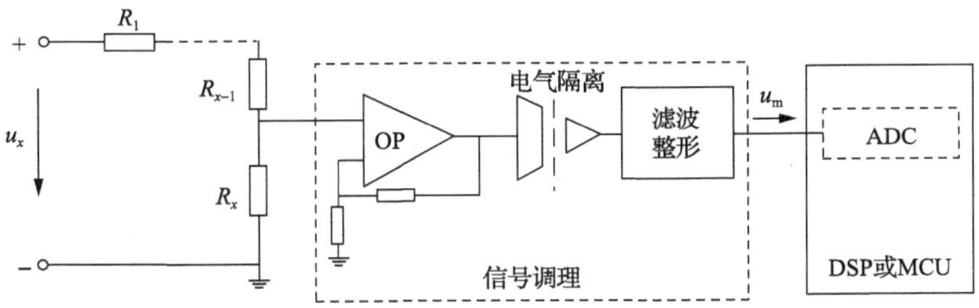

图 8-35 电阻分压采样法检测电压

(2) 采用霍尔电压传感器检测电压。霍尔电压传感器的工作原理与霍尔电流传感器的工作原理相同，其工作时需要在被检测电压 u_x 下添加一个大功率检测电阻 R_x，通过对检测电阻支路电流 i_x 的检测实现对电压 u_x 的检测。对于内部没有集成检测电阻的霍尔电压传感器，需要在外电路中配置检测电阻。图 8-36 所示为霍尔电压传感器外形及电压检测原理。

(a) 霍尔电压传感器外形

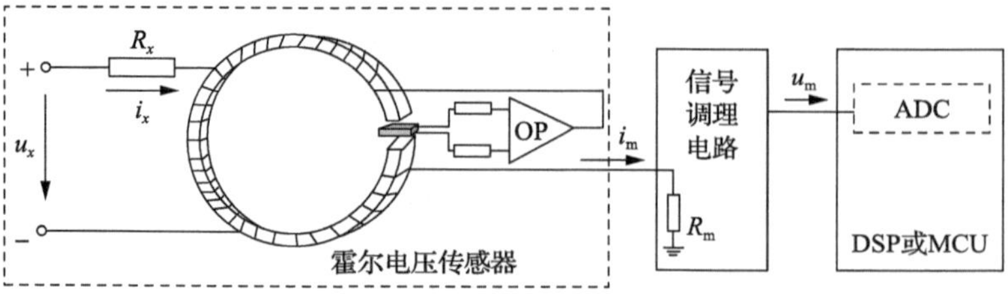

(b) 电压检测原理

图 8-36 霍尔电压传感器外形及电压检测原理

(3)采用电压互感器检测电压。电压互感器的工作原理与变压器相同，将高压信号转换为低压信号用于电压检测。与电流互感器的特点相同，其精度较低，而且只适合对固定频率的电流进行检测，多用于电动汽车充电系统中公用电网侧的电压检测。

3) 温度检测

(1)采用热电阻温度传感器检测温度。热电阻温度传感器是利用一些材料电阻值随温度变化而发生改变的特性制成的用于温度检测的传感器，其外形如图 8-37(a)所示。这些材料可以为金属材料(如铂、铜等)，也可以是非金属材料(如半导体材料)。根据电阻值随温度变化的情况，热电阻可以分为正温度系数(positive temperature coefficient，PTC)热电阻和负温度系数(negative temperature coefficient，NTC)热电阻，前者的电阻值随温度的升高而增加，后者的电阻值随温度的升高而下降。

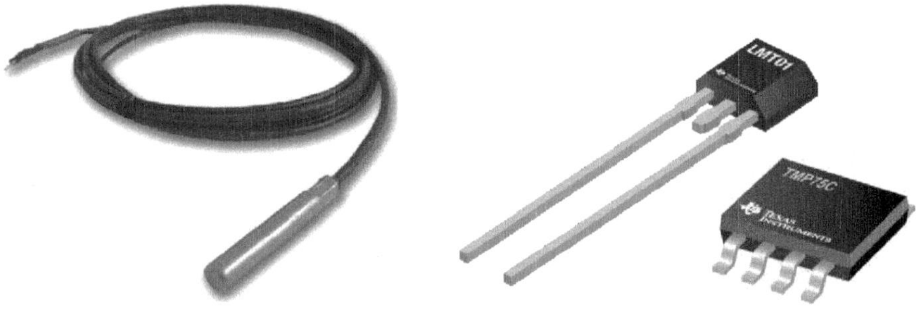

(a) 热电阻温度传感器　　(b) 数字温度传感器

图 8-37 温度传感器

由于电动汽车上电力电子部件不易维护且经常工作在温度和湿度变化大、振动较剧烈的环境，所以通常采用稳定性较高的金属或陶瓷与金属复合材料制成的热电阻作为温度传感器。

在电力电子部件中，温度传感器一般安装在冷却板表面并尽量靠近电力电子器件或模块的安装位置，由此得到的温度可以反映出电力电子器件的散热情况。目前，许多半导体厂商将热电阻温度传感器集成到电力电子器件或模块内部，这样可以使温度检测结果能更真实地反映电力电子器件内部温度变化，并且有利于电力电子部件的集成。由此带来的缺点是，在电力电子部件中应用时，温度传感器引线易受到高电压、大电流的电磁干扰，需要对传感器电源和信号调理电路采取电磁干扰抑制措施。

热电阻具有成本低、应用方便、易于安装等优点，也存在阻值与温度非线性、传感器一致性差等不足。此外，应用热电阻对温度进行检测时，通常需要复杂的信号调理电路并要通过软件对所采集的数据进行处理或修正。在实际使用中，可以根据测试范围、应用环境对温度传感器进行选取，同时对信号调理电路进行合理的设计，以满足温度检测的需要。

(2) 采用数字温度传感器检测温度。数字温度传感器是通过温度敏感元件和相应电路，将被测温度转换成计算机或智能化数据采集设备可以直接读取的数字量的传感器，其外形如图 8-37(b) 所示。

采用数字温度传感器检测温度具有外围电路简单、易于实现电气隔离、检测精度高等优点。数字温度传感器多具有类似的电子芯片或器件封装，因此安装方式较单一。因其多采用串行方式与 MCU 或 DSP 进行数据传输，所以其安装地点应尽量靠近 MCU 或 DSP。此外，数字温度传感器易受电磁信号影响，稳定性不如热电阻温度传感器。

4) 转速与转子位置检测

(1) 采用旋转编码器对转速与转子位置进行检测。旋转编码器是一种将机械转动轴上的机械旋转角位移量转换成电脉冲信号或数字量的传感器，可以分为增量型旋转编码器和绝对值型旋转编码器。电机机械轴每转动一周，增量型旋转编码器会提供一定数量的电脉冲信号，而绝对值型旋转编码器可以提供与转子位置一一对应的编码信息。

通常用于交流异步电机控制系统的旋转编码器为增量型光电编码器，由光栅码盘和光电检测装置组成。光栅码盘安装在电机机械转轴上，电机旋转时，光栅码盘与电动机同速旋转，经发光及光敏电子元器件组成的光电检测装置输出若干个电脉冲信号，通过计算单位时间内光电编码器输出的脉冲数就能计算得到电机的转速和转子的位置。如图 8-38 所示，为判断旋转方向，光电编码器一般可提供相位相差 90°的两路电脉冲信号(A 和 B)。有些光电编码器每一圈可以提供一个零位置信号的脉冲(Z)，用于清除累计误差。光电编码器的分辨率和精度都很高，可以满足驱动电机控制器对转子位置识别的要求。光电编码器中的电子器件对振动、温度等环境条件比较敏感，在受到较大机械冲击或环境温差较大时，其性能会受到影响。

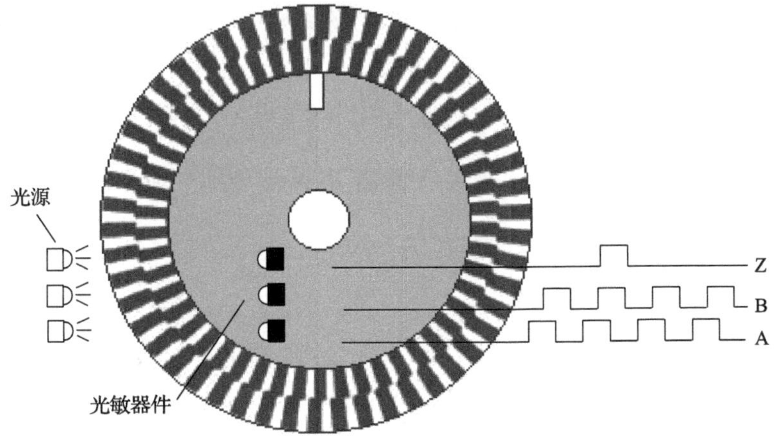

图 8-38　光电编码器原理

除光电编码器外，磁电编码器也可以用于电动汽车驱动电机控制系统。磁电编码器主要由永磁装置和磁敏电子元器件构成，永磁装置固定在电机转子机械轴上，磁敏电子元器件可以通过霍尔效应或磁阻效应来检测永磁装置旋转产生的空间磁场变化，而且能将这一磁场变化转化为电信号输出，以此达到对电机转子位置或转速进行检测的目的。磁电编码器具有结构简单、耐高温、抗冲击、体积小、成本低等优点，在恶劣的环境条件下具有独特的优势。

(2) 采用旋转变压器对转速与转子位置进行检测。旋转变压器是一种输出电压信号随着转子转角变化的角位移传感器，具有环境适应性较好、抗电磁干扰能力强、适合高速运行等优点。由于其可输出转子绝对位置，所以被永磁同步电机广泛采用。与其他转速或转子位置传感器相比，旋转变压器的成本略高。

旋转变压器有多种类型，电动汽车永磁同步电机通常采用磁阻式旋转变压器。磁阻式旋转变压器的结构如图 8-39 所示，主要由定子和转子两部分构成，定子和转子铁心普遍用硅钢片叠压而成。定子绕组包括一路(相)励磁绕组和两路(相)输出绕组，定子绕组采用集中式绕组结构嵌放在定子铁心槽中。转子铁心具有凸极结构。旋转变压器通常安装在被测电机端盖内侧，旋转变压器的定子部分固定在被测电机定子上，旋转变压器的转子铁心固定在被测电机的机械输出轴上。

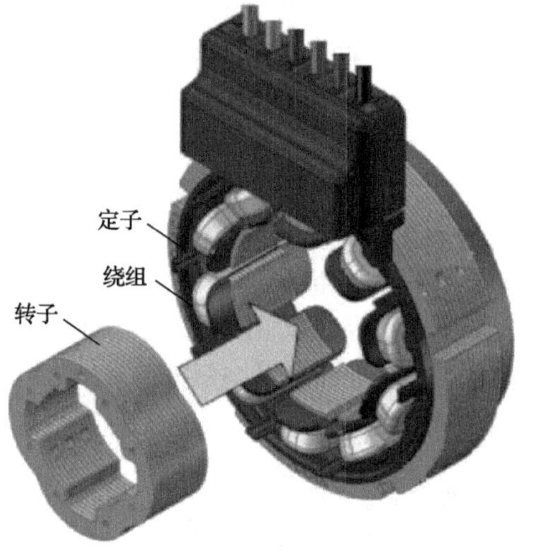

图 8-39　磁阻式旋转变压器结构

如图 8-40 所示，旋转变压器的励磁绕组 R_1-R_2 两端施加交流电压：

$$u_r = U_p \sin(\omega t) \tag{8-7}$$

式中，U_p 为交流电压 u_r 的幅值。

在实际工程应用中，励磁绕组两端电压的频率通常为 2～20kHz。

输出绕组 S_1-S_3 两端通过的电磁耦合感应电压为

$$u_c = kU_p \sin(\omega t)\cos\theta \tag{8-8}$$

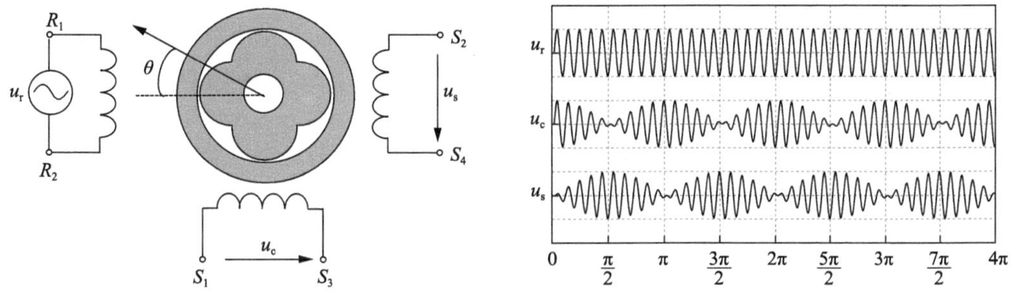

(a) 工作原理　　(b) 电压波形

图 8-40　磁阻式旋转变压器工作原理与电压波形

输出绕组 S_2-S_4 两端通过的电磁耦合感应电压为

$$u_s = kU_p \sin(\omega t)\sin\theta \tag{8-9}$$

式(8-8)、式(8-9)中比例系数 k 的大小与旋转变压器绕组的匝数相关。由式(8-8)和式(8-9)，有

$$\theta = \arctan\frac{u_s}{u_c} \tag{8-10}$$

进而，可以得到电机的转速为

$$n = \frac{60}{2\pi}\cdot\frac{d\theta}{dt} \tag{8-11}$$

根据式(8-8)和式(8-9)所示的磁阻式旋转变压器的输出电压，获得 MCU 或 DSP 能接收的数字信号的过程，称为旋转变压器到数字信号(resolver to digital, R2D)转换过程。一些半导体厂商陆续推出了许多 R2D 转换芯片，作为旋转变压器与 MCU 或 DSP 之间的接口芯片，如 AD2S1205、AD2S1210、AU6803、PGA411-Q1 等。这些芯片可以产生旋转变压器工作所需的励磁绕组电压，通过旋转变压器输出绕组电压得到转子位置 θ 和转速 n 等信息，并通过串行或并行接口将这些信息实时地传送给 MCU 或 DSP。R2D 转换芯片使用方便，同时可以缩短系统开发时间、简化软件流程。对于汽车级 R2D 转换芯片，其环境适应性和可靠性可以满足车辆需求，但芯片成本较高。

除采用 R2D 转换芯片外，MCU 或 DSP 可以对旋转变压器输出绕组电压通过 ADC 模块直接读取，通过软件计算得到转子位置 θ 和转速 n 等，即软件 R2D 转换，其理论基础是式(8-8)和式(8-9)。采用软件计算时，由于涉及三角函数的计算，无论是采用查表法还是利用数值方法迭代，都会占用 MCU 或 DSP 的大量资源，这对 MCU 或 DSP 的性能提出了非常高的要求。

为了提高电机控制器的可靠性，现在的技术趋势是电机控制过程中同时采用 R2D 转换芯片与软件 R2D 转换，二者互为校验和备份。

(3) 采用霍尔传感器对转速与转子位置进行检测。用于电机转速或转子位置检测的霍尔传感器属于开关型霍尔传感器。这类传感器基于霍尔效应原理，常见的封装形式或外形是集成电路或芯片。传感器内部封装了对磁场比较敏感的半导体材料制成的霍尔元件(或器件)和必要的外围电路。开关型霍尔传感器具有体积小、安装方便、功耗小、成本低等优点。

如图 8-41(a)所示，常见的开关型霍尔传感器由电压调节环节、霍尔元件、运算放大器电路、施密特触发器、输出(级)电路构成。传感器的输出(级)电路通常采用集电极开路形式，即图中的虚线和电阻 R 不连接，比较容易和各类电路或芯片连接。

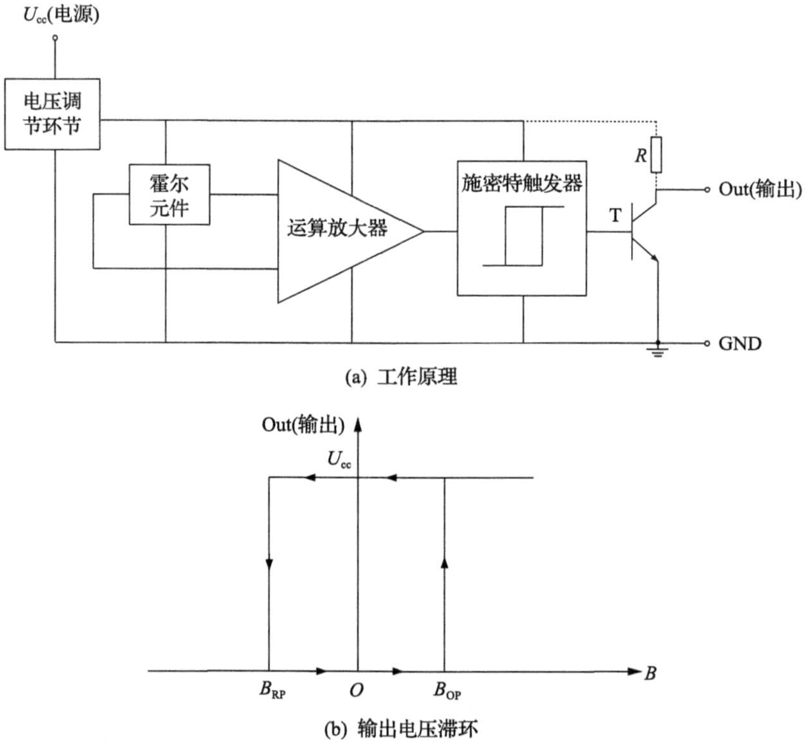

图 8-41　开关型霍尔传感器工作原理与检测原理

若传感器连接有上拉电阻 R，则当传感器所在位置磁场的磁通密度增大到 B_{OP}(动作点)时，传感器内部施密特触发器翻转，传感器输出为低电平信号，如图 8-41(b)所示；当传感器所在位置磁场的磁通密度减小到 B_{RP}(释放点)时，传感器内部施密特触发器再次翻转，传感器输出为高电平信号。

图 8-41(b)中，对于不同型号的传感器，B 的方向定义会有所区别，方便用于不同的磁场环境。若 $B_{OP}=-B_{RP}$，即当传感器输出低电平信号后，即使磁通密度为 0，施密特触发器也不会发生反转，直到磁通密度小于 0 且到 B_{RP}，传感器输出才变为高电平，这类传感器又称为锁存型霍尔传感器，锁存型霍尔传感器常用于对无刷直流电机转子磁极位置的识别。

在无刷直流电机中，可以将霍尔传感器安装于定子铁心槽口或齿顶开槽[7]等定子铁心的气隙边缘，传感器检测面面向转子磁极方向，便于对转子磁极产生的磁场进行检测；此外，霍尔传感器也可以安装在电机端盖内侧，在电机机械轴上安装配套的多磁极磁环，通过检测磁环磁极的位置来对转子位置进行检测。对于电动汽车常见的三相无刷直流电机，通常需要三个在空间呈 120°电角度分布的霍尔传感器对转子磁极位置进行检测。

在采用霍尔传感器对转速与转子位置进行检测时，要注意传感器存在的反应延迟时间和安装误差对检测结果的影响，通常可以通过软件对这些影响进行修正。

(4) 采用磁阻传感器对转速与转子位置进行检测。磁阻传感器和霍尔传感器都属于磁敏类传感器。物质的电阻率随所处磁场强度的变化而变化的现象称为磁阻效应(magnetoresistance effect, MR)。根据不同材料的磁阻效应可以制成各向异性磁阻(anisotropic magneto resistance, AMR)传感器、巨磁阻(giant magneto resistance, GMR)传感器、隧道磁阻(tunnel magneto resistance, TMR)传感器[8]等。

一些半导体厂商将磁阻元件与惠斯通电桥结合，并集成外围电路制成的磁阻传感器芯片或器件，可以方便地用于永磁同步电机、无刷直流电机的转子磁极位置检测。此外，将这类传感器配以多磁极磁环，可以用于直流电机、交流感应电机和开关磁阻电机的转子位置或转速的检测。

5) 信号调理

传感器输出信号进入 MCU 或 DSP 之前要经过信号调理环节，信号调理的作用是将传感器的输出信号变换为 MCU 或 DSP 可以接受的并能正确反映被检测量数值的信号。信号调理电路的功能包括信号整形、信号幅值调整、信号滤波、电气隔离等。

对于传感器的供电电源，除要求输出电压、输出功率满足传感器要求外，还要对电源输出电压进行滤波处理。大量的实践经验表明，传感器电源是信号检测电路的重要电磁干扰源之一。

MCU 或 DSP 输出的 PWM 信号，经过复杂可编程逻辑器件(CPLD)芯片的处理，在进入驱动电路之前，通常也需要调理，信号调理电路的功能包括信号整形、信号电平转换、电气隔离等。

8.4.3 数字化控制系统的软件开发

电动汽车电力电子部件的数字化控制系统的软件开发流程通常遵循着图 8-42 所示的 V 形开发模式，该模式符合目前国内外汽车行业或相关研发机构在车载控制器软件开发方面所遵循的标准和规范的要求。各环节作用如下：

(1) 系统定义：根据整车、电力电子部件对数字化控制系统的性能要求，对控制对象、受控物理量、控制算法、控制参数等进行定义。

(2) 设计与仿真：根据系统定义，在计算机仿真环境中对控制系统的控制算法、控制量以及控制环境等进行建模仿真，以期帮助设计人员在设计初始阶段对数字化控制系统性能进行评估。

(3) 快速原型：将控制算法或模型下载到一个通用的实时硬件系统，并通过外部接口与各传感器、驱动电路、主回路连接并进行测试，对控制算法和控制策略的有效性和稳定性进行测试和评价。

(4) 代码生成：通过自动代码生成技术或手工编写形成目标 MCU 或 DSP 可以接受的代码，并将其下载到目标数字化控制系统硬件中的 MCU 或 DSP 中。

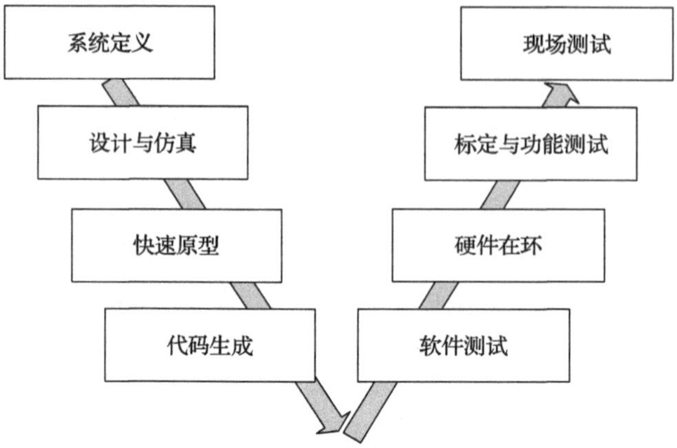

图 8-42　数字化控制系统的软件开发的 V 形模式

(5) 软件测试：对目标数字化控制系统硬件中的 MCU 或 DSP 中的代码进行性能、可靠性以及稳定性测试。

(6) 硬件在环：将已下载目标代码的控制系统通过外部接口连接至硬件在环仿真环境，并测试数字化控制系统在各种工况下(包括典型工况和极端工况)的功能性和稳定性。

(7) 标定与功能测试：将完成硬件在环后的数字化控制系统与真实传感器、驱动电路以及主电路相集成，并进行各类测试试验，直至满足设计要求。

(8) 现场测试：将所开发的数字化控制系统所属电力电子部件进行动力系统集成与整车集成，并进行综合测试。

电动汽车电力电子部件的数字化控制系统软件架构应尽可能参考或遵循国内外已有的汽车电子系统软件开发架构的相关规定，如汽车开放系统架构(automotive open system architecture, AUTOSAR)的规定。对于电动汽车电力电子部件，其数字化控制系统软件与硬件具有较强的耦合关系，这种耦合关系限制了软件的可移植性、扩展性及维护性。基于 AUTOSAR 体系进行控制系统软件开发，使软硬件分离开发成为可能，并使软件测试手段更为多样化，对提高软件的可靠性，进而提升电力电子部件的整体性能具有益处。

AUTOSAR 是由一些国际著名汽车整车厂、零部件供应商、汽车电子软件公司于 2003 年联合制定的面向汽车电子软件开发的、开放及标准化的软件架构，如图 8-43 所示，其中，ECU 表示电子控制单元。AUTOSAR 规定的软件架构被抽象为四层，从上而下分别为应用层(application layer)、运行时环境(run time environment)、基础软件(basic software，图中虚线框内)层和微处理器(microcontroller)。

AUTOSAR 通过运行时环境和基础软件层使上层应用算法(应用层)和控制系统硬件(微处理器)实现了独立开发，从而提高了不同开发者开发的应用软件的可互换性。

基于 AUTOSAR 开发电动汽车电力电子部件数字化控制系统软件时，应用层在一些模型或仿真环境中开发控制算法(如 PMSM 的磁场定向控制算法)并通过自动代码生成工具生成代码；面向 MCU 或 DSP 的底层驱动、I/O、通信或实时操作系统则在基础软件层通过配置工具生成；然后将所有的代码进行集成，并利用集成开发编译环境编译、链接成为 MCU 或 DSP 可执行代码。最后，使用调试工具对软件进行测试、分析和优化。

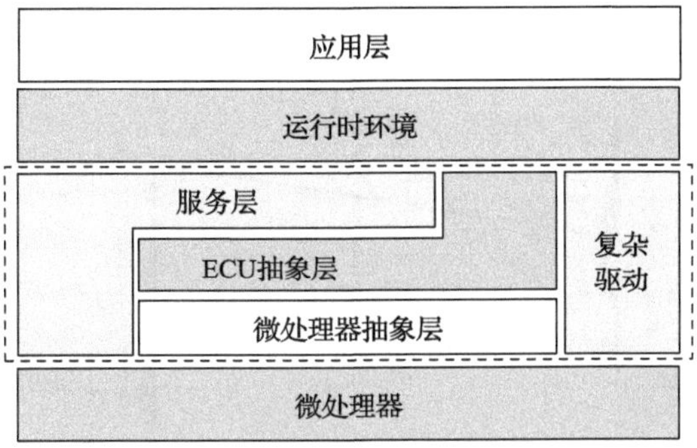

图 8-43　AUTOSAR 规定的软件架构

8.5　电动汽车电力电子部件的电磁兼容问题

8.5.1　电动汽车电力电子部件的电磁噪声

1. 电力电子器件开关过程产生的电磁噪声

1) 功率二极管开关过程产生的电磁噪声

在功率二极管开通过程中，功率二极管两端会产生很大的正向电压尖峰，对周围电磁环境来讲，这个尖峰是一个电磁噪声发射源；在功率二极管关断时，会有反向恢复过程，反向恢复过程中较大的 di/dt 会在功率二极管所在线路的寄生电感上产生很高的电压跳变，进而形成具有很宽的频谱的骚扰源。

2) 晶闸管开关过程产生的电磁噪声

在开通过程中，随着阳极电流的增加，晶闸管两端电压会迅速下降并趋向等于导通压降，电压的快速变化形成的较大的 du/dt 将会产生高频干扰，这种干扰具有较宽的频谱；晶闸管的关断与功率二极管的关断过程类似，因此产生的电磁噪声也类似。

3) 功率 MOSFET 和 IGBT 开关过程产生的电磁噪声

与晶闸管相比，功率 MOSFET 和 IGBT 开关速度更快，开关频率更高，因此功率 MOSFET 和 IGBT 开关过程产生的电磁噪声的频谱要比晶闸管产生的电磁噪声的频谱宽得多。图 8-44 为一个功率 MOSFET 开关过程中漏极电流的波形，在功率 MOSFET 导通和关断过程中，电流出现了高频振荡过程，高频振荡会产生严重的电磁噪声，通过传导或辐射向外传播[9]。

2. 混合动力汽车发动机产生的电磁噪声

汽油机点火系统是汽车电气系统中最典型的电磁骚扰源。汽油机点火时，初级和次级线圈瞬间电压很高，会对车载电气电子系统或部件产生很强的传导骚扰；同时，火花塞电极放电会向周围空间产生较强的电磁辐射；此外，初级回路和次级回路都可能因为线路寄生电感和分布电容形成高频振荡，对外产生一定的电磁辐射。

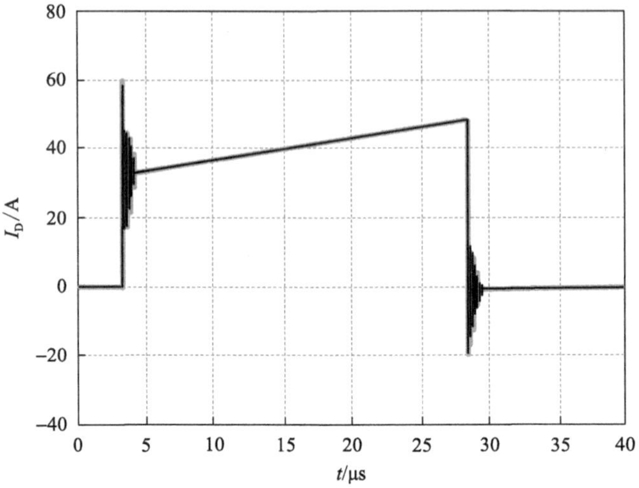

图 8-44　功率 MOSFET 开关过程中漏极电流波形

起动机工作瞬间，整车电气系统电压突降，出现较高的 du/dt，对其他电气设备产生传导骚扰。

3. 直流-直流变换器产生的电磁噪声

以 Buck 变换器为例，图 8-45 所示为考虑部分分布参数的 Buck 变换器电路。图中，C_1 和 C_2 分别为电源 U_S(如蓄电池、燃料电池等)正极和负极对“地”(车身或底盘)的分布电容；C_3 和 C_4 分别为电力电子器件 T 和 D 对散热器(固定于车身或底盘)的分布电容；C_T 为 T 的结电容或集电极-发射极间的等效电容；L_S 为电源侧线路等效电感。为简化起见，这里没有考虑电感 L、电容 C 和线路的寄生电阻和功率二极管 D 的寄生电容。

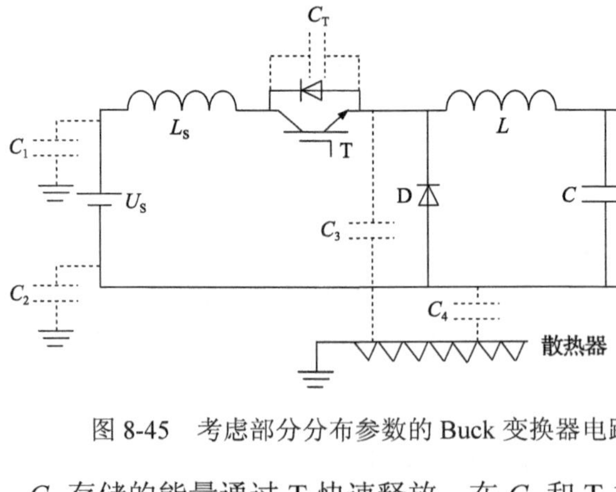

图 8-45　考虑部分分布参数的 Buck 变换器电路

当 T 导通时，C_T 存储的能量通过 T 快速释放，在 C_T 和 T 之间形成一个具有较大电流的回路，若该回路中存在寄生电感，则会出现高频振荡；当 T 关断时，由于 L_S 的存在，会产生一定的电压尖峰；当 T 导通时，在 U_S、L_S、L 和 C 构成的回路中可能出现高频振荡；当 D 导通时，D、L 和 C 构成的回路中可能出现高频振荡；当 D 关断时，由于其反向恢复，会出现较大的 di/dt；由于 C_1、C_2、C_3 和 C_4 的存在，会产生漏电流并为共模噪声提供传导途径；根据 Buck 变换器电路的工作特点，变换器输出电压会有一定的电压纹波；在高频驱动信号作用下，T 的栅极回路会因寄生电感和结电容等产生高频振荡。以上各种暂态过程都会产生电磁噪声并经过传导或电磁辐射对敏感设备产生骚扰。

4. 驱动电机系统产生的电磁噪声

图 8-46 为考虑部分分布参数的驱动电机系统电路。图中，C_1 和 C_2 分别为电源 U_S(如蓄电池、燃料电池等) 正极和负极对地(车身或底盘)的分布电容；C_{INV} 为电机控制器等效对地电容；C_{EM} 为电机中性点等效的对地电容；L_S 为电源侧线路的等效电感；L_C 和 R_C 分别为直流侧电容 C 的等效寄生电感和电阻；L_{A1}、L_{A2}、L_{B1}、L_{B2}、L_{C1} 和 L_{C2} 分别为每相上、下桥臂的等效电感。

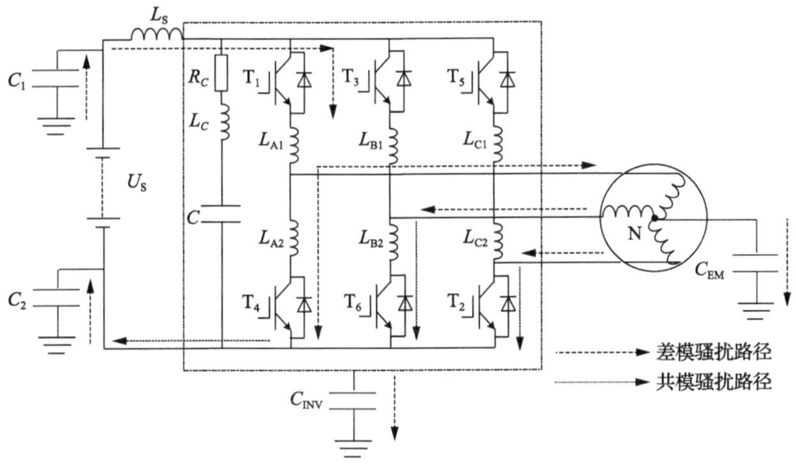

图 8-46 考虑部分分布参数的驱动电机系统电路

当 T_1～T_6 分别导通时，IGBT 所在回路中因存在寄生电感和寄生电容，会出现高频振荡；当 T_1～T_6 通、断转换时，由于 L_S、L_{A1}、L_{A2}、L_{B1}、L_{B2}、L_{C1} 和 L_{C2} 的存在，会在直流电源侧以及每相桥臂支路产生一定的电压尖峰；当与各 IGBT 反并联的功率二极管关断时，由于反向恢复，会出现较大的 di/dt；由于 C_1、C_2、C_{INV} 和 C_{EM} 的存在，会产生漏电流并为共模噪声提供传导途径；在逆变电路工作过程中，因直流侧电容 C 的等效寄生电感 L_C 和电阻 R_C 的存在会导致 C 上出现高频纹波电压；在高频驱动信号作用下，T_1～T_6 的栅极回路会因寄生电感和结电容等产生高频振荡。以上各种暂态过程都会产生电磁噪声并经过传导或电磁辐射对敏感设备产生骚扰。

图 8-47 给出了驱动电机系统工作时的三相定子绕组电流波形和电机定子绕组中性点对地漏电流的波形。可以看出，三相定子绕组电流中含有丰富的高次谐波，这些高次谐波会通过差模传导途径对直流侧电源所在回路产生影响，进而对车辆上连到该电源的其他电气电子系统或部件产生电磁骚扰。同时三相定子绕组电流中的共模电流成分会经图 8-46 中的 C_{EM} 流入地，并对连接到地的其他电气电子部件产生电磁骚扰。因此，在整车部件布置设计和安装时，要尽可能缩短电机控制器与电机之间的高压导线。同时，所有高压导线应具有屏蔽层。

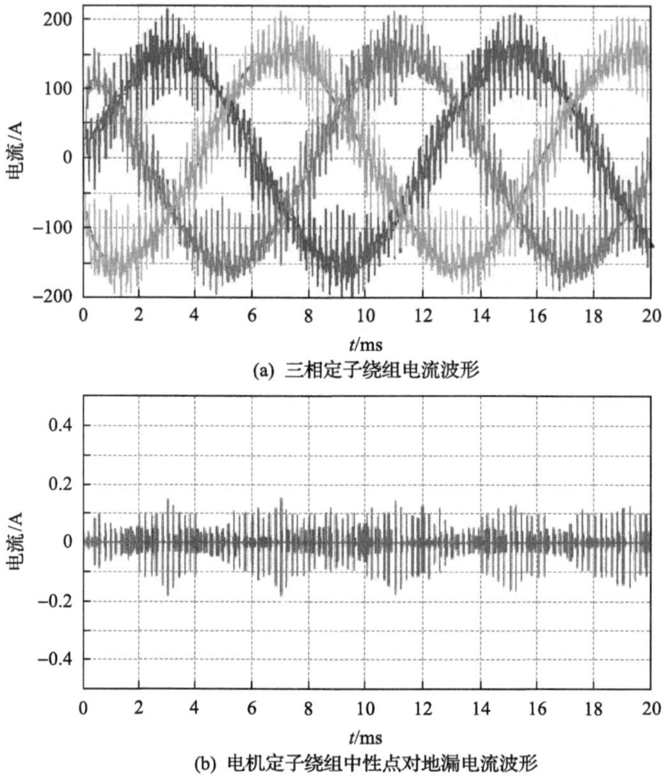

图 8-47　驱动电机系统三相定子绕组电流波形和电机定子绕组中性点对地漏电流波形

5. 充电系统产生的电磁噪声

汽车充电系统具有较复杂的电气结构，同时将车辆与公用电网联系起来。在充电系统工作过程中，一方面，充电系统产生的电磁噪声对车辆其他设备产生电磁骚扰；另一方面，充电系统也会将公用电网的电磁噪声传递到车辆，同时将自身或车辆其他部件产生的电磁噪声传递到公用电网。

图 8-48 为考虑部分分布参数后得到的传导式充电系统电路。图中，C_{R1}、C_{INV} 和 C_{TRG} 分别为整流/PFC(功率因数校正)电路、逆变电路及高频变压器对大地的分布电容；C_{TR} 为高频变压器初级和次级线圈之间的分布电容；C_{R2} 为高频变压器输出侧整流电路对车身或底盘的分布电容；C_{B1} 和 C_{B2} 分别为车载动力蓄电池对车身或底盘的分布电容；C_G 为车辆车身或底盘与大地之间的分布电容。

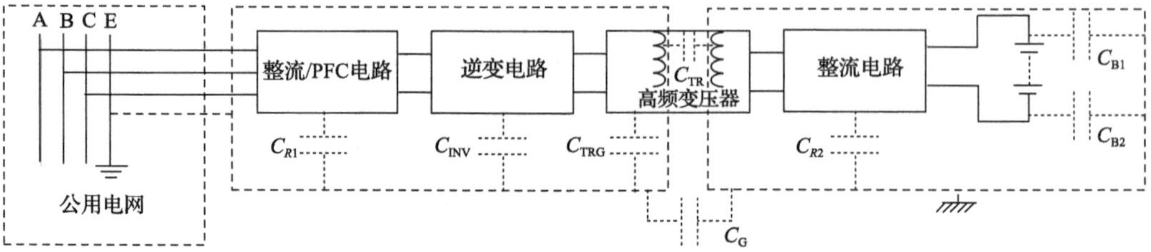

图 8-48　考虑部分分布参数的传导式充电系统

当公用电网电压发生畸变时，会有高次谐波电流注入充电系统中，从而对充电系统以及车载电气电子系统或部件产生电磁骚扰。反之，充电系统电路结构时变以及非线性的工作特性也会产生高次谐波电流注入公用电网，对公用电网的电能质量产生不良影响。

对于整流/PFC 电路、逆变电路、高频变压器输出侧整流电路，在电力电子器件开关过程中，电路中会出现较大的 di/dt 和 du/dt，由于电路存在着电感和电容元件、电力电子器件自身的寄生电容以及分布电容和线路杂散电感，从而出现高频振荡电流，对空间辐射电磁场，形成近场骚扰；此外，电路导线以及图 8-48 中所示的分布电容为差模电磁噪声和共模电磁噪声提供了传导路径。

对于无线充电系统，除产生与传导式充电系统类似的电磁噪声外，还在耦合线圈周围产生强烈的近场骚扰，严重时不仅对处于车内电磁环境的电气电子设备产生骚扰，还可能威胁到人或生物体的安全。

8.5.2 静电放电对电力电子部件的影响

静电是自然环境中最常见的电磁危害源。当两种材料发生摩擦时，电子会从一种材料转移到另外一种材料上，导致两种材料的表面积累了一定量的正电荷和负电荷。产生电荷的数量一方面与材料有关，另一方面与周围空气的湿度有关。

人体因行走或其他活动经常产生静电，当带有静电的人体接近导体(通常为金属物，如车辆部件壳体、电力电子器件电极等)时，若人体与导体的电场强度达到一定数值，就会导致空气击穿，形成导电通路和电弧，这种过程称为静电放电(electro static discharge, ESD)。

静电放电会对汽车电力电子部件中的电力电子器件产生损害。在空气湿度较低时，人体与器件形成的静电电压可以达到 20kV 以上，这个电压很容易使功率 MOSFET 和 IGBT 栅极的氧化层击穿，使器件失效；此外，静电放电时会使器件局部发热，可能导致半导体材料局部损坏，从而使器件的性能下降，使用寿命受到影响。

此外，静电放电还可能产生汽车电力电子部件中薄膜电容绝缘介质击穿、驱动控制芯片失效、电阻的阻值偏移等现象，进而使汽车电力电子部件失效。

除人体所带静电对电力电子器件产生静电损伤外，电力电子器件还可能因导电体，如金属工具、自动化设备、夹具等放电而失效。此外，电力电子器件在装配、测试、运输或存储过程中，管壳与其他材料摩擦而带电，在与其他物体或地接触时也会发生静电放电。

因此，汽车电力电子部件对静电要有一定的抗扰度，要具有防静电措施。在对汽车电力电子部件进行电磁兼容性评价时，静电抗扰度也是非常重要的一个方面。

在对汽车电力电子部件的静电抗扰度进行评价时，常常用人体模型(human body model，HBM)来模拟人体静电放电过程对被测对象的影响，具体如图 8-49 所示。图中，C_H 为人体等效对地电容；R_H 为人体等效电阻。在对车辆电气电子部件进行静电抗扰度测试时，C_H 等于 330pF，R_H 等于 2000Ω。测试过程中，C_H 的最高充电电压可以达到±25kV。

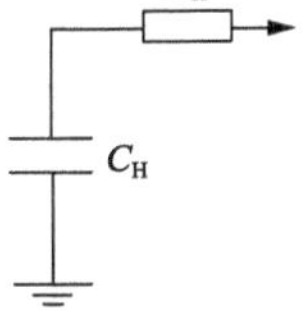

图 8-49 人体模型

车载部件(如燃料电池、蓄电池等)漏电可能会对静电敏感的电力电子器件造成电气过载(electrical over stress，EOS)而使器件失效或损坏，其现象与静电放电类似，所以一般也会把其纳入静电防护体系中。

8.5.3 电动汽车电磁噪声的耦合途径

1. 传导耦合

传导耦合是指电磁噪声在电路中以电压或电流的形式，通过导体或电感、电容、变压器等实际或寄生元件耦合至敏感设备或电路中。传导耦合可以分为以下几种耦合方式。

1) 直接阻抗耦合

直接阻抗耦合是指电磁噪声经过导线直接传导到敏感设备或电路中而产生骚扰。这些导线可以是车辆部件之间的高压电缆、低压控制导线或 CAN 通信导线，也可以是部件内部电路之间的导线，如 IGBT 驱动导线、传感器连线、控制电源导线、数字或模拟地线等。这些导线在传递有用信号(包括电能)的同时，也传递了电磁噪声。

图 8-50 为直接阻抗耦合的示意图[9]。图 8-50(a)中，U_S 为骚扰源电压；R_S 为骚扰源内阻；R_L 为敏感设备或电路等效内阻，该电阻随着骚扰信号频谱的改变而改变，在骚扰

(a) 实际线路

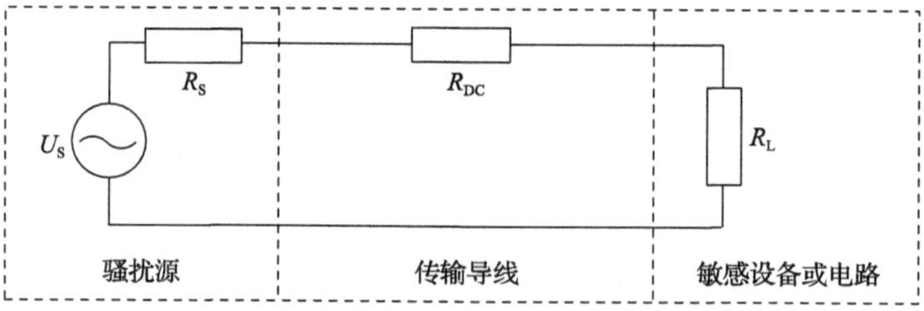

(b) 低频等效电路

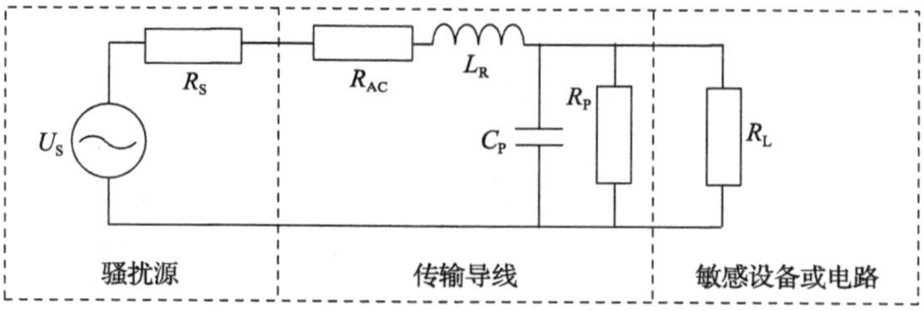

(c) 高频等效电路

图 8-50　直接阻抗耦合示意图

信号频率较高时，应考虑集肤效应对该电阻的影响。在考虑电磁兼容问题时，在骚扰信号频率较低时，可以将传输导线等效为电阻 R_{DC}，如图 8-50(b)所示；但在骚扰信号频率较高时，传输导线不仅要考虑集肤效应影响下的电阻 R_{AC}，还要考虑线路等效电感 L_R、漏电阻 R_P 及杂散电容 C_P，具体如图 8-50(c)所示。

由于汽车上许多电气电子系统或部件要共用低压控制电源，电源导线和电源内部等效的阻抗就成为这些部件的公共阻抗。当公共阻抗电流发生变化时，公共阻抗的压降也会随之变化，进而导致电源电压发生变化。如图 8-51(a)所示，部件 A 的工作电流在公共阻抗 Z_S 上的压降会对部件 B 的供电电压产生影响，从而对部件 B 产生电磁骚扰。

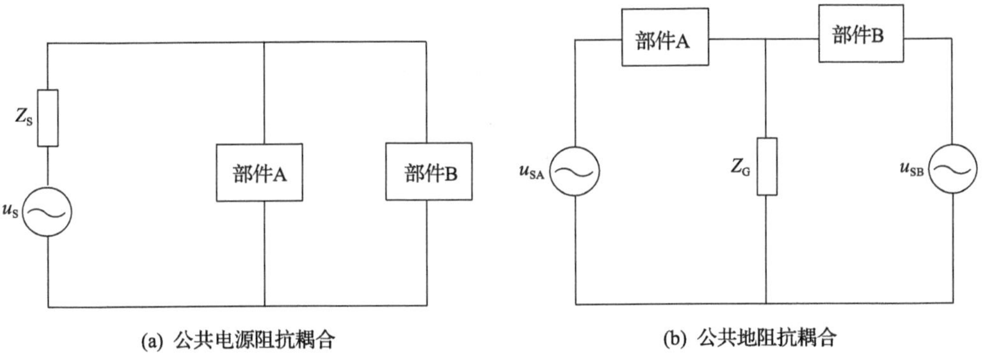

图 8-51　公共阻抗耦合

如图 8-51(b)所示，若电气部件共用同一地线，由于存在公共地阻抗 Z_G，部件 A 的电流流经 Z_G 时，也会使部件 B 的地电位发生变化，从而对部件 B 产生电磁骚扰。

公共阻抗耦合属于直接阻抗耦合中的一种特殊情况，但在车辆上却是常见的耦合方式。

此外，当电气部件内部相邻元件或导体之间的绝缘电阻降低时，电信号可以通过这个降低的绝缘电阻耦合到其他系统而形成骚扰，这种耦合也称为漏电耦合。和其他直接阻抗耦合方式相比，漏电耦合只传递干扰能量而不传递任何有用信息，因此其危害更具有隐蔽性。

2) 电容性耦合

电容性耦合是指在高电压作用下，电磁噪声经过导体之间存在的寄生电容传导到敏感设备或电路中而产生干扰。

图 8-52 所示是两个导体之间产生电容性耦合的情况，其中电容 C_{12} 为导线 1 与 2 之间的分布电容；C_{1G} 和 C_{2G} 分别是导体 1 和导体 2 与地之间的包括杂散电容和外接电容的总的等效电容。流经导体 1 的信号可以经电容 C_{12} 将信号能量注入导体 2，进而对 R_{2G} 和 R_{2L} 产生干扰。

因电容性耦合而引起的电磁干扰的程度与骚扰源频率、C_{12} 大小以及回路的参数有关，通过减小 C_{12} 可以有效抑制这种骚扰。通常采取的措施有增大导体之间的距离、缩小导体半径以及对导体增加屏蔽层等。

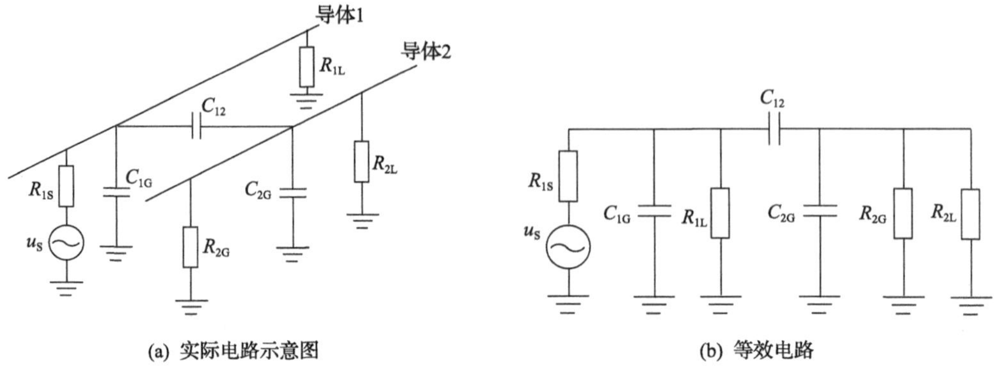

图 8-52　导体之间的电容性耦合

3) 电感性耦合

电感性耦合是指干扰源产生的电磁噪声磁场与被干扰回路发生磁通交链，以互感的形式产生的电磁干扰。

如图 8-53 所示，干扰源所在回路中的信号在载流导体周围空间中产生磁场，由于导体之间存在互感，若该磁场是交变的，则在其周围导体所在回路中会产生感应电动势，从而对周围导体有电气连接的敏感设备产生干扰。

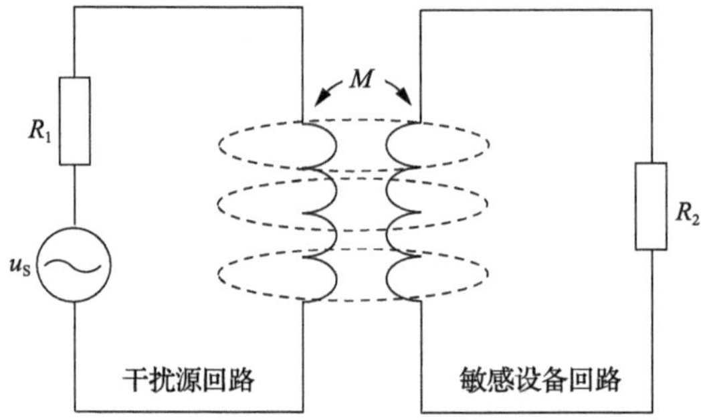

图 8-53　电感性耦合示意图

2. 辐射耦合

辐射耦合是指电磁噪声以电磁场的形式，通过空间辐射传播，耦合到敏感设备或电路中。辐射耦合分为近场耦合和远场耦合。由于汽车电力电子器件的开关频率一般不超过 100kHz，可以认为绝大多数辐射耦合属于近场或感应场耦合。前面讨论的如图 8-53 所示的电感性耦合也可以看作一种辐射耦合。

8.5.4　电动汽车电力电子部件电磁干扰的抑制

1. 屏蔽

电磁屏蔽是指通过对骚扰源和敏感设备所在的两个空间区域进行金属隔离，以抑制电场、磁场或电磁场由一个空间区域对另外一个空间区域的感应和辐射。在具体实施中，可以将骚扰源用屏蔽体包围起来，防止骚扰电磁场对外辐射；也可以将敏感设备用屏蔽体包围，防止其受到外界电磁场的影响。

由于抗机械冲击、抗振动、较高防护等级等方面的要求，汽车电力电子部件普遍采用铝质金属材料制作防护壳体，但金属壳体是无法做到完全密闭的，壳体上会有很多孔缝，如连接器安装孔、不同部分的接合缝隙等。这些孔缝可导致壳体导电连续性变差，进而降低壳体的屏蔽效能，甚至壳体可能不具有屏蔽作用。

因安装连接器等的需要，在壳体上开孔后，会导致电磁场泄漏，开孔面积越大，泄漏磁场的强度也越强。因此，在对壳体的外形结构进行设计的时候，要充分考虑开孔对屏蔽效能的影响。同时，在选取和装配电气连接器或接插件的时候，要尽量选取开孔面积小、具有屏蔽配件的连接器。图 8-54 是电动汽车常用的高压电气连接器，该连接器一端与带有屏蔽层的电缆连接，另一端安装在部件壳体上。这种连接器可以实现电缆屏蔽层与壳体的 360°电气搭接，减轻了开孔对电磁屏蔽效能的影响。

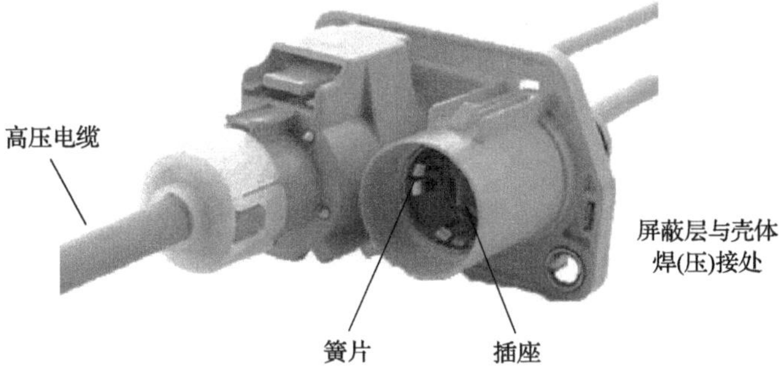

(a) 外形图

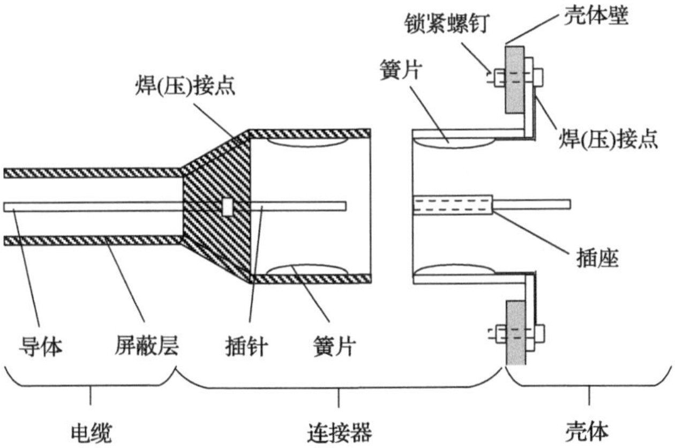

(b) 安装和连接方式

图 8-54　高压电气连接器的外形图与安装和连接方式

无论是高压电缆、低压电气导线，还是通信导线，都应具有屏蔽层，图 8-55 是电动汽车高压电缆内部结构，当通过有屏蔽连接的连接器将有电气耦合的系统或部件连接起来后，相当于这些部件整个电气系统形成了一个较完整的屏蔽体，对减少对外电磁辐射以及抑制外界对这些部件的电磁骚扰大有益处。

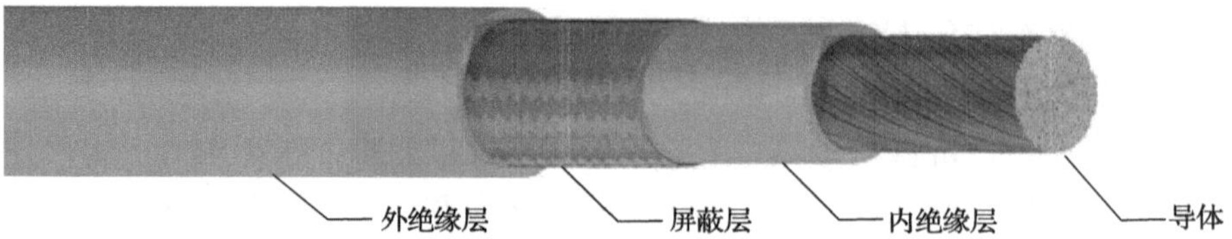

图 8-55　电动汽车高压电缆内部结构

汽车电力电子部件不同部分结合处可能会在接触面产生缝隙，并造成电磁泄漏。解决这个问题较好的方式是在缝隙处使用导电的密封衬垫，如电导率较高的金属-橡胶混合填充材料或弹性金属材料，在减少电磁泄漏的同时，使结合处具有较好的密封性。

此外，在壳体内、外壁覆盖一种或多种由高电导率和高磁导率材料组成的屏蔽膜，也可以提高汽车电力电子部件的屏蔽效能。这些屏蔽膜材料包括导电材料、吸波材料等。

总之，尽量保证屏蔽体的完整性和导电的连续性是获得较高屏蔽效能的重要前提。

2. 接地

汽车的“地”不是大地，而是指车辆的车身或底盘，这里的“地”可理解为以金属车身或底盘为主体的等电位体。因此将汽车上电气设备的某一点与车身或底盘相连接，既实现了等电位连接，也实现了接地。这种接地是通过金属导体间的接触来实现的，其连接阻抗要求尽量小。

1) 单点接地

单点接地是指只有一个接地点，所有接地线都直接接在该点，具体如图 8-56 所示。这种接地方式又可以分为共用接地线接地和独立接地线接地，二者分别如图 8-56(a)和图 8-56(b)所示。

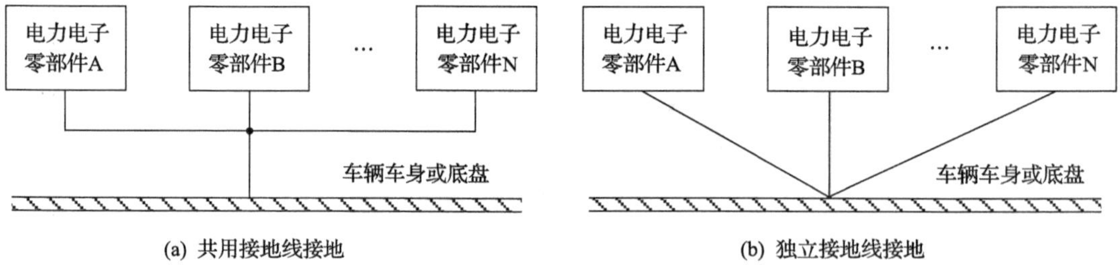

图 8-56　单点接地示意图

对于共用接地线接地，其接地方式简单、方便，易于维护。但由于各部件接地线具有公共阻抗，各部件对地电流会通过该阻抗产生直接传导耦合。

对于独立接地线接地，各部件各自使用独立的接地线，最后接于一个公共接地点，因此不存在共用接地线接地方式的公共阻抗耦合问题，比较适合于各部件接地线较短、接地电流频率低的场合。这种接地方式中，接地线之间的电感和电容耦合强度会随着电流频率的增高而增大，因此部件距离公共接地点的距离不能太远。

2) 多点接地

多点接地是电力电子部件就近接地，如图 8-57 所示，由于就近接地，接地线较短，接地阻抗较小，适合用于高频场合。

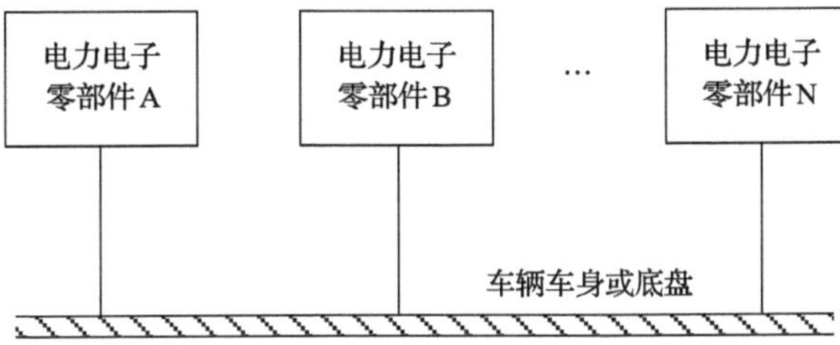

图 8-57 多点接地示意图

汽车电力电子部件多采用金属壳体进行防护，而其又必须固定在车辆车身或底盘上，因此多点接地是目前汽车各部件普遍采用的一种接地方式。当然，不能简单地认为部件的机械安装孔位就是接地点，应在部件厂商给出的接地标识处进行可靠的对地连接，以保证接地阻抗较小。

多点接地的缺点是接地点较多，维护难度大，任何接地点出现腐蚀、松动都会使所连接的部件对地阻抗增高，从而使接地效果变差。

3) 混合接地

混合接地方式是指工作在高频状态下的部件就近接地，而工作在低频状态下的部件采用单点接地。对于可能处于高频状态，也可能处于低频状态的部件或者宽频工作的部件应就近接地，或采用图 8-58 所示的单点接地方式。图 8-58 中，电容 $C_A,\cdots,C_N$ 在高频下阻抗较小，可以认为是短路；而在低频下，阻抗较大，可以认为是开路。$C_A,\cdots,C_N$ 应选用等效串联电感较小的电容，并且对地引线越短越好。

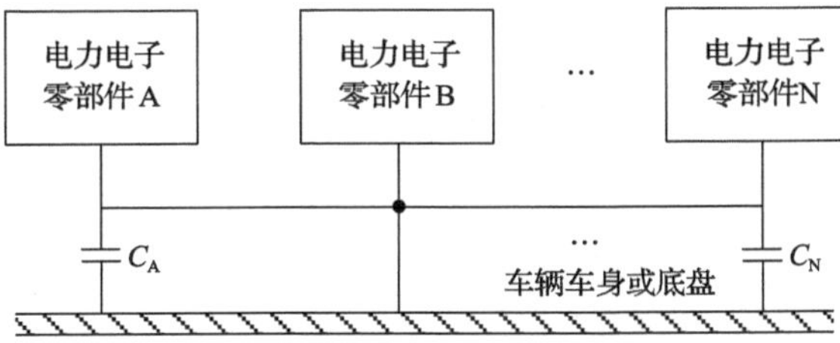

图 8-58 宽频单点接地示意图

4) 浮地

由于车身或底盘存在着阻抗，车身或底盘上任意两点之间存在着电位差。所有接地的汽车电力电子部件经过地线、车身或底盘构成的回路会流过环路电流；对于高压屏蔽电缆或低压屏蔽导线，当其屏蔽层两端接地时，线缆的屏蔽层和地也会构成地环路。地环路中任一点的骚扰都会对连接到地的所有部件产生骚扰，可以用浮地的办法消除通过地线产生的骚扰。

所谓浮地是指汽车电力电子部件不接地，或其金属壳体不与车辆车身或底盘有任何金属性的接触。这种情况在电动汽车高压系统或部件中比较常见，为提高整车的电气绝缘性能，有时高压系统或部件通过绝缘子或其他绝缘配件安装在底盘上。

对于浮地的系统或部件，尤其是燃料电池、动力蓄电池等电源类部件，容易在壳体上产生静电积累现象，积累电荷到一定程度时，会在系统或部件之间产生放电现象，从而形成强骚扰源。此外，积累的静电对设备维护也会造成不便。为了解决静电积累的问题，可以在系统或部件壳体与车身或底盘之间接入阻值较大的泄放电阻，以消除静电积累的影响。

3. 滤波

滤波是指从混有噪声或无用的信号中提取出有用信号分量的方法，其实现方式有两种：一是不让噪声或无用的信号通过，让其返回噪声源；二是把噪声或无用的信号在滤波电路里消耗掉。

汽车电力电子部件内部电路可以分为主电路部分和控制电路部分，这两部分的滤波电路有所区别。用于主电路的滤波电路需要处理高电压、大电流信号，滤波电路选用的元器件需要具有较高的电气应力；而用于控制电路的滤波电路主要用于控制电源电路或通信电路，需要处理的信号功率较小。

用于抑制电磁噪声或骚扰信号、提高汽车电力电子部件电磁兼容性能的滤波电路具有以下技术特征。

(1) 由于电磁噪声具有一定的偶发性及瞬变的特点，滤波电路工作时往往需要在较宽的频率范围内（如 150kHz～30MHz）具有较好的滤波性能。

(2) 滤波电路结构应尽量简单，滤波器体积要小且重量要轻，不能因滤波电路而导致汽车电力电子部件体积和重量出现明显的增加，以保证整车对部件功率密度的要求。

(3) 滤波电路的电感和电容等元件的寄生参数要尽量小，以减小高频信号下寄生参数的影响。

(4) 滤波电路的参数和配置应合理，使用时对其特性要充分了解，否则，可能不但发挥不了滤波电路的作用，还导致新的噪声。

1) 电力电子主电路直流侧的滤波电路

电力电子主电路的直流侧一般连接容量较大的电容，该电容具有稳定直流侧电压的作用，但高频特性较差。为了抑制直流母线传导的电磁噪声，可以采用如图 8-59 所示的滤波电路。

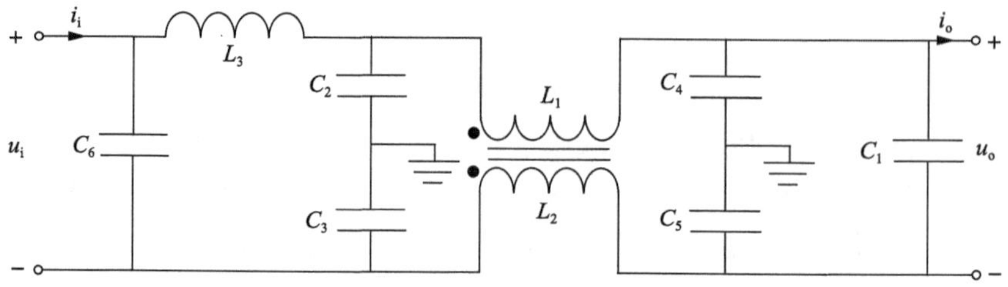

图 8-59　电力电子主电路直流侧的滤波电路

图 8-59 中，C_1 为主电路原有的大容量直流侧电容。C_2～C_6、L_1～L_3 构成滤波电路，其中 C_6 为差模滤波电容；C_2～C_5 为共模滤波电容；L_1 和 L_2 为共模电感；L_3 为差模电感。该滤波电路可以对差模噪声和共模噪声进行抑制。

2) 电力电子主电路交流侧的滤波电路

电力电子主电路交流侧主要指电机控制器中逆变电路的输出侧，其连接驱动电机的定子绕组。由于电机控制器采用的控制算法和实际控制效果通常对电机参数的变化比较敏感，一般采用只包括共模电感的滤波电路，该滤波电路可以通过三相交流导线在同一铁心同方向绕制实现，即形成三相共模扼流圈，具体结构如图 8-60 所示。

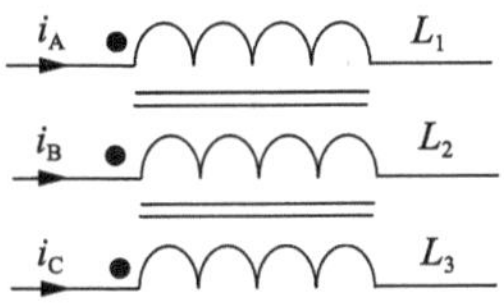

(a) 电路结构

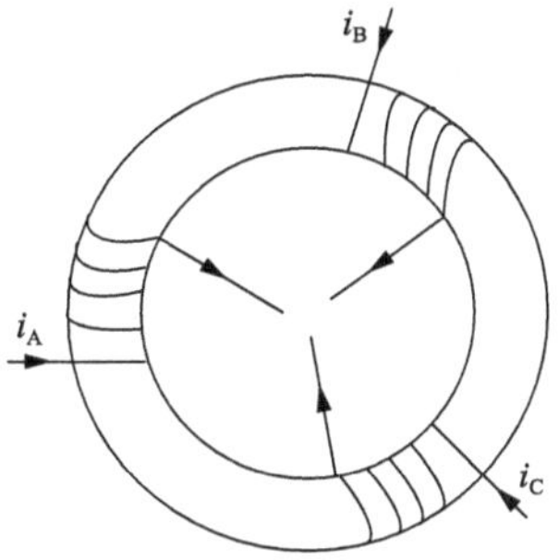

(b) 物理结构

图 8-60 电力电子主电路交流侧的滤波电路

3) 低压控制电源的滤波电路

汽车低压电气系统容易受到负载突变等原因引发的瞬态骚扰，可以采用压敏电阻(voltage dependent resistor, VDR)或瞬变电压吸收二极管(transient voltage suppressor, TVS)对电源电压尖峰进行抑制。对于出现的低频正、负脉冲，则可以通过增加滤波电容的方法进行抑制。

4) CAN 总线的滤波电路

CAN 总线是汽车电力电子部件与外界之间重要的电磁噪声传导途径。强度较大的电磁噪声会影响部件之间的正常通信，严重时会损坏 CAN 总线相关硬件芯片，从而使整个系统或部件失效。此外，CAN 总线分布较广，更易受到共模噪声和瞬态骚扰的影响。

图 8-61 为 CAN 总线的滤波电路，图中，T_1～T_4 为瞬变电压吸收二极管；C_1～C_4 为共模滤波电容；L_1 和 L_2 为共模电感。该滤波电路可以对共模噪声和瞬态骚扰进行抑制。

4. 隔离

与电磁辐射相比，电磁噪声更多地通过导体传导方式影响着汽车各电气电子部件的工作。通过隔离的方法可以有效地切断传导路径，进而从很大程度上抑制电磁噪声的传播。

所谓隔离，是指汽车电力电子部件之间、同一系统或部件各组成部分之间没有任何电气上的连接或耦合。除切断电磁传导途径外，汽车上的电气隔离还有增加电气绝缘强度以及提高电气安全性的作用。

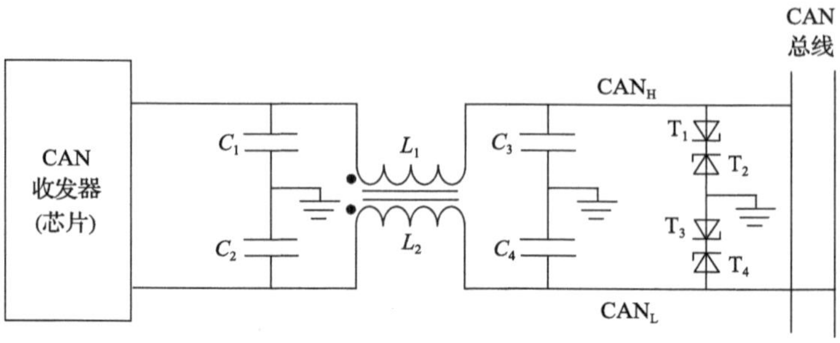

图 8-61　CAN 总线的滤波电路

常见的隔离方式有变压器隔离和光电隔离两种方式。

变压器除可以用于控制信号的隔离(如驱动电路中的信号隔离变压器)外，也可以用于电能传输中的隔离(如直流-直流变换器中的高频变压器)。

由于变压器初级线圈和次级线圈缠绕在同一铁心上，在高频电流作用下，两个线圈之间存在着分布电容，因而会形成电容耦合路径。可以通过在初级线圈、次级线圈之间设置屏蔽层的办法降低初级和次级线圈之间的分布电容；此外，隔离变压器的壳体也应具有屏蔽层，以抑制空间电磁辐射的影响。屏蔽的隔离变压器对高频脉冲群、浪涌信号、传导辐射、静电骚扰等都具有较好的抑制作用。

光电隔离一般通过光电隔离电路或光电隔离器件实现，通常用于小功率控制信号的隔离。对于多数光电耦合器件，信号发送侧和接收侧之间也会存在分布电容，但与隔离变压器相比，分布电容的值要小很多，因此光电隔离对电磁噪声的隔离作用会更有效。

光电隔离的缺点是无法传输大功率信号。另外，信号传输中会有明显的时延，限制了光电隔离在高频场合的应用。

对于隔离要求较高的场合，若普通光电隔离器件或隔离变压器无法达到设计要求，可以考虑采用多级隔离措施或采用隔离性能更好的光纤来传递电气信号。

8.6　电动汽车多电力电子部件的集成

8.6.1　电动汽车多电力电子部件集成可行性分析

由于汽车空间有限，在满足电力电子部件性能的基础上，尽可能提高部件的功率密度是研发人员在设计过程遵循的一个重要原则。提高部件的功率密度可以从两个方面着手，一是提高每个电力电子部件自身的功率密度；二是通过对多个电力电子部件进行集成，提高整车电力电子系统的功率密度。对于后者，不应是简单的电力电子部件的组合，而是从主电路拓扑结构到数字化控制系统进行有机的、合理的集成，在提高整体功率密度的同时，提升各组成部件的性能。

下面从几个方面对电动汽车多电力电子部件集成的可行性进行分析。

1) 电动汽车电力电子部件的电气连接

图 8-62 为燃料电池汽车动力系统，其中包含(主)直流-直流变换器、低压直流-直流

变换器、电机控制器、空压机控制器等多个电力电子部件。这些电力电子部件都与动力系统高压直流母线相连接，为电力电子部件的物理性集成提供了条件。

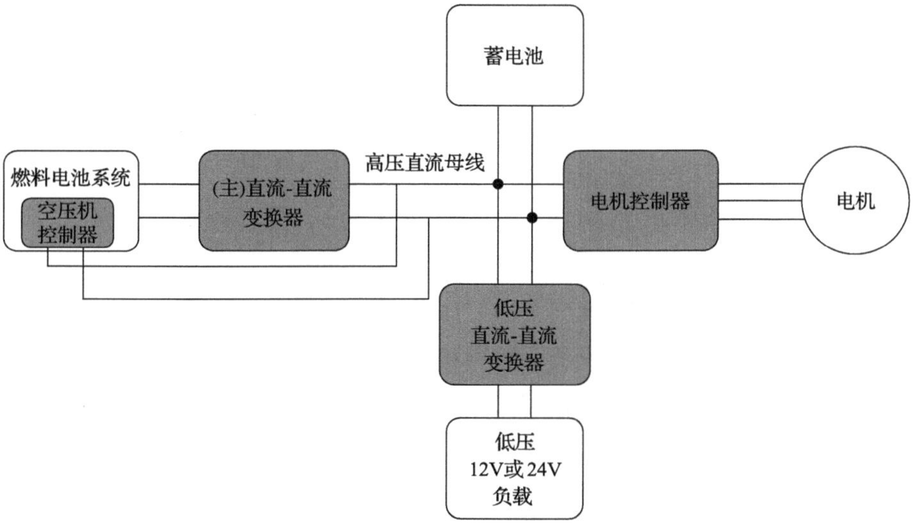

图 8-62 燃料电池汽车动力系统

当把多个电力电子部件进行集成后，可以采用复合母排结构对多个主电路进行连接，在减小部件的尺寸的前提下，还可以提高电力电子系统的电磁兼容性能。此外，通过多个电力电子部件的集成以及整车部件布置的优化，整车动力系统的高压直流母线会更容易在车辆上布置，其尺寸、重量、成本也会大大降低。

2) 电动汽车电力电子部件主回路拓扑结构

电动汽车电力电子部件主电路普遍具有如图 8-63 所示的半桥式结构，许多半导体厂商基于这点推出了许多半桥、单相全桥、三相全桥电力电子模块，利用这些模块比较容易实现多个电力电子部件主电路的集成。同时，由于电动汽车电力电子部件的主电路具有一定的相似性，且其直流侧配置有一定容量的电容器，可以根据电力电子部件内的电路特征对主回路进行整合，从而大大提高电力电子部件的功率密度以及主电路的利用率。

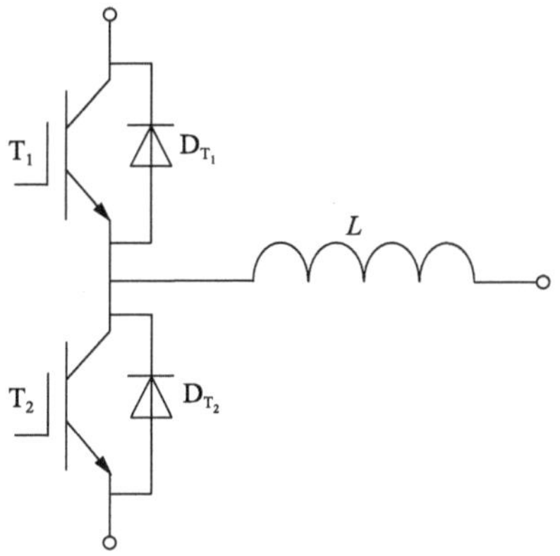

图 8-63 电动汽车电力电子部件常见的主电路结构

3）电动汽车电力电子部件数字化控制系统

电动汽车电力电子部件的数字化控制系统在硬件上具有一定的相似性，都需要接收来自通信总线以及电压传感器、电流传感器和温度传感器等的信号，控制系统的输出都是控制电力电子器件通断的 PWM 数字信号。不同电力电子部件数字化控制系统的区别是输入信号以及输出信号的数量。

对于高性能的 MCU 或 DSP，其资源配置完全可以实现同时对一个或多个电力电子主电路实施控制。因此，当把多个电力电子部件进行集成后，可以共用同一个数字化控制系统。其结果不仅能够降低成本、提高部件功率密度，还可以实现多个电力电子部件的协调控制。

4）汽车电力电子部件的热管理

汽车电力电子部件普遍采用水冷（液冷）的冷却方式，电力电子器件以及电感器等的散热面都固定在冷却板上，通过热传递把内部因损耗而产生的热量散发掉。将多个电力电子部件集成后，原有的多个散热子系统可以集成为一个散热系统，使整车的热管理系统得到简化，并容易提高热管理效率。

5）电动汽车电力电子部件的能量控制

电力电子部件运行的目的是进行电能的变换与控制，通过对电力电子部件集成可以优化电能的流向，提高动力系统的工作效率。

8.6.2 电动汽车多电力电子部件集成实例

1. 直流-直流变换器与燃料电池空压机控制器的集成

对于如图 8-62 所示的燃料电池汽车动力系统，可以将直流-直流变换器与空压机控制器进行集成。若直流-直流变换器采用 Boost 主电路，空压机控制器为三相电压型逆变电路，那么二者集成后的主电路如图 8-64 所示。在燃料电池系统未启动前，直流-直流变换器和空压机控制器都不工作；当需要启动燃料电池系统时，动力蓄电池通过高压直

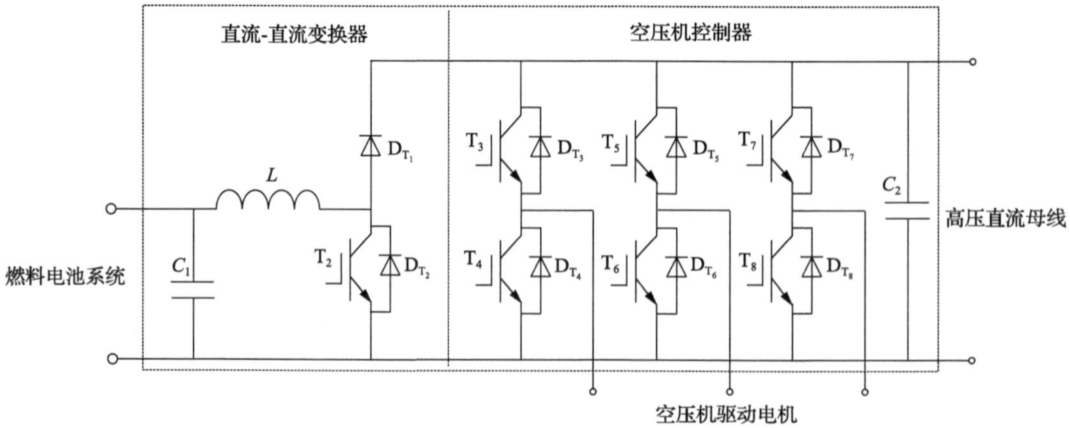

图 8-64 直流-直流变换器和空压机控制器的集成

流母线为空压机控制器提供电能，空压机控制器工作控制空压机运行，启动燃料电池系统；当燃料电池系统启动后，燃料电池系统通过直流-直流变换器向高压直流母线一侧提供电能。

将直流-直流变换器与空压机控制器集成后，可以采用同一个数字化控制系统对二者的运行状态进行控制。直流-直流变换器控制燃料电池系统能量(功率)的输出，而空压机为质子交换膜燃料电池提供空气(氧气)，相当于能量(功率)的输入。采用同一个数字化控制系统基于整车功率或能量的需求，对直流-直流变换器与空压机控制器进行协调控制，更易于实现燃料电池系统的输入和输出能量的平衡，有利于提高燃料电池系统的稳定性和耐久性。

燃料电池空压机是燃料电池系统自身消耗能量最大的附件。对于非外接充电的燃料电池汽车，其整车需要的能量全部来自燃料电池系统，燃料电池系统空压机也不例外，从图 8-62 可以看出燃料电池系统输出的能量要经过直流-直流变换器才能到达高压直流母线，而直流-直流变换器在运行过程中具有一定的能量损耗。为提高动力系统效率，可以将图 8-64 所示的主电路优化为图 8-65 所示的主电路。二者的区别在于，图 8-65 所示的主电路中将空压机控制器主电路前置且将 Boost 直流-直流变换器电路改为双向直流-直流变换器电路。

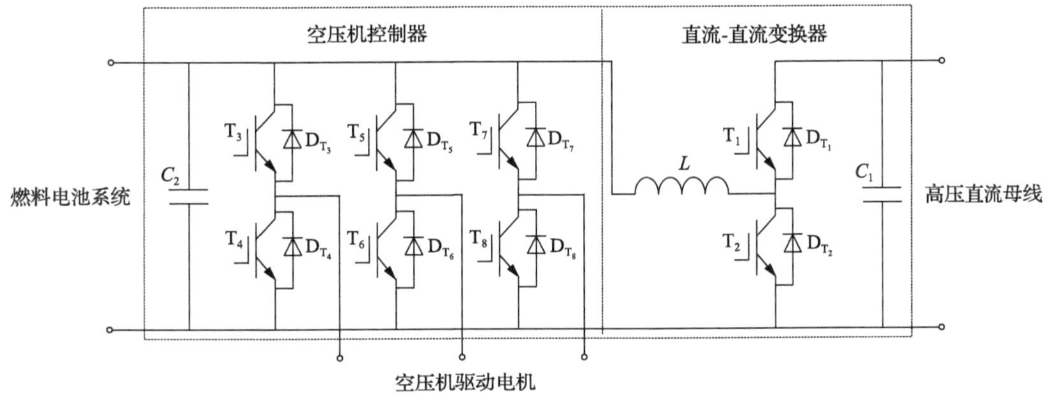

图 8-65　改进后的直流-直流变换器和空压机控制器的主电路

图 8-65 主电路工作特点是：在燃料电池系统未启动前，直流-直流变换器和空压机控制器都不工作；当需要启动燃料电池系统时，动力蓄电池通过双向直流-直流变换器为空压机控制器提供电能，空压机控制器工作控制空压机运行，启动燃料电池系统；当燃料电池系统启动后，燃料电池系统通过直流-直流变换器向高压直流母线一侧提供电能，此时空压机控制器所需要的电能直接由燃料电池系统提供，这部分能量不再经由直流-直流变换器。当直流-直流变换器改为双向直流-直流变换器电路时，虽然增加了全控型电力电子器件 T_1，但若其采用功率 MOSFET，则可以应用同步整流技术提高直流-直流变换器的运行效率。因此，图 8-65 所示的主电路非常有利于提高动力系统效率。

需要指出，图 8-64 和图 8-65 所示的两种技术方案中，空压机控制器主电路直流侧的供电电压是不同的，具体采用哪种方案需要根据空压机控制器供电电压范围进行合理的选择。

2. 双向直流-直流变换器与电机控制器的集成

对于如图 8-66 所示的具有双向直流-直流变换器的电动汽车动力系统，图 8-66(a)和图 8-66(b)所示动力系统的区别是双向直流-直流变换器所处的位置不同。

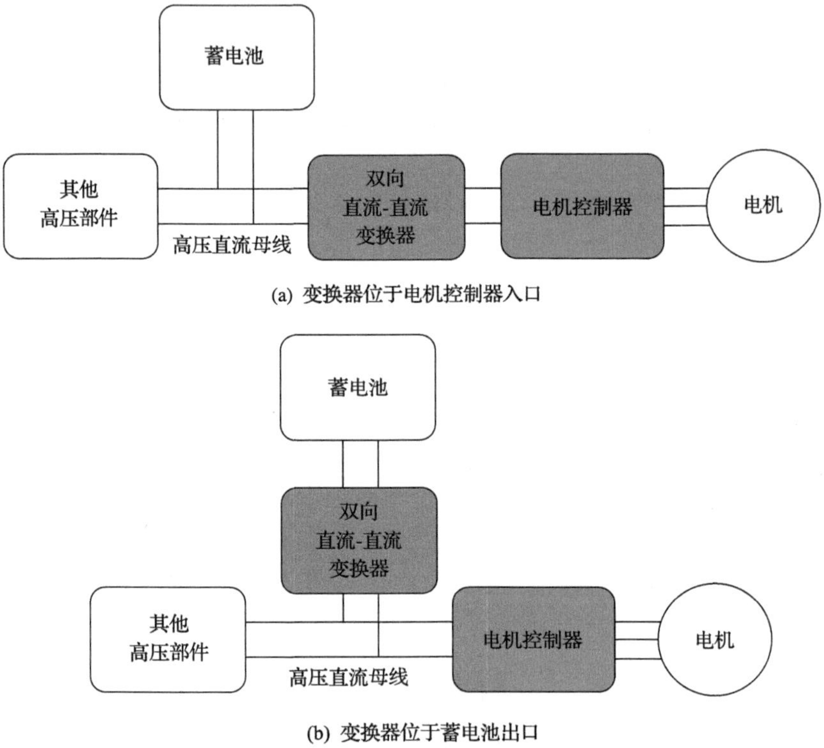

图 8-66　具有双向直流-直流变换器的电动汽车动力系统

将双向直流-直流变换器与电机控制器集成后得到的主电路如图 8-67 所示。对于图 8-66(a)所示系统，图 8-67 中 ab 端与高压直流母线相连；对于图 8-66(b)所示系统，图 8-67 中 ab 端与蓄电池相连，cd 端与高压直流母线相连。通过数字化控制系统对图 8-67 中的电力电子器件 T_1～T_8 进行协调控制，可以实现对蓄电池充放电电流以及电机控制器的输入电压(ab 端电压)的控制，有效避免驱动电机在动态工况下或驱动、制动运行状态切换过程中引起高压直流母线电压的剧烈波动或蓄电池充放电电流超过允许值。

3. 充电系统与驱动电机系统的集成

电动汽车的充电系统与驱动电机系统具有工作状态上的互补性，可以通过对电机控制器主电路的优化和完善，使该主电路成为充电系统的一部分，实现功能上的集成。

一种单相充电系统与三相交流感应电机及其控制器的集成方法如图 8-68 所示[10]。图中，u_i 为单相交流电源；电磁干扰(EMI)滤波电路可根据实际需要安装在地面或安装在车辆上；S_1、S_2 和 S_3 为机械式开关；如果 EMI 滤波电路安装在地面且充电系统的地面部分和车载部分通过专用充电连接器连接，那么 S_1、S_2 可为充电连接器的触点。

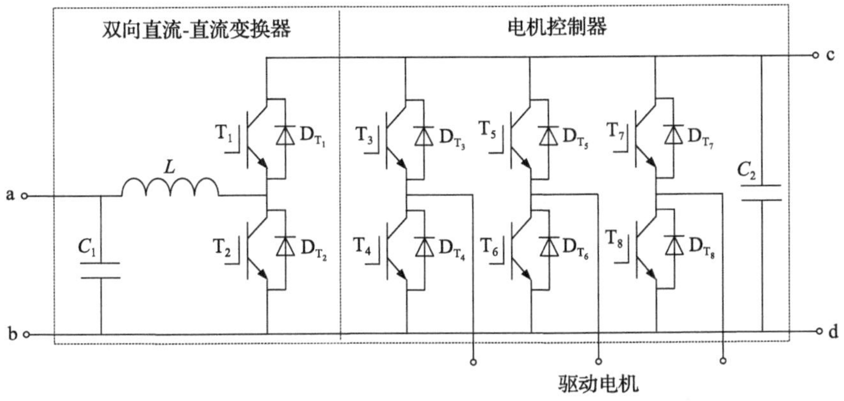

图 8-67 双向直流-直流变换器与电机控制器集成后的主电路

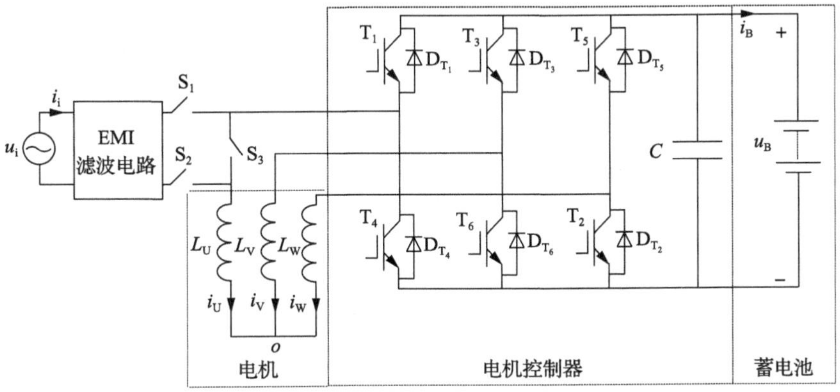

图 8-68 单相充电系统与三相交流感应电机及其控制器的集成

当车辆行驶时，S_1、S_2 断开，S_3 闭合。图 8-68 中三相全桥逆变电路执行控制电机、驱动车辆的功能。

当车辆静止，充电系统工作时，S_1、S_2 闭合，S_3 打开。三相全桥逆变电路中 T_2 和 T_5 关断，T_1、T_3、T_4、T_6 和 C 构成单相全桥 PWM 整流电路。对于三相交流感应电机定子电流，有

$$\begin{cases} i_U = -i_V \\ i_W = 0 \end{cases} \tag{8-12}$$

由式(8-12)知，三相交流感应电机的电磁转矩为零。通过 T_1、T_3、T_4 和 T_6 的高频通断控制，可以使电流 i_i 按正弦规律变化，且可与电源电压 u_i 同相位或反相位，蓄电池随之充电或放电。因此，图 8-68 所示系统可以实现能量在电源与车载蓄电池之间的双向流动，可以用于 V2G 等领域中。

图 8-68 所示系统在实际应用中，有两个需要注意的问题：一是蓄电池端电压应不低于交流电源 u_i 的峰值电压，充电系统才能正常工作；二是由于充电系统没有电气隔离环节(如高频变压器、耦合线圈等)，因而在系统工作过程中，要保证整车电气部件具有较

好的绝缘性能并具有完善的电气安全措施。

此外，也可以将电机定子绕组与电机控制器中的桥式电路构成直流-直流电路，作为充电系统输出部分，对充电电压或电流进行控制，具体如图 8-69 所示。当充电系统工作时，S_1、S_2闭合；当车辆行驶时，S_1、S_2断开。图中，（L_U、T_1、T_4、D_{T_1}和D_{T_4}）、（L_V、T_3、T_6、D_{T_3}和D_{T_6}）、（L_W、T_5、T_2、D_{T_5}和D_{T_2}）构成三个并联的双向直流-直流变换器电路。可以根据充放电功率的大小，让其中一个、两个或者三个变换器电路工作。当三个变换器工作时，除需使各路均流外，还应使电力电子器件同步驱动，保证电机的转子不会因i_U、i_V和i_W中的交流成分产生电磁转矩。

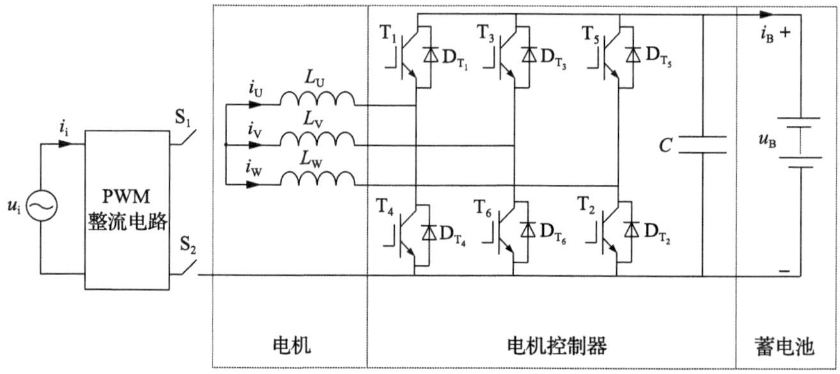

图 8-69　电机及其控制器等效为双向直流-直流变换器

如何利用电机的定子绕组是充电系统与电机驱动系统集成过程中的一个难点，原因之一是绝大多数电机的定子绕组中只有一端易于与外界连接；原因之二是充电过程中，定子绕组电流控制不当时，可能会产生电磁转矩。因此，在实际应用中，应根据电机类型、结构和电机控制器电路结构合理地与充电系统集成。

8.7　电动汽车电力电子部件的测试与评价

8.7.1　电动汽车电力电子部件测试与评价内容

测试与评价伴随着电动汽车电力电子部件的整个研发过程，测试与评价不仅仅是对电力电子部件的性能以及研发质量的验证，也是对电力电子部件研发过程中的研发方法、研发手段、研发环境的检验与反馈。

对于电动汽车电力电子部件的测试与评价可以分为两种：一种是在研发过程中对研发阶段性内容进行的测试与评价，此时电力电子部件还没有成形，只是对部件中的一部分进行测试与评价，如对数字化控制系统、传感器、主电路性能的测试与评价；还有一种是对研发出来的整机进行测试与评价，这种测试与评价可以是对样机的功能性检测，也可以是产品的型式试验。

无论是哪一种测试与评价，都应依据相关的国家标准、国际标准、行业标准或企业标准进行。尤其对一些以认证为目的的测试与评价，其过程更要符合相关标准法规的要求。表 8-2 为电动汽车电力电子部件测试与评价可依据的部分相关国家标准和汽车行业标准。

表 8-2 电动汽车电力电子部件测试与评价可依据的部分相关标准

部件	标准
驱动电机系统	《电动汽车用驱动电机系统 第 1 部分：技术条件》（GB/T 18488.1—2015）
	《电动汽车用驱动电机系统 第 2 部分：试验方法》（GB/T 18488.2—2015）
	《电动汽车用驱动电机系统可靠性试验方法》（GB/T 29307—2012）
	《电动汽车用驱动电机系统电磁兼容性要求和试验方法》（GB/T 36282—2018）
	《电动汽车驱动电机用永磁材料技术要求》（GB/T 38090—2019）
	《电动汽车用驱动电机系统接口》（QC/T 896—2011）
	《电动汽车用驱动电机系统故障分类及判断》（QC/T 893—2011）
	《电动汽车用异步驱动电机系统》（QC/T 1068—2017）
	《电动汽车用永磁同步驱动电机系统》（QC/T 1069—2017）
直流-直流变换器	《电动汽车 DC/DC 变换器》（GB/T 24347—2009）
充电系统	《电动汽车传导充电系统 第 1 部分：通用要求》（GB/T 18487.1—2015）
	《电动汽车传导充电系统 第 2 部分：非车载传导供电设备电磁兼容要求》（GB/T 18487.2—2017）
	《电动汽车充电用电缆》（GB/T 33594—2017）
	《电动汽车传导充电用连接装置 第 1 部分：通用要求》（GB/T 20234.1—2015）
	《电动汽车传导充电用连接装置 第 2 部分：交流充电接口》（GB/T 20234.2—2015）
	《电动汽车传导充电用连接装置 第 3 部分：直流充电接口》（GB/T 20234.3—2015）
	《电动汽车传导充电互操作性测试规范 第 1 部分：供电设备》（GB/T 34657.1—2017）
	《电动汽车传导充电互操作性测试规范 第 2 部分：车辆》（GB/T 34657.2—2017）
	《电动汽车非车载传导式充电机与电池管理系统之间的通信协议一致性测试》（GB/T 34658—2017）
	《电动汽车非车载传导式充电机与电池管理系统之间的通信协议》（GB/T 27930—2015）
	《电动汽车无线充电系统 第 1 部分：通用要求》（GB/T 38775.1—2020）
	《电动汽车无线充电系统 第 2 部分：车载充电机和无线充电设备之间的通信协议》（GB/T 38775.2—2020）
	《电动汽车无线充电系统 第 3 部分：特殊要求》（GB/T 38775.3—2020）
	《电动汽车无线充电系统 第 4 部分：电磁环境限值与测试方法》（GB/T 38775.3—2020）
	《电动汽车用传导式车载充电机》（QC/T 895—2011）

电动汽车电力电子部件具有如图 8-70 左侧所示的结构及各分系统，在其研发过程中所对应的测试与评价内容如图中右侧内容所示。

电动汽车电力电子部件整机的测试可以分为常规性能测试、环境适应性测试、电学性能测试、燃烧性能测试、可靠性测试、绿色环保测试等，每类测试内容中又包含许多的测试项，具体如图 8-71 所示。

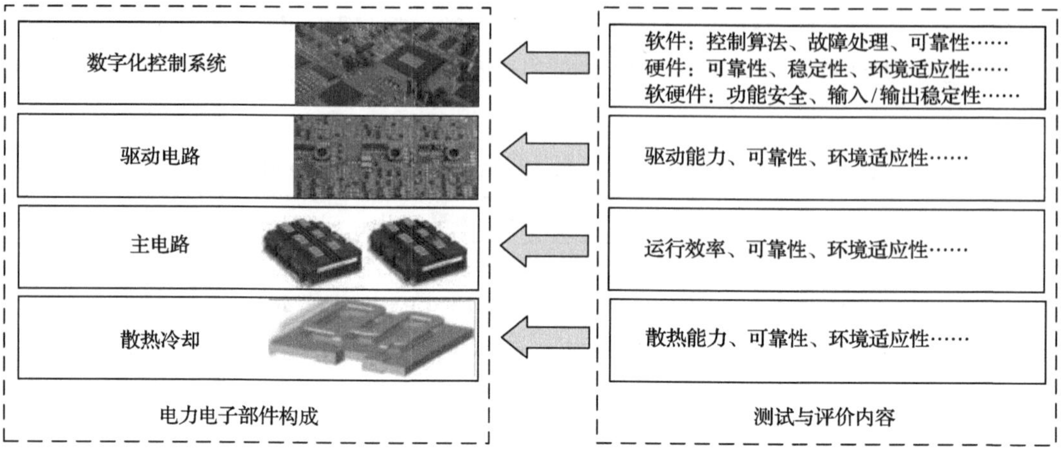

图 8-70　电动汽车电力电子部件结构以及分系统的测试与评价内容

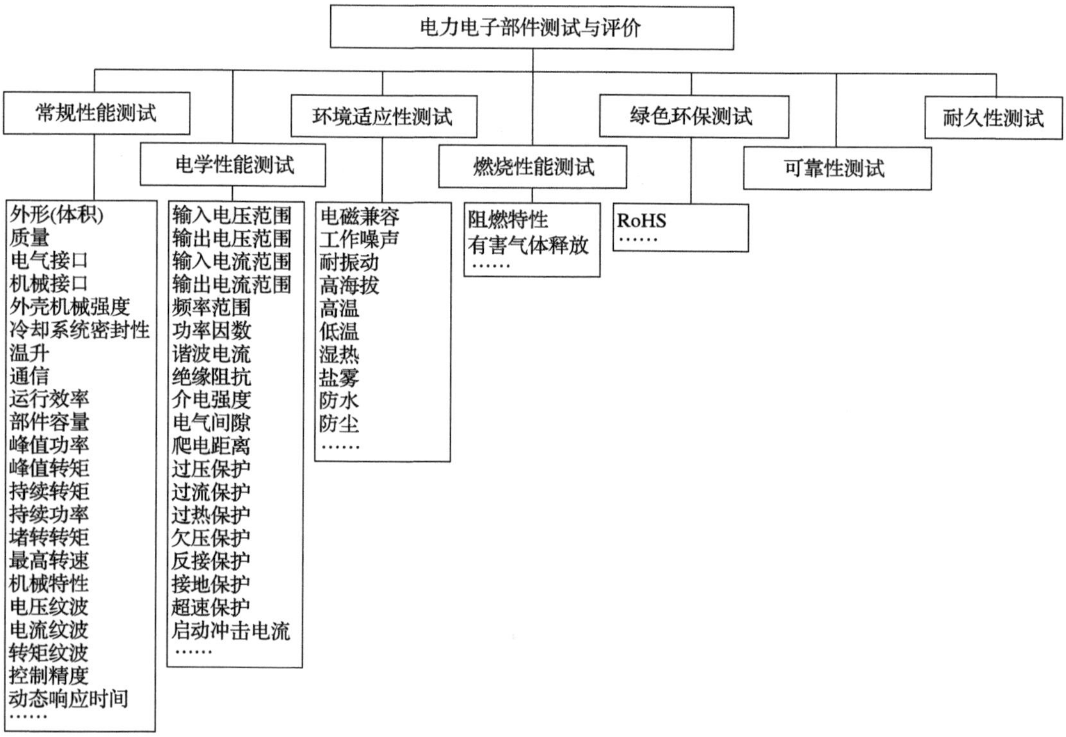

图 8-71　电动汽车电力电子部件整机的测试与评价内容

8.7.2　电动汽车电力电子部件测试与评价方法

电动汽车电力电子部件经常工作在高电压、大电流状态，甚至处于大转矩、高转速（驱动电机）环境，对其进行测试的过程中，需要有较完善的保护机制。同时，测试所采用的电源、负载的稳定性对测试结果会产生重要的影响，并直接影响评价结论。目前，在研发过程中普遍采用硬件在环仿真环境对部件分系统或整机进行测试。采用硬件在环仿真方法进行测试具有成本低、精度高、重复性较好、可模拟极端工况等优点。依据测试对象与测试目的的不同，电动汽车电力电子部件的硬件在环仿真测试可以分为信号级、功率级和系统级三个级别。

图 8-72 所示为驱动电机控制器测试中采用的硬件在环仿真环境示意图。图中，信号级主要是对数字化控制系统的测试与评价，通过对主电路和负载(驱动电机)物理行为的仿真(非真实主电路、非真实驱动电机)，向数字化控制系统注入其工作所需要的低压、小电流模拟或数字信号，验证数字化控制系统的控制策略以及输出驱动信号逻辑的正确性。功率级是对驱动电机控制器整机的测试，仿真系统模拟驱动电机的物理行为(非真实驱动电机)，为驱动电机控制器提供高电压、大电流、大功率负载，并模拟电机的典型工况以及极端工况，对驱动电机控制器的数字化控制系统(包括传感器电路)、驱动电路、主电路以及散热子系统进行测试。该测试过程可以对驱动电机控制器的基本功能、可靠性、耐久性等进行评价。系统级是指仿真系统模拟驾驶员意图或行为(如变速器位置、离合器状态、加速或制动踏板位置)、道路工况等，对驱动电机系统(真实驱动电机控制器、真实驱动电机)的性能进行测试，该测试可以对驱动电机系统是否满足整车要求进行评价。图 8-72 中的高压动力蓄电池在硬件在环仿真中可以采用双向可调节直流电源进行模拟。

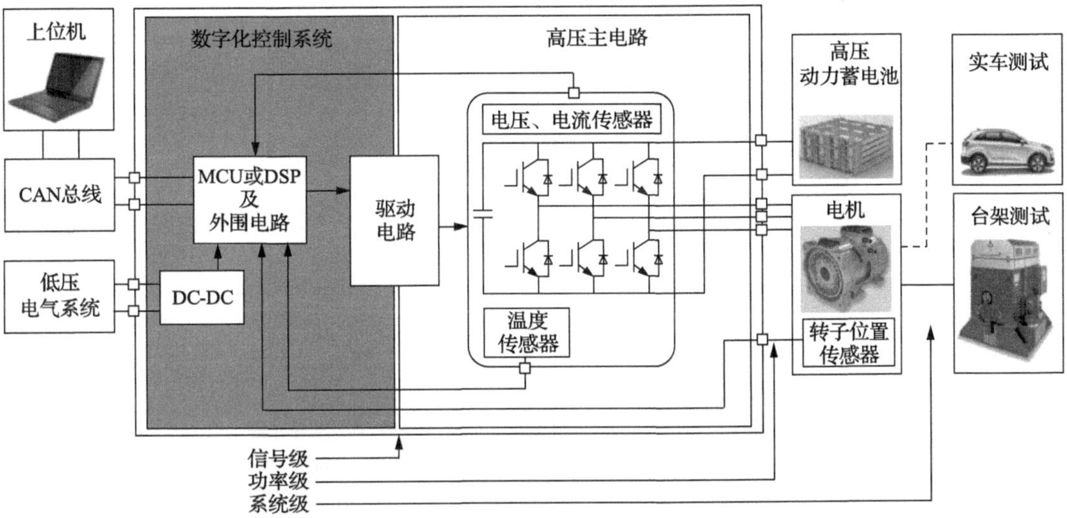

图 8-72　驱动电机控制器测试中的硬件在环仿真

在对电动汽车电力电子部件进行电磁兼容性测试时，不同负载下电磁辐射发射和抗扰度的试验结果会有很大差别，因此希望试验过程中带上真实负载，从而获得正确的试验结果。直流-直流变换器、充电系统的负载可以是静止负载(如蓄电池、电阻箱等)，易于连接和配置。驱动电机系统则需采用测功机作为负载。动态电力测功机可以模拟实际道路工况，便于在暗室中对驱动电机系统进行全面的电磁兼容性测试。由于测功机系统属于大功率电气设备，为避免其在工作中对测试结果产生影响，可以将其放置于暗室外部，其与驱动电机的连接方式如图 8-73(a) 所示。图 8-73(b) 和图 8-73(c) 为实物配置图片。

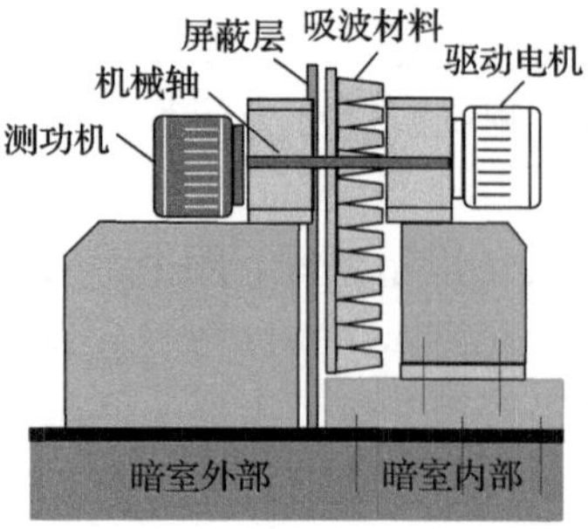

(a) 驱动电机与测功机的连接

(b) 暗室外部配置

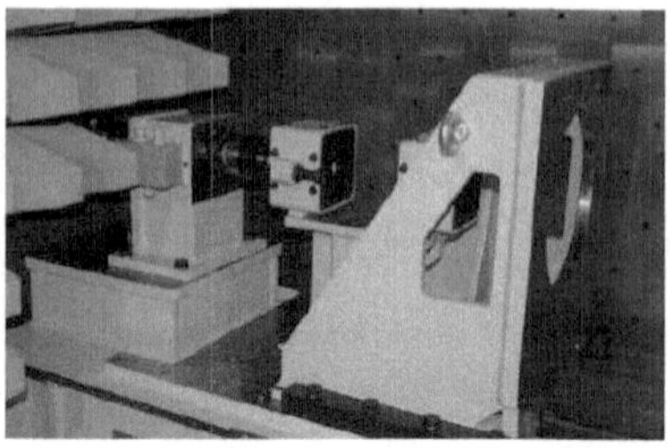

(c) 暗室内部配置

图 8-73 驱动电机系统电磁辐射发射与抗扰度试验

应该指出的是，虽然硬件在环仿真和台架试验可以对电动汽车电力电子部件大部分性能进行测试，但不能完全取代实车测试，尤其是部分环境适应性、动态响应等方面的测试和评价需要结合实车进行。

参 考 文 献

[1] Rohm-Semiconductor. SiC power devices and modules application note[R]. Kyoto: ROHM Co., Ltd., 2014.

[2] Volke A, Hornkamp M. IGBT Modules Technologies, Driver and Applications[M]. 2nd ed. Neubiberg: Infineon Technologies AG, 2012.

[3] Rohm-Semiconductor. SiC MOSFET gate-source voltage surge suppression methods [R]. Kyoto: ROHM Co., Ltd., 2019.

[4] Mohan N, Undeland T M, Robbins W P. Power Electronics: Converters, Applications, and Design[M]. 3rd ed. Hoboken: John Wiley & Sons Inc., 2003.

[5] Seong J, Park S, Kim M K, et al. DBC-packaged inverter power module for integrated motor-inverter design used in 48V mild hybrid starter-generator (MHSG) system[J]. IEEE Transactions on Vehicular Technology, 2019, 68 (12): 11704-11713.

[6] Vijay K. Solder-TIMs (Thermal Interface Materials) for superior thermal management in power electronics[C]. 18th European Microelectronics & Packaging Conference, Brighton, 2011: 1-8.

[7] 谭建成, 邵晓强. 永磁无刷直流电机技术[M]. 2 版. 北京: 机械工业出版社, 2018.

[8] Shinjo T. Nanomagnetism and Spintronics[M]. 2nd ed. Oxford: Elsevier, 2014.

[9] 钱照明, 程肇基. 电力电子系统电磁兼容设计基础及干扰抑制技术[M]. 杭州: 浙江大学出版社, 2000.

[10] Cocconi A G. Combined motor drive and battery recharge system: USA 5341075[P]. 1994-08-23.